21 世纪职业教育教材·财经商贸系列

管理心理学（第二版）

主　　编　孟凡超　王甜甜
副主编　徐云祥　牟　莹
参　　编　刘　宏　易　新　徐会军

内 容 简 介

本书以教育部高职高专人才培养目标及规格为指导，为满足高职高专管理类专业教学需要，根据近几年来管理心理学的发展和实践，以及编者多年的教学经验编写而成。全书的主要内容包括管理心理学概述、个性与管理、知觉与管理、态度与管理、情绪情感与管理、激励与管理、群体心理与管理、组织心理与管理、领导心理与管理、管理中的心理健康问题与调试十章。每章分为能力目标、知识目标、导入案例、核心知识点、课后深化与训练及知识链接六个部分，全书内容全面、简洁，不求探索艰深理论，但求实践应用。

图书在版编目（CIP）数据

管理心理学/孟凡超，王甜甜主编. —2 版. —北京：北京大学出版社，2013.8
(全国高职高专规划教材·财经系列)
ISBN 978-7-301-22898-2

Ⅰ.① 管… Ⅱ.①孟… ②王… Ⅲ.① 管理心理学—高等职业教育—教材 Ⅳ.①C93-05

中国版本图书馆 CIP 数据核字（2013）第 169114 号

书 名	管理心理学（第二版）
著作责任者	孟凡超　王甜甜　主编
策划编辑	李 玥
责任编辑	李 玥
标准书号	ISBN 978-7-301-22898-2/G·3671
出版发行	北京大学出版社
地 址	北京市海淀区成府路 205 号　100871
网 址	http://www.pup.cn　新浪微博：@北京大学出版社
电子邮箱	编辑部 zyjy@pup.cn　总编室 zpup@pup.cn
电 话	邮购部 010-62752015　发行部 010-62750672　编辑部 010-62704142
印 刷 者	北京虎彩文化传播有限公司
经 销 者	新华书店
	787 毫米×980 毫米　16 开本　18 印张　333 千字
	2009 年 1 月第 1 版
	2013 年 8 月第 2 版　2024 年 1 月第 7 次印刷　总第 11 次印刷
定 价	34.00 元

未经许可，不得以任何方式复制或抄袭本书之部分或全部内容。
版权所有，侵权必究
举报电话：010-62752024　电子邮箱：fd@pup.cn

第二版前言

近年来，随着管理心理学的迅速发展，管理心理学的教学面临全新的挑战，"管理心理学"课程教材也应适时更新与不断完善。本次修订融入党的"二十大"精神，本着"实用、管用、够用"的原则，在尽量保持原教材的特色、组织结构和内容体系不变的前提下，努力使学科发展与人才培养过程中的课程定位相适应，体现现代教育理念与时代要求，坚持学术性与实用性、理论与实际相结合的原则。修订的主要内容有：

第一，对第一版中有关内容方面存在的纰漏和差错进行修订，力求做到概念准确、表述正确、数据精确。

第二，加入"案例导入"部分，通过案例导入，使理论与案例紧密结合，既有理论探讨又有具体的案例分析，突出了应用性、实用性。

第三，对有关章节的教材内容和条目顺序进行调整、充实、更改。通过修改，力求达到强调实践、强化实操的目标。

第四，将各个章节的"思考问题"部分调整为"课后深化与训练"，通过调整，做到教学便易、自学容易、分享简易。并且加入"知识链接"部分，以拓展学生的知识面。

第五，针对管理心理学课程本身的特点，加入可操作的心理测试和实际训练，增强学习的趣味性。

修订后，全书共分十章，分别为管理心理学概述、个性与管理、知觉与管理、态度与管理、情绪情感与管理、激励与管理、群体心理与管理、组织心理与管理、领导心理与管理、管理中的心理健康问题与调试。各章节的编写分工如下：孟凡超负责编写第五、六章，王甜甜负责编写第二、三章，徐云祥负责编写第一章，牟莹负责编写第九、十章，刘宏负责编写第七章，易新负责编写第八章，徐会军负责编写第四章，全书由孟凡超统稿。

在修订的过程中，我们参考了有关专家、学者的论著、相关教材、报刊资料、网上资料以及一些相关的研究成果，在此对他们表示衷心的感谢！由于编者水平有限，书中难免有错漏和不妥之处，恳请广大读者批评指正。

编 者
2023 年 7 月

本教材配有教学课件，如有老师需要，请加 QQ 群（279806670）或发电子邮件至 zyjy@ pup.cn 索取，也可致电北京大学出版社：010-62704142。

第一版前言

在管理实践中,管理者面临着一个巨大而又复杂的系统。管理的第一要素即是管人,也就是要根据人的心理和思想规律,通过尊重人、关心人、激励人来改善人际关系,充分发挥人的积极性和创造性,从而提高劳动和管理效率。管理心理学正是在这一时代背景下产生并迅速发展的一门科学。

本书以教育部"高职高专人才培养目标及规格"为指导,为满足高职高专管理类专业教学需要,根据近年来管理心理学的发展和实践,以及编者多年的教学经验编写而成。全书以个体心理、群体心理、领导心理、组织心理以及心理健康为内容架构了管理心理学的内容体系。全书的主要内容包括管理心理学基本内容的阐述、个性与管理、知觉与管理、态度与管理、情绪情感及管理、激励与管理、群体心理与管理、组织心理与管理、管理沟通、领导心理、管理中的心理健康问题与调适。本书在编写过程中,针对高职高专这一教育层次,按照"理论够用为度"的原则,突出重要内容和最新内容。理论阐述深入浅出,语言通俗易懂、删繁从简,理论联系实际,突出了实践性与可操作性的特点。

本书由徐云祥担任主编,孟凡超、王甜甜担任副主编。全书共分十一章,各章的编写分工如下:徐云祥负责编写第一、二、三、四、十章、孟凡超负责编写第八、九、十一章、王甜甜负责编写第五、六、七章,全书最后由徐云祥统稿。

在本书的编写过程中,我们参考了有关专家、学者的论著、相关教材、报刊资料、网上资料以及一些相关的研究成果,大部分参考书目已经在本书参考文献中列出。个别引用因无法查实,恕未一一注明,特致歉意。在此,谨向本书所有参考文献的原作者表示衷心的感谢。

本书可作为高职高专院校工商管理类专业学生的教材,也可作为一般中小企业管理干部的培训教材。由于编者水平有限,书中疏漏、错误和不妥之处在所难免,恳请广大读者批评指正。

编　者

2008 年 12 月

目 录

第一章 管理心理学概述 …………… 1
　第一节 管理心理学概述 ………… 1
　　一、管理心理学的研究对象 ……………………… 1
　　二、管理心理学的研究内容 ……………………… 2
　　三、管理心理学的研究方法 ……………………… 3
　第二节 管理心理学的产生与发展 …………………… 6
　　一、管理心理学形成的理论准备 ……………………… 7
　　二、西方管理心理学发展概况 ………………… 10
　　三、我国管理心理学发展概况 ………………… 11
　第三节 管理心理学的人性假设 …………………… 14
　　一、人性假设的含义 …… 14
　　二、人性假设的X理论与Y理论 ……………… 15
　　三、人性假设的经济人、社会人、自我实现人和复杂人理论 …………… 17

第二章 个性与管理 …………… 22
　第一节 个性心理 ……………… 23
　　一、个性的概念 ………… 23
　　二、个性的基本特征 …… 23
　　三、个性的基本心理结构 ……………………… 24
　　四、个性的形成与发展 …… 25
　第二节 气质与管理 …………… 28
　　一、什么是气质 ………… 28
　　二、气质学说 …………… 29
　　三、气质类型 …………… 30
　　四、气质与管理 ………… 31
　第三节 性格与管理 …………… 33
　　一、什么是性格 ………… 33
　　二、性格结构 …………… 35
　　三、性格类型 …………… 36
　　四、性格的形成与发展 … 38
　　五、性格的优化与管理 … 40
　第四节 能力与管理 …………… 46
　　一、什么是能力 ………… 46
　　二、能力的种类 ………… 48
　　三、能力的发展 ………… 49
　　四、能力与管理 ………… 52

第三章 知觉与管理 …………… 54
　第一节 知觉概述 ……………… 54
　　一、知觉的相关概念 …… 55
　　二、知觉的分类 ………… 56
　　三、知觉的基本特征 …… 59
　　四、影响知觉的因素 …… 63
　　五、错觉及其应用 ……… 64
　第二节 社会知觉 ……………… 69
　　一、社会知觉的含义及特点 ……………………… 69
　　二、社会知觉的类型 …… 69
　　三、社会知觉效应及应用 ……………………… 71
　第三节 自我意识与管理 ……… 75
　　一、自我意识的概念 …… 75
　　二、自我意识的性质 …… 75
　　三、自我意识的作用 …… 76
　　四、自我意识的产生与发展 ……………………… 77
　　五、自我评价 …………… 79
　第四节 归因理论及应用 ……… 83
　　一、归因理论概论 ……… 83
　　二、典型的归因理论 …… 84

三、归因理论在管理工作中
　　　　的应用 ………………… 85
第四章　态度与管理 ……………… 89
　第一节　态度概论 ………………… 89
　　一、态度及其构成 ……………… 89
　　二、态度的特点 ………………… 90
　　三、态度的作用 ………………… 92
　　四、态度的测定 ………………… 93
　第二节　态度的形成与改变 ……… 96
　　一、态度的形成与改变
　　　　过程 …………………………96
　　二、影响态度形成与转变
　　　　的因素 ……………………… 98
　　三、态度与偏好 ………………… 100
　　四、与管理相关的态度 ………… 101
　第三节　态度转变理论 …………… 104
　　一、态度转变的条件 …………… 104
　　二、态度转变的理论 …………… 106
　　三、转变员工态度的
　　　　方法 ………………………… 108
第五章　情绪情感与管理 …………… 115
　第一节　情绪、情感概论 ………… 116
　　一、什么是情绪和情感 ………… 116
　　二、情绪情感与认识的
　　　　关系 ………………………… 118
　　三、情绪、情感的产生及
　　　　表达 ………………………… 119
　　四、情绪和情感的类型 ………… 120
　　五、情绪的功能 ………………… 123
　第二节　情绪的培养与控制 ……… 127
　　一、积极情绪的培养及
　　　　调控 ………………………… 127
　　二、消极情绪的调节与
　　　　控制 ………………………… 129
第六章　激励与管理 ………………… 134
　第一节　激励概述 ………………… 135
　　一、什么是激励 ………………… 135
　　二、激励的基本原则 …………… 135
　　三、激励的作用 ………………… 136
　　四、激励的过程 ………………… 137
　第二节　激励理论及应用 ………… 138
　　一、早期激励理论 ……………… 138
　　二、当代激励理论 ……………… 141
　　三、激励的特殊问题 …………… 148
　第三节　挫折理论及应用 ………… 150
　　一、挫折理论概述 ……………… 150
　　二、挫折引起的行为
　　　　表现 ………………………… 152
　　三、如何应对挫折 ……………… 154
第七章　群体心理与管理 …………… 157
　第一节　群体行为理论 …………… 158
　　一、群体的概念与分类 ………… 158
　　二、群体的结构、规模与
　　　　作用 ………………………… 159
　　三、非正式群体 ………………… 161
　　四、群体行为理论 ……………… 164
　第二节　群体人际关系 …………… 166
　　一、人际关系的概念 …………… 166
　　二、人际关系的种类 …………… 166
　第三节　提升群体凝聚力与
　　　　　士气 ……………………… 168
　　一、群体凝聚力的概念 ………… 169
　　二、群体凝聚力的测量及其
　　　　主要影响因素 ……………… 169
　　三、群体凝聚力与生产效率
　　　　的关系 ……………………… 170
　第四节　群体沟通与冲突 ………… 172
　　一、群体的沟通 ………………… 172
　　二、群体的冲突 ………………… 177
第八章　组织心理与管理 …………… 183
　第一节　组织概述 ………………… 184
　　一、组织的概念 ………………… 184
　　二、组织的分类 ………………… 184
　　三、组织结构 …………………… 185
　　四、组织层次与管理
　　　　幅度 ………………………… 187
　　五、组织理论 …………………… 188
　第二节　组织文化 ………………… 191
　　一、组织文化的概念 …………… 191
　　二、组织文化的作用 …………… 191
　　三、组织文化的评价
　　　　维度 ………………………… 192

四、组织文化的创建 …… 193
第三节　组织变革 …………… 197
　　一、组织变革的动力 …… 197
　　二、组织变革的过程 …… 198
　　三、组织变革的方法 …… 200
　　四、对组织变革抵制的
　　　　克服 ………………… 201
第四节　组织发展 …………… 207
　　一、组织发展的概念 …… 207
　　二、组织发展的特点 …… 207
　　三、组织发展的干预
　　　　途径 ………………… 208
　　四、工作生活质量 ……… 210

第九章　领导心理与管理 …… 213
第一节　领导心理概述 ……… 213
　　一、领导和领导者 ……… 214
　　二、领导者的影响力 …… 215
　　三、领导者的类型 ……… 216
　　四、领导者常见的心理
　　　　障碍 ………………… 216
　　五、领导者应具有的五种
　　　　习惯 ………………… 218
第二节　领导理论 …………… 220
　　一、特质理论 …………… 220
　　二、行为理论 …………… 221
　　三、权变理论 …………… 224
　　四、关于领导理论的最新
　　　　观点 ………………… 226
第三节　领导艺术 …………… 232
　　一、什么是领导艺术 …… 232
　　二、领导艺术的分类 …… 232
　　三、主要的领导艺术 …… 232
　　四、正确处理人际关系的
　　　　艺术 ………………… 234
　　五、科学利用时间的
　　　　艺术 ………………… 236

**第十章　管理中的心理健康问题与
　　　　调试** …………………… 241
第一节　心理健康概述 ……… 242
　　一、心理健康的含义 …… 242
　　二、心理健康的等级和
　　　　标准 ………………… 242
　　三、心理健康的主要
　　　　表现 ………………… 244
　　四、影响心理健康的
　　　　因素 ………………… 245
　　五、心理健康的途径和
　　　　方法 ………………… 247
　　六、心理健康的意义 …… 248
　　七、心理健康的评估
　　　　方法 ………………… 249
第二节　管理中常见的心理
　　　　问题 ………………… 251
　　一、常见心理问题的特征
　　　　和类型 ……………… 251
　　二、常见心理问题的成因
　　　　分析 ………………… 253
　　三、心理问题的自我调适
　　　　方法 ………………… 256
　　四、常见的心理疾病及
　　　　预防 ………………… 259
　　五、心理咨询 …………… 263
第三节　不同性别与年龄人群的
　　　　心理健康研究 ……… 269
　　一、不同性别人群的心理健康
　　　　问题研究 …………… 269
　　二、不同年龄人群的心理
　　　　健康 ………………… 272

参考文献 ……………………… 276

第一章 管理心理学概述

 能力目标

▶ 能在实际生活和工作中运用相应的人性假设理论实施管理。
▶ 能理解并熟练应用管理心理学的各种研究方法。

 知识目标

▶ 重点掌握管理心理学研究的对象、内容和方法。
▶ 理解学习管理心理学的意义。
▶ 了解管理心理学形成与发展的过程。

 导入案例

某单位往年的年终奖很丰厚,但是今年效益不如往年,管理者应该怎么办?管理者先放出小道消息:"今年营业不佳,要裁员!"大家都人心惶惶,惟恐自己被裁掉。不久后领导宣布:"虽然今年的经济不景气,公司很艰苦,但是我们要同舟共济,不能牺牲个别同事的利益,要共患难,只是年终奖不能发了。"大家听了心里的一块石头落了地,早压过了没有年终奖的失落。

分析与启示:这是运用以退为进的心理控制策略在管理工作中的运用。企业领导者可以运用一定的心理策略和技巧,对组织成员的心理和行为施加影响,为实现组织目标服务。

第一节　管理心理学概述

一、管理心理学的研究对象

一般说来,管理心理学是研究组织管理活动中人的行为规律及其潜在的心理机制,并用科学的方法改进管理工作,不断提高工作效率与管理效能,最终实现组织目标与个人全面发展的一门学科。这个定义主要有以下三层含义。

第一，管理心理学的研究对象是人的行为规律及其潜在的心理机制。也就是说，管理心理学既探索组织管理活动中人的行为规律，又揭示这些行为背后潜在的心理机制。它把人的行为规律及其心理机制结合起来进行研究，其原因在于人的行为与心理之间具有密不可分的关系。一方面，行为是在一定心理活动的指导下进行的，它是心理活动的外在表现，要想真正了解人的行为，就要探索其背后潜在的心理机制；另一方面，心理又是行为的内在动因，是调节、控制行为的内部过程，要想揭示人类心理的奥秘，就必须分析人的外在行为。由此可见，管理过程中人的行为规律及其心理机制都是管理心理学所要探讨的对象。

第二，管理心理学的研究范围是组织管理活动中人的行为规律及其潜在的心理机制。换句话说，管理心理学不是探索一般情境下人的行为规律及其潜在的心理机制，而是把研究范围严格限定在组织管理活动这一特定情境中。这里的"组织"不仅包括企业组织，还涵盖政治、经济、军事、教育等社会组织。

第三，管理心理学研究的目的是在掌握组织管理活动中人的行为规律及其潜在心理机制的基础上，运用科学的方法改进管理，充分调动人的积极主动性，不断提高工作效率与管理效能，最终实现组织目标与个人的全面发展。具体地说，管理心理学是一门应用性较强的学科，它来源于社会管理实践，也服务于社会管理实践。管理心理学的研究就是要进一步提高组织管理的科学化水平，充分挖掘人的发展潜力，以实现组织和个人的发展目标。

二、管理心理学的研究内容

管理心理学研究的主要内容是管理中具体的社会心理现象，以及个体、群体、领导、组织中的具体心理活动的规律性。因此，可以将管理心理学的研究内容划分为个体心理、群体心理、领导心理和组织心理等四个方面。

（一）个体心理

任何组织都是由个体组成，任何个体都是有思想、有感情、有追求的活生生的有机体。个体心理从个体差异分析与个体共同的心理特征这两个方面的理论出发，对如何激励员工等管理手段进行有效的分析研究。

（二）群体心理

群体是组织中的基本单元，在现代企业中，管理部门的工作主要是针对群体进行的。群体心理研究是指在正式群体与非正式群体中，从群体规范、群体压力、群体气氛、信息沟通、人际关系、群体内聚力等多个维度，对人的心理状态及其对群体活动的影响进行研究。

（三）领导心理

领导心理是企业中影响人的积极性的重要因素。领导心理的研究包括两个范畴：一为静态研究，侧重研究领导者的个性特征与领导集体的结构特点；二为动态研究，侧重研究领导方法，探索不同领导行为、领导作风与领导效率的关系。

（四）组织心理

组织心理的研究由三个方面组成：第一，组织结构与组织理论；第二，组织变革的规律、抵制变革的因素与对策;第三,组织发展的特点与干预途径。

三、管理心理学的研究方法

管理心理学的研究对象是人,人的心理和行为的复杂性决定了管理心理学的研究方法也是多种多样的。下面介绍几种常用的研究方法。

(一) 观察法

观察法是指有目的、有计划地观察研究对象(被观察者)在一定条件下的言语、行为、表情等反应,从而分析其心理活动和行为规律的一种研究方法。观察可以以感官为工具,也可以利用录音、录像、摄影等现代技术设备作为辅助,来提高观察的效果。一般情况下,观察法可以按照以下两种维度进行分类。

第一,按照观察者所处的情境特点,可以把观察法分为自然观察与控制观察两种。自然观察是在完全自然真实的条件下观察他人的行为,而且被观察者一般不知道自己正在被观察。例如,某销售主管若想弄清楚公司一名推销员绩效不佳的原因,就可以和该推销员一起销售产品,在工作过程中有意观察推销员的一言一行,从中发现问题的症结所在。控制观察是在限定条件下所进行的观察,也就是在操纵或控制一些条件情况下所进行的观察,被观察者知道自己处于被观察的状态。

第二,从观察者与被观察者的关系出发,可以把观察法划分为参与观察与非参与观察两类。参与观察是指观察者直接参与被观察者的活动,在共同活动中进行观察。相反,非参与观察是指观察者不参与被观察者的活动,以旁观者身份进行观察。

观察法的优点是目的明确,简易方便,所得资料比较系统真实。其缺点是,研究难以深入,所观察到的多为表面现象,取得的资料也较为肤浅,难以进行数量化的统计分析。鉴于此,在实际研究过程中,应把观察法与其他方法配合使用,以取得更佳的研究效果。

(二) 实验法

实验法是指有目的地严格控制或创设一定条件,来引起某种心理活动或行为表现以进行研究的方法。根据实验场地的性质差异,可以把实验法分为实验室实验与现场实验两类。

实验室实验是在专门的实验室内,运用一定的仪器和设备严格地控制实验条件,以研究某种心理与行为现象的方法。例如,要考察表扬对人行为产生的影响,在控制其他无关变量的前提下,就可以设立表扬组(实验组),对被试良好的工作表现给予表扬;再设立一个对照组,不对该组被试良好的工作表现进行表扬。经过一段时间之后,比较两组后继工作的成绩,若表扬组优于对照组,就可以将其归结为表扬所致。实验室实验的优点是能够严格控制各种无关变量对实验结果的影响,研究结论具有可重复性,且所得数据具有精确性;缺点是人为性强,脱离实际生活情境。

现场实验是指在日常生活和工作的情况下,适当控制条件以研究某种心理与行为现象的方法。近年来,为了提高研究的外部效度,使研究结果更具普遍意义和可推广性,管理心理学家越来越重视现场实验研究。例如,梅奥(G. Mayo)在霍桑工厂进行的福利实验,就是通过提供或撤销某些福利措施,来探究其对生产总量的影响，这是典型的现场实验。现场实验的优点是能够结合日常生活和工作进行，避免了实验室研究的局限性，使研究结论更具备可推广性；缺点是不容易严格控制现场的无关变量，研究得出的结论可能会存在偏差。

（三）问卷法

问卷法是研究者根据研究目的和任务，编制出内容明确、表达准确的问卷，让被试根据个人情况实事求是地做出回答，从而收集所需资料和数据的研究方法。问卷法是管理心理学研究常用的一种方法。常用的问卷形式有三种：是非式、选择式和等级排列式。

（1）是非式：采用只有"是"与"非"两种答案的问卷，让被试者根据自己的情况对每个题目做出"是"与"非"的回答，不能模棱两可，也不能不回答。

（2）选择式：要求被试者从并列的多种（两种以上）答案中按个人的实际情况选取一种或几种答案。

（3）等级排列式：在问卷中列出可供选择的多种答案，要求被试者按其重要程度的次序给以排列。

问卷法的优点是可以在较短时间内取得大量的材料，而且对调查结果采用统计方法进行处理分析，因此得出的研究结论更有普遍意义；缺点在于所得到的材料一般较难进行质化分析，不易把结论与被试的实际行为做比较。

（四）访谈法

访谈法是研究者通过口头谈话的方式从被研究者那里收集第一手资料，了解被研究者心理与行为规律的一种研究方法。就研究者对访谈结构的控制程度而言，访谈可以分为三类：结构化访谈、无结构化访谈和半结构化访谈。

在结构化访谈中，研究者对访谈的走向和步骤起主导作用，按照自己事先设计好的、具有固定结构的统一问卷进行访谈。在这种访谈中，选择访谈对象的标准和方法、所提的问题、提问的顺序以及记录方式都已经标准化，研究者对所有的受访者都按照同样的程序问同样的问题。

与此相反，无结构化访谈没有固定的访谈问题，研究者鼓励受访者用自己的语言发表自己的看法。这种访谈的目的是了解受访者自身认为重要的问题、他们看待问题的角度及其表述方式等。无结构化访谈中，研究者只是起到一种辅助作用，尽量让受访者根据自己的思路自由联想。访谈的形式不拘一格，研究者可以根据当时的情况随机应变。

在半结构化访谈中，研究者对访谈结构具有一定的控制作用，但同时也允许受访者积极参与。通常，研究者事先备有一个粗线条的访谈提纲，根据自己的研究设计向受访者提出问题。但是，访谈提纲主要作为一种提示，研究者在提问的同时鼓励受访者提出自己的问题，并且根据访谈的具体情况对访谈的程序和内容进行灵活的调整。

访谈法的优点是简单易行，便于迅速取得第一手资料，因而使用范围较为广泛。其缺点是仅凭受访者的口头回答而做出的结论往往缺乏可靠性和真实性，因此，这种方法一般不单独使用，而应把它与其他研究方法结合起来运用。

(五) 测验法

测验法是指采用标准化的心理量表或精密的测验仪器来测量被试有关心理品质或行为的研究方法。量表是心理测验常用的研究工具，目前流行的测验量表种类繁多，大致有以下几种分类：按测验的内容可分为智力测验、个性测验、态度测验和能力测验等；按测验的方式可分为文字测验与非文字测验；按测验的方法可分为问卷测验、操作测验和投射测验三大类。

在管理心理学研究中，测验法常常作为人员测评的一种工具。例如，用智力量表测定组织成员的一般和特殊能力状况；用个性量表测定组织成员和领导者的性格特征等。测验法的最大优点是简便易行，测验内容广泛，具有较强的科学性，能够对研究的心理现象进行定量的分析。但测验法也存在一些问题，如心理测验的运用有一定难度，测验者必须经过专门的训练。另外，量表的设计、取样技术等都有较高要求，使用时若有不慎，就会使测验结果产生很大误差。

(六) 个案法

个案法是指对某一个体、群体或组织在较长时间里连续进行考察，了解、收集系统的资料，以便研究其心理与行为发展变化规律的方法。例如，研究者参与某企业的一个研发团队，通过长时间地体验生活，掌握了整个团队成员的心理与行为特点、团队绩效的状况、团队的人际关系等，并在此基础上进行深入分析，整理出能反映该团队特点的详细材料。

个案法的优点是呈现的内容丰富，有助于人们发现新问题，为研究者发现和提出新的理论假设奠定良好的基础。其缺点在于，这种研究一般都是描述性的，不容易在较短时间内做出有关因果关系的推论。此外，个案研究一般取样比较小，这就大大限制了研究结果的可应用性和普遍意义，而且得出的研究结论很难进行重复验证。

图1-1概括了上述几种研究方法。总之，它们都有其各自的应用价值，但也都存在一定的局限性。在具体研究过程中，究竟采用哪种方法较好，应视研究任务的要求和具体情境而定。通常情况下，管理心理学研究往往以某种方法为主，辅之以其他方法，使之取长补短、相得益彰，这样可以更准确、更客观地反映人的行为和心理活动的规律和特点。

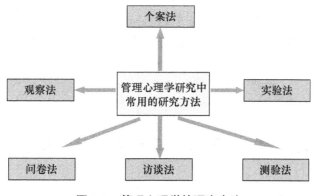

图1-1 管理心理学的研究方法

课后深化与训练

1. 请采用问卷法，对你所在班级的管理现状进行调查，并列出班级管理的优缺点，要求调查问卷至少采用两种以上的问卷形式。
2. 请填写以下表格。

	观察法	实验法	问卷法	访谈法	测验法	个案法
定义						
途径						
分类						
举例说明						
优点						
缺点						

 知识链接

管理心理学研究的计划与设计

为了开展有效的管理心理学研究，首先，应该对有关的研究与应用文献有足够的考察和了解，尤其需要注意那些把研究结果转换成实际应用的杂志。熟悉以往研究，是计划和设计的基础。其次，应该对简单化的结论持怀疑的态度并进行透彻的分析。最后，应该确保研究所运用的概念具有科学的理论依据，并努力尝试新的思想，使自己的组织成为不断更新和发展的"学习组织"。

制定好研究的计划是成功研究的必要条件和重要一环。在制订研究计划时，不仅需要认真考虑研究的理论基础、具体课题和研究方法，而且应该充分预计可能遇到的问题或困难。在研究计划的制订过程中，还应广泛听取同行的意见与建议，完善整个研究计划。一项研究计划应该包括以下几个部分。

1. 研究的目的和以往研究的考察研究计划。需要说明研究的具体目的和问题，考察和综合与该课题有关的知识与经验，总结以往研究状况和尚待解决的问题，使本研究建立在以往研究的基础上。

2. 研究的理论框架和构思。在研究计划中，提出研究的理论框架和假设，结合国内外的理论，指出有关理论对于本研究的意义，并作出研究中关键因素之间的关系构思图。

3. 研究的程序与测量分析思路。在研究计划中还要指出研究的总体设计，确定取样方法，说明主要测量指标，收集数据的方法和统计分析方法。

（资料来源：摘自中华心理教育网《研究的构思与设计》一文）

第二节　管理心理学的产生与发展

管理心理学理论的形成与发展，与社会化大生产的需要密不可分。生产力的飞速发展和生产关系中劳资矛盾的激化，促使资产阶级追求新的管理理论与方法。同时，科学的发展与进步为管理心理学理论的形成提供了必要的条件，这一时期心理学和社会学等学科有了很大的发展，出现了心理技术学、群体动力学、社会测量理论及需要层次理论等。这些学科理论的形成与发展，奠定了管理心理学的理论基础，使管理心理学的产生成为可能。

一、管理心理学形成的理论准备

管理心理学是在管理学和心理学发展到一定阶段后形成的一门边缘科学，它的产生固然离不开实际管理工作需要的呼唤和实际管理工作经验的滋养，但它的直接来源，却是古典管理理论、心理技术学、人际关系理论等领域的相关研究成果，它们是管理心理学形成的最为必要和基本的理论准备。

（一）古典管理理论

现代管理学是在古典管理理论的基础上发展起来的，而在管理学和心理学基础上形成的管理心理学，也可以在古典管理理论中找到它的源头。古典管理理论的第一人是"科学管理之父"——泰勒（F. W. Taylor）。泰勒不但是一个成功的基层管理者，而且出版了《计件工资制》、《工场管理》、《车间管理》、《科学管理原理》等许多著作，当代许多重要的管理理论都是对泰勒制的继承和发展。泰勒是持"经济人"观点的典型代表，他所提倡的"时间—动作"分析，只考虑如何提高生产率，对工人的思想感情却漠不关心。他主张把管理者与生产工人严格分开，反对工人参加企业管理。他还规定除经特殊批准外，不得有4名以上的工人在一起工作，以减少工人对管理当局的反抗。显然，泰勒的管理方式是缺少人情味的，但他的这种管理方式，却是在对人的本性进行认真研究的基础上提出来的，尽管这种研究还不够全面和客观。

被誉为"管理理论之父"的法约尔（H. Fayol），也对管理心理学的理论准备做出了重要贡献。法约尔虽然和泰勒一样是个工程师，但他却从进入企业开始，就参加了企业的管理集团，以后又担任了一个大公司的最高领导，并在法国多种机构从事过管理咨询和教学工作，所以他的理论是以大企业的整体为研究对象的，有更广泛的适用范围。法约尔的管理思想集中体现在他1916年出版的《工业管理和一般管理》一书中。在这部著作中，他不但对企业的活动、管理的基本要素和管理的一般原则作了详细的阐述，而且对企业中员工的需要、动机、态度，管理者的素质、能力、工作要求，以及员工的激励和管理教育等问题作了深入的分析和探讨。

古典管理理论的另一位代表人物是"组织理论之父"——马克斯·韦伯（M. Weber）。韦伯出生在德国，他一生担任过教授、政府顾问、编辑等职务，对社会学、经济学和政治学都有较深入的研究。在管理理论方面，他的主要贡献是在其著作《社会组织与经济组织理论》中，提出了理想行政组织体系理论。韦伯认为，任何组织都必须有某种形式的权力作为基础才能实现目标。但在现实的权力形式中，只有理性、合法的权力才宜于作为理想组织体系的基础。他强调，在理想的组织体系中，担任管理职务的人员应是按照他完成任务的能力来挑选的，而管理人员的权力和责任是作为正式职责而被合法化了的。韦伯的组织理论的另一个突出特点，是重视人员的考评、教育和规则、纪律对人的约束作用，避免管理中的非理性。

(二) 心理技术学

心理学知识在企业管理中的真正应用是从心理技术学开始的。心理技术学实际上是劳动心理学刚开始发展时的名称。最早进行心理技术学研究的是美国心理学家雨果·闵斯特伯格（H. Munsterberg）。闵斯特伯格出生在德国，是科学心理学创始人冯特的学生，后来移居美国，受聘于哈佛大学，并在那里建立了心理学实验室，作为工业心理研究的基地。

当时在美国，社会上对于科学管理的兴趣由于泰勒进行的活动，已经高涨起来。闵斯特伯格希望能对工业生产中的行为作进一步的科学研究。他认为在当时的工业活动中，人们把注意力主要放在了材料和设备问题上面，很少有人注意工人的心理状态，比如有关疲劳问题、工作单调问题、兴趣和愉快、工作报酬以及其他工作情绪等。所以闵斯特伯格把自己的研究重点放在发现人们的心理素质，在此基础上才考虑把他们安置在最适合他们的工作岗位。同时要研究在什么心理条件下，能够从每个工人处得到最大的、最令人满意的产量。此外，还要考虑如何使人们的情绪能产生有利于工作的最大影响。

1912年，闵斯特伯格出版了著名的《心理学与工业生产率》一书。他的这本书包括以下三方面内容：一是尽可能有最好的工人，二是尽可能有最好的工作，三是尽可能有最好的效果。这本书出版以后，受到了当时美国工商界的赞赏和支持，并导致了一个专门从事研究、指导如何将心理学应用于解决工业中的问题的政府机构。

闵斯特伯格与该研究机构的出色工作，使有关这方面的研究成果被广泛应用于职业选择、劳动合理化以及改进工作方法、建立最佳工作条件等。选择适应于工人体力、心理特征的工作条件，在当时不仅是生产力增长的重要因素，也是减少工人同企业主矛盾冲突的重要条件。

闵斯特伯格在工业心理学领域所做的开创性贡献，使其赢得了"工业心理学之父"的美誉。但是应当看到，尽管闵斯特伯格的研究方向和路线，以及所采用的方法符合管理心理学的发展方向，但他所考虑的面还比较狭窄，缺乏社会心理学和人类学的观点和依据。所以，他的心理技术研究未能引起广泛的注意。

(三) 人际关系理论

1927年至1932年，以哈佛大学著名心理学家梅奥为首的一批学者，在美国西方电器公司所属的霍桑工厂进行了一系列实验研究，总称为霍桑实验。霍桑实验主要包括如下几个著名实验。

(1) 照明实验。霍桑工厂是一个制造电话交换机的工厂。先在厂内选择一个绕线圈的班组，把它分为实验组和对照组。实验组不断改善照明条件，而对照组的照明条件不变。实验者原来设想，实验组的产量一定会高于对照组，但结果并非如此。两组的产量都在增加。后来，又进一步把2名女工安排在单独的房间里劳动，照明降低到与月亮差不多的程度，但产量仍在提高。分析表明，让工人们在特定条件下进行实验，工人们认为这是管理当局对他们的重视。同时，由于在实验中管理人员与工人之间，以及工人与工人之间有融洽的关系，促使了实验中两组产量都有提高。这表明，人际关系是比照明条件更为重要的因素。

(2) 福利实验。梅奥选出6名女工在单独的房间里从事装配继电器的工作。在实验过程中逐步增加一些福利措施，如缩短工作日、延长休息时间、免费供应茶点等。实验者原来设想，这些福利措施会刺激生产积极性，一旦撤销这些福利措施，生产一定会下降，因此在实验进行了2个多月之后取消了各种福利措施。结果仍与实验者的设想相反，产量不仅没有下降，而是继续上升。经过深入的了解发现，这依然是融洽的人际关系在起作用。在调动积极性、提高产量方面，人际关系因素是比福利措施更重要的因素。

（3）群体实验。另一项实验是选择14名男工人在单独的房间里从事绕线、焊接和检验工作，对这个班组实行特殊的个人计件工资制度。实验者原来设想，实行这套奖励办法会使工人更加努力工作，以便得到更多的报酬。但观察的结果发现，产量只保持在中等水平，每个工人的日产量平均都差不多，而且工人并不如实地报告产量。深入的调查发现，这个班组为了保护他们群体的利益，自发地形成了一些规范。他们约定，谁也不能干得太多，突出自己；谁也不能干得太少，影响全组的产量，并且约法三章，不准向管理当局告密，如有人违反这些规定，轻则挖苦谩骂，重则拳打脚踢。进一步的调查发现，工人们之所以维持中等水平的产量，是担心产量提高，管理当局会改变现行奖励制度，或裁减人员，使部分工人失业，或者会使干得慢的伙伴受到惩罚。这一实验表明，工人为了维护班组内部的团结，可以放弃物质利益的引诱。梅奥由此提出"非正式群体"的概念，认为在组织中存在着自发形成的非正式群体，这种群体有自己的特殊规范，对人们的行为起着调节和控制的作用。

1933年，梅奥在长达5年的实验研究基础上，出版了著名的《工业文明中的问题》一书。该书对上述实验以及其他实验研究进行了认真的总结，并从中得出了如下结论。

（1）传统管理把人假设为"经济人"，认为金钱是刺激积极性的唯一动力。霍桑实验认为，人是"社会人"，影响人的生产积极性的因素，除物质条件外，还有社会、心理因素。

（2）传统管理认为，生产效率主要决定于工作方法和工作条件。霍桑实验认为，生产效率的提高和降低主要取决于职工的"士气"，而士气则取决于家庭和社会生活，以及企业中人与人之间的关系。

（3）传统管理只注意"正式群体"问题，诸如组织结构、职权划分、规章制度等。霍桑实验注意到存在着某种"非正式群体"，这种无形的组织有其特殊的规范，影响群体成员的行为。

（4）霍桑实验还提出新型领导的必要性。领导者在了解人们合乎逻辑的行为的同时，还必须了解不合乎逻辑的行为，要善于倾听和沟通，使正式组织的经济需要与非正式组织的社会需要取得平衡。

上述研究结论说明：生产条件的变化固然影响劳动者的生产热情，但生产条件与生产效率之间并不存在着直接的因果关系；生产条件并非是增加生产的第一要素；改善劳动者的士气及人与人的关系，使人们心情愉快地工作并对自己的工作感到满足，才是增加生产、提高工效的决定性因素。

基于霍桑实验及由此引发的思考，梅奥首次把管理中的人际关系问题摆到了管理工作的首位，提出了"人际关系理论"。也正因如此，梅奥被誉为工业社会心理学的创始人。

与"人际关系理论"相应的管理观念包括以下几点。

（1）管理者除了应该注意工作目标的完成外，还应该注意工人从事某项工作过程中的各种需求，并设法给予满足。

（2）管理人员不但要注意指挥、监督、计划、控制和组织等，而且应重视职工之间的关系，培养和形成职工的归属感和整体感。

（3）在实行奖励时，提倡集体的奖励制度，而不主张个人奖励制度。

（4）管理人员的职能应有所改变，应在职工与上级之间起联络人的作用。一方面，要倾听职工的意见和了解职工的思想感情；另一方面，要向上级呼吁、反映职工的呼声。

二、西方管理心理学发展概况

西方管理心理学于20世纪50年代产生于美国，其主要标志是美国斯坦福大学教授黎维特的《管理心理学》一书的出版。因此常用美国管理心理学概况来代替西方管理心理学的发展历史。美国早期的管理心理学，围绕职工的士气对生产效率的影响等传统问题进行研究，主要局限于工业企业的组织管理。1959年，美国心理学家梅尔把工业心理学分为人事心理学、人类工程学和工业社会心理学三个方面，这种划分得到学术界的普遍认同。其中的工业社会心理学实际上就是管理心理学。1961年，弗鲁姆和梅尔撰写的《工业社会心理学》指出，工业社会心理学应根据两个基本模型，即个体与社会系统这两个分析单元来研究管理中的社会心理问题。20世纪60年代至今，随着科学技术的迅猛发展和智力劳动在社会劳动结构中所占比重的迅速增加，管理心理学也发生了以下几方面的显著变化。

（一）研究机构不断扩大，专业研究人员迅速增加

据美国心理学会统计，美国工业与组织心理学学会的会员在1960年为734人，而1991年增加到2481人，目前美国工业与组织心理学专业人员在3000人以上。据统计，这些人员大约有36%在大学和研究部门工作，有57%在工业、商业、政府、军队和咨询部门从事实际工作，还有一些人在其他部门工作。到1999年，全美已有218所研究生院设有心理学专业。其中1/5的心理学专业能授予博士学位，其余有权授予硕士学位和心理学专家资格证书。2002年，美国学生与学校心理学家之比大约为1 800∶1。截至2005年，估计全美已有32 300名学校心理学家。目前，美国心理学家的队伍仍在不断扩充之中。

（二）研究课题日益广泛、深入

美国工业与组织心理学的研究课题在不断深化的基础上逐步扩大。其研究课题包括：劳动力的变化、组织特征、组织文化和组织气氛、培训体制、劳动团体及其效率、工作激励理论与实践、新工作场地技术的挑战、组织中的权力和领导、用模拟方法开发管理才能、管理中的妇女与少数民族问题、人力资源规划、工作现场压力的管理措施、员工的适应和良好状态项目规划、行为的组织背景和群体背景、绩效评定中的认知过程、雇用与吸引力、绩效标准、培训需要分析、培训设计的认知模型、训练迁移的促进、开发的经验与辅导等。此外，新的研究领域也正在不断开辟。例如，总体系统的布局、工会的社会化、失业人员的过渡组织、多样化的管理，以及以计算机为中介的信息沟通系统、组织研究中的多水平影响、职业经历中的晚

期生活转变和全面质量管理等问题。

（三）研究方法更为科学

过去的研究往往采用单因素分析方法，现在则运用多因素分析方法。过去研究工作主要采取实验室实验方法，现在则逐步向现场研究、行为研究、参与观察和大规模的问卷调查转变。从统计方法论来看，近些年除传统的统计技术外，又开发出一些较新的技术，如结构均衡模型、项目反应理论、元分析、事件历史分析以及其他研究变革的方法。

（四）研究方向逐渐趋于综合化

过去研究人员主要是心理学家，现在社会学家、人类学家、经济学家等都参加到研究队伍中来，使工业与组织心理学问题的研究成为跨学科性质的研究。20世纪50年代，出现了"组织行为学"这一新兴的交叉边缘学科。组织行为学是综合运用与人有关的各种知识，采用系统分析的方法研究一定组织中人的行为规律，从而提高各级主管人员对人的行为的预测和引导能力，以便更有效地实现组织目标的一门科学。目前，尽管许多人认为组织行为学就是管理心理学，但至少在研究方向上，组织行为学比以往的管理心理学更加综合化。

三、我国管理心理学发展概况

管理心理学在我国一直是一个空白点，建国以前很少有人研究。新中国成立后，管理心理学研究曾一度中断，直到20世纪70年代末80年代初，才重新起步。1978年至1980年，一些理论工作者和实际工作者对行为科学做了大量的介绍和评论，成立了行为科学研究组织，开展中国式行为科学和管理心理学的探讨。之后，我国企业界、学术界和社会各界，更加广泛地开展了对行为科学与管理心理学的研究活动，并尝试把有关理论应用于企业管理的实践中，有力地促进了现代管理水平的提高。20世纪80年代以后，我国许多高校成立了管理系和有关的研究组织，开设了"行为科学"、"管理心理学"等课程。近20年来，我国管理心理学研究取得的成就主要体现在下述几个方面。

（一）建立了学术组织和教学与研究机构

中国心理学会工业心理专业委员会成立于1980年。在成立会上，心理学工作者一致认为，中国的工业心理学研究可分为两个大的方面：即工程心理学与管理心理学。工业心理专业委员会是一个完全由工业心理学工作者组成的专业性较强的学术团体，对成员资格有较严格的要求，目前该专业委员会的成员有几百人。中国行为科学学会成立于1985年，名为行为科学学会，实际上是组织行为学会。该学会对成员资格的要求并不十分严格，除了心理学和管理学专业的工作者以外，大部分成员是各类企业的领导人，现在全国分会达24个，成员逾千人。目前，我国有两个工业心理学的专门研究机构从事管理心理学的研究，一个是中国科学院心理研究所的工业心理研究室，另一个是杭州大学心理系的工业心理专业。此外，还有一些高等院校的管理学院也从事管理心理学的教学和研究，但人员不够集中，只是个别人独立开展研究工作。

（二）翻译和编写了一批管理心理学著作

我国的管理心理学研究，是从介绍和翻译国外尤其是美国的工业与组织心理学著作和学术动向开始的。从 20 世纪 80 年代起，我国翻译出版了一些国外较有影响的著作，如马斯洛的《动机与人格》、夏恩的《组织心理学》、麦考密克等人的《工业与组织心理学》，以及一些以"组织行为学"命名的其他著作。1985 年，我国学者自己编写的第一部《管理心理学》教材正式出版。随后，我国陆续出版了不少管理心理学和组织行为学的著作。据不完全统计，目前这类著作有近百种。这些著作的出版，满足了管理院校教学和培训企业干部的需要，为管理人才的培养和促进企业管理的科学化做出了重要贡献。

（三）开设了管理心理学课程

目前，大多数管理院校都为在校生开设了管理心理学课程，并为企业管理人员举办了各种讲习班。除专门培养工业心理学专业人才的院系和研究机构外，全国各主要大学的管理学院和管理系几乎都开设了这门课程。虽然课程的名称有所不同，有的称"管理心理学"，有的称"组织行为学"，但基本内容并无很大区别。更重要的是举办了大量的讲习班，向企业领导干部和管理人员讲授管理心理学的基本知识，这类讲习班对于在企业中普及管理心理学知识起了很大的推动作用。

（四）培养出了一批专业人员

目前，我国已有两个管理心理学博士学位授予单位（中科院心理学研究所和杭州大学心理系）和若干个硕士学位授予单位。其中，中国科学院心理研究所成立于 1951 年，前身是中央研究院心理研究所，现有职工总数 143 人，是我国唯一的国家级心理学研究机构，是国务院学位委员会批准的基础心理学、发展与教育心理学和应用心理学专业的博士和硕士学位授予单位，并设有心理学博士后流动站。

（五）开展了多方面的研究工作

我国的管理心理学研究工作者虽然人数不多，研究课题还不可能涉及管理心理学的全部领域，但却能集中于一些重要领域，包括激励、领导、决策和跨文化研究等方面。我国的管理心理学研究，虽然主要还是在吸收国外研究成果，并在此基础上结合我国企业存在的问题开展研究工作，但已经初步形成了自己的特色。具体表现在以下几个方面：① 研究工作较多采取现场研究方式，较少在实验室内进行；② 调查的对象很少是本专科学生，而主要是企业的管理人员和职工；③ 许多研究是与企业管理人员合作进行的。

课后深化与训练

请按要求填写以下表格。

	泰勒	法约尔	韦伯
个人介绍			
名誉称谓			
出版书籍			
研究内容			

知识链接

雨果·闵斯特伯格生平简介

雨果·闵斯特伯格（1863—1916），在德国出生的美国心理学家，工业心理学的主要创始人，被称为"工业心理学之父"，也是美国心理学界中因政治事件引起争议的人物之一。他出生于普鲁士的但泽，因心脏病突发逝于美国马萨诸塞州的剑桥市。

他的父亲为犹太木材商人，母亲为艺术家，兄弟四人，童年生活快乐，不幸的是20岁以前父母双亡而家境骤变。1882年毕业于但泽大学预科后，继而就学于瑞士日内瓦大学学习法语和文学，仅一学期后便转入德国莱比锡大学，先学习了社会心理学，后转学医学。1883年，他出席了W.冯特的一次讲座，深受冯特之影响而决定投身心理学并进入莱比锡大学心理实验室，此间他也继续学习医学，并于1884年通过预考。1885年7月，在莱比锡大学的冯特教授的指导下获得心理学哲学博士学位，之后继续在海德堡大学学习医学，1887年获医学博士学位。之后，自1887年起任弗赖堡大学讲师，先教社会心理学，后教医学，最后教哲学。由于学校没有心理学实验室，他自行出资在自己的住所里设置了心理学实验室，从事时间知觉、注意、学习记忆等方面的研究，吸引了各国的许多学生。

（资料来源：摘自百度百科——雨果·闵斯特伯格）

泰罗个人年表

● 1856年，泰罗出生于美国费城杰曼顿一个富有的律师家庭。在接受中学教育后，进入埃克塞特市菲利普斯·埃克塞特专科学校学习。

● 1874年，考入哈佛大学法律系，不久，因眼疾辍学。

● 1875年，进入费城恩特普里斯水压工厂当模具工和机工学徒。

● 1878年，转入费城米德维尔钢铁公司工作。从机械工人做起，历任车间管理员、小组长、工长、技师等职。

● 1881年，泰罗开始在米德维尔钢铁厂进行劳动时间和工作方法的研究，为以后创建科学管理奠定了基础。同年，在米德瓦尔开始进行著名的"金属切削试验"。

● 1883年，通过业余学习，获得新泽西州霍肯博的史蒂文斯技术学院机械工程学位。

● 1884年，担任米德维尔钢铁公司的总工程师。

● 1886年，加入美国机械工程师协会。

● 1890年，离开米德维尔，到费城一家造纸业投资公司任总经理。

● 1893年，辞去投资公司职务，独立从事工厂管理咨询工作。此后，他在多家公司进行科学管理的实验。在斯蒂尔公司，泰罗创立成本会计法。在西蒙德滚轧机公司，泰罗改革了滚珠轴承的检验程序。在伯利恒钢铁公司大股东沃顿（Joseph Wharton）的鼓动下，以顾问身份进入伯利恒钢铁公司，此后在伯利恒进行了著名的"搬运生铁块试验"和"铁锹试验"。

● 1895年，在美国机械工程师协会发表《计件工资制》。

● 1898年，与怀特（Munsell Wright）共同发明高速钢。

- 1901年，离开伯利恒钢铁公司，不再同任何工业公司来往，只从事不收取报酬的管理咨询、写作和演讲工作，推广"科学管理"。
- 1903年，正式出版《工场管理》。同年，在美国机械工程师协会的年会上宣讲《商店管理》。
- 1906年，正式出版《论金属切削技术》。同年，当选美国机械工程师协会主席，获得宾夕法尼亚大学名誉科学博士学位。
- 1909年，发表《制造业者为什么不喜欢大学生》。在伊利诺斯大学演讲《论成功之道》。这年冬天，泰罗受哈佛大学企业管理研究生院院长盖伊（Edwin F. Gay）的邀请，到哈佛讲授科学管理，一直持续到他去世。
- 1910年，洲际贸易委员会举行东部铁路公司运费听证会，"科学管理"开始广为传播。
- 1911年，发表《效率的福音》，同年正式出版《科学管理原理》。在陆军军械部部长克罗泽的支持下，泰罗在马萨诸塞的沃特顿兵工厂和伊利诺斯的罗克艾兰兵工厂进行科学管理实验。
- 1912年，正式出版《在美国国会听证会上的证词》。
- 1915年，因患肺炎在费城逝世，终年59岁。

（资料来源：摘自百度百科——弗雷德里克·泰罗）

第三节　管理心理学的人性假设

一、人性假设的含义

在现实的管理活动中，人们总是以他们对人性的假设为依据，运用不同的方式来组织、领导、控制和激励人的。从某种意义上说，接受一种人性假设的管理人员会趋向用一种方式来管理，而接受另一种人性假设的管理人员会趋向用另一种方式来管理。例如，一个认为人是不会自觉地努力工作的管理者，必然会在组织内建立严密的监控手段，以保证职工按时上班和努力工作。而深信人会自觉努力工作的管理者，则会在组织内建立民主参与的管理制度，鼓励职工自我约束，自我管理。

麦格雷戈认为，管理人员对人性所持的假定，实际上是管理人员的世界观的一部分，即他对人为什么要工作，以及应该如何激励他们和管理他们的看法。因此，要想提高和改进管理工作，真正要解决的问题在于管理者世界观和价值观的改变，这个问题解决了，其他问题如何解决便成了细枝末节。麦格雷戈有关人性的假设，概括起来包括以下三方面内容。

第一，管理的理论与管理者的观念是第一位的，而管理的政策与具体措施是第二位的，不能本末倒置，也不能简单混同。他曾反复强调："在我看来，管理当局对管理发展的正规作业在经理人的培养过程中所起的作用是非常小的，而主要是由于管理当局的观念所促成，包括对其所负任务本质的观念，及其为实行该项观念而制定的各项政策与实际的性质。"

第二，强调在管理中要着重开发人力资源，发掘人的潜在力量。麦格雷戈认为："须知一项事业的管理方式，往往决定管理阶层对所属人员的潜在力量的认知，及对如何开发这份潜在力量的认知。倘使我们对管理发展的研究，系自各项管理发展计划的形式上的制度着手，我们便将走错了路。"

第三，管理人员采用哪种理论假定要看具体情况，但是所持理论的观点要旗帜鲜明。在他看来，管理者对控制人力资源所持的各项理论假设，实为企业的整体特性的决定因素，而且还是今后若干代理人的素质的决定因素。因此，管理界应检讨他们所持的假设，并使他们的假设明确化。唯有如此，才能开启走向未来的大门。

马克思认为："人的本质并不是单个人所固有的抽象物，实际上，它是一切社会关系的总和。"这就是说，不能抽象地看待人性问题，人性不是由先天因素决定的，必须从人们在社会中所占的地位和所处的社会关系来看待人性。管理心理学家莱波曼（Lieberman）则从测量的角度，提出了以下考察人性假设的六个维度：

（1）我们相信人是可以信赖的，或是不可以信赖的程度；
（2）我们相信人是利他的或是利己、自私的程度；
（3）我们相信人是独立和自力更生的，或是依赖并顺从于群体或权威人物的程度；
（4）我们相信人是有意志和理性力量的，或是相信他们是由非理性的内部或外部因素控制的程度；
（5）我们相信人是有不同的思想、知觉和价值观的，或是相信他们的知觉与价值观等是基本一样的程度；
（6）我们对人是简单的或是十分复杂的生物这一点的相信程度。

二、人性假设的 X 理论与 Y 理论

1960 年，麦格雷戈出版了他的著作《管理理论 X 或 Y 的抉择——企业的人性面》。在这部著作中，他总结了若干较有代表性的人性假设，并将其归纳为 X 理论或 Y 理论。

（一）人性假设的 X 理论

麦克雷戈用 X 理论这一名称归纳了历史上控制导向的传统观点。其人性假设的基本点是：大多数人生来懒惰，总想少干一点工作；一般人都没有什么雄心，不喜欢负责任，宁可被别人指挥；多数人的个人目标都是与组织的目标相矛盾的，必须用强制、惩罚的办法，才能迫使他们为达到组织的目标而工作；多数人干工作都是为了满足基本的生理需要和安全需要，因此，只有金钱和地位才能鼓励他们努力工作；人大致可以分为两类，多数人都是符合于上述设想的人，另一类是能够自己鼓励自己、能够克制感情冲动的人，这些人应负起管理的责任。

基于上述人性假设，应采取的管理措施可归纳为以下三点。

（1）管理工作的重点是提高生产率、完成生产任务，而对于人的感情和道义上

应负的责任,则是无关紧要的。简单地说,就是重视完成任务,而不考虑人的感情。按照这种观点,管理就是进行计划、组织、经营、指导和监督。这种管理方式叫做任务管理。

(2) 管理工作只是少数人的事,与广大工人群众无关。工人的主要任务是听从管理者的指挥,但由于其必须在强迫和控制之下才肯工作,所以在管理上要求由分权化管理回复到集权化管理。

(3) 在奖励制度方面,主要用金钱来刺激工人生产的积极性,同时对消极怠工者采用严厉的惩罚措施。通俗些说,就是采取"胡萝卜加大棒"的政策。

(二) 人性假设的 Y 理论

Y 理论是将个人目标与组织目标融合的观点。被麦格雷戈称之为 Y 理论的人性假设是指:人在工作中消耗体力和智力是极其自然的事,就像游戏和休息一样;促使人朝着组织的目标而努力,外力的控制和惩罚的威胁并非唯一的方法,人为了达到其本身已经承诺的目标,自然会实行自我监督和自我控制;人对目标的承诺,是为了目标达成后得到的报酬,这种报酬的项目很多,其中最重要的是自我需要和自我实现的满足;只要情况适当,一般人不但能学会承担责任,而且也能学会争取责任;以高度的想象力和创造力来解决组织中的问题的能力,不是少数人独有的能力,而是大多数人都拥有的能力;在现代企业中,常人的智慧潜能仅有一部分被利用,大部分都未被开发。

Y 理论的各项人性假设,是对传统的管理思想和行为习惯的挑战。根据这种假设,必然会导致下述管理思想、原则和措施。

(1) 任何组织绩效的低落都应归于管理的不利。在组织的舞台上,人与人之间的合作倘若有所限制的话,决非人类本性所致,而是由于管理阶层的能力不足,未能充分挖掘和利用人力资源的潜力。

(2) 人是依靠自己的主动性和自我督导去工作的,因而在管理上要由集权化管理回到参与管理。

(3) 组织的基本原则是融合原则。即创造一种环境,使组织中的成员在该环境下,既能达成各成员的个人目标,又能实现组织的目标。

麦克雷戈认为,与 X 理论比起来,Y 理论的假设与社会科学上既有的各项知识更一致,是一种更具挑战性的新思想。但同时他又指出,Y 理论的各项假定是否正确,毕竟尚未完全证实。而且在他看来,将 Y 理论的假定落到实处,绝不是一件容易的事情。

(三) 人性假设的超 Y 理论

鉴于 X 理论和 Y 理论的局限与不足,摩尔斯(J. Morse)和洛斯奇(W. Lorsch)提出了超 Y 理论。这一理论对人性的假设是:人们到组织中工作的需要和动机是多种多样的,但主要需要的是取得胜任感。胜任感是指组织成员成功地掌握了周围的世界,其中包括所面对的任务而积累起来的满意感。取得胜任感的动机尽管人人都有,但不同的人可用不同的方式来实现,这取决于这种需要与其他需要之间的相互作用。组织目标与个人目标的一致易于导致胜任感,而胜任感既使实现了也仍会有激励作用。所有人都需要感到胜任,但由于人的个体差异的存在,因而用什么样的方式取得胜任感是不同的。

基于超Y理论的人性假设，在管理中应采用如下原则或措施：

(1) X理论和Y理论都既非一无是处，也非普遍适用，应针对不同情况，将任务、组织、人员做最佳的配合，以激励人员取得有效的工作成绩；

(2) 既要使组织的模式适合工作任务，也要使任务适合工作人员，以及使员工适合组织；

(3) 管理人员可能采取的最佳的组织管理方法，就是整顿组织使之适合任务性质与人员。

三、人性假设的经济人、社会人、自我实现人和复杂人理论

在西方管理心理学研究中，另一种较有影响的人性假设理论是雪恩（H. Schein）提出的四种与管理有关的人性假设，即"经济人"、"社会人"、"自我实现人"和"复杂人"的假设。雪恩是当代著名管理心理学家，曾在哈佛大学获心理学博士，现任麻省理工学院斯隆管理学院的组织研究学会主席，管理与组织心理学教授。他在《组织心理学》一书中详细阐述的四种人性假设，展现了西方管理界对人性看法的发展历程。

(一) "经济人"假设

"经济人"假设又称"实利人"假设，这种假设起源于享乐主义哲学和亚当·斯密（Adam Smith）关于劳动交换的经济学理论，是早期管理思想的体现。这一假设认为，人的行为动机源于经济诱因，在于追求自身利益最大化。在企业中，人的行为的主要目的是追求自身的利益，工作的动机是为了获得经济报酬。资本家是为了获取最大利润才开设工厂，而工人则为了获得经济报酬才来工作，只要劳资双方共同努力，大家都可得到好处。

经济人假设包括如下基本观点：职工基本上都是受经济性刺激物激励的，不管是什么事，只要向他们提供最大的经济利益，他们就会去干；由于经济刺激在组织的控制之下，所以职工在组织中的地位是被动的，他们的行为是受组织控制的；感情是非理性的，必须加以防范，否则会干扰人们对自己利益的理性的权衡；组织能够而且必须按照能中和并控制人们感情的方式来设计，特别是那些无法预计的品质。

根据经济人假设制定的管理策略或措施有：

(1) 组织应用经济性奖酬来获取职工们的劳务与服从；

(2) 管理的重点应放在高效率的工作效益上，而对人们感情和士气方面负的责任是次要的；

(3) 如果人们工作效率低、情绪消沉，解决的办法就是重新审查组织的奖酬刺激方案，并加以改变。

(二) "社会人"假设

"社会人"假设又称"社交人"假设，这种假设认为，人的最大需要是社会性需要，人在组织中的社交动机，如想被自己的同事接受和喜爱等，远比对经济性刺激物的需要的动机更加强烈。只有满足人的社会性需要，才能有最大的激励作用。

社会人假设可概括为如下几点：社交需要是人类行为的基本激励因素，而人际关系则是形成人们身份感的基本因素；从工业革命中延续过来的机械化，使工作丧失了许多内在的意义，这些丧失的意义现在必须从工作中的社交关系里寻找回来；与管理部门所采用的奖酬和控制的反应比起来，职工更容易对同级同事所组成的群体的社交因素做出反应；职工对管理部门的反应能达到什么程度，取决于管理者对下级的归属需要、被人接受的需要以及身份感的需要能满足到什么程度而定。

根据社会人假设制定的管理策略或措施有：

（1）管理者不要把注意力局限在完成任务上，应更多地注意为完成任务而工作的那些人的需要；

（2）管理者不仅要对下属进行监控和指导，还应关注其归属感、地位感和心理健康；

（3）管理者在进行奖励时，不仅要对个人进行奖励，还应考虑对集体进行奖励；

（4）管理者不是简单的任务下达者，他应充当下情上达的联络人，应成为职工利益的同情者和支持者。

从"经济人"假设到"社会人"假设无疑是进了一步。但这种管理上的人性观的改变并不是因为资本家变得善良了，而是由于企业之间竞争的加剧和企业中劳资关系的紧张，迫使资本家不得不改变他们的看法。"社会人"假设企图通过改善企业内部的人际关系来从根本上解决劳资对立，但这是不可能的。因为只有彻底改变人剥削人的资本主义制度，才能从根本上解决企业内部的劳资对立关系。但也不能不看到，从"社会人"的观点实行参与管理，在某些企业中确实在某种程度上起到了缓和劳资矛盾的效果。另外，"社会人"假设认为人与人之间的关系对于激发动机、调动职工的积极性是比物质奖励更为重要的因素，这一点对企业制定奖励制度也有参考意义。

（三）"自我实现人"假设

"自我实现人"的概念是由美国心理学家马斯洛提出的。雪恩在总结了马斯洛、阿吉里斯、麦克雷戈等人的理论后，提出了以下自我实现人假设，并认为这种假设与麦克雷戈的"Y"理论假设是一致的。自我实现人假设的基本内容是：当人们的最基本的需要得到满足时，就会转而致力于较高层次的需要，寻求自身潜能的发挥和自我价值的实现；一般人都是勤奋的，他们会自主地培养自己的专长和能力，并以较大的灵活性去适应环境；人主要还是靠自己来激励和控制自己的，外部的刺激和控制可能会使人降低到较不成熟的状态去；现代工业条件下，一般人的潜力只利用了一部分，如果给予适当的机会，职工们会自愿地把他们的个人目标与组织的目标结合为一体。

根据自我实现人假设提出的管理策略与措施是：

（1）管理者应尽量把工作安排得富有意义，让工作具有挑战性，使工人工作之后能引以为豪，满足自尊；

（2）管理者的职能要由控制者、激励者、指导者变为提供方便者，其责任在于寻找什么工作对什么人具有最大的挑战性，最能满足其自我实现的需求，使工人在

工作中不再感到负担,而感到生活的乐趣和意义;

(3) 奖励分外在奖励和内在奖励,但在实施中应强调内在奖励,注意职工个人潜能得到发挥的成就感,通过满足其自尊和自我实现的需要来调动其积极性、主动性;

(4) 管理者要实行民主参与管理,给职工一定的自主权,为他们提供机会,由他们自我激励,从而自然地达到组织目标。

从理论上看,自我实现的人性观也是错误的。人既不是天生懒惰的,也不是天生勤奋的,此外,人的发展也不是自然成熟的过程。"自我实现人"假设认为,人的自我实现是一个自然发展过程,人之所以不能充分地自我实现,是由于受到环境的束缚和限制。实际上,人的发展主要是受社会影响,特别是社会关系影响的结果。在批判这种人性假设的错误观点的同时,其中的一些管理措施也值得借鉴。例如,如何在不违反集体利益的原则下为职工和技术人员创造较适当的客观条件,以利于其充分发挥个人的才能。

(四)"复杂人"假设

雪恩在20世纪60年代末至70年代的调查研究中发现,人不只是单纯的"经济人",也不是完全的"社会人",更不可能是纯粹的"自我实现人",而应该是因时、因地、因各种情况而具有不同需要和采取不同反应方式的"复杂人"。

复杂人假设的基本内容是:人的需要是多种多样的,而且这些需要随着人的发展和生活条件的变化而发生改变,每个人的需要都各不相同,需要的层次也因人而异;人在同一时间内有各种需要和动机,它们会发生相互作用并结合为统一的整体,形成错综复杂的动机模式。例如,两个人都想得到高额奖金,但他们的动机可能很不相同。一个可能是要改善家庭的生活条件,另一个可能把高额奖金看成是达到技术熟练的标志;人在组织中的工作和生活条件是不断变化的,因此会不断产生新的需要和动机。这就是说,在人生活的某一特定时期,动机模式的形成是内部需要和外界环境相互作用的结果;一个人在不同单位或同一单位的不同部门工作,会产生不同的需要。

根据"复杂人"的假设,应该采取以下的管理策略与措施。

(1) 管理者要有权变论的观点,即以现实的情景为基础做出可变的或灵活的行为反应。为此,管理者要学会在某一给定的情景中正确地进行组织和管理,领导方式要随实际情景而定;

(2) 既然人的需要与动机是各不相同的,那么管理者就要根据不同人的不同情况,灵活地采取不同的管理措施,即因人而异、因事而异;

(3) 管理者的管理策略与措施不能过于简单化和一般化,而是要具体分析,根据情况采取灵活多变的管理方法。

应当承认,"复杂人"的假设和权变理论含有辩证法的因素,它强调根据不同的具体情况,针对不同的人采取灵活机动的管理措施,对于我们的管理工作也有一定的启发意义,这是应当肯定的。但是,"复杂人"假设只强调人们之间差异性的一面,而在某种程度上忽视人们共性的一面,这是片面的。

课后深化与训练

1. 请填写以下表格

	经济人假设	社会人假设	自我实现人假设	复杂人假设
定义				
管理的重点				
管理人员的职能				
奖励方式				
基本观点				
评价（优缺点）				

2. 案例分析

静听那无声的心声

公元3世纪，某国的国王把王子送到古朴大师处，希望大师收他为徒，并教导王子成为一位杰出的国王。王子抵达古朴大师的寺庙后，大师就把他独自送到大森林里，并要求王子在一年后回到寺庙时，描述森林的声音。

冬去春来，王子回到寺庙，滔滔不绝地对大师讲述他在森林里听到的声音："大师，我听到了森林里各种各样的声音：杜鹃婉转地歌唱，树叶窃窃地私语，风鸟嗡嗡地啼鸣，蟋蟀唧唧地鸣叫……"听完了王子的话，大师再让他回到森林里继续倾听。对此，王子颇为困惑，难道他还没有完全辨识森林所有的声音吗？他沮丧地回到了森林。

时间一天天地过去，王子孤独地端坐在森林里，竖着双耳尽力地倾听。然而令他失望的是，除了自己过去已经听到过的声音，别无其他的声音。正在绝望之时，有天清晨，他在树下默默地打坐，心神安静下来之后，他突然开始感觉到从来没有听到过的模糊的声音。愈是聚精会神地倾听，这些声音愈是清楚。他立即茅塞顿开。

回到寺庙，王子恭敬地向大师描述他的收获："当我集中全力倾听时，我听到了我原来听不到的声音，那是一种无声的声音，那是鲜花在缓缓地开放，大地在阳光下苏醒，小草在吮吸着露珠的声音。""你具备了成为杰出国王的基本素质，你现在可以开始学习如何领导你的国家了。"大师欣慰地说。

（资料来源：摘自豆丁网——《管理心理学基础及影响因素》课件）

请问：古朴大师这样做的用意是什么呢？

 知识链接

微软公司的人格化管理

微软公司无疑是世界上聪明人云集的地方，比尔·盖茨靠什么对这些员工进行有效的管理呢？答案很简单，即人格化管理。

1. 建立电子邮件系统

这种系统的使用使员工体验到和睦的民主气氛。电子邮件系统是一种最迅速、

最方便、最直接、最尊重人性的沟通工作方式。除了员工间的相互沟通、传递信息、布置任务可以通过它外，最重要的是员工对公司最高层提出意见和建议时也可以方便地使用它。电子邮件系统为微软公司内部员工和上下级的交流提供了最大的方便，确保了相互间意见的及时沟通，有利于消除相互间隔阂，统一步调，这是微软公司在人员管理上的一大创造。

2. 无等级的安排

等级隔阂是人与人之间关系难以融洽的一大原因，这种在不同等级间形成的思想隔阂是很难消除的，它的存在妨碍了人们间的相互沟通，不利于企业员工形成一个坚强的整体，为共同的事业齐心努力。因此，在管理工作中，应尽可能消除它的影响。

微软公司在公司内部人员关系的处理上正是这样做的。

(1) 平等的办公室。只要是微软公司的职工，都有自己的办公室或房间，每个办公室都是相互隔开的，有自己的门和可以眺望外面的窗户。每个办公室的面积大小都差不多，即使董事长比尔·盖茨的办公室也比别人的大不了多少。对自己的办公室，每个人享有绝对的自主权，可以自己装饰和布置，任何人都无权干涉。至于办公室的位置也不是上面硬性安排的，而是由员工自己挑选的，如果某一间办公室有多个人选择，则通过抽签决定。另外，如果你对第一次选择不满意，还可以下次再选，直到满意为止。每个办公室都有可随手关闭的门，公司充分尊重每个人的隐私权。微软公司的这种做法与其他公司不同，它使员工们感到心情舒畅。

(2) 无等级划分的停车场。在微软公司，各办公楼门前都有停车场，这些停车场是没什么等级划分的，不管是比尔·盖茨，还是一般员工，谁先来谁就先选择地方停车，只有先来后到，没有职位高低。但是，即使如此，比尔·盖茨也从来没有因找不到停车的地方而苦恼过，这是因为每天他比任何人来得都早。

3. 轻松的工作氛围

让员工尽可能放松，减少不必要的干扰，是微软公司为员工设想的又一个方面。

(1) 没有时钟的办公大楼。微软公司的办公大楼是用简易的方法建造的，主要的材料是玻璃和钢筋。办公大楼的地面上铺着地毯，房顶上安装着柔和的灯光，但让人奇怪的是整座办公大楼内看不到一座钟表，大家凭良心上下班，加班多少也是自愿的。

(2) 适应天气的工作方式。微软公司总部位于西雅图市，该市的天气情况是经常阴天，晴天较少，只要一出太阳，风和日丽，员工们均可自由自在地在外面散心。

(3) 到处可见的高脚凳。微软公司除了为员工免费提供各种饮料之外，在公司内部，用于办公的高脚凳到处可见，其目的在于方便公司员工不拘形式地在任何地点进行办公。当然，这种考虑也离不开软件产品开发行业的生产特点。

(4) 快乐的周末。每周星期五的晚上举行狂欢舞会是微软公司的传统。比尔·盖茨一直想把这个舞会办得更正式一点，以缓解经过繁重拼搏形成的压力和紧张，增强企业员工的凝聚力和向心力，达到相互沟通、增进理解和友谊的目的。

微软公司就是靠别出心裁的人格化管理，吸引了一大批富有创造力的人才到微软公司工作，并且微软公司独特的文化氛围，也使这些人才留在了微软。

(资料来源：摘自《中国培训》，2002年01期)

第二章 个性与管理

 能力目标

▶ 能够运用各种测试工具准确地测试自己的个性、气质、性格和能力。
▶ 能够根据不同人的不同的个性特征安排职位,做到人职匹配。

 知识目标

▶ 了解心理过程,明确心理过程的实质及其与社会的关系。
▶ 明确气质的含义及与管理的关系。
▶ 熟知性格的含义、类型及对管理的影响。
▶ 掌握能力的类型、差异及在管理中的应用。

 导入案例

在一次工商界的聚会中,几个老板大谈自己的经营心得。其中一个老板说:"我有三个毛病很多的员工,我准备找机会炒他们的鱿鱼。"另一个老板问:"为什么要这样做呢?他们有什么毛病?"第一个老板说:"一个整天嫌这嫌那,专门吹毛求疵;一个杞人忧天,老是害怕工厂有事;另一个喜欢偷懒,整天在外面闲荡鬼混。"第二个老板听后想了想说:"这样吧,把这三个人让给我吧!"

第二天,这三个有毛病的员工到新公司报到,新老板什么也没说就开始给他们分配工作:喜欢吹毛求疵的,负责公司产品质量的管理;害怕出事的人,负责安全保卫及保安系统的管理;喜欢闲荡的人,负责商品宣传,整天在外面跑。

这三个人一听分配的职务和自己的个性相符,不禁大为兴奋,都兴冲冲地上任了。过了一段时间,因为三个人的卖力工作,公司的运营绩效直线上升。

分析与启示:人心不同,各如其面,提高管理效率,必须采用"个性"的管理办法。掌握人格差异,合理用人,是实现事半功倍效率的核心。

第一节 个性心理

一、个性的概念

个性一词是从英文"personality"翻译过来的，亦可译为人格。它最初源于拉丁语"Persona"，原意是指古希腊戏剧中演员所戴的面具。所谓面具就是演戏时应剧情需要所戴的或化妆的脸谱，用来表现剧中人物的身份和性格。就如我国京剧有大花脸、小花脸等各种脸谱一样，用来表现各种性格和角色。心理学沿用面具的含义，转意为个性。其中包括了两个意思：一是引申为一个人在生命舞台上扮演各种角色时表现出来的种种言行，是个性所具有的"外壳"，它表现出一个人外在的个性品质；二是指一个人由于某种原因不愿展现的心理成分，即面具后的真实自我，这是个性的内在特征。

在心理学中，一般认为，个性是个人在自然素质的基础上，在一定的社会生活条件下形成的具有一定倾向性的、比较稳定的、独特的各方面心理特征的总和，它体现了一个人独特的精神风貌。

现实生活中的每一个人都不是作为"人"的概念而抽象存在的，而是作为一个个有自己的思想情趣和行为风格的活生生的人具体存在的。人与人之间总是有着这样或那样的差别，完全相同的两个人是不存在的。每一个具体的人，由于他从先天遗传所获得的天赋素质和生理条件的不同，以及他在后天环境中所具有的物质生活条件的不同，就会在他所进行的心理活动中表现出种种显著不同的个人倾向和特点。这些稳定的而不同于他人的特点模式，使人的行为带有一定的倾向性，它表现了一个人由表及里的，包括身心在内的真实特性，这就是个性。

二、个性的基本特征

（一）整体性

个性的整体性是指构成个性的各种心理成分和特质，如能力、气质、性格、情感、动机、态度、价值观、行为习惯等，在一个现实的个人身上它们并不是孤立存在的，而是密切联系构成一个完整的功能系统。正常人的行动并不是某一特定成分（如能力或情感）运作的结果，而是各个成分密切联系、协调一致所进行的活动。正像汽车那样，它要顺利运行，各部分必须协调一致朝着一定的目标，作为一个整体而运作。心理的完整性是心理健康的表征。精神分裂症是一种常见的精神病，如果一个人得了精神分裂症，他就丧失了心理的完整性和一致性。患者的感觉、记忆、思维和心理机能虽没有丧失，但已经乱七八糟的了。由此可见，正常人的心理是多样性的统一，是一个有机的整体。

（二）独特性与共同性的辨证统一

个性的独特性是指人与人之间的心理和行为是各不相同的。由于个性组合结构的多样性，使每个人的个性都有其自己的特点。比如同是沉默寡言的特征，有的人冷眼看世界，不是知音不与谈；有的是胸无点墨，故作高深。强调个性的独特性，并不排除个性的共同性。个性的共同性是指由于受共同的社会文化影响，同一民族、同一地区、同一阶层、同一群体的个体之间具有的共同的典型心理特点。例如受儒家文化的影响，全世界的华人都有不少相同的个性特征。因此，个性是差异性和共同性的统一。

(三) 稳定性和可变性的辨证统一

个性的稳定性是指个体的个性特征经常地、一贯地表现在心理和行为之中。例如，一个人经常地、一贯地表现得冷静、理智、处事有分寸，我们才能说这个人具有"自制"的性格特征。至于他偶尔表现出的冒失、轻率，则不是他的性格特征。由于个性的稳定性，因而我们可以从一个人儿童时期的个性特征推测其成人的性格特征。俗话说，"江山易改，禀性难移"，即形象地说明了个性的稳定性。个性的稳定性并不意味着它在人的一生中是一成不变的，随着生理的成熟和环境的改变，个性也可能产生或多或少的变化。如社会地位和经济地位的重大改变、丧偶、迁居异地等，往往会使一个人的个性发生较大的甚至彻底的改变。

(四) 社会性和生物性的辩证统一

个性从其形成和表现的形式上看，既受社会历史的制约，又受个人生理特征的影响。如需要、理想、信念、价值观、性格都是受社会影响而形成的，使个性带有明显的社会性。例如，在一定的社会中，同一民族、同一阶级的人们在某些共同的生活条件下生活，逐渐掌握了这个社会的风俗习惯和道德观念，就会形成某些共同的人格特点。但是人又是一个有血有肉的个体，个体的遗传和生物特性是个性形成的自然基础，影响着个性发展的道路和方式，也决定个性特点形成的难易。例如，一个神经活动类型属于强而不平衡型的人，就比较容易形成勇敢、刚毅的人格特点，而要形成细致、体贴的人格特点就比较困难。相反，一个神经活动类型属于弱型的人，就比较形成细致、体贴的人格特点，而要形成勇敢、刚毅的人格特点就比较困难。所以个性是在先天自然素质和社会环境的相互选择、相互渗透的积淀物。

三、个性的基本心理结构

从系统论的观点看，个性是一个多层次、多维度的复杂的整体结构，其主要成分包括个性心理倾向性和个性心理特征。

(一) 个性心理倾向性

个性心理倾向性是指一个人所具有的意识倾向性和对客观事物的稳定态度。它主要包括需要、动机、理想、信念、世界观等心理成分，其中世界观在个性倾向性的诸成分中居于最高层次，决定着人的总意识倾向。个性倾向性体现了一个人需要什么、追求什么、信仰什么，故又称个性倾向。个性倾向是人从事各项活动的基本动力，它决定着一个人的态度、行为的积极性与选择性，它对个性的变化和发展起推动与定向的作用，是整个个性结构的核心。

个性倾向性的各个成分是互相联系，彼此影响的，但其中总有一个成分居于主导地位，并随一个人的成熟与发展的阶段而变化。在儿童期，支配心理活动与行动的主要是兴趣；在青少年期，理想上升到主导地位；到青年晚期和成年期时，人生观和世界观支配着人的整个心理与行动，成为其主导的心理倾向。

(二) 个性心理特征

个性心理特征是一个人身上经常表现出来的本质的、稳定的心理特点，主要包括能力、气质和性格。这种稳定的心理特征是个性心理倾向性稳固化和概括化的结果。

个性心理特征的每种特性都和其他特性处于不可分割的有规律的联系之中。能力、气质、性格各有特点，但又相互关联。例如，性格可以改变气质类型，气质又可以使性格带有特殊色彩并影响其形成和发展的速度。

一个人的个性心理倾向性是在实践活动中逐渐形成并发展起来的，它反映了一个人与客观环境之间的相互关系，以及一个人特殊的生活环境和特殊经历。当一个人的个性心理倾向成为一种稳定而概括的倾向时，就成为自己对他人、对自我、对某事的一贯态度并采取相应的行为方式，从而构成一个人所具有的独特的性格特征。因此，个性特征与个性倾向性是相互联系且相互影响的。

四、个性的形成与发展

影响个性形成和发展的因素是很多的，但从先天与后天，主观与客观诸方面分析，可以分为遗传素质、社会生活环境、教育和个体的主观努力三个方面。

(一) 遗传素质为个性的形成和发展提供了生理前提

遗传素质是指个体的那些生来俱有的解剖生理特点。例如，个体的身体构造、形态以及感觉器官、运动器官和神经系统，特别是大脑的结构和机能特点。遗传素质在个性形成发展中的作用有两个方面：一是它为个性的形成发展提供了物质的生理基础。一个人不具有相应的物质生理基础，有关的个性特点就不能形成。天生的盲人不能成为画家，生来聋哑的人绝不能成为歌唱家；二是它为个性的形成发展提供可能性，因而在一定条件下，凡是生理发育正常的人都可以成为具有某种才能、某种品德行为的人。另外，人与人的遗传素质存在一定差异性。例如，人的高级神经活动的类型特点是各不相同的，这些差异特点，正是他们的个性的不同心理因素的物质生理基础，但这并不能决定一个人的个性模式，只是个性形成的潜在可能性，没有规定个性的现实性。要想使这种可能性转变为现实性，还要在实践活动的过程中凭借社会环境的作用才能实现。所以，在个性形成的问题上，否认遗传素质作用的理论是不对的，但过分夸大遗传素质的作用，主张"遗传决定论"也是错误的。

(二) 社会生活条件是个性形成和发展的决定因素

遗传素质在个性形成中仅仅提供了必要的前提和可能性，而这种可能性是否能转变为现实性，主要取决于后天的社会生活条件和教育的作用。社会生活条件，主要指社会经济、国家制度、生产关系以及由它决定的生活方式等。在个性形成发展中，社会生活条件的作用有两层含义，从广义说，整个社会生活环境对个性形成发展起着决定性的作用。所以，任何个性都打着社会的烙印，任何个性发展都受着社会的制约。例如，封建社会几千年，很多人的聪明才智被埋没。从狭义说，局部的社会生活环境包括家庭、周围环境和人际关系影响等，对个性的形成发展起着重要的影响作用。俗话说："近朱者赤，近墨者黑。"家庭是社会生活的基本单位，社会物质生活条件，首先通过家庭去影响儿童的个性。家庭成员特别是父母是儿童最早的老师，他们的教育观点、教育态度和教育方法等对儿童有着潜移默化的作用，儿童在家庭的地位也会在他的个性中打下深刻的烙印。儿童如果受家庭的溺爱，易养成任性、娇气、执拗等不良性格。若家庭民主和睦，管理得法，则儿童易形成独立、坚强、乐观助人、有创造精神的性格。所以不能忽视局部环境对个性形成发展的作用。但我们也不能过分夸大环境的作用，过分了则是"环境决定论"。同时，我们不能脱离先天素质这个自然前提以及人的主观能动性这个内因条件，孤立地谈社会生活条件的决定作用，否则就无法理解这样的事实：高尔基生活在俄国沙皇时代，从小经受磨难，后来竟成了世界文学巨人；鲁迅先生生活在黑暗的旧中国，却成了中国文化革命的主将。所以，在个性形成问题上，对社会生活条件的作用，我们必须有个正确的辩证看法。

（三）学校教育在人的个性形成和发展中起主导作用

社会生活条件对人的个性影响，是自发的和多向的，有时是一致的，有时是相向的。这就可能产生合力或分力，甚至阻力。所以，社会生活条件对个性形成和发展的决定性作用，还得由教育把握其方向。学校教育虽然也是环境条件，但它与一般环境条件不同，它是由一定的教育者，按照一定的教育目的，组成一定的教育内容，并采取一定的教育方法，对受教育者施加的有系统的影响，它是有目的、有计划、有组织的。能对人的个性的发展给予全面、系统和深刻的影响。尤其是教育能排除和控制环境中的一些不良因素的影响，给人以更多正面的引导，从而使人的个性朝着健康的方向发展。所以，教育在个性形成发展中起主导作用。例如，一个人发音器官再好，如果没有音乐教师的培养训练，不学声乐技巧，不认识音乐旋律，就不可能成为优秀歌手。

（四）个体的主观能动性在个性的形成和发展中起决定性作用

环境和教育的影响只是学生个性形成和发展的外因，这种影响只有通过"内因"——学生的主观能动性才能起到作用。应当说，学生的主观能动性是其个性形成和发展的动力。在相同的环境和教育条件下，由于人们对待环境教育的态度不同，形成的个性也不一样。14岁的钢琴手毛坤裴，其父母是有名的击剑运动员，从小他的父母就很想培养他继承自己的事业，但毛坤裴对击剑丝毫不感兴趣，却喜欢跳舞唱歌，后来在一个钢琴教师的指导下，成了著名的钢琴手。所以，学校和家庭对学生施加的影响，必须激起他们的主观需要，使合理的要求变成他们自己的兴趣和求知欲，并以此为动力，积极参加各种实践活动，在活动中锻炼自己的才干，陶冶情趣，发展个性。

总之，个性的形成和发展是一种多因素错综复杂影响的结果。其中遗传素质是自然前提，社会生活条件是决定性因素，教育起主导作用，个体社会实践活动和个人主观能动性是内因。个性正是在遗传素质的前提下，在主体参加社会实践的活动过程中被塑造出来的。教师的作用在于协调、引导、促进和规范各因素对学生个性形成和发展的影响。

课后深化与训练

1. 以小组为单位，在查阅资料的基础上，说明文化因素对个性形成与发展的影响，并形成文字说明稿。

2. 一群来自各个国家的人，同乘坐一条船，船在行进中出现了故障，渐渐下沉，为保证乘客的安全，必须让乘客跳水。船长深谙世事，知道这些乘客的文化背景不同，个性也不尽相同，必须采用不同的方式说服她们。如果你是船长，你会采用怎样的方式？这些乘客分别来自英国、法国、德国、意大利、美国、中国。

 知识链接

中西方文化的差异

1. 自我中心与无私奉献

西方人自我中心意识和独立意识很强，主要表现在以下几个方面。

（1）自己为自己负责。每个人生存方式及生存质量都取决于自己的能力。因此，每个人都必须自我奋斗，把个人利益放在第一位。

（2）不习惯关心他人，帮助他人，不过问他人的事情。

（3）主动帮助别人或接受别人帮助在西方常常是令人难堪的事。因为接受帮助只能证明自己无能，而主动帮助别人会被认为是干涉别人私事。

中国人的行为准则是"我对他人、对社会是否有用"，个人的价值是在奉献中体现出来的。中国文化推崇一种高尚的情操——无私奉献。在中国，主动关心别人，给人以无微不至的体贴是一种美德。因此，中国人不论别人的大事小事、家事私事都愿主动关心，而这在西方会被视为"多管闲事"。

2. 创新精神与中庸之道

西方文化鼓励人们开拓创新，做一番前人未做过的、杰出超凡的事业。而传统的中国文化则要求人们不偏不倚，走中庸之道。中国人善于预见未来的危险性，更愿意维持现状，保持和谐。

3. 个性自由与团结协作

西方人十分珍视个人自由，喜欢随心所欲，独往独行，不愿受限制。中国文化则更多地强调集体主义，主张个人利益服从集体利益，主张同甘共苦，团结合作，步调一致。

4. 平等意识与等级观念

西方人平等意识较强，无论贫富，人人都会尊重自己，不允许别人侵犯自己的权利。同时，人人都能充分地尊重他人。在美国，很少有人以自己显赫的家庭背景为荣，也很少有人以自己贫寒出身为耻。因为他们都知道，只要自己努力，是一定能取得成功的。正如美国一句流行的谚语所言："只要努力，牛仔也能当总统。"传统的观念在一些中国人的头脑中仍根深蒂固。父亲在儿子的眼中、教师在学生的眼中有着绝对的权威。

5. 核心家庭与四世同堂

美国式的家庭结构比较简单：父母以及未成年孩子，称之为核心家庭。子女一旦结婚，就得搬出去住，经济上也必须独立。父母不再有义务资助子女。这种做法给年青人提供最大限度的自由，并培养其独立生活的能力，但同时也疏远了亲属之间的关系。

中国式的家庭结构比较复杂，传统的幸福家庭是四代同堂。在这样的家庭中，老人帮助照看小孩，儿孙们长大后帮助扶养老人，家庭成员之间互相依赖，互相帮助，密切了亲情关系。然而，这种生活方式不利于培养年青人的独立能力。

（资料来源：根据百度文库——《中西方文化的差异》一文整理）

第二节 气质与管理

一、什么是气质

气质源于拉丁语，原意是混合、掺和的意思，后被用于描述人们的兴奋、激动、喜怒无常等心理特征。气质一词应用的领域较多，在不同的领域中有不同的内涵。心理学中的气质概念内涵较窄，它与日常生活中运用的"脾气"、"秉性"、"性情"等意义近似。现代心理学把气质定义为：气质是个体表现在心理活动的强度、速度、灵活性与指向性等方面的一种稳定的心理特征。理解此定义时应注意以下四点。

（一）气质是个体心理活动和行为的动力特征

气质的动力特点主要表现为心理活动的速度、强度、稳定性、指向性方面的特征。如一般把知觉速度、情绪和动作反映的快慢归结为速度方面的特点，把注意持续的时间长短、情绪起伏变化等则归结为稳定性方面的特点，而把心理活动倾向于外部事物还是倾向于自身内部归结为指向性方面的特点。

（二）气质受先天生物学因素影响较大

人的气质特点，几乎在初生后不久就能看到。在儿童生命最初几星期内，对刺激的敏感度、对新事物的反应等就有明显的差异，如有的婴儿好哭、好动，有的婴儿安静、很少哭闹；就是同为哭叫，在声音大小、急缓和持续时间上也各有不同。研究表明，年龄越小气质的表现越明显，气质的特征也越清楚。由于气质较多地依赖于先天因素，因此，气质在个性中具有较大的稳定性，人们通常所说的"禀性难移"就是指气质的稳定性与难以改变。有人对20对同卵双生子和异卵双生子的研究结果发现，同卵双生子在某些气质特征方面比异卵双生子表现出更大的相似性。

（三）气质具有一定的可塑性

气质虽然具有先天性，但并不意味着它完全不起变化，在生活环境和教育的影响下，在性格的掩盖下，气质可以得到相当程度的改造。例如，生活的坎坷或事业的挫折，可能会使一个活泼好动的青年变成一个沉默寡言、行动拘谨的人。

人的气质不仅随环境、教育、职业、主观努力的变化而变化，而且还会随着年龄的变化而变化。一般来说，少年时期兴奋性较强，抑制性较弱，表现为好动、敏捷、热情、积极、急躁轻浮；壮年兴奋性与抑制性平衡，表现为坚毅、深沉；老年兴奋性弱，抑制性强，表现为沉着、冷静、动作缓慢、不灵活。

（四）气质无好坏之分

气质给人们的言行涂上某种色彩，但不能决定人的社会价值，也不直接具有社会道德评价的作用。相同的气质类型，既可能成为品德高尚、有益于社会的人，也可能成为道德败坏、有害于社会的人。气质不能决定一个人的成就，任何气质的人，既可能在不同实践领域中取得成就，也可能成为碌碌无为的人。

二、气质学说

关于人的气质及气质类型，不少学者经过探讨提出了不同的见解，形成不同的气质理论。主要的气质学说有以下几种。

（一）四根说

这是由古希腊医学家恩培多克勒（Empedokles）提出的。他认为人的身体是由土、水、火、空四根构成的。其中，固体部分是土根，液体部分是水根，呼吸是空气根，血液是火根。每个人心理的不同是由于四根配合的比例不同。他认为演说家是舌头四根配合最好的人，艺术家是手的四根配合最好的人。恩培多克勒的四根说是以后气质概念的萌芽。

（二）体液说

这是古希腊医生希波克拉底（Hippocrates）提出的，他认为人体内有四种液体，即血液、黏液、黄胆汁、黑胆汁。这四种体液在个体身上的不同组合，就形成四种不同类型的人。后来，古罗马医生盖仑（C. Galen）提出了"气质"概念，进一步确定了气质类型，提出人的四种气质类型是多血质、胆汁质、黏液质和抑郁质。血液占优势的人是多血质，温而润，像春天；黏液占优势的人是黏液质，冷酷无情，像冬天；黄胆汁占优势的人是胆汁质，热而躁，像夏天；黑胆汁占优势的人属抑郁质，冷而躁，像秋天。

虽然这种学说对气质的分类是不科学的，但他们对气质类型的命名，被后世许多学者所采用，一直沿用至今。自希波克拉底和盖仑提出气质"体液说"之后，很多心理学家又进一步从体型、血型、内分泌等生物因素方面试图对气质及其生理机制给以解释。

（三）高级神经活动类型说

巴甫洛夫认为气质的生理基础不在于体液，而在于高级神经活动的类型，提出用高级神经活动类型解释气质。高级神经活动类型是在高级神经活动过程中所特有的最重要和最稳定的特性的独特结合。他通过研究发现，神经活动过程（兴奋和抑制）有三种基本的特性：强度、平衡性、灵活性。巴甫洛夫根据这三种特性的独特结合，提出最基本的高级神经活动类型有以下四种。

1. 强而不平衡的类型——不可遏止型

兴奋过程强于抑制过程。这是一种易兴奋、不易安静的类型，也称之为兴奋型。

2. 强而平衡且灵活的类型——活泼型

兴奋和抑制都有较大且基本相等的强度，相互之间转化灵活。表现特点是，反应灵敏、外表活泼、能很快适应迅速变化的外界环境。

3. 强而平衡但不灵活的类型——安静型

兴奋和抑制都较强且程度大体相当，但相互转化不灵活。表现特点是，新的条件反射容易形成，但不容易改造。

4. 兴奋和抑制都比较弱的类型——弱型

兴奋和抑制都很弱，而且弱的抑制过程占优势。表现特点是，无论哪种形式的条件反射的形成都很慢，神经过程的承受能力小，也叫抑制型。

巴甫洛夫的四种神经活动类型与四种气质类型有紧密的联系。高级神经活动类型是气质类型的生理基础，气质是高神经活动类型的心理表现，其关系如图2-1所示。

表2-1　高级神经活动类型与气质类型

神经过程的基本特性			高级神经活动类型	气质类型
强度	平衡性	灵活性		
强	不平衡	灵活	兴奋型（不可遏止型）	胆汁质
强	平衡	灵活	活泼型（灵活型）	多血质
强	平衡	不灵活	安静型（不灵活型）	黏液质
弱	不平衡	灵活	弱型（抑制型）	抑郁质

三、气质类型

气质类型是指在某一类人身上共同具有的各种心理特征的有规律的组合。也就是依据某些心理特征对人的气质所作的分类。下面介绍四种典型的气质类型与特征。

（一）胆汁质

感受性较弱，耐受性、敏捷性、可塑性均强，兴奋比抑制占优势，外向；行为表现为直率、热情，精力旺盛，情绪易冲动，心境变化剧烈，具有外倾性。兴奋而热烈是其主要特色。

（二）多血质

感受性较弱，有很强的耐受性、兴奋性、敏捷性和可塑性，外向；行为表现为活泼好动、敏捷、反应迅速，热情、喜欢与人交往，兴趣易变换，具有外倾性。敏捷而好动是其主要特色。

（三）黏液质

感受性弱，敏捷性、可塑性、兴奋性也弱，唯有耐受性强，内向；行为表现为安静、稳重，反应缓慢，沉默寡言，情绪不易外露，注意稳定，但较难转移，善于忍耐，具有内倾性。缄默而沉静是其主要特色。

（四）抑郁质

感受性很强，耐受性、敏捷性、可塑性和兴奋性均较弱，内向；行为表现为孤僻、行动迟缓，情绪体验深刻，善于观察细节，对事物的反应有较高的敏感性，外表温和、常有淡淡的抑郁的面容，多愁善感，具有内倾性。呆板而羞涩是其主要特色。

在现实生活中，只有少数人是上述四种气质类型的典型代表，大多数人是近乎于某种气质，同时又具有其他气质的某些特征，属于混合型或过渡型气质。任何气质类型的人都可以发挥自己特有的才能，在特定的工作领域内对社会做出贡献，气质特征不决定一个人的智力发展水平和活动的社会价值，但人的行为及行为方式要受气质特征的影响。

四、气质与管理

气质类型对人的兴趣、爱好等都有重要的影响，是人的能力发展的自然前提。气质类型无所谓好坏，任何一种气质在某种情况下可能具有积极意义，而在另一种情况下，可能具有消极意义。例如，多血质类型的人情绪丰富，活动能力强，容易适应新的环境，但注意力容易分散，情绪变化也快；抑郁质的人工作中耐受能力差，容易疲劳，孤僻羞怯，然而感情细腻，做事小心谨慎，具有敏锐的观察能力。同样，胆汁质和黏液质的人也各有积极和消极的一面。由此可以看出，气质对人工作活动的性质和效率有一定影响。对于管理人员来说，如何认识自己的气质并且掌握员工的"脾气"，对于工作的开展有很大的意义。在管理中应注意以下几点。

（一）依据气质的特点，合理安排工作

气质本身没有好坏之分，不影响一个人的成败，但是气质影响人的工作方式和工作效率。根据员工的气质类型，安排他们做适当的工作，以便使不同气质的员工能够发挥积极的一面，抑制消极的一面，从而达到"扬长避短"的效果。例如，四种气质类型中的胆汁质和多血质的人，他们的气质速度更快、稳定性较差，因此，更适合于要求迅速、灵活反应的工作；而黏液质和抑郁质的人气质上具有更大的忍耐性和敏感性，因而，更适合于要求细致而持久的工作。再如，《水浒传》中的李逵属于典型的胆汁质类型，脾气暴躁，为人耿直，如果让他安静地坐在闺房里绣花，显得很可笑；如果让《红楼梦》里的林黛玉在市井买肉也是故意刁难，因为她的气质是典型的抑郁质。所以，在人员招聘、人事安排上，可以根据工作的特点，在职位说明书中加入关于该工作人员气质的要求，选择在气质上与工作更加协调、匹配的员工，使二者相互适应。这样，员工的满意度会大大加强，同时工作效率也会大大的提高。

（二）培养适合工作要求的气质

气质并非一成不变的，气质既是稳定的又是可塑的，既有原生成分，也有后天成分，气质是可以通过后天的培养而有所改变的。因此，在适应特殊的工作，比如高级管理人员、演员时，可以引导员工改变原有的气质，培养更加适合工作的气质。同时，组织也可以结合工作特点，分析适合工作要求的气质，让员工在工作中改变与工作不相适应的气质，更好的适应工作要求。

（三）人员配置要考虑气质的相辅和互补性

在现代社会中，越来越多的工作需要采用团队，气质的相辅和互补性有利于提

高团队的工作效率。这首先是因为在一个团队中存在不同的分工，群体中的每一个成员的工作职能不同，对于气质也存在不同的要求。其次，有的工作往往需要几种不同类型的人协同完成，才能取得高的效率。这就需要在配备人员的时候要适当考虑气质类型的相辅和互补性。以一个营销团队为例子，在营销策划和执行等工作中，一个成功的团队既需要富有创意的方案、果断的决策、灵活的调整、周密的计划、耐性的执行、知难而上的勇气，又需要耐心谨慎，防止急躁冒进等，这都不是一类人所能做到的。在一个团队中，按照个人的气质特征适当地进行人事编排，使不同气质成员相互合作，发挥彼此气质的互补、相辅作用，将有利于工作任务的完成和工作效率的提高。人员配置注意气质的相辅和互补性还有利于协调群体的人际关系、和谐群体的社会心理气氛。例如，多血质和胆汁质的人，热情主动，善于与人交往，因而易于与人建立友好的人际关系，而黏液质和抑郁质的人，内向、拘谨，在人际关系中处于被动地位。因此在团队成员进行组合时，应该要考虑气质特征对人际关系的影响，使得团队的人际关系更加协调。

（四）根据气质的差异，采用灵活的管理方法

气质没有好坏之分，每一种气质类型都有其积极的一面，又都有其消极的一面。管理者在看到某种气质积极面的同时，必须正视其消极的一面；同样的在看到其消极的一面的时候，也不能够抹杀了其积极的一面。正确的方法是利用每一个员工气质的积极的因素，控制其消极的影响，做到扬长避短。

根据员工气质的差异，采用不同的方法措施，做员工的思想工作，才能收到好的效果。例如，胆汁质的人容易冲动，脾气暴躁，同他们谈话应该冷静理智，尽力使他们心气平和；多血质的人活泼多变但有时较为轻浮，对他们不妨敲一敲警钟，如果随便打个哈哈，他们可能根本没往心里去；黏液质的人外柔内刚，有话爱闷在肚子里，对他们不妨稍微刺激一下，使他们倾吐心里的"难言之隐"；抑郁质的人敏感多疑，自尊心强，当你能处处表现出对他们的理解、同情和尊重时，他们就会把你当作难得的知己。

气质是一个人的典型的、稳定的心理特征，反映了一个人的基本的心理特点，作为管理者要多多观察员工的气质，在实践中不断提高自己结合员工气质特点的管理的能力。

 课后深化与训练

1. 请填写下列表格

	多血质	胆汁质	黏液质	抑郁质
主要特点				
优点				
缺点				
典型代表人物				

2. 请分析《西游记》中唐僧、孙悟空、沙和尚、猪八戒四个人物的气质类型特征。

知识链接

气质类型与管理

对我国管理人员的气质类型的研究结果表明,在研究对象中,胆汁质和抑郁质的管理者一个也没有。多血质气质类型的管理人员占29%,黏液质气质类型的管理人员占18%,多血质和黏液质混合气质的管理人员占53%。这项研究的结论是:管理人员的气质类型中,不宜有典型的胆汁质和抑郁质。因为前者表现为鲁莽、易激动、脾气暴躁、不能控制自己等,后者表现为沮丧、抑郁、孤僻、行为迟缓等。管理人员的气质类型中,多血质、黏液质或者是两者混合型是比较合适的,因为多血质类型者兴奋占优势,对外反应快,能控制自己,属于平衡外向型,这类人适宜于当企业家,以其机敏而均衡的气质特点有利于生产经营管理。黏液质类型属于平衡内倾性的,这种气质也是管理者所不可或缺的。

(资料来源:根据豆丁网——《企业管理者气质类型调查报告》一文整理)

气质类型与血型

日本学者谷川竹二等人认为,气质与人的血型具有一定联系。四种血型即O型、A型、B型、AB型,分别构成气质的四种类型。其中O型气质人意志坚定,志向稳定,独力性强,有支配欲,积极进取;A型气质的人性情温和,老实顺从,孤独害羞,情绪波动,依赖他人;B型气质的人感觉灵敏,大胆好动,言多善语,爱管闲事;AB型气质的人则兼有A型和O型的特点。这种理论在日本较为流行。

(资料来源:根据百度百科——《气质的血型说》一文整理)

第三节 性格与管理

一、什么是性格

(一)性格的定义和特点

性格是人对现实的稳定态度和习惯化的行为方式中所表达出的具有核心意义的个性心理特征。"性格"一词源出于希腊文"Kharakter",意思为"印记"、"雕刻之物",后来转意为"标记"、"特征",意指由外界环境所造成的深层的、固定的人格结构。心理学中,有时人们把性格和人格作同义语使用。但就其所表达的确切意义而言,称之为性格似乎较为妥切。"性格与人格大致相当,是人格的重要方面,是人对现实的态度和相应行为方式的心理特征。

恩格斯说:"人物的性格不仅表现在他做什么,而且表现在他怎么做。""做什么"反映着个体对待现实的态度,表明个体追求什么,拒绝什么;"怎么做"反映着个体的行为特点,表明个体采取什么样的手段,如何追求既定目标,即人的习惯化的行为方式。人的性格是由对现实的态度和与之相应的行为方式这两个要素的独

特结合构成的。稳定的态度和习惯化的行为方式在性格表现上是统一的，人对现实的态度决定着他的行为方式，而习惯化的行为方式又体现着他对现实的态度。二者达到统一，个体表现出言行一致，表里如一，这才具有完整的性格。否则，就会导致性格分裂，危及身心健康。

性格是个性中具有核心意义的心理特征，是现实社会关系在人脑中的反映。人的性格与意识倾向性相联系，受价值观、人生观的支配，性格体现着一个人的本质属性，具有明显的社会道德评价意义，有好坏之分。同时，性格对能力、气质有影响作用。性格不仅能制约能力发展的方向和水平，而且还会掩盖、改造气质，使气质服从社会生活要求。因此，性格最能表现一个人的个性差异，人与人之间的个性差异，最容易看到的就是性格方面的差异。

性格是后天形成的，但一经形成就比较稳定，并贯穿于人的全部行为活动之中，在不同情境中以不同形式表现出来。人在生活中偶然的表现出某种心理特征，不能看成是一个人的性格特征，只有经常、习惯性的表现才能认为是他的性格特征。例如一个人在众人面前通常能热情健谈、乐观大方，偶尔一次或几次显得沉默寡言、拘谨不安，这就不能把沉默寡言、拘谨不安视为他的性格特征。性格是稳定的，但不是一成不变的，在社会生活条件和实践活动发生变化时，人的性格也会发生变化，可见性格具有可塑性。

（二）性格与气质的区别和联系

性格与气质都是人脑的活动，也都是在人的实践活动中形成发展起来的。日常生活中，人们往往把性格和气质视为同一概念加以混淆使用，从科学角度分析，性格和气质是个性结构中既有区别又有联系的两个重要因素。

性格与气质的区别表现在以下几个方面。

（1）气质更多的同高级神经活动类型有关，受人的生物因素制约，是先天的，具有天赋性。而性格则主要更多地受社会生活条件的制约，后天形成，具有社会制约性。

（2）气质是从心理活动的速度、强度、稳定性和倾向性来表现个性特征，突出地反映着情绪方面的特征。性格则是从个体对待现实的态度和行为方式方面表现个性特征，涉及人的全部心理活动的一切稳定特点，表现的范围较广，既包括人对现实的态度特征，也包括情绪、意志和认知方面的特征。

（3）气质所表现的只是心理活动的动力特征，无所谓好坏；而性格是对现实社会关系的反映，具有社会内容和社会意义，有好坏之分。

（4）气质体现着高级神经活动类型的自然表现，可塑性小，变化较慢，虽能改变，但不易改变；性格由现实生活经历与个人实践决定，可塑性较大，虽然相对稳定，但较易改变。

性格和气质又是相互渗透、彼此制约的。一方面，气质不仅会影响性格特征的表现方式，而且影响某些性格特征形成和发展的速度，使人的性格涂上独特的色彩。例如同样是勤劳这种性格特征，胆汁质的人常情绪饱满、迫不及待地工作；多血质的人则往往充满热情、灵活机智；黏液质的人则埋头苦干、持之以恒。另一方面，性格在一定程度上可以掩盖或改变气质，使之服从生活实践的要求。例如教师工作必须具有高度的责任心和耐心，应对工作实践的要求，这些性格特征的形成可以掩盖或改变易冲动、急躁的气质特征。同时，性格与气质之间不存在简单的对应关系。同一气质类型的人可以形成不同的性格特征；不同气质类型的人也可以形成相同的性格特征。例如诚实、勤劳的性格特征在不同气质类型的人身上都可以形成。

二、性格结构

（一）性格结构的基本成分

性格结构指性格的基本组成部分及其关系。性格是十分复杂的心理构成物，它是一种由多成分、多侧面的性格特征错综交织在一起构成的统一整体。通常认为，性格结构的成分包括下列四个方面。

1. 性格的态度特征

性格的态度特征指个体在处理各种社会关系方面或在对客观现实的稳定态度方面表现出来的心理特征。人对现实的态度特征直接体现着一个人对事物所特有的稳定倾向，是一个人的本质属性的反映。因而，对现实的态度特征是性格结构的最重要组成部分。人对现实的态度是多种多样的，基本上可以分为对人、对事、对己三个方面。在对社会、集体、他人的态度中表现出来的特征，例如善交际、正直、诚实、爱集体、虚伪、同情心、损人利己等；在对待工作、学习、劳动的态度中表现出来的特征，例如勤奋、懒惰、细致、马虎、墨守成规、勤俭等；在对待自己的态度中表现出来的特征，例如自信、自卑、自尊、自强、律己、放任等。上述三方面的态度特征是相互联系、彼此制约的。

2. 性格的意志特征

性格的意志特征是指一个人在自觉调节自己行为的方式和水平方面表现出来的稳定的心理特征，它是性格结构中重要组成部分之一。它包括四个方面：① 人对自己行为的目的和意义是否明确，能否使自己的行为服从自觉目的方面的意志特征。如有目的性或盲目蛮干、独立性或易受暗示性、纪律性或散漫性等；② 人对自己行为能否支配和控制方面的特征。如冷静、沉着还是惊慌失措、任性，克制还是放纵等；③ 人在紧急或困难条件下能否判明情况，做出正确的决策方面表现出来的意志特征。如勇敢或怯懦、果断坚定或优柔寡断等；④ 人能否长期的坚持预定目标，克服困难与障碍方面的特征。如持之以恒或半途而废、坚持到底或见异思迁等。

3. 性格的情绪特征

性格的情绪特征是指一个人在情绪活动的强度、稳定性、持续性以及主导心境等方面表现出来的稳定特征。人的情绪状态影响着他的全部活动和行为方式，当人对情绪的控制具有某种稳定的、经常的表现特点时，这些特征就构成一个人的性格情绪特征。有的人情绪反应强烈、难以调节和控制，有的人情绪反应微弱、易于控制；有的人情绪易于波动、起伏程度大，有的人情绪较平静，不受情境左右；有的人情绪维系时间短、来得快去得快等。

4. 性格的认知特征

性格的认知特征是指一个人在感知、记忆、想象和思维等认知活动方面表现出来的稳定的心理特征，也就是一个人的认知特点与风格。在感知方面，有的主动积极，不易受环境干扰，有的被动，极易受环境干扰和暗示；有的观察细致，有的观察粗略。在记忆方面，有的记忆牢固，难以遗忘，有的记忆不牢，遗忘迅速；有的记忆速度敏捷，有记忆速度慢。在思维方面，有的善于独立思考，有的喜欢借用现成答案，人云亦云；有的善于分析，有的善于综合。在想象方面，有的想象丰富、奇特，有创造性，有的贫乏，缺乏新颖性；有的想象主动，有的想象被动等。

（二）性格结构的动态分析

人的性格并不是上述四个层面的性格特征的机械凑合和简单堆积。在每个具体的人身上，这四种性格特征是相互联系、相互制约的。性格结构作为一个系统性的组织，具有整体性、多样性、复杂性与可塑性等特点。

1. 性格结构的整体性

各种性格特征之间存在着内在联系，协调地组合成为一个独特的整体。例如一个对待工作认真负责的人，常常会表现出坚持性和自制力，主动观察分析问题，对工作充满热情。正因为性格特征之间存在着内在联系，所以根据一个人主导性的性格特征，便可推知他其余的性格特征。

2. 性格结构的多样性与复杂性

性格特征在不同情境下有不同的结合，从而表现出性格的不同侧面。例如有的人在学校表现得积极、有礼貌、谦虚、热情、勇敢，而在家中则懒惰、蛮不讲理、倔强、任性、冷漠。每个人都有自己的性格特征，但这种性格特征并不总是以同一模式一成不变地表现出来，随所处情境的变化，性格的表现也是多种多样的。为此，要分析了解一个人的性格，必须在不同情境下全面、系统地反复观察。

3. 性格结构的可塑性

性格一旦形成就比较稳定，但也并不是一成不变的。性格既然是在环境影响下形成的，那么环境的变化也必然影响性格的变化。例如独生子女在家长娇生惯养下可能形成怯懦、孤独的性格特征，但进学校以后，经集体的熏陶，能发展起勇敢、善交往的性格特征。此外，个人的主观能动性对性格的改变也起着重要作用。环境的影响要通过人的主观因素才能实现。通常，年龄越小，性格受环境影响越大；年龄越大，性格受自我调节的作用越突出。成年人的性格改造很大程度上取决于个人的主观努力。

三、性格类型

性格类型指某一类人身上所共有的或相似的性格特征的独特结合。研究性格类型，对于分析了解具体人的性格，因材施教具有积极意义。然而性格是一种极为复杂的心理构成物，心理学家们试图按一定标准和原则对性格进行分类，但迄今还没有一个公认的观点。下面简要介绍几种常见的有代表性的分类观点。

1. 以个体心理机能为划分标准，可将性格分为理智型、情感型和意志型

这是英国心理学家培因（A. Bain）和法国心理学家李波（T. A. Ribot）提出的分类观点。他们认为，依据智力、情绪和意志这三种心理机能在具体人身上何者占优势，可将性格划分为理智型、情绪型和意志型。理智型的人常以理智衡量一切，

并支配自己的行为，做事能三思而后行，很少受情绪影响；情绪型的人不善于思考，行为易受情绪左右，常感情用事；意志型的人行动目标明确，富有主动性和自制力，行为不易受外界因素干扰。现实生活中，少数人是这三种典型类型的代表，大多数人都属于中间类型。

2. 以心理活动的倾向性为划分标准，将性格分为内倾型和外倾型

这是一种最有影响力的观点，起初是由瑞士心理学家荣格（C. G. Jung）提出来的。按照个人心理活动倾向于内心世界还是倾向于外部世界，可把性格分为内倾型和外倾型。外倾型的人活泼开朗，情感外露，热情大方，不拘小节，善于交际，独立性强，领导能力强，易适应环境的变化，不介意别人的评价，有时易轻率、散漫、感情用事；内倾型的人深沉稳重，办事谨慎，三思而后行，不善于交往，反应缓慢，较难适应环境的变化，很注重别人的评价，有时显得拘谨、冷漠和孤僻。后来，英国心理学家艾森克（Eysenck）在吸收荣格观点的基础上，曾对外倾型和内倾型性格特点作过详细描述。现实生活中，大多数人属于中间型。

3. 以个体的价值观为划分标准，将性格分为理论型、经济型、权力型、社会型、审美型和宗教型

这是德国心理学家斯普兰格（E. Spranger）提出来的。他认为人类的社会生活有六个基本领域：理论、经济、权力、社会、审美和宗教。依据每个人对这六个基本领域中某一个领域所产生的特殊的价值观，把性格分为相对应的六种类型。理论型的人以追求真理为生活目的，常根据自己的知识体系来评判事物的价值，冷静、客观地观察事物，重视理论，但在现实问题面前却无能为力。经济型的人以获取财物和追求利润为生活目的，以经济观念为中心，根据实际功利评价事物价值。权力型的人以获得权力为生活目的，有较强的权力意识和支配欲，他自己的所作所为总是由自己决定。社会型的人以重视他人、造福社会为生活目的，有很强的奉献精神，以爱他人为人生的最高目标。审美型的人以追求美和实现美为最高目标，总是从美的角度评价事物的价值，不太关心实际生活。宗教型的人以爱人、爱物为生活目的，把宗教信仰作为最高价值，富有同情心，以慈善为怀，坚信有永恒的生命。现实生活中，大多数人都不是单纯的某一类型，往往主要侧重一种类型，但同时又兼有其他类型的某些特征，属于中间型或混合型。

4. 以个体独立性程度为划分标准，将性格分为独立型和顺从型

这种观点源自于美国心理学家威特金（H. A. Witkin）场理论。威特金认为独立型的人具有坚定的个人信念，善于独立思考，自信心强，不易受暗示和干扰，喜欢将自己的意见强加于人。顺从型的人遇事缺乏主见，易受暗示和干扰，不加分析地执行一切指示，屈服于他人的权势，不能适应紧急情况。

5. 以人际关系、情绪稳定性、社会适应性和心理活动向性为划分标准，将性格分为 A、B、C、D、E 五种类型

这种观点是日本学者矢田部达朗等提出来的，也是目前国际上采用的典型性格类型。A 型又称行为型或注意人物型，其特征是急躁，情绪不稳定，好胜心强，直爽坦率，社会适应性比较差，人际关系不甚融洽，行为常引起人们的注意或议论。B 型又称平衡型，其特征是情绪和社会适应性较均衡，乐观，与他人关系协调，生

活有节奏，遇事不耿耿于怀，但主观能动性不够，交际能力弱。C型又称平衡型、安定消极型，其特征是情绪稳定，感情内向，反应慢，较孤僻，社会适应性好，但常处于被动状态。D型又称安定积极型、管理者型，其特征是情绪稳定，感情外向，活跃开朗，善于交际，社会适应性平均，人际关系较好，积极主动，有组织领导能力。E型又称反常型、不安定消极型、逃避现实型，其特征是情绪低沉，多愁善感，社会适应性较差，常为琐事烦恼，不善交际，与世无争，有自己独特爱好兴趣，善于独立思考、有钻研精神。生活中，单纯属于五种性格类型之一的人是极少数，多数人是以一种性格类型为主兼有其他类型的某些特点。

四、性格的形成与发展

人的性格并非与生俱来，是在一定生物因素基础上，通过主体和环境相互作用形成、发展起来的。正如恩格斯所说："人的性格是先天组织和人在自己的一生中，特别是在发育时期所处的环境这两方面的产物。"性格是复杂的心理构成物，影响性格形成发展的因素也十分复杂，除生物因素、环境因素外，自我意识也是重要因素。下面对这些因素做些简要分析。

（一）生物因素

生物因素是性格形成发展的自然前提，为性格形成与发展提供可能性和遗传潜势。这可从家谱分析、血缘关系和双生子对比研究中找到证据。人的性格是高级神经类型特征和生活环境影响的"合金"，即是在先天基础上建立起来的受后天生活影响的暂时神经联系。尽管高级神经活动类型不是性格的直接生理基础，而以高级神经活动类型为基础建立起来的暂时神经联系更具有直接意义，但高级神经活动类型对人的性格表现和性格特征的形成都具有重要意义，使人对现实的态度和行为方式带有个体特点。体型、身高、体重、外貌、性别等生理特征和生理成熟的早晚，对个体性格形成与发展也有影响。例如长相可爱的儿童，因常得到周围人的喜爱和亲近，容易形成自信、乐观、活泼开朗的性格特征；而有生理缺陷、面貌丑陋的儿童，不免会受到周围人的讥笑，容易形成自卑、内倾的性格特征。

（二）环境因素

环境因素对性格形成与发展有着重要影响作用。环境因素按其性质，可分为自然环境和社会环境，其中社会环境的含义非常广泛，包括家庭、学校、同伴及社会文化等，这些因素对性格形成与发展的影响作用特别明显和突出。

1. 家庭环境

家庭是个体最早接触的社会环境，社会对个体性格形成、发展的影响首先是通过家庭实现的。个体是在家庭中开始和后天环境相互作用，通过逐步顺应、认同外界影响，然后得到内化，并在自我反映中保存固定下来，形成自身的性格。有人称家庭是"制造人类性格的加工厂。"许多心理学家认为，从出生到5、6岁是人的性格形成最主要的阶段。家庭对个体性格形成与发展起着奠基作用。在诸多家庭因素中，父母的教养方式和态度对个体性格形成和发展有着深刻影响。研究表明，父母若对儿童采取关心、信任、合理、民主的养育态度和方式，儿童容易表现出积极、独立性强、态度友好、情绪稳定等性格特征；若对儿童强行干涉、溺爱或者拒绝、专制、支配，儿童容易表现出消极、缺乏主动性、适应性差、情绪不稳定等特征。儿童的性格受父母整个教养行为的影响，因此父母管教子女的较为理想的方式是控制、期望、沟通、关爱。

儿童的出生顺序及其在家庭中的地位不同，对儿童性格形成、发展的影响也是不同的。艾森伯格（P. Eisenberg）研究认为，长子或独子比中间的孩子或末子更具有优越感。儿童在家庭中越是受重视，其性格发展越倾向于自信、独立、优越感强。前苏联心理学家科瓦列夫研究了家庭角色在性格形成中的作用。他对两个同卵双生的女大学生进行四年的观察研究。这对双生女外貌相似，在同一个家庭中长大，从小学到中学，直到大学都在同一个学校同一个班读书。虽然她们在相同环境中长大，但性格上却有明显差异。姐姐比妹妹善谈吐、好交际、较果断、勇敢和主动。在谈话和回答问题时总是姐姐先回答，妹妹只是表示同意或作些补充。造成姐妹俩性格差异的原因之一，是她们的祖母从小把她们中的一个定为姐姐，并责成姐姐照管妹妹，对妹妹的行为负责，做她的榜样，这样使姐姐较早形成了独立、主动、善交际、处理问题果断等性格特点，而妹妹则养成被动、缺乏主见、易受暗示的性格特征。

2. 学校教育

学校教育是一种有目的、有计划的培养人的活动。英国思想家欧文说："教育人就是要形成人的性格。"儿童接受学校教育的时期是性格形成的关键时期。学校教育对儿童性格形成与发展起着主导作用。

学校教育中的许多因素，诸如班级气氛、教师教育态度、教师自身的性格特征、师生关系、同伴关系等都对学生性格形成与发展有重大影响。学校是师生共同组成的集体，班集体是基本组织形式，集体的风气、特点和个人在班集体中所处的地位和扮演的角色，都对学生性格形成与发展有很大影响。学生活动多半是集体活动，集体舆论、规范和要求，利于学生发展合群、组织性、纪律性、自制、勇敢、顽强等优良性格特征，克服孤独、自私等不良性格特征。日本心理学家岛真夫曾让教师在小学五年级学生中挑选出在班级中地位较低的 8 名学生，要他们担任班委，并且给予工作指导。半年后，这些学生在班级的地位发生了显著变化，在自尊心、责任心和安全感等性格特征方面也有显著的改善。

教师是学生学习的直接楷模，是学生的指导者、领导者和教育者。教师通过各科课堂教学对学生性格施加有意识地影响；教师的性格特征对学生的性格有着潜移默化的作用。教师与学生之间的关系影响着学生的性格发展。勒温等人把教师管教学生的方式划分为 3 种类型，各种管教方式与学生性格特征的关系如表 2-2 所示。此外，同伴关系以及体育锻炼、劳动、科技等活动对学生性格的形成与发展也有重要促进作用。

表 2-2　教师的管教方式和学生的性格特征

管教方式	学生的性格特征
民主的	情绪稳定、积极、态度友好、有领导能力
专制的	情绪紧张、冷漠或带有攻击性，教师在场时毕恭毕敬，不在场时秩序混乱缺乏自制性
放任的	无团体目标、无组织、无纪律、放任

3. 文化与社会风气

人是社会的人，每个人都生活在一定的文化和社会制度中。社会特定的制度、风俗习惯、道德规范、生活方式等都对个体的性格有着潜移默化的作用。不同时代、不同民族、不同社会生活条件的人，往往具有各自不同的典型的性格特征。不过，社会风气的影响主要是借助于大众传媒这个渠道实现的。

（三）个体主观因素

人是活生生的、有思想、有感情的能动体。环境因素对性格形成起着重要影响，但任何环境因素的影响，必须通过个体已有的心理发展水平、心理活动、自我意识才能发生作用。社会环境各种影响只有为个人所接受、理解，然后与已有的个性体系相比，才能推动人对环境刺激做出反应和行为。社会学习论者班杜拉认为，人是主动的，有选择和自我调整的能力。在性格形成、发展中，自我意识的作用随年龄的增长越来越重要。自我意识是人对自己的认识和态度，包括自我认识、自我体验与自我控制等心理成分。通过自我意识，个体塑造自己的性格。如俄国著名教育家乌申斯基青年时期针对自己的性格缺点，制定行动规则，有意识地加以自我控制，发展起了坚定沉着、冷静、自制等优良的性格特征。

五、性格的优化与管理

（一）性格优化的意义

人们常讲：思想决定行动，行动决定习惯，习惯决定性格，性格决定命运。可见性格已不仅仅是影响绩效的因素，它更可以直接影响每个人的命运。难怪有人认为"有怎么样的性格就会有怎么样的命运"。性格是长期习惯所形成的一种稳定的心理特征。所以，了解员工的性格，根据其性格的优缺点合理安排工作；根据个体性格的特点合理配置团队构成；根据性格特质选择良好的合作者，这些都会使得个体及组织绩效得到较好的发展。具体地说有以下几个方面。

（1）性格优化有助于协调人际关系。人际关系是管理心理学一个重要课题，是影响管理绩效的重要因素。科学研究与管理实践表明：良好的性格特征如谅解、支持、友谊、团结、诚实、谦虚、热情等是使企业和单位人际关系和谐、有凝聚力的重要心理品质；相反，对人冷淡、刻薄、嫉妒、高傲，易导致人际关系紧张，出现凝聚力差与士气低落的局面。

（2）性格优化有助于发挥人的创造力，提高竞争力。职工的创造力和竞争力是关系到一个企业能否生存、发展，是否有生命力的一个重要心理品质。而人的创造力和竞争力又同人的某些性格特征有密切关系。一般来说，独立性强的人抱负水准高，适应能力强，有革新开拓精神，但有时难免武断；而依赖性强的人自信心弱，易受传统束缚，创造力和竞争力也差。

（3）性格优化有助于提高工作效率和管理效率。俗话说"勤能补拙"、"笨鸟先飞"。有的人智力水平不高，能力也不强，但非智力因素优异，有良好的性格品质，如有事业心、责任心、恒心、勤奋好学，可以弥补能力的不足，同样能够在学习、工作方面取得成就。相反，如果单凭小聪明，没有好的性格品质，为人懒惰、浮躁、对知识不求甚解、浅尝辄止，那么学习和工作的效率不会很高。

(4) 性格优化有助于领导者实施有效管理。勒温等人提出领导类型有专制、民主、放任三种，不同类型的领导在管理中起的作用是不一样的。通常，专制型领导治乱效果好，民主型是成熟的领导，放任型领导最差。领导类型属于哪种，受多种因素制约，其中领导者的作风和性格品质是最主要的因素。领导类型对被领导者的性格形成也有影响。专制型领导会使人产生冷淡、依赖、服从、情绪不稳等性格特征；民主型领导会使人产生积极、友好、合作、独立、直爽、社交情绪稳定等性格；放任型领导会产生无组织、无纪律、放任自流的性格。性格优化可使领导者针对性地培养自己的自信、自强、乐观、进取、百折不挠的性格，使自己的性格更趋近于民主型，这同样是提高企业经济效益的有效途径。

(5) 性格优化有助于组建合理的领导班子。每个人的性格在其成长过程中已经形成，对管理者来说，个人的性格不太容易改变，此时管理者应该根据自己的性格，考虑找什么样的人员与自己合作。性格因人而异，因此在管理层中最好进行性格搭配。一个班子里不应该所有领导都是火爆性格的人，也不应该全都是内向型的人。一个好班子的搭配，应既有外向型的领导，也有内向型的领导；既有急性子的，也应该有慢性子的；既有在前面冲锋陷阵的，也有在后面出谋划策的。出现问题时，一个唱红脸，一个唱白脸，工作就会做得有声有色。

(6) 性格优化有助于提高性格类型与职业的适应度。人的性格是多种多样的，不同职业对性格的要求也不相同。管理者不仅要了解和掌握人的性格差异，也要了解该工作对性格的要求，然后科学选拔、使用、培养人才，千方百计使员工的性格、爱好与所从事的职业相适应。人的性格、爱好与其工作相适应，就会使人在工作中充满愉悦感，从而激发人的创造力，提高工作效率。

（二）良好性格的标准

性格优化并非随心所欲的而是有标准的。社会心理学家的研究表明，良好而成熟的性格，能够最大限度地发挥自己的潜力，并与环境建立和谐的关系。美国人本主义心理学家马斯洛的"自我实现人"的性格特征，对我们有借鉴作用。

这些性格特征的主要内容有：在对现实的客观知觉方面，能明确区别已知和未知事实及对这些事实的意见，能明确区别事物的本质与表面现象，能正确地对待自己、别人和社会。非利己主义，追求崇高目标，不搞内部摩擦，经常考虑"我对集体有什么贡献"等。能忍受孤单和寂寞，有创新能力，行为自然。看人重实际而不重表面，对有良好性格的人抱友好尊重的态度，无出身、门第、地位的偏见。对一部分人常有深情的依恋，不无端的敌视别人。能清楚的辨别善恶，其实际行动与道德认识一致。具有相对摆脱现实环境的独立性。意识到目的和手段的区别，既注重目的，也不忽视手段。超然于琐碎事物之上，有广阔的视野与远见，其活动以是否具有价值为指南。

（三）塑造良好性格的途径

性格是人格的核心成分，它直接或间接地影响着人际关系、人的能力与创造性、领导素质与作风、工作效率与成就。良好的性格是成功和成才的基础。塑造良好的性格，除要明确良好性格的标准外，更应付诸于实际行动中。塑造良好性格的途径主要有以下几个方面。

（1）确立积极向上的人生观。人的性格归根到底是受世界观、人生观的制约与调节。有了坚定的人生目标与生活信念，性格就会自然受到熏陶，表现出乐观、坦荡、自信等良好的性格特征。反之，如果失去了人生目标和生活勇气，性格也会变得孤僻和古怪。

（2）正确认识自己，不断完善自我。人只有在对自己的性格进行科学分析和评价的基础上，才能使自己不断地进行性格的学习磨炼，从而形成良好的性格。首先要了解自己的优点、缺点，并接受自己，承认自己的长处和不足，既不狂妄自大，也不过分自卑，以平衡的心态接受现实的自我，然后创造理想的自我。其次要坦诚，让别人了解自己。自己对自己最了解，但容易产生主观偏见。在一定的人际交往中，从他人的评价和反映中认识、了解和接受自己，不仅可以获得一个客观的自我，也有益于在群体活动中进一步促进自我调节和自我完善，也有利于获得信任和友谊，建立良好的人际关系。再次要努力完善自我。即依据对自己的认识，通过学习和锻炼，不断提高自己的能力，丰富自己的情感，磨炼自己的意志，提高自己的思想修养，勇于奉献于社会，获得自我实现。

（3）重视在实践中磨炼性格。性格体现在行动中，也要通过实践和行动来塑造。实践应具有广泛性。无论学习实践，还是生产实践都可以磨炼自己的性格。特别要注重在艰苦生活中，培养乐观向上的精神，培养不怕困难、勇于斗争的生活品格，从而适应社会的需要。

（4）重视环境对性格的影响。群体是环境中最重要的载体，群体生活具有一种类化的作用，对人的性格会有深刻的影响。在群体生活中，人们能够沟通思想、相互关心、尊重和帮助，有助于人的良好性格的形成与发展，加速性格的强化与改造。

 课后深化与训练

1. 请填写以下表格

	气质	性格
形成		
表现		
评价		
变化		

2. 心理测试

这是一个十分有趣的心理测验。要评估自己的性格，请看看以下的图片，并选出你最喜爱的一张。每张图片代表了一种不同的性格。

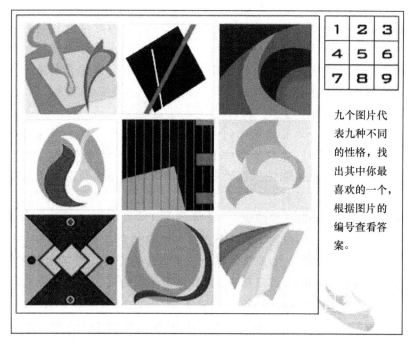

九个图片代表九种不同的性格，找出其中你最喜欢的一个，根据图片的编号查看答案。

图片1　无忧无虑，顽皮、愉快的人

你喜欢自由自在，无拘无束的生活。你的座右铭是：生命只能活一次，因此你尽情享受每一刻。你好奇心旺盛，对新事物抱有开放的态度；你向往改变，讨厌束缚。你觉得身边的环境都在不断变化，而且经常为你带来惊喜。

图片2　独立，前卫，不受拘束

你追求自由及不受拘束、自我的生活。你的工作及休闲活动都与艺术有关。你对于自由的渴求有时候会使你做出令人出乎意料的事。你的生活方式极具个人色彩；你永远不会盲目追逐潮流。相反地，你会根据自己的意思和信念去生活，就算是逆流而上也在所不惜。

图片3　时常自我反省，敏感的思想家

你对于自己及四周的环境能够比一般人控制得更好、更彻底。你讨厌表面化及肤浅的东西；你宁愿独自一人也不愿跟别人闲谈，但你跟朋友的关系却非常深入，这令你的心境保持和谐安逸。不介意长时间独自一人，而且绝少会觉得沉闷。

图片4　务实，头脑清醒，和谐

你作风自然，喜欢简单的东西。人们欣赏你脚踏实地，他们觉得你稳重，值得信赖。你能够给予身边的人安全感，你给人一种亲切、温暖的感觉。你对于俗气、花花绿绿的东西都不屑一顾，对时装潮流抱着怀疑的态度；对于你来说，衣服必须是实用及大方得体的。

图片5　专业，实事求是，自信

你掌管自己的生活，你相信自己的能力多于相信命运的安排。你以实际、简单的方式去解决问题。你对日常生活中所遇到的事物抱有现实的看法，并且能够应付自如。人们知道你可担重任，因此都放心把大量工作交给你处理。你那坚强的意志使你时刻都充满信心。未达到自己的目标之前，你绝不罢休。

图片6 温和,谨慎,无攻击性

你生性随和,但处事谨慎。你很容易认识朋友,但同时享受你的私人时间及独立生活。有时候,你会从人群中抽身而出,一个人静静地思考生活的意义,并自娱一番。你需要个人的空间,因此有时会隐匿于美梦当中,但你并不是一个爱孤独的人。你跟自己及这个世界都能够和睦共处,而你对现状亦非常满意。

图片7 具有分析力,可靠,自信

你对事物的灵敏度令你可以发现到旁人忽略了的东西。这些就是你的宝石,你喜欢发掘这些美好的东西。你的教养对于你的生活有很特别的影响。你有自己高雅、独特的一套,无视任何时装潮流。你的理想生活是优雅而愉快的,而你亦希望跟你接触的人都是高雅而有教养的。

图片8 浪漫,爱幻想,情绪化

你是一个感性的人。你拒绝只从一个严肃、理智的角度去理解事物。你的感觉亦十分重要。事实上,你觉得人生必须要有梦想才叫活得充实。你不接受那些轻视浪漫主义及被理智牵着鼻子走的人,而且不会让任何事物影响到你那丰富的感情及情绪。

图片9 精力充沛,好动,外向

你不介意冒险,特别喜欢有趣、多元化的工作。相比之下,例行公事及惯例会令你没精打采。你最兴奋的是可以积极参与任何比赛活动,因为这样你就可以在众人面前大显身手了。

3. 试分析以下几种动物的性格特征

最爱炫耀的孔雀　满身是刺的刺猬　爱贪便宜的狐狸　反复无常的变色龙
自欺欺人的鸵鸟　慢吞吞的蜗牛　　暴怒无常的老虎　喜爱学舌的鹦鹉

知识链接

八句话优化你的性格品质

性格是一个人对现实的稳定态度和在习惯化了的行为方式中所表现出来的个性心理特征。诚实或虚伪、勇敢或怯懦、勤劳或懒惰、果断或优柔寡断等都被认为是性格特征。

性格有好坏之分,影响了一个人一生的命运。因此,培养良好的性格品质,对自己、对集体都有重要的意义。一个有良好性格品质的人,能够很好地安排自己的生活和工作,能够正视现实、克服困难,在事业上取得成就。相反,如果缺乏良好的性格品质,就会影响工作、学习和生活。那么,如何来优化你的性格品质?记住下面这八句话吧!

1. 改正认知偏差。

由于受不良环境的影响,或受存在不良性格人的教育和影响,使人产生错误的认知,如认为这个世界上坏人多、好人少;同人打交道,要防人三分;疑心重;以小人之心度君子之腹等,这样的人一般心胸狭隘、嫉妒心强、疑心大、古怪、冷漠、缺乏责任感等。因此,要想改变这些,必须改变自己不正确的认知,可多参加有意义的集体活动,去充分体验感受生活,多看些进步的书籍和伟人、哲人的传记,看看他们的成功史和为人处世之道,这对自己性格的改变都会有帮助。

2. 不要总用阴暗的眼光去看待别人。

上过当或受过挫折的人,对人总存在一种提防心理,对人总是往坏处想,这种人疑心重、心胸狭隘,办事犹柔寡断。世界上既然有好事,就必然会有不如意的事,既然有好人,就有一些害群之马,但好人还是多数。因此,我们要正确地看待别人,看待我们共同生活的社会。

3. 试着去帮助别人,从中体验乐趣。

不良性格的人,往往以自我为中心,他们对人冷漠,一般不愿与人际交往,生活在自我的小天地里。要想改变这样的性格,平常可以主动去帮助别人,因为人人都需要关怀,你去帮助别人,同样,别人也会主动来帮助你。同时,在这种帮助中,能体现自身的价值,心情改善了,对人的看法和态度也会随之改变,从而有利于人性格的改善。

4. 有意识地进行自我锻炼,自我改造。

人是一个自我调节的系统,一切客观的环境因素都要通过主观的自我调节起作用,每个人都在不同的程度上,以不同的速度和方式塑造着自我,包括塑造自己的性格。随着一个人的认识能力的发展和相对成熟,随着一个人独立性和自主性的发展,其性格的发展也从被动的外部控制逐渐向自我控制转化。如果每一个人都意识到这一变化,促进这一变化,自觉地确立性格锻炼的目标,从而进行自我锻炼,就能使对现实态度、意志、情绪、理智等性格特征不断完善。

5. 培养健康情绪,保持乐观的心境。

一个人,偶尔心情不好,不致于影响性格,若长期心情不好,对性格就有影响了。如常年累月爱生气,为一点小事而激动的人,就容易形成暴躁、易怒、神经过敏、冲动、沮丧等特征,这是一种异常情绪性的性格。因此,要乐观地生活,要胸怀开朗,始终保持愉快的生活体验。当遇到挫折和失败时,要从好的方面去想,"塞翁失马,安知非福"?想得开,烦恼就会自然消失。有时,心里实在苦恼,可以找一个崇拜的长者或知心朋友交谈或去看心理医生,不要让苦闷积压在心,否则,容易导致性格的畸型发展。

6. 乐于交际,与人和谐相处。

兴趣广、爱交际的人会学到许多知识,训练出多种才能,有益于性格的形成和发展。但是,与品德不良的人交往,也会沾染不良的习气。因此,要正确识别和评价周围的人和事,不要与坏人混在一起,更不要加入不健康的小团体中。人与人之间要互敬、互爱、互谅、互让,善意地评价人,热情地帮助人,克己奉公,助人为乐,努力搞好人与人之间的关系,长此以往,性格就能得到和谐发展。

7. 提高文化水平,加强道德修养,改造不良的性格。

有的人已经形成了某种不良的性格特征,例如懒惰、孤僻、自卑、胆小等,要下决心进行"改型"。人的性格虽有一定的稳定性,但它又是可变的,只要自己下决心去改,是能产生明显效果的,懒汉可以成为勤奋者,悲观失望的人也可以成为生机勃勃的人。方法一是提高文化水平,二是加强道德修养。因为人的性格的形成是受人的文化水平和道德水平影响的。有文化、有道德的人,就有理智感,就能以正确的态度去对待现实生活，这就有助于形成良好的性格特征。

8. 取人之长，补己之短。

"人海茫茫，风格各异"；"金无足赤，人无完人"。每个人的性格特征中都有好的因素，也有不良的特征，要善于正确地自我评估，辩证地对待自己的优缺点，好的使之进一步巩固，不足的努力改造，取人长，补己短，有则改之，无则加勉，久而久之，就能使不良性格特征得到克服和消除，良好性格特征得到培养和发展。

（资料来源：摘自腾讯网——八句话优化你的性格品质）

第四节 能力与管理

一、什么是能力

（一）能力的定义

能力是人成功地完成某种活动所必备的直接影响活动效率的个性心理特征。例如画家绘画除基本的物质条件外，还必须具备色彩鉴别能力、形象记忆能力、估计比例的能力。现代心理学上所指的能力，有两种意义：一种是指个人已经具备并在行为上表现出来的实际能力，又称之为成就。例如，某人会说英语，能操作电脑等。另一种是个人将来可能发展并表现的潜在能力，又称之为性向。如人们常说，某人是"可造之材"，或某人具有文学、音乐方面的"天赋"，就是这种意义。潜在能力是实际能力形成的基础和条件，实际能力是潜在能力的展现，二者有着密切联系。

（二）能力和活动

能力和活动是紧密联系的。个体的能力是在活动中形成、发展起来的，并在活动中得以表现。因此，只有在分析特定的实际活动的基础上，才能揭示一个人的能力；人与人之间能力的高低、强弱，也只能在活动中才能加以比较。同时，能力是保证活动得以顺利完成的基本条件，是影响活动效率的基本因素。在知识、技能、时间及健康等条件基本相同的情况下，能力强的人比能力弱的人更能快速、有效地完成活动，并取得成功。不过，并非个体在活动中表现出来的所有心理特征都是能力。如认真、急躁等对活动任务的完成可能会产生一定的影响，但它们却不是完成活动最必需的心理特征，而观察敏锐、记忆准确、思维灵活等特征对于完成活动才是最必需的心理特征。若缺乏这些心理特征，个体就难以顺利完成活动任务。可见，能力是直接影响活动效率、完成活动最必需的心理特征。

个体要成功地完成某种活动，单凭一种能力是不够的，必须依靠多种能力的有机结合。比如教师要很好地完成教学活动，仅有良好的口头语言表达能力是不够的，还需要有准确的记忆能力、敏锐的观察能力、严谨的逻辑思维能力、整洁的板书能力以及课堂监控能力等。只有这些能力密切结合，才能保证教学活动得以顺利完成。

（三）能力与智力

智力问题是心理学中备受重视的问题。日常生活中，智力概念有着明确的指向，聪明者被称为智力高，愚笨者被称为智力低，人们可以从直接接触中判断人的智力高低。但对于什么是智力，至今还没有比较一致的看法。国外心理学家曾从各自的理论出发，提出了对智力的种种定义。比如，智力是一个人的抽象思维能力；智力是认知能力的总和；智力是一个人的学习能力；智力是推理和解决问题的能力；智力是智力测验所测量的能力。凡此种种表明，给智力下一个明确的定义是非常困难的。目前国内心理学者倾向于认为：智力是保证人们有效地进行认识活动的那些稳定心理特点的有机结合。

现代教育越来越强调发展智力、培养能力。关于智力和能力的关系问题，历来众说纷纭，我国学者则认为智力与能力是两个相对独立而又密切联系的概念，主张从"区别"与"联系"的统一中考察智力和能力的关系。

智力与能力的明显区别在于：① 智力属于认识活动的范畴，是保证人们有效地进行认识活动的稳定心理特点的综合；能力属于实际活动的范畴，是保证人们成功地进行实际活动的稳定心理特点的综合。二者的发展并非完全一致。② 智力和能力的构成因素及其结构各不相同。③ 智力解决知与不知、懂与不懂的问题，与知识相联系；能力则解决会与不会、能与不能的问题，与技能相联系。④ 智力受先天因素影响大，能力更多的是受后天因素的影响。

但智力与能力又是密切联系、不可分割的，二者彼此渗透，互为条件。进一步地讲，智力是能力的基础，能力是智力的现实表现。

（四）能力与知识技能

为了正确地理解能力概念，有必要弄清能力与知识技能的关系。能力与知识技能既有区别又有联系。

（1）能力与知识技能有区别，不能等同。首先，能力与知识技能属于不同范畴。能力是完成活动必备的个性心理特征，是心理活动的可能性；知识是个体与环境相互作用而获得的信息，是信息在人脑中的储存；技能是个体通过练习而获得的动作方式。例如解答算术题时，所应用的公式、定理、定义等属于知识范畴；而解题过程中思维的敏捷性、记忆的准确性等属于能力范畴；解题的基本思路和方式方法等属于技能的范畴。其次，能力的发展与知识技能的掌握并不同步。具有同等知识技能的人，却不一定具有同等的能力；有相同能力的人，知识技能可能有差异。能力的发展比较慢，而知识技能的获得速度较快。在人的一生中，知识可随年龄的增长不断积累、增多，而能力则随年龄的增长呈现出发展、停滞、衰退的变化过程。

（2）能力与知识技能是密切联系的。一方面，能力是在掌握知识技能的过程中形成和发展起来的。俗话说："无知必然无能"，任何能力的发展都要以知识技能为基础。缺乏必要知识技能是发展能力的障碍。实践也证明，组织得当、方法合理的教学，不仅能让学生获得知识技能，同时也发展着学生的能力。另一方面，能力是掌握知识技能的前提和内在条件。人的能力发展水平直接制约着掌握知识技能的难易、快慢、深浅和巩固程度。同一个班的学生对老师所讲知识的领会、理解程度的差异，很大程度上与个体能力差异状况有关。

二、能力的种类

(一) 按适用范围，可将能力分为一般能力和特殊能力

一般能力是个体完成多种活动所必备的基本能力，如观察力、记忆力、思维力、注意力、想象力等。一般能力的适用范围广，符合多种活动要求，是工作、学习、生活、创造发明等活动顺利完成不可缺少的最基本能力。一般能力和认识活动有密切联系，保证人们容易和有效地掌握知识。在心理学著作中，一般能力往往指的是智力。智力是各种一般能力的综合体。

特殊能力又称专门能力，指个体完成某种专门活动所必备的能力。如数学能力、音乐能力、教育能力等。它只在特殊活动领域内发挥作用，是完成有关活动必不可少的能力。

人要顺利地完成某项活动，既要具备一般能力，也要依靠特殊能力。一般能力和特殊能力是不可分割的统一体，存在有机联系。一般能力的发展能为特殊能力发展创造条件，而特殊能力的发展，也会促进一般能力的提高。但有研究表明，一般能力和特殊能力之间的这种联系也有例外，其突出的例子就是"白痴学者"。在人类当中时常发现所谓"白痴学者"——愚鲁的人具有一种或几种高度发达的特殊才能。希尔安、罗斯曼等从1937年起曾对一名"白痴学者"进行了六年追踪研究，发现他的身体健康，一切正常，但智力检查却发现了许多极端矛盾的地方。他能说出从1880年到1950年任何一天是星期几，能正确地加算10～12个两位数，能把许多字顺着拼音或倒着拼音记而正确无误，并且告诉他一次某字的拼音后，他从来不忘。他能仅用耳朵欣赏某些音乐作品，并且能从头到尾地唱出《奥赛罗》歌剧中的某些段落。但另一方面，他不能跟上学校的正规课程，并且一般常识极度贫乏，只认识很少几个字，几乎完全缺乏逻辑推理和解决问题时的抽象能力。

(二) 按创造性成分，可把能力分为模仿能力和创造能力

模仿能力又称再造能力，是仿效他人的言行举止，并用与之相似的行为方式进行活动的能力。例如学画、习字时的临摹。美国心理学家班杜拉认为，模仿是人们彼此之间相互影响的重要方式，是学习必备的一种能力。模仿能力是个体早期获得知识技能的重要方式。创造能力是能创造出具有社会价值的独特的、新颖的产品的能力。例如文学创作、技术革新、方法改进等都富含创造能力。创造能力是成功完成某种创造性活动所必需的条件。

(三) 按功能，可将能力分为认识能力、操作能力和社交能力

认识能力是个体用于学习、理解、分析和概括的能力。它是掌握知识、完成各种活动所必备的最基本、最重要的心理条件。操作能力是个体用于操纵、制作和运动的能力。如劳动能力、体育能力、实验能力、制作能力等。社交能力是参加社会生活、与他人相互交往、保持协调的能力。如组织能力、管理能力、领导能力、言语感染力等。

(四) 按指向，可将能力分为认知能力与元认知能力

认知能力是个体接受、加工和运用信息的能力。如观察能力、记忆能力、注意

能力、思维能力等，它表现于人对客观世界的认识活动之中。元认知能力是个体对自己的认识活动的评价和监控能力。它表现为人对自己内心正在进行的认知活动的认识、体验和监控。认知能力指向的是认知信息，元认知能力指向的是个体的认知活动本身。

三、能力的发展

（一）能力发展的一般趋势

心理学研究表明，在人的一生中，能力的发展趋势如下所示。

1. 在总体趋势上，学习能力是随着年龄的增长而变化的。美国心理学家桑代克曾绘制过学习能力与年龄的关系曲线，指出学习能力到23岁左右达到最高峰，一直到45岁，学习能力并不低于十七八岁的学生。但45岁以后，学习能力就显著下降。根据美国心理学家贝利的研究，从出生到14岁以前，智力发展一直随年龄增长呈直线上升，随后才减慢增长的速度。

2. 智力发展速度是不均衡的。众多研究表明，智力发展速度有时快有时慢。通常，从三四岁到十三四岁之间呈等速发展，之后改为负加速（即随年龄增加而渐减）发展。心理学家本特纳（R. Pintner）指出，从出生到5岁是智力发展最迅速的时期；从5岁到10岁，发展也很快，并且容易测量；再过5年，发展就逐渐减慢。美国著名心理学家、教育学家布鲁纳（Bruner）根据对1 000名被试跟踪研究提出，从出生到5岁是人的智力发展最为快速的时期，若把一个人的智力，以17岁时的水平设定为100%，那么，5岁之前就可达到50%，5～8岁又增长30%，剩余的20%是8～17岁获得的。智力发展有关键期，也有相对稳定性，儿童青少年时期是智力发展最重要的时期。

3. 能力结构中不同成分的发展是不一致的。能力的某些成分发展较早，某些成分发展较迟。通常感知能力达到高峰和下降的时间比较早，而推理能力发展较慢，下降也较迟。心理学家塞斯顿在考察了7种基本能力的基础上发现，知觉速度、空间知觉、推理能力、计算能力和记忆能力发展较早，语词理解和语词流畅发展较迟。

（二）能力发展的个体差异

人与人之间在能力发展上存在着明显的个体差异。研究能力发展的个体差异，可为教师因材施教，让学生"各尽所能"提供理论依据。一般认为，能力发展的个体差异主要表现在类型、发展水平和表现早晚三个方面。

1. 能力发展类型的差异

能力类型差异是指个体的能力结构差异，表明每个人的能力各有所长。能力是由多种不同因素构成的，各种因素发展的不平衡性，导致人的能力发展存在质的差异。一般能力发展的类型差异是较为明显的，特殊能力的发展也存在类型差异。此外，能力类型差异在性别上表现明显。研究发现，女性在知觉速度、语言理解、机械记忆能力、形象思维和模仿能力等方面占有优势，而男性在空间想象力、理解记忆能力、抽象逻辑思维能力和创造能力等方面占有优势。

2. 能力发展水平的差异

能力发展水平差异是指个体之间同种能力的发展在量上存在着差异，表明每个人的能力有高低之别。能力发展的水平差异主要指智力发展差异（即一般能力差异）。美国心理学家推孟等曾对 2 904 个儿童进行智力测验，将结果按智商高低把人的智力划分为 9 类，如表 2-3 所示。

表 2-3　智力的分类

智　　商	类　　别
140 以上	天才
120～140	上智
110～120	聪颖
90～100	中材
80～90	迟钝
70～80	近愚
50～70	低能
25～50	无能
25 以下	白痴

从表中可见，在一般人群中，若把智力从最高到最低的差异全部计算出来，那么智力在人口中的表现呈正态分布：两头小，中间大。智商为 90～110 者称为中等智力，约占总人数的 50%；智商在 130 以上者称资赋优异，智商在 70 以下者称智能不足，它们在全人口中各约占 2%～3%。在一般人群中，资赋优异和智能不足者虽然是少数，但他们在能力上与一般人相差很大，所以往往需要给予特殊教育。

资赋优异又称智力超常，是指智力高度发展或某方面特殊才能异常突出，我国古代称这类儿童为"神童"，西方国家称"天才儿童"。研究发现，资赋优异者的求知欲旺盛，兴趣浓厚，观察细致，注意力集中，记忆力强，思维敏捷灵活，富有创造性，自信好胜。资赋优异者的智力因素和非智力因素都优于同年龄常态儿童水平。智能不足又称智力落后或智力低常，人们常称这类儿童为"低常儿童"或"弱智儿童"。现代心理学常根据智商、社会适应、问题发生时间三个指标判定儿童是否为智力低常。智能不足者并不是某一种心理活动水平低，而是整个心理能力的低下。为便于开展教育，我国心理学工作者将智能不足者从程度上分为四级：极重度（IQ 在 20～25 以下）、重度（IQ 在 25～40 之间）、中度（IQ 在 45～55 之间）、轻度（IQ 在 55～70 之间）。关注智能不足者的教育，这对于个体发展、社会和家庭都有积极意义。

3. 能力表现早晚的差异

我国汉代哲学家、教育家王充曾说："人才早成，亦有晚就。"个体能力发展有早有晚，有些人在童年期就表现出某方面优异能力，称为能力的早期表现，也称人才早熟。能力的早期表现在音乐和美术领域中最常见。有些人的才能表现较晚，常被称为"大器晚成"。人的能力表现虽有早晚差异，但就多数人来说，中年时期是成才或出成果的最佳时期。美国心理学家莱曼（H. C. Lehman）曾研究了几千名科学家、艺术家和文学家的年龄与成就，认为 25～40 岁是个体成才的最佳年龄。他的研究还表明，从事不同学科的人最佳创造的年龄是不同的。

（三）影响能力发展的因素

1. 遗传素质

遗传素质是个体从上辈继承下来的某些生理解剖特点。厄伦迈耶·金林和贾维克经研究发现，遗传关系越密切，个体之间的智力越相似。遗传素质对能力发展有极为重要的影响，是能力发展的物质前提。生来失明者难以发展绘画能力，生来失聪者难以发展音乐能力。但素质本身不是能力，也不能决定一个人的能力，仅为能力发展提供某种可能性，把遗传视为制约能力发展的决定因素是不科学的。要使遗传为能力发展提供的可能性变为现实性，需要环境、教育和实践活动等因素的共同作用。

2. 环境因素

环境是存在于人的周围，不依赖人的意识而存在的客观现实。大多数人的遗传素质相差不大，能力发展的差异主要是由后天环境的影响造成的。首先营养是影响能力发展的重要因素，胎儿及婴幼儿期的营养状况直接关系到能力发展。近年来，越来越多的证据表明，出生前后的有机体的营养水平，在智力发展中起着重要的作用。其次，个体早期经验对能力发展也起着重要作用。研究发现，1～7岁是脑急剧增长的时期，也称为智力发展的关键时期。丰富多样的环境刺激可使儿童获得相当的早期经验。早期经验丰富，儿童智力发展会正常或超常；而早期经验贫乏，则会造成儿童智力落后。

有实验为证：一对双生姐妹从18个月时分开抚养，一个住在边远地区，仅仅受过2年正式的学校教育。她的妹妹在繁荣的地区长大，并且读完了专科学校。在这两个双生姐妹35岁接受测验的时候，曾读过专科学校的妹妹的IQ分数比她的姐姐多24分。很显然，这对双生姐妹的24分IQ分数差异与她们所受学校教育的时间长短不无关系。学校教育可为能力发展创造极为有利的外部条件。

3. 实践活动

我国古代思想家王充指出"施用累能"，即能力是在使用过程中积累发展起来的。大量资料表明，绘画能力只有在绘画实践活动中才能得以发展。个体不参加实践活动，就谈不上能力发展。实践活动是能力发展的重要基础。实践活动的性质不同、广度和深度不同，就使人形成各种不同的能力。高尔基的聪明才智得益于实践活动，他自豪地把实践称为"我的大学"。

4. 自我效能感和个性品质

自我效能感是个人对自己从事某项工作所具有的能力的主观评价和确信。它是深刻影响能力发展的一个重要的主观因素。自我效能感强者坚信只要努力，能力就能发展；自我效能感差者，常错误地估计自己的能力，只注意自己的不足，过分焦虑，觉得自己无力改变现实，其能力难以得到发挥。优良的个性品质是能力发展的重要心理因素。许多研究表明，高尚动机、浓厚兴趣、顽强意志和坚强性格等是促进能力发展的重要条件。古希腊政治家迪莫西尼斯幼时说话声音微弱、口吃而不能演讲，他坚持把小卵石放在嘴里练习说话，经常对着海滨的激浪高声演说，后来终于成为一位大演说家。事实证明，没有坚强的毅力，没有勤学苦练，能力就难以提高和发展。

四、能力与管理

播种在土壤里的麦粒对成为麦穗来说只是提供了一种可能性，这粒种子最终会不会长出麦穗来，取决于土壤的结构、成分、温度、湿度，以及气候等条件是否适宜。人的能力的先天素质也只是获得知识和技能的可能性，至于是否能获得知识和技能，可能性是否变为现实性，则取决于许多条件。例如，周围的人（家庭、学校、单位中的人）是否关心这个人对知识和技能的掌握，如何对他进行教育，如何组织劳动活动，从而使这些技能得到运用和巩固等。

管理心理学研究认为，管理的关键在于合理地使用人才。社会生产实践中的每一项具体工作都对人的智力和体力有着不同的要求。管理者除应具有决策能力外，还必须具有三种基本能力：技术能力（业务能力）、人际关系能力及管理能力。技术能力（业务能力）主要是通过对科学技术的学习和训练，以及个人经验所获得的知识、方法和技巧的运用，去完成任务的能力。这种能力，各层次的管理者都应该具备；人际关系能力是指与人共事的能力，它是通过对管理学、心理学、行为科学等的学习获得的；管理能力是了解整个组织及自己在组织中的地位和作用，从而使自己能够按照组织的总目标办事的能力。

作为一名管理者，不仅应当熟悉他们管理的各项工作，熟悉各项工作对能力提出不同要求，具有较高的分析问题、解决问题及较强的组织能力，而且还应当熟悉他的同事和下属各自具备的能力特长。只有这样，才能运用能力的心理学理论，做好管理工作。

（一）管理者应具备多种能力

作为一名优秀的管理者，不仅应当具备观察能力、记忆能力、想象能力、思维能力、讲话能力等一般能力，还应具备做管理工作的特殊能力。一般来讲，这些特殊能力是指：专业知识的转化能力（即业务能力），对上级政策、方针和部署的理解并向下解释的能力、计划能力，指挥协调和控制能力，人员的安排使用能力，联系群众和团结群众的能力。不同层次的管理者，对以上要求的组合是不同的。越是层次高的管理者对管理能力要求越高，而对具体业务的能力的要求则相应降低。反之，越是基层的管理者，对具体业务的能力要求则越高。

（二）善于"选贤任能"，把能力卓越的人选拔到领导岗位上来

管理者或领导者应当有"爱才之心"，对于确实有卓越能力的人应当加以重用，让他们担任一定的职务，在适当的工作中发挥特长。嫉妒贤能是现代管理和领导活动中的大忌，也是一个管理者或领导者不称职的突出标志。只有选贤任能，善于识别人才，选拔人才和使用人才，才有可能使我们做好管理工作。

（三）合理安排工作，做到人尽其才

在现实生活中，一个人的能力不可能十全十美，有的人在这一方面能力突出，而在另一方面则可能能力不足。因此，管理者应当善于识别、测量、分析人的性格和能力，并在此基础上合理地安排员工的工作，使他们在不同的岗位上发挥自己的

能力和特长。如果发现有的人不适合做某项工作，应当及时的加以调整。应尽量使员工的文化水平、技术水平等工作能力与实际工作所要求的水平相匹配。一个人所具有的工作能力高于实际工作要求时，不仅浪费人才，其本人也会感觉到工作的乏味，工作效率降低；相反，员工的实际能力达不到工作要求时，他就感觉到力不从心，工作效率不高，还会影响其身心健康。

（四）加强教育和培训，着重于能力培养

有效地提高员工的能力是组织管理的重要内容。人的一般能力和特殊能力在不同的工作中会起到直接或间接的作用，而人的能力结构又各不相同。根据人的能力结构的不同，因材施教地进行培训，才能有效提高员工的能力。我们应该通过不断地对员工进行教育，来提高员工的工作能力，以保证组织队伍的素质不断提高，使人力资源得到充分的利用。

 课后深化与训练

1. 以小组为单位，在查阅资料和充分讨论的基础上，分别举例说明能力发展类型、水平、表现早晚的差异。
2. 请填写以下表格。

	能力	智力	才能	天才	知识技能
定义					
举例说明					

 知识链接

智力测验简介

智力测验就是对智力的科学测试，它主要测验一个人的思维能力、学习能力和适应环境的能力。现代心理学界对智力有不同的看法。所谓智力就是指人类学习和适应环境的能力。智力包括观察能力、记忆能力、想象能力、思维能力等。智力的高低以智商 IQ 来表示，正常人的 IQ 在 90～109 之间，110～119 是中上水平，120～139 是优秀水平，140 以上是非常优秀水平，而 80～89 是中下水平，70～79 是临界状态水平，69 以下是智力缺陷。一般来说，智商比较高的人，学习能力比较强，但这两者之间不一定完全正相关。因为智商还包括社会适应能力，有些人学习能力强，他的社会适应能力并不强。

进行这种测验，首先需设计出一套问题，让应试人回答，从答案中计算得分。如著名的法国"西比量表"，量表中的问题，难度由浅入深排列，以通过题的多少作为鉴别智商的标准。得分在 90～110 为正常智力，140 以上者为最优，70 分以下者为心智不足。

（资料来源：摘自百度百科——智力测验）

第三章 知觉与管理

 能力目标
- ▶ 能够正确分析社会知觉中的常见偏见,并做到有效规避。
- ▶ 能够运用归因理论对员工的行为做出合理的解释。

 知识目标
- ▶ 熟悉知觉的分类及其基本特征。
- ▶ 掌握社会知觉的概念与目的。
- ▶ 了解社会知觉的影响因素及分类。
- ▶ 了解归因的概念和常见的归因理论。

 导入案例

小蜗牛问妈妈:"为什么我们从生下来,就得背负这个又硬又重的壳呢?"妈妈说:"因为我们的身体没有骨骼的支撑,只能爬,又爬得不快,所以要有这个壳的保护!"小蜗牛说:"毛毛虫妹妹没有骨骼,也爬不快,为什么她却不用背这个又硬又重的壳呢?"妈妈:"因为毛毛虫妹妹能变成蝴蝶,天空会保护她的。"小蜗牛:"可是蚯蚓弟弟也没有骨骼,也爬不快,也不会变成蝴蝶,他为什么不用背这个又硬又重的壳呢?"妈妈:"因为蚯蚓弟弟会钻土,大地会保护他的。"小蜗牛哭了起来:"我们好可怜,天空不保护,大地也不保护。"蜗牛妈妈安慰他:"所以我们有壳啊!"

分析启示:抱怨命运是没有用的,正确的自我认知,可以扬长避短,激发人的自尊心、自信心。

第一节 知觉概述

人类认识世界的过程是从感性到理性的过程,感知是认识世界的开端,是构成认识过程的初级阶段。只有在感知的基础上,人类才能进行更高级的知觉活动。

一、知觉的相关概念

（一）知觉的定义

知觉是人脑对直接作用于感觉器官的事物的整体属性的反映。例如，有一个事物，我们通过视觉器官感到它具有圆圆的形状、红红的颜色；通过嗅觉器官感到它特有的芳香气味；通过手的触摸感到它硬中带软；通过口腔品尝到它的酸甜味道，于是，我们把这个事物反映成苹果。这就是知觉。

知觉的产生，必须是以各种形式的感觉的存在为前提，并且与感觉同时进行。但是，不能把知觉单纯地归结为感觉的简单总和，因为知觉除了以各种感觉为基础外，还要依赖于知觉者对事物的兴趣、爱好，或其他的一般知识经验，这些都在一定程度上影响到知觉的过程和结果。例如我们到火车站去接一位不认识的客人，我们对来人的期待，将影响到我们对他的识别和确认。因此，知觉是对事物整体的反映，这种反映不再是事物的孤立属性或部分，而是具有整体的意义。

（二）感觉和知觉的关系

1. 什么是感觉

感觉是人脑对直接作用于感觉器官的事物的个别属性的反映。人生活在丰富多彩的环境之中，外部世界的各种事物都在不停地运动着，它们以不断变化着的光、声、味、温度、硬度等等各种属性作用于人们，人的感觉器官接受到刺激，就使人脑对客观事物的某一个别属性产生反映。如看到了水果的颜色、嗅到了氨水的气味、尝到了糖的甜味……这种当前事物的个别属性在我们大脑中的反映，就是感觉。

与其他的心理现象一样，感觉也具有二重性：从感觉的来源和内容来看，感觉是客观的，它反映不依赖于人的意识而独立存在的客观事物；从感觉的形成和表现来看，它是主观的。从这一意义上理解，感觉是在具体的人的头脑中形成、表现和存在着的。所以，在不同的人身上，感觉都烙上了个体的个性特点和知识经验的痕迹，体现着个性心理的影响。

感觉虽然简单，但却很重要，它在人们的生活和工作中有重要意义。感觉是人们认识事物的入口，是一切知识的直接来源，是人的意识形态和发展的基本成分；通过感觉，人们才能够认识外界物体的各种属性，人们才知道自己身体的运动、姿势和内部器官的工作状况，因而有可能实现自我调节，如饥不择食；只有在感觉所获得的信息基础上，知觉、记忆等其他较高级、较复杂的心理现象才可能产生和发展。对于一个正常人来说，没有感觉的生活是不可忍受的。

2. 知觉和感觉的区别与联系

感觉和知觉的联系非常紧密，但也有一定的区别。感觉和知觉的紧密联系，在于它们都是属于认识过程的感性阶段，都是对事物的直接反映。一旦事物在我们的感觉器官所及的范围内消失时，感觉和知觉也就停止了。感觉是知觉的基础，而知觉则是感觉的深入和发展，对某个物体感觉到的个别属性越丰富、越精确，对该事物的知觉也就越完整、越正确。在现实生活中，人一般都是以知觉的形式直接反映客观事物，感觉只是作为知觉的组成成分而存在于知觉之中，很少有孤立的感觉存

在。但感觉和知觉又是不同的心理过程，感觉是介于心理和生理之间的活动，它的产生主要通过感觉器官的生理活动过程，以及客观刺激的物理特性，相同的客观刺激会引起相同的感觉。而知觉则是纯粹的心理活动，它是在感觉的基础上对物体的各种属性加以综合和解释的心理活动过程，处处表现出人的主观因素的参与。由感觉到知觉，其间经历一个主观选择的过程，即从感觉到的各种属性中选取一部分属性加以综合和解释，这在很大程度上依赖于一个人过去的经验，并受个人当时的兴趣、需要、动机和情绪等的影响。

二、知觉的分类

从不同的角度和标准出发，知觉也就有了不同的种类。

（一）根据知觉时起主导作用的器官的特性划分

根据知觉时起主导作用的器官的特性，可以把知觉分为视知觉、听知觉、触知觉、嗅知觉等。

1. 视知觉（视觉）

视觉是可见光波刺激分析器而产生的。眼睛是我们的视觉器官，构造颇似照相机，具有完整的光学系统及各种使眼球转动并调节光学装置的肌肉组织。视觉分析器的感受器是眼睛的视网膜。在眼睛的视网膜上有两种感光细胞：视锥细胞和视感细胞。前者分布在视网膜的中央部分，是明视器官，它对色彩发生反应，能分辨物体的细节。后者分布在视网膜的边缘，是暗视器官，它对弱光反应很灵敏，却不能分辨颜色和物体的细节。这样，我们的视觉可分为色觉和非色觉。视觉是我们认识外部世界的主导感觉，一个正常的人从外界获得的全部信息中，80%是通过视觉获得的。同时，视觉在参与知觉物体的大小、方位、形状和距离等过程中都起着巨大的作用。

2. 听知觉（听觉）

人类的听觉器官是耳朵，听觉是由振动频率为20～20 000赫兹的声波作用于内耳的柯蒂氏器官的毛细胞所引起的。其中人耳最敏感的声波频率为1 000～4 000赫兹。人类的听觉具有音调、音响、音色三种特性。这些特性主要是由声波的物理特性决定的。音调主要是由声波的频率决定的，频率越大，音调越高。成年男子说话声的频率一般约为95～142赫兹，而成年女子说话声的频率一般约为272～653赫兹。音响主要是由声波的强度决定的，强度越大，响度越大。普通的说话声的响度约为60分贝。音色主要是由声波成分的复杂程度决定的。我们听到说话声就能分辨出是谁在说话，就是因为每个人说话声都有独特的音色。

通常人们认为听觉是人类仅次于视觉的一种重要的感觉。如果在听觉和视觉一起接受信息时，视觉显得尤为重要。但两者单独使用时，听觉的重要性并不亚于视觉。在亮度不足时，视觉功能失效，听觉则不受影响；在空间受阻时（如视线阻挡），视觉功能失效，而听觉则仍发挥功效；尤其是人际关系之间的社会关系，主要靠听觉为沟通渠道。听觉障碍者，社会人际关系孤立，在人际适应上，较之视觉障碍者更为困难。

3. 味知觉（味觉）和嗅知觉（嗅觉）

味觉和嗅觉时常联系在一起。味觉的适宜刺激是溶于水的化学物质。它由分布在舌面各种乳突内的味蕾所引起。人的味觉有酸、甜、苦、咸四种，负责它们的味蕾在舌面的分布是不一样的。舌尖对甜味最敏感，舌中、舌两侧和舌后分别对咸、酸和苦最敏感。其他的味觉都是由这四种感觉再加上温度综合作用的结果。嗅觉是由有气味的气体物质引起的。它是由作用于鼻腔上部黏膜中的嗅细胞所引起的。目前对气味的分类尚未形成一致的看法，因为要准确说出某一种物质的气味是很难的。嗅觉的个别差异很大，甚至有些人缺乏嗅觉。一般而言，动物的嗅觉优于人类，鱼类的嗅觉最发达。

4. 皮肤感觉（触觉）

皮肤感觉是靠皮肤表面为感受器接受外来刺激而产生的感觉。它包括触压觉、冷觉、温觉和痛觉。这些感觉的感受器呈点状、不均匀地分布于全身。感觉点分布越密，对相应刺激越敏感。痛点除皮表外，还分布在机体几乎所有的组织中，使机体对伤害性刺激的"报警系统"具有重要的生物意义。

（二）根据知觉所反映事物的特性划分

根据知觉所反映事物的特性，可以把知觉分为物体知觉和社会知觉。任何事物都具有空间特性、时间特性及其运动变化。因此，物体知觉包括空间知觉、时间知觉和运动知觉。社会知觉就是指个人在社会环境中对他人（某个个体或某个群体）的心理状态、行为动机和意向（社会特征和社会现象）做出推测与判断的过程。社会知觉包括三个方面的内容：对人的知觉（包括对他人和自我的知觉），对社会事件因果关系的知觉，对人际关系的知觉。

1. 空间知觉

空间知觉是反映空间物体特性的知觉。我们对物体的大小、形状、方位和深度等判断都属空间知觉。对一般人而言，空间知觉主要为视空间知觉和听空间知觉。

（1）视空间知觉。它是指深度知觉，也就是平时所说立体知觉或远近知觉。视空间知觉靠视觉器官收集视觉信息。外部世界在视网膜上的投影是二维的视像，但我们却可以知觉为三维空间，其主要原因是人们根据一些信息来形成空间立体。这些信息被称做"深度线索"，其包括单眼线索、双眼线索和生理线索。生理线索包括眼睛视轴的辐合运动信号。物体越近，为使视网膜获得清晰的视像，则水晶体越突出，这种调节提供了物体远近的信号。当两眼视同一物体时，两眼的中央凹都会对准物体，从物体到中央凹形成两条视轴，物体越远，则两条视轴形成的角度越小，视轴运动的程度提供了物体远近的信息。若物体太远，双眼视轴接近平行，对距离估计就不起作用了。单眼线索指物体本身具有的，即使观察者使用一只眼睛去看，也足以判断远近的深度知觉的特征。这主要靠后天生活中，知觉经验提供的线索。双眼线索指视物时，两只眼睛同时协调活动，从而对刺激物获得深度知觉的线索。人的两眼相距6～7厘米，因而同一物体在两眼视网膜上的投像稍有差异，左眼看物体的左边多一些，右眼看物体的右边多一些，这种视差叫双眼视差。双眼视差信息投射到大脑皮层的视觉区，就是应用了人的双眼视差原理。

(2)听空间知觉。对于生活在三维空间的个体而言,关于空间的感受,除了视觉之外还能从听觉中获得。耳朵不仅接收声音,而且还提供声音的方向和声源远近的线索。听觉线索主要由单耳线索和双耳线索所构成。若一只耳朵失聪,靠另一只耳朵还能感受到声音的刺激。由单耳所获得的线索,不能有效的判断声源的方位,但能有效的判断声源的距离。平时我们以声音的强弱来判断声源的远近,强则近,弱则远。对声源的远近和方向定位,靠双耳的协调工作才能准确地判断。从一侧来的声音,两耳感觉到的刺激有时间上的差异,这种时间差是声源方向定位的主要线索。声音的强弱随传播的远近而变,与声源同侧的耳朵获得的声音较强,对侧耳朵由于受到头颅的阻挡而得到的声音较弱,这样,声源被定位于较强的一侧;声波对两耳鼓膜所形成的压力也是有区别的,声源近,压力大,声源远,压力小。如果声音来自侧方,因声波的压力之差,也可构成声源判断的知觉线索。除了听觉和视觉外,嗅觉、动觉和触摸觉也可以来感受空间。

2. 时间知觉

反映事物和现象的持续性、速度性和顺序性等时间特征的知觉就叫时间知觉。它是在不使用任何计时工具的情况下人们对时间变化的感受和判断。人总是通过某种衡量时间的标准来反映时间的。这些标准可能是自然界的周期性现象,如太阳的升落、昼夜的交替、月亮的盈亏、季节的变化等,也可能是机体内的一些有节奏的生理活动,如心跳的节律,有节奏的呼吸等。人们常常有过高地估计较短时间的间隔和过低估计较长时间的倾向。对时间的长短知觉依赖于人的活动内容。当学生能从事积极努力的活动时,对上课就会觉得"时间飞逝而过";相反如果没有发挥学生的积极性,他们就会觉得"漫漫无尽期"。

3. 运动知觉

反映物体在空间位置的移动和移动快慢等运动特性的知觉叫运动知觉。通过运动知觉可以分辨物体的运动、静止和运动速度的快慢。物体的运动总是在一定的时间和空间进行的,所以时间知觉和运动知觉有非常密切的联系。它依赖于对象运行的速度、对象距观测者的距离以及观测者本身的静止与运动状态。如对象距观测者的距离直接影响观测者的运动速度的知觉。对象距离越远,看起速度慢,对象距离近,看起来速度快。近处的汽车好像从面前急驰而过,远处的汽车好像不动或只慢慢移动。在不同的条件下,运动知觉又分为真动知觉、似动知觉、诱动知觉和自主运动等。

(三)根据知觉映象是否符合客观实际和反映现实的精确性程度划分

根据知觉映象是否符合客观实际和反映现实的精确性程度可以把知觉分为精确知觉、模糊知觉、错觉和幻觉。

我们的知觉所反映的事物或现象如果是符合客观实在的,这就是精确知觉。如果是不清晰、不准确的,就是一种模糊知觉。而错误的,与客观实际不相符合的就是错觉。错觉是有相应的现实刺激作用于感觉器官时所产生的不正确的知觉。幻觉则不同于错觉,幻觉是没有相应的现实刺激作用于感觉器官时出现的知觉体验,是一种严重的知觉障碍和常见的精神症状。

三、知觉的基本特征

人对客观世界的知觉过程,是一个主动积极的反映过程,它不仅受客观刺激物的影响,而且受主观生理、心理状态的影响,有着特殊的活动规律。知觉过程的心理规律,可以归纳为知觉的几种基本特性,具体如下所示。

(一) 知觉的选择性

从背景中把少数事物区分出来,从而对它们作出清晰的反映,知觉的这种特性称为知觉的选择性。在日常生活中,人在知觉客观世界时,总是有选择地把少数事物当成知觉的对象,而把其他当成知觉的背景,以便清晰的感知一定的事物与对象。例如,在课堂上,学生把黑板上的文字当做知觉的对象,而周围环境中的其他东西便成了知觉的背景。

知觉的对象与背景是互相依存、互相转化的。当我们从注视黑板上的文字转移到挂图时,挂图便成了清晰的对象,而黑板上的文字则成了知觉的背景。知觉的对象与背景的互相转化在双关图形中表现得更为清楚。如图3-1所示。

图3-1 知觉的对象和背景的相互转化

影响知觉选择性的因素有主观和客观两个方面。从客观而言主要有以下几点:① 对象与背景之间的差别。对象与背景之间的差别越大,对象从背景中区分出来就越容易;反之,则越困难。如批改作业,用红笔最明显;出板报时重点部分用彩色粉笔字迹最清楚。② 对象的活动性。夜空中的流星、人造卫星;闪烁的霓虹灯广告;电影、幻灯片等教学活动,都易被人知觉。③ 刺激物的新颖性。教师抑扬顿挫的语言,新颖的教学内容和教学方式,也容易引起学生优先知觉。从主观因素看:知觉有无目的和任务;已有知识经验的丰富程度;个人的兴趣、爱好、动机;定势与情绪状态等都影响知觉对象的选择。

(二) 知觉的整体性

知觉的对象是由不同的部分、不同的属性组成的,但我们并不把它感知为个别孤立的部分,而总是把它知觉为一个有组织的整体,知觉的这种特性称为知觉的整体性或知觉的组织性。

知觉的整体性与知觉对象本身的特性及其各个部分间的构成关系有关。格式塔学派对知觉的整体性进行了研究，并提出知觉的整体性主要有以下几个组织定律。

（1）接近律：空间、时间上接近的客体易被知觉为一个整体。如图3-2我们很容易把它知觉为六组长方形。

图 3-2

（2）相似律：物理属性（强度、颜色、大小、形状等）相似的客体易被知觉为一个整体。如图3-3，虽然各正方形间相距的距离相同，但容易将白色正方形或黑色正方形分别看成三组。

图 3-3

（3）连续律：具有连续性或共同运动方向等特点的客体，易被知觉为同一整体。如在知觉图3-4时，我们不会把左边的图形知觉为右边图形的两个组成部分，而是知觉为"－"和"（"两个组成部分。

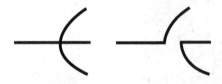

图 3-4

（4）封闭律：在知觉一个熟悉或者连贯性的模式时，如果其中某个部分没有了，我们的知觉会自动把它补上去，并以最简单和最好的形式知觉它。如图3-5，我们倾向于把它知觉为一个正方体和8个圆形。

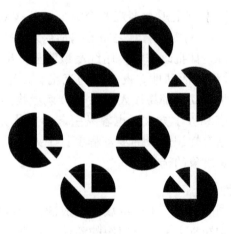

图 3-5

知觉的整体性不仅与对象本身的特性有关，也与知觉者的主观状态有关。在知觉的过程中，过去经验、知识可对当前知觉活动提供补充信息。比如，图3-6易被知觉为两个重叠的三角形覆盖在三个黑色的圆形上。但实际上图形中居于中央的白色三角形实际上没有完整的边缘，即没有轮廓，然而在知觉经验中，它们都是边缘最清楚，轮廓最明确的图形。这种没有直接刺激作用而产生的轮廓称为主观轮廓。主观轮廓是在一定的感知信息的基础上，进行知觉假设的结果。视野中存在某些不完整因素，是主观轮廓形成的必要条件。

图 3-6

（三）知觉的理解性

人对于知觉的对象总是以自己的过去经验予以解释，并用词来标志它，知觉的这一特性称为知觉的理解性。

知觉的理解是以知识经验为基础，是人把对当前事物的直接感知，纳入到已有的知识经验系统中去，从而把该事物看成某种熟悉的类别或确定的对象的过程。如图3-7（a），人们根据已有的经验很容易把它知觉为一匹马。

知觉理解性的基本特征是用语词把事物标志出来。语词对人的知觉具有指导作用，可以帮助并加快理解。例如3-7（b），问你图上画的是什么？如果你看不出来，给提示说：是画着一条狗。你可能就会看出它像一头生活在北极地带的狗。

(a)　　　　　　　　　　　(b)

图 3-7

影响知觉理解性的因素除了以上因素，还有个人的动机与期望、情绪与兴趣爱好以及定势等。此外，知觉的理解性对于我们从背景中区分出知觉对象和形成整体知觉都有很大的帮助，有利于扩大知觉的范围，加快知觉的速度。

（四）知觉的恒常性

当知觉的客观条件在一定范围内改变时，知觉的印象仍然相对地保持不变，知觉的这种特性称为知觉的恒常性。知觉的恒常性主要表现为以下几种。

1. 大小恒常性

在一定范围内不论观看距离如何，我们仍倾向于把物体看成特定的大小，这就是大小恒常性。例如，同样的一个人站在离我们3米、5米、15米的不同距离处，他在我们视网膜上的像因距离不同而改变着，但是我们看到这个人的大小却是不变的。

2. 形状恒常性

当我们从不同角度观察同一物体时，物体在视网膜上投射的形状是不断变化的。但是，我们知觉到的物体形状并没有显出很大的变化，这就是形状恒常性。图3-8是一扇从关闭到敞开的门，尽管这扇门在我们视网膜上的投射形状各不相同，但人们看去都是长方形。

3. 明度（或视亮度）恒常性

在照明条件改变时，物体的相对明度或视亮度保持不变，叫明度（或视亮度）恒常性。决定明度（或视亮度）恒常性的重要因素是从物体反射出的光的强度和从背景反射出的光的强度的比例，只要这个比例保持不变，就可保证对物体的明度（或视亮度）恒常性不变。例如，两张白纸，不管是在阳光下，还是在阴影中，它们都互为背景和对象，对光的反射比例始终保持不变，因而我们对明度（或视亮度）的知觉也就保持了恒常性。

图 3-8

4. 颜色恒常性

尽管物体照明的颜色改变了，我们仍把它感知为原先的颜色，这就是颜色恒常性。例如，不论在黄光照射下还是在蓝光照射下，我们总是把一面国旗知觉为红色的。正如室内的家具在不同灯光照射下，它的颜色相对保持不变一样。

四、影响知觉的因素

为什么不同的个体看到相同的事物却产生不同的知觉？很多因素影响到知觉的形成甚至有时是知觉的歪曲。这些因素可以归纳为知觉者、知觉目标或对象以及知觉发生的情境三个方面。

（一）知觉者

当个体看到一个目标物并试图对他所看到的东西进行解释时，这种解释受到了知觉者个人特点的明显影响。你是否在新买了一辆车后，忽然注意到马路上跑着很多车都与你的相同？显然不可能是这种车的数目忽然间增加了，这是由于你的购买行为影响到了自己的知觉，因而现在更有可能注意到它们。这个例子说明了影响知觉方面最相关的个人因素是态度、动机、兴趣、经验和期望。

未满足的需要或动机刺激了个体并能对他们的知觉产生强烈影响。一项对饥饿的研究戏剧化地描述了这一事实。研究中的被试没有吃东西的时间不同，一些被试一个小时前吃了东西，另一些被试16个小时没吃任何东西。给被试呈现一组主题模糊的图片，结果个体饥饿的程度影响到他们对模糊图片的解释。相比吃完东西没多久的被试来说，16小时没吃东西的被试把图片内容知觉为食物的频率高出很多。

在组织情境中也存在着同样现象。比如，一名有不安全感的上司会把下属的出色工作视为对自己职位的威胁，个人的不安全感可以转化为"别人想得到我的工作"的知觉，而不管下属的真正意图如何。同样，内心诡异的人倾向于认为别人也是诡异的，这一点也很显然。

如果你是一名整容外科医生，可能会比一个水管工更容易注意到一个不美观的鼻子，这一点也不该令你吃惊。刚刚因自己员工的高迟到率而受到上司指责的主管第二天可能比一星期前更多地注意到迟到现象。

这些例子表明我们注意的中心受到自己兴趣的影响。个体之间的兴趣差异很大，因而在同一情境中一个人所注意到的东西会与另一个人非常不同。

过去从未经历过的事件或物体显然会更吸引我们的注意。你更可能注意到一个自己从未见到过的机器，而不是一个很普通很标准的，你过去见过的上百个完全一样的文件柜。同样，如果你第一次见到生产线，你更有可能注意到生产线上的操作。60年代末至70年代初，管理岗位上的女性和少数民族者十分引人注目，因为那时这些职位是白人男性的特权。今天，这些群体成员非常广泛地存在于各个管理阶层中，因此，我们很少因为一名管理者是女性、美国黑人、亚裔美国人或拉丁美洲人而给予更多注意。

最后，期望也能使知觉失真，它使你所看到的是你所期望看到的。如果你预期警察都很威严，年青人都缺乏进取心，人事主管"很喜欢大家"，和别人共用办公室的人是"渴望获得权力的人"，你就会以这种方式知觉他们，而不管他们实际的特点如何。

（二）知觉对象

观察对象的特点也能影响到知觉内容。在群体里，声音洪亮的人比安静的人更容易受到注意。很有吸引力的人和没有吸引力的人也是如此。新奇、运动、声音、大小、背景、临近以及知觉对象的其他因素都能影响到我们的知觉。

我们并不是孤立看待目标的，因此目标与背景的关系也影响到知觉，并且，我们倾向于把关系密切和相似的事物组织在一起进行知觉。

我们所看到的内容取决于我们如何将图形从背景中分离出来。比如，在你阅读这个句子时你所看到的内容是白色纸张上的黑色文字，而并不是黑色背景下一些形状怪异的白色补丁块，因为你认出了这些白色背景下的黑色形状，并把它们组织起来。

我们还倾向于把相互之间联系密切的物体放在一起知觉，而不是孤立地分别知觉它们。因此，由于时间和空间的相近性，我们常常把那些原本不相关的物体或事件联系在一起。如某一个部门中的员工被视为一个群体对待，如果一个由4人组成的部门中其中2个人忽然辞职，人们倾向于认为他们的离职相互有关，虽然事实上他们之间可能是完全无关的。时间上的安排也有重要影响，比如，一名新任销售经理被派往某一地区，很快，那个地区的销售量直线上升。虽然这名新任销售经理的工作与销售量的上升可能没有联系（销售量的上升可能是因为一项新产品投入市场或其他各种原因），但人们常常倾向于认为两件事之间是有联系的。

我们还倾向于把互为相似的人、物体或事件组合在一起。相似性程度越高，则越可能把他们作为一个整体进行知觉。对于女性、黑人及在肤色或其他方面都有明显特点的群体成员，我们倾向于认为这些群体成员非常相像，即使是那些事实上无关的特点。

（三）情景

我们在什么情境下认识和了解物体或事件也很重要，周围的环境因素影响着我们的知觉。在周末晚上的夜总会上，一个身穿晚礼服，浓妆艳抹的25岁女性不会引起我太多的注意。但同一女性同样穿着出现在我周一上午的管理学课堂上，则会非常吸引我的注意（以及班里其他同学的注意）。周六晚上和周一上午的知觉者及知觉对象都没有发生变化，只是情境不同了。同样，如果你的上司从公司总部突然来到本市，你更有可能注意到下属游手好闲的行为。这就是情境影响了你的知觉。对客体或事件知觉的时间能影响到我们的注意力，除此之外其他情境因素还有工作环境、社会环境等。

五、错觉及其应用

错觉是人们对客观事物不正确的知觉，他是在客观事物刺激作用下产生的一种歪曲的知觉。错觉的产生是由于对象受到背景、参照物的干扰，或对象之间互相影响，或是由于过去经验的影响而导致的。

（一）错觉的种类

（1）视错觉。视错觉是凭眼睛所见而构成失真或歪曲的知觉。其中尤以图形错觉多见，见图3-9。

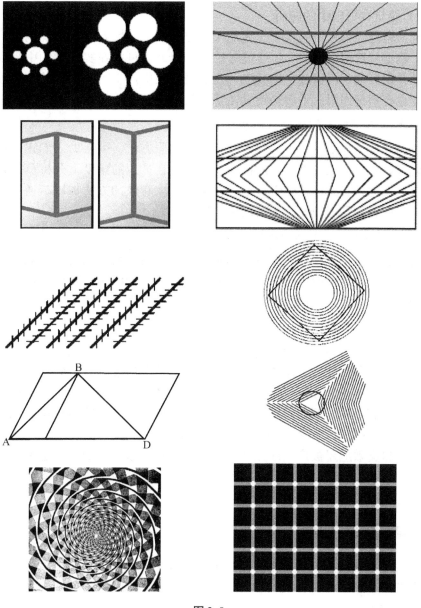

图 3-9

（2）听错觉。利用仪器使左边来的声波先进入右耳，会觉得声音是从右边来的。

（3）嗅错觉。把一种气味闻成另一种气味，如把杉木气味闻成油漆味。

（4）时间错觉。在生活中，有人觉得"度日如年"，有人觉得"岁月如梭"，这是时间错觉造成的。

（5）运动错觉。在火车未开动之前，常因邻近车厢的移动，觉得自己车厢已经开动。

（6）形重错觉。一千克铁和一千克棉花的物理重量相同，但人们用手以比较时会觉得一千克铁比一千克棉花重得多。

(二) 错觉在管理中的应用

错觉,容易混淆人们的视听,扰乱人们的心志,干扰人们的正确判断,从这个方面讲,错觉起着消极作用。但通过对错觉的研究,可以在实践活动中采取措施来识别错觉并积极地利用错觉,使其在一些实践活动中产生一些预期的心理效应,因此,错觉也有积极作用,下面是错觉在管理工作中的几点应用。

1. 错觉可以帮助人们正确认识客观事物

通过客观地了解错觉产生的原因及相应的克服方法,可帮助人们正确认识客观事物。管理者对员工工作中发生的错误,可以站在员工的角度上分析员工在理解上是否出现了错觉,有没有领会管理精神,从而采取有效的方法加以疏通和解释,能更有效的贯彻各种管理制度,从而避免事故的发生。

2. 错觉有利于管理者正确决策

在日常工作中,有些管理者在认知事物的真相时,由于知觉的片面性,可能存在错觉,导致管理者在做重要决策时,因为错觉的影响而做出错误决策,挫伤员工的工作积极性。因此,管理者应对有些情况的真相作充分深入地了解,以便能够正确决策。

3. 错觉有利于通过环境设计提高效率

人们的工作积极性、工作效率经常受到周围环境的影响。不同的工作环境会直接影响人的心理状态。办公室的环境、车间的环境等在装潢设计时都可以利用错觉原理进行设计和布置。例如,夏天布置冷色调环境,冬天布置暖色调环境,都可以有效的提高员工的工作效率。

此外,错觉效应还被广泛应用于宣传广告、服装设计、建筑、造型、绘画、摄影、戏剧、化妆、布景、道具、魔术等领域。

课后深化与训练

1. 以小组为单位,以自己的生活经验为依据和基础,分析影响知觉的因素,最后形成PPT演讲稿。

2. 请填写以下表格。

知觉的基本特征

	知觉的选择性	知觉的整体性	知觉的理解性	知觉的恒常性
定义				
影响因素				
举例并分析说明				

3. 普顿斯化学有限公司是一家跨国公司,以研制、生产、销售药品、农药等为主。露秋公司是普顿斯化学有限公司在中国的子公司,主要生产、销售医疗药品,随着生产业务的扩大,为了对生产部门的人力资源进行更为有效的管理、开发,他们希望在生产部建立一个处理人事事务的职位,工作职责主要是协调生产部与人力

资源部的工作。人力资源部经理王量对应聘者作了初步的筛选，留下了5人交由生产部经理李初再次进行筛选，李初对其进行选择，留下了两人，决定由生产部经理与人力资源部的经理两人协商决定人选。这两个人的简历及具体情况如下：

赵安：男，32岁，企业管理硕士学位，有8年一般人事管理及生产经验，在此之前的两份工作均有良好的表现。

钱力：男，32岁，企业管理学士学位，有7年的人事管理和生产经验，以前曾在两个单位工作过，第一位主管评价很好，没有第二位主管的评价资料。

看过上述的资料和进行面谈后，生产部经理李初来到人力资源部经理室，与王量商谈何人可录用。王量说："两位候选人，看来似乎都不错，你认为哪一位更适合呢？"

李初说："两位候选人的资格审查都合格了，唯一存在的问题是，钱力的第二位主管给的资料太少，但是虽然如此，我也看不出他有什么不好的背景，你的意见呢？"

王量说："很好，李经理，显然你我对钱力的面谈表现都有很好的印象，人吗，虽然有点圆滑，但我想我会更容易与他共事。"

李初说："既然他将与你共事，当然由你作出决定更好，明天就可以通知他来工作。"

于是，钱力被公司录用了。

问：个体知觉受何种因素的影响？你认为谁更适合这份工作？为什么？

4. 俗话说"货比三家"，消费者购物时往往在心理上要经历一个复杂的过程。在购买商品时，消费者首先借助感知与表象获得感性认识，再经过思维获得理性认识，再加以反复比较，以决定是否购买。试由以上过程分析认识中感知与思维的关系。

知识链接

错觉的用途

一、利用空间错觉，丰富商品陈列，降低经营成本。

一位行人路过一家房顶悬挂各种灯具的商店，各式各样的灯具连成一片，璀璨夺目，吸引他不由信步走了进去，看着看着才发现这个商店并不大，只是由于周围全镶上了镜子，从房顶延伸下来，使整个店堂好像增加了一倍的面积，由于镜面的折射和增加景深的作用，使得屋顶上悬挂的灯具也好像增加了一半，显得丰盛繁多，给人以目不暇接之感。这就是空间错觉在商业中的妙用。

在寸土寸金的商场中，如何陈列商品，直接关系到商品的销售效果。如果借鉴以上做法，在商品的陈列中充分利用镜子、灯光之类的手段，不仅能使商品显得丰富多彩，而且能减少陈列商品的数量，降低商品损耗和经营成本。在一些空间较小的区域，利用镜子、灯光等手段使空间显大，不仅能调节消费者的心情，而且也能使销售人员以好的心情为消费者服务，避免由于心情不好而造成销售人员和顾客之间的矛盾冲突。利用时间错觉，调整心态，提高经营绩效。

也许你有过"等人"的经历，时间的难熬令人头痛不已，心情也出奇地糟糕。如果你一边等人，一边看书或听音乐等，你就会发现时间过的也挺快的。这是由于你在看书或听音乐时，分散了对时间的注意，实现了对时间由有意注意到无意注意的转移，从而造成了"时间快"的时间错觉。在很多商场里我们都能听到音乐声，但大多数商场却不知道音乐到底该怎样播放才好。音乐对人的情绪的影响是很大的，乐曲的节奏、音量的大小，都会影响到顾客和销售人员的心情。心情好，销售人员和顾客就会避免很多不必要的矛盾和冲突，就会出现很多的商机，就会取得更高的社会效益和经济效益。如果在顾客数量较少时播放一些音量适中、节奏较舒缓的音乐，不仅能使销售人员和顾客心情更加舒畅，而且还能放慢顾客行动的节奏，延长在商场的停留时间，增加较多的随机购买几率，也使销售人员的服务更加到位。如果在顾客人数较多时播放一些音量较大、节奏较快的音乐，就会使销售人员和顾客的行动节奏随着音乐的节奏而加快，从而提高购买和服务的效率，避免由于人多效率低而引起的顾客心情不好、矛盾冲突增多的情况的出现。

二、利用运动错觉，调整服务手段。

浙江黄岩市长潭水库大坝的码头附近有一家糕摊，店老板卖糕时，故意少切一点儿，过秤后见分量不足，切一点添上，再称一下，还是分量不足，又切下一点添上，最终使秤杆尾巴翘得高高的。如果你是一位顾客，亲眼见到这两添三过秤的一切，就会感到确实量足秤实，心中也踏实，对卖糕人很信任。如果卖糕人不这样做，而是切一大块上秤，再一下二下往下切，直到秤足你所要的分量时，你的感觉就会大不一样，眼见被一再切小的糕，总会有一种吃亏的感觉——这就是运动错觉对顾客的影响效果。聪明的卖糕人正是巧妙地利用了顾客的这种极其微妙的心理活动变化，并实实在在地做到了童叟无欺，使得生意终日红火。可见，总是"一刀准"、"一抓准"也不见得就是好事，不见得就是良好服务的标志。

三、利用对比错觉，科学制定商品价格。

商品价格是市场中极为敏感的要素，价格学中有两个重要概念：比价和差价。所谓比价就是指不同商品之间价格的对比。有这样一个笑话：有一位农民进城买钟表，买了一个大挂钟后对售货员说："我买了一个大个儿的，你给我送一个小个儿的（指手表）吧"！从理论上说，不同商品之间由于成本等方面的原因，其价格往往不具有可比性，但在现实实践中，我们的消费者却常常进行对比：把定价为20元的同一商品放在20元以上的商品中陈列，它就是"低价"商品；放在20元以下的商品中陈列，它就是"高价"商品。可见，所谓比价，其实质就是消费者对商品价格的错觉。所以，充分利用商品比价进行商品陈列，促进商品销售，是营销人员需要好好研究的重要课题。所谓差价就是指相同商品之间价格上的差异。还有一个笑话：一位消费者花了100多元买了一套西服，穿着不合适，就托一位做服装生意的朋友以90多元的价格代为转卖，可怎么都卖不出去。另一位朋友知道了这件事，就出了一个主意：把90多元的价格改为590元出售。结果，西服很快就卖了出去。为什么会这样呢？现代市场营销学研究表明，消费品市场上的消费者大多为非专家购买。由于他们大都缺乏商品知识和市场知识，因此，往往通过商品价格来衡量和判断商品的质量和价值，所谓"一分钱一分货""好货不便宜，便宜没好货"说的就是这个意思。

（资料来源：根据百度文库——《错觉用途》一文整理）

第二节 社会知觉

一、社会知觉的含义及特点

作用于人的信息有两大类：一类是自然界中的机械、物理、化学和生物方面的信息；另一类是由人的实践所构成的社会现象的信息，这包括担任社会角色并具有人性的人、人际关系和群体，以及各种社会结构和社会事件等。如果说后者是社会性信息，则前者为非社会性信息。对非社会性信息所形成的知觉，通常被称作物知觉，而对社会性信息所形成的知觉就叫做社会知觉。所以，社会知觉就是指个人在社会环境中对他人（某个个体或某个群体）的心理状态、行为动机和意向（社会特征和社会现象）做出推测与判断的过程。

与对物的知觉相比，社会知觉有一些独特性。

(1) 认知对象的独特性：人能体验其内部世界，而物不能，所以社会知觉的主体可能同时还是社会知觉的对象。换句话说，社会知觉的对象是有意识的人、复杂的社会环境和人际关系，而人们对这些对象的知觉又是通过一些特殊的介质进行的。例如，通过他人的言行、表情、态度等来认识、判断，但是，无论是知觉的主体，还是知觉的对象，都会掩饰自己的内在动机，所以，人们的社会知觉判断常常可能是不准确的。

(2) 对他人行为的期望会影响社会知觉过程：社会知觉的主客体能够理解彼此间的行为对对方的利害关系，于是知觉者和被知觉者都可以有意识地操纵和利用彼此。当个体能够预测他人可能做出的行动时，他自己便可以预先计划自己的行动。因此相互间的期望会影响彼此的知觉。

(3) 社会知觉加工过程的特殊性：进行社会知觉也需要对知觉对象的各种信息加以组织和分类，但社会知觉往往根据他人的外表和行为进行概括和判断，而且在加工过程中，对信息的处理也更容易采用以点代面的策略，所以，个人的经验会严重影响社会知觉的过程。另外，人总是在不断地变化，人与人之间的差异很大。因此，获得对人的知觉要比对物的知觉更为困难。

二、社会知觉的类型

社会知觉以人为研究对象，从不同侧面来知觉一个人，他是影响人际关系的建立和活动效果的重要因素，可以把社会知觉分为对他人的知觉、自我知觉、人际知觉、角色知觉等四种类型。

(一) 对他人的知觉

这是指个体在社会交往中，通过一个人的外部特征去认识一个人的内心世界，从而形成对他人的知觉。对他人外部特征的感知包括对他人外表所反映出的一切信息的感知，如面部表情、体态风度等。如果说人的外部特征容易被观察到，那么他人的内心世界就很难在较短时间内为人所真正了解，这就是"路遥知马力，日久见人心"。因此，要形成对他人的正确的知觉需要长期、细致、全面的观察，要以发展的眼光去看待他人。

对他人的知觉必然是从第一次见面开始的，因此，第一印象在对他人的知觉过程中具有不可忽视的作用。所谓第一印象，亦称首因效应，是两个素不相识的人第一次见面所形成的印象。第一印象主要是获得对方的表情、姿态、身材、仪表、年龄、服饰等方面的印象。这种初次的印象在对他人知觉中起重要的作用。第一印象良好，往往成为以后交往的根据；反之，则会阻碍以后的交往。然而第一印象所获得的仅仅是他人的一些表面特征，作为继续交往的基础是不牢固的，所以不要为第一印象所迷惑。事实上，第一印象不是无法改变的，随着时间的推移，交往的增多，对对方内心世界了解的深入，是可以改变第一次见面留下的印象的。有人曾说：人不是因为漂亮才可爱，而是因为可爱才漂亮，正说明了这个道理。

（二）人际知觉

这是个体对人际关系的知觉。人际关系包括自己与他人的关系、他人与他人的关系两方面，因此具体讲，人际知觉就是个体对自己与他人的关系以及他人与他人关系的知觉。所谓人际关系，是指人与人之间心理上的关系和距离，如亲密友好、疏远冷淡，敌对关系等。人际关系往往带有鲜明的情绪色彩，并受诸多社会因素的制约，如个人心理特点、角色、地位、价值观、权力、社会舆论等因素的制约。人与人之间的关系融洽与否，对人们的学习、工作和生活都有很大影响。人与人之间关系亲密，就会产生一种协调和谐的心理气氛，否则就会出现紧张的气氛。要形成良好的人际知觉，并非简单容易的事，需要知觉者具备良好的修养和心理素质。

（三）自我知觉

这是指个体通过自己的言行举止、心理活动的观察来认识自己，并形成对自己的心理活动过程、心理状态和个性特征的知觉。个体不仅能够知觉他人、客观事物，而且能够认识自己主观世界各个方面的优缺点，形成对自己的一定的看法，留下一定的印象，从而产生所谓的"自知之明"。个体在自我知觉的基础上，能够用自我理想、信念、意志努力来控制、调节自己的心理和言行，发扬优点、克服缺点，使自我不断完善。因此，个体要真正了解自己、评价自己，形成正确的自我知觉，避免自高自大或自卑自贱心理。要善于"以人为镜"，善于自我批评和虚心谨慎、客观公正地认知自己。

（四）角色知觉

角色，在社会心理学中是指个体在特定的团体和社会中占有适当的位置，以及被该社会和团体规定了的行为模式。故角色知觉是指个体根据自己、他人所表现出的各种行为（如言语、表情、姿态等）来认识自己或他人的社会地位、身份以及相应的行为规范的知觉。角色的社会地位、身份和行为规范是社会的客观存在，并不是个体想扮演什么角色就是什么角色。如男、女、教师、医生、经理、董事长、处长、局长等角色。同时，个体也只有在自己与他人的角色的相互关系中才能明确自己的地位，明确自己角色的权力、义务和责任，也才会认识到对方的地位，才会采取适当的行为规范和反应方式。如通过母亲与孩子、医生与病人、教师与学生、上级与下级等关系，明确其角色地位、采取适当的角色行为。

三、社会知觉效应及应用

知觉和解释他人的活动是一项很艰难的工作。为了使这项工作更易于管理，个体发展了很多技术手段。这些技术常常是很有价值的，它们使我们能够迅速进行正确的知觉，并为预测提供有价值的资料。然而，它们并不是绝对安全可靠的，它们会使我们陷入麻烦之中。

（一）选择性知觉

任何人、物、事件的突出特点都会提高人们对它知觉的可能性，因为我们不可能接受我们所见到的每一件事，而只能接受某些刺激。这可以解释我们前面提到的现象：为什么你更可能注意到与自己相同的车；为什么有些人因为做了某事而受到上司的指责，而其他人做了同样的事却未被注意到。因为我们无法注意到周围发生的所有事件，因而只能进行选择性知觉（selective perception）。一项经典研究表明不同的兴趣如何影响我们对问题的认识。

戴尔本和西蒙（Dearborn&Simon）曾进行过一项知觉研究，他们请23位企业的经营管理人员阅读一份描述某一钢厂的组织与活动的综合案例。23名经营管理人员中6人掌管销售工作，5人掌管生产工作，4人掌管财会工作，8人掌管总务工作。让每名管理者写出在这一案例中自己认为最重要的问题是什么。掌管销售的经营人员中的83%的人认为销售最为重要，而其他人中只有29%的人有同样看法。这一结果与该研究的其他结果结合在一起，研究者得出这样的结论：在环境中参与者所感知的方面与他所承担的活动和目标有着明显的联系。群体对组织活动的知觉会有选择性地与他们所代表的利益保持一致。换句话说，当刺激模棱两可时（如钢厂案例），知觉更多受到个体解释基础（即态度、兴趣和背景）的影响，而不是刺激本身的影响。

在判断他人时，我们不可能接受所有观察到的信息，而只能接受零散的信息。但这些零散信息并不是随机选择的，而是观察者依据自己的兴趣、背景、经验和态度进行主动的选择。选择性知觉使我们能"快速阅读"他人，但这同时也冒信息失真的风险，因为我们看到的是我们想看到的东西，我们可以从一个模棱两可的情境中得到没有根据的结论。如果有传言说你公司的销售数字正在下降，并将导致大量的裁员，此时一名高级经营管理者的常规参观则可能被解释为管理层确认解聘人员的第一步，虽然事实上它可能与高级管理者头脑中的活动相差甚远。

（二）晕轮效应

当我们以个体的某一种特征，如智力、社会活动力或外貌为基础，而形成一个总体印象时，我们就受到晕轮效应（halo effect）的影响。

学生在评价他们的老师时，这种效应经常出现。学生们常常分离出某种具体的特征（如热情），并使他们的整体评价受到对这一单独特质的知觉的影响。比如，一名教师可能是安静、认真、知识丰富、水平很高的，但如果他的风格不够热情，则其他特点也不会得到很高的评价。

一项经典研究证实了晕轮效应的存在。研究者给被试者出示的一张纸上列有6种品质，一些纸上写的是：聪明、灵巧、勤奋、实际、坚定和热情，让被试者对具有这些品质的人进行评估。在这些特质的基础上,人们判断此人精明、幽默、有人缘,并富有想象力。在另一些纸上,研究者仅仅把热情换为冷酷,其他品质保持同样,但人们所形成的知觉完全不同。很显然,被试者因为一种特质而影响了他对此人总体的判断。

晕轮效应并不是随意发生的。研究表明在下面这些情况下晕轮效应最有可能出现:当被知觉的特质在行为界定上十分模糊时;当这些特质隐含着道德意义时;当知觉者根据自己有限的经历来判断特质时。

(三) 对比效应

无论从事什么工作的演艺者,都可以从一句古老的谚语中得到忠告:不要跟在孩子和动物之后演出你的节目。为什么?普遍的看法是观众们都极为喜欢孩子和动物,在这种对比下会降低你的节目效果。本书作者也曾有这样一段经历:我刚上大学时,要求每个新生在演讲课上有一段发言。那一天我被安排第3个发言,看到前2个人吞吞吐吐、磕磕巴巴、不时忘记自己该说的内容时,我突然有了极高的自信,我认识到即使我的演讲并不十分出色,也很可能得到高分。我相信老师把我的演讲与前两个人的演讲进行对比之后,会提高对我的评价。

上面两个例子表明了对比效应(contrast effects)是如何使知觉失真的。我们对一个人的评价并不是孤立进行的,而是常常受到我们最近接触到的其他人的影响。

在对一组申请者进行的面试情境中可以明显看到对比效应的影响。对于任何一名具体候选人来说,评估的失真可能是他在面试中所处的位置带来的结果。如果排在该候选人之前的是个平庸的申请者,则可能会更有利于对他的评估;如果排在他之前的是个极出色的申请者,则可能不利于对他的评估。

(四) 投射

如果我们假定别人与我们相似则很容易判断别人。比如,如果你希望自己的工作富有挑战性并能够自己负责,则会假定别人也同样希望如此。或者,如果你是个诚实而可信的人,你会想当然地认为别人也同样是诚实可信的。我们把这种将自己的特点归因到其他人身上的倾向称为投射(projection),它能使我们对其他人的知觉产生失真。

投射使人们倾向于按照自己是什么样的来知觉他人,而不是按照被观察的他人的真实情况进行知觉。当观察者与观察对象十分相像时,观察者会很准确,但这并不是因为他们的知觉准确,而是因为他们常常认为别人与自己相似。因此,他们最终的发现自然是正确的。对于运用投射的管理者来说,他们了解个体差异的能力降低了,他们很可能认为人们比真实情况更为同质。

(五) 刻板印象

当根据某人所在的团体知觉为基础判断某人时,我们使用的捷径称为刻板印象(stereotyping)。菲特格莱德与海明威之间的一段对话涉及刻板印象的内容。当菲特格莱德说:"你我与富人之间有很大差异"时,海明威答道:"是的,他们很有钱。"这表明海明威拒绝根据财产来概括人们的共同特点。

当然,概括化不能说没有它的优点。这种手段简化了复杂世界并承认人们之间保持着一致性。使用刻板印象可能相对来说比较容易处理不计其数的刺激。比如，假设你作为一名销售经理希望在管辖区内寻找一名销售员。你希望聘用一个有进取心、工作勤奋并善于处理不利环境的人。过去，你所聘用的那些曾参加过大学运动队的个体都很成功，因此你很注重你的候选人中是否有人曾参加过学校运动队，这样做的结果明显缩短了搜索时间，提高了你的决策水平。但问题在于，我们的刻板印象往往不够准确。并不一定每一个大学里的运动员都是积极进取、勤奋努力、善于处理不利环境的，正如并非所有财会人员都是安静而善于内省的。

在组织中，我们也常常听到一些言语反映了以性别、年龄、种族，甚至是体重为基础的刻板印象，如"女性不会为了晋升而调动工作"、"男性对照顾孩子不感兴趣"、"老年人无法学会新技能"、"亚裔移民勤奋而负责"、"肥胖者缺乏纪律性"。从知觉角度上看，如果人们期望见到这些刻板印象，那么他们就会知觉到，无论这种刻板印象是否准确。

显然，刻板印象的问题之一是它们十分普遍，尽管事实上它们可能毫无真实性或完全不相关。这种普遍性仅仅意味着人们在对一个群体虚假的前提基础上，形成了共同的不正确的知觉。

课后深化与训练

1. 班级组织一次模拟招聘，分析招聘中存在失误的偏差类型。
2. 俗话说："以小人之心度君子之腹"，是什么心理原因？
3. 请填写下列表格。

	他人知觉	自我自觉	人际知觉	角色知觉
定义				
知觉内容				
影响因素				
备注				

4. 请填写下列表格。

	定义	举例并分析说明
选择性知觉		
晕轮效应		
对比效应		
投射		
刻板印象		
第一印象		
近因效应		

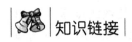

某公司的招聘

某大公司要招聘经理人员，由于职位很高，公司非常重视，特意请了公共职业介绍所的几个高级职业指导师来共同主持面试。下面是甲、乙、丙三位专家面试完最后一名候选人王伟后的讨论。

专家甲翻了翻简历，不屑的说："他出身工人，没有受过高等教育，而且没有经过专业管理训练，恐怕难以担当重任。"专家乙："对，我觉得他素质太差，你看面试的时候穿得那么随便，他那紧张的样子，眼睛盯着地面，都不敢看我们，看样子他缺乏自信。"专家丙："是吗？我倒没注意。我当时正仔细地看他的简历。他有着多年的管理经验，而且过去业绩也不错，我看可以考虑。"由于意见分歧比较大，大家找到公司赵总经理，让他来做最后决策。赵总听了大家的意见之后，说道："这样吧，我们先考察考察，试用三个月再说。"最后，王伟顺利通过了三个月的试用期，成功地成为该公司的优秀经理人员。

本案例中，甲、乙两位专家在考察对象时，对某方面的突出特征进行强化，发生了社会认知偏差：甲专家在认知对象时，受到以前经验模式的影响，在头脑中形成一定的思维定势，发生了定势效应偏差；乙专家在看待应聘者时，受第一印象的片面影响，对王伟产生片面错误的认识，不能客观而全面地知觉别人。

当个体对客观事物的认识，由于观察的角度不同，或得到的信息不够全面、不够充分时，就不能正确而全面的认识客观事物。人们在反映客观现实，特别是看待他人时，常常会产生各种偏见，进而影响到知觉的准确性，对别人的行为作出错误的判断。

启示：我们在实际工作中，管理者在考察对象时，应对对象的综合信息进行全面、深入、客观、细致的了解，进行综合考察，客观分析对象的优缺点，避免对应聘者某个方面突出特征进行强化，防止"想当然"的社会认知偏差，也不能受自己某种情感的影响而忽略其他方面，以避免用人不当而给今后的工作带来不必要的损失。

关于刻板印象

中国台湾地区的学者李本华与杨国枢以台湾大学学生为调查对象，调查对外国人的刻板印象。不完全统计归纳如下：

美国人：开朗、民主、天真、乐观、友善、热情、善变、不拘小节。
日本人：勤劳、尚武、有进取心、爱国、善模仿、有野心、狡猾。
英国人：有教养、绅士风度、保守、严肃。
德国人：爱国、有进取心、勤劳、聪明、有科学精神。
法国人：热爱艺术、热情、乐观、浪漫、潇洒、轻浮。

（资料来源：根据豆丁网——《刻板效应》一文整理）

第三节　自我意识与管理

一、自我意识的概念

所谓自我意识，简单地说，就是一个人自己对自己的看法。例如一个人对自己的生理状态、心理状态、个性特点以及自己与他人或组织的关系的认识等。自我意识通常包括自己对自己身心状态的了解、评价、监督和自我教育等。

心理学认为，"自我"具有两层含义：一是把"自我"作为认识的主体，二是把"自我"作为认识和追求的目标。前者称为主观的自我或"主我"，后者称为客观的自我或"客我"。心理学家米德把前者称为"I"，把后者称为"me"，而心理学家詹姆士则把前者称为"纯粹的自我"，把后者称为"经验的自我"。

现代心理学认为，从感觉、知觉、思维、情感和意志活动，到个人主观世界的形成，无不是以能够意识到的客观形式存在的。因此，人们的自我意识是主观自我和客观自我的对立统一。只有意识到的感觉，才是人的感觉，当个体还没有意识到自己的思维、情感和意志活动的时候，他就还没有产生自觉的思维、情感和意志等心理活动。所以在人们的自我意识中，最重要的是对自己心理状态的认识。

二、自我意识的性质

（一）自我意识的社会性

自我意识的形成和发展过程，实际上就是个体角色化的过程。一个刚出生的婴儿只是一个自然的实体，一个生物的人，具有较大的依赖性，必须得到成人的关怀和照顾才能长大成人，产生人的意识。如果婴儿从一开始就被剥夺了人类的社会环境，使其同动物生活在一起，就会由于失去了人类的社会文化环境和物质生活条件而不能形成人的意识。因此，一个人只有处在人类的社会环境中，才能发育成长，并在成长的过程中，逐渐产生对周围世界的认识，与此同时也产生对自己的认识，即形成自我意识。

（二）自我意识的形象性

自我意识是个体在周围人们的期待和评价过程中，通过自己的主观体验而逐渐发展起来的。当个体觉察到对方的态度和言语中所包含的内容时，自我意识的内容也就得到了丰富。因此，个体的自我意识从本质上说，就是从他人对自己的情感和评价中发展自我态度。心理学家柯里把自我意识的这一侧面称为"自我形象"。他说："人与人之间可以相互作为镜子，都能照出他面前的人的形象。"由于人们把自己的容貌、姿态、服装等作为自己的东西，通过对镜子中的形象的观察，以一定的标准衡量美丑，便会产生喜悦和悲哀。同样个体在想象自己在他人心目中关于自己的姿态、行为、性格时，也会时而高兴时而悲伤。

一个人正是这样在与周围人们的接触中，注意到他人对自己的态度，想象他人对自己的评价，并以此为素材构成一个客观标准而内化到自己的心理结构之中，形成了自我形象。所以，个体的自我形象和自我情感体验依存于个体与他人的接触，它是在想象他人对自己的判断和评价中形成的。

（三）自我意识的能动性

人对自身的存在，对自身和周围关系的存在，是通过自我意识获得的。正因为人们具有自我意识，人们才能够认识到自己在想什么、做什么和体验着什么。一个人只有认识到自己的痛苦，才会有痛苦之感；一个人只有认识到自己与周围的利害关系，才能体验到自身的安全，才会知道一些事情为什么这样做而不那样做；同样，一个人只有当自己意识到自己行为错误的时候，才能够主动地矫正自己的行为，改变和修正原来的计划。

人的行为与动物的行为存在着根本的区别，因为人的行为总是具有一定的目的性，在行动之前就预见到行动的结果，意识到自己想做的一切。蜜蜂建蜂房的本领使许多建筑师感到惭愧，但是最蹩脚的建筑师从一开始就比最灵巧的蜜蜂高明的地方，是他在用蜂蜡建蜂房以前，已经在他自己头脑中将蜂房建成了。这就是说，人们在行动之前，行动的结果、动机和方式，就在自己头脑中观念性地存在了。而人们在行动之前确立行动目标，制订行动计划，选择行动方案，实现预期结果的一切活动，都是在人的自我意识参与下完成的。

三、自我意识的作用

一个人的自我意识对他的感觉、思维、情感和行为有重大的推动作用，其中特别是对一个人的自尊心、自信心和自我态度的转变有着巨大影响。

（一）自尊心

自尊心是维护自我尊严的一种自我情感体验。自尊心是自我意识的重要成分，它表现为要求尊重自己的人格，尊重自己的荣誉，不向别人卑躬屈膝，也不容许别人歧视和侮辱自己。一个有自尊心的人，与人相处总是严肃认真，既不会因为某种压力而屈从于别人，也不会轻易接受别人的奉承，即使在领导人面前也能够做到不亢不卑。而一个缺乏自尊心的人，则任何批评和表扬对他都不起作用。所以，自尊心又称为自爱心。

与自尊心相联系的是羞耻心。羞耻心就是指个体由于发现自己在认识上与行为上的不当，而为自己的缺点和错误感到羞愧。羞耻心还常常与一个人的荣誉感和上进心联系在一起。当一个人失去荣誉而懊恼苦闷的时候，会感到羞耻；当一个人受到压抑和别人侮辱的时候，会感到忧愤。"羞恶之心，义之端也"。羞耻之心是产生自尊心的基础，没有羞耻之心的人，亦无所谓有自尊心。羞耻心对人的成长和进步有很大的关系。一个人如果对自己的缺点和错误，不以为耻，反以为荣，那么他就无法进步和提高。

因此，一个优秀的管理者，应该善于利用自尊心和羞耻心来调动员工的积极性，尊重员工的意见，激发员工的创造精神，切忌对员工简单地采取行政命令。当然对他们的缺点也要进行批评，但是必须适可而止，也就是说要做到知耻为止，太过分了就会损伤他们的自尊心，以致越发不可收拾。

(二) 自信心

自信心是对自己力量的充分估计，它也是自我意识的重要成分。居里夫人有句名言："我们应该有恒心，尤其是自信力！"自信力就是自信心，它在一个人的成长过程中具有积极的推动作用，是一个人能否成才的重要心理品质。一个人如果很自卑，看不到自己的力量，认为自己什么都不行，久而久之，就会形成一种心理定势，对生活和工作都会带来消极影响。

美籍物理学家钟致榕教授在回顾他中学时代的经历时，说明了自信心对一个人成长的重要作用。他说，在他的中学时代，社会风气很坏，学生考试经常作弊，不求上进。为此，一位有作为的老师决定从300人中挑选出60人组成"荣誉班"。学生被告知，他们是因为有发展前途才被挑上的。因此，学生很高兴，对前途充满了信心，学习努力，严于律己。结果奇迹出现了，若干年后，这个班的学生大多数都成了有成就的人。后来钟致榕先生见到了他的老师，才知道这60名学生是老师当时随意抽签决定的，并未经过专门的挑选。这一事实十分发人深省：由于"荣誉班"的学生被告知他们"很有发展前途"才被挑选出来，这就使他们产生了强烈的自信心，激起了他们自尊、自爱和自强的心理效应，最后使他们终于成才。在日本和苏联都有过类似的研究，这说明自信心对学生的学习有着非常重要的影响。

生活中常常会有这样一种戏剧性的事情发生，在某项活动中，如果参加者对活动具有强烈的自我意识，他就会在活动中发挥积极的作用。所以人们常常在工作中看到一种你追我赶、彼此都不甘落后的现象，其原因就是人们都有一种自我实现的心理，通过争取优异的成绩，以保持和提高自己在群体中的地位。可见自我意识在人们的生活中具有非常重要的作用。

(三) 自我态度

自我态度就是个体对自己的一种自我评价倾向。个体的自我评价并不是一成不变的，它随着客观世界对个体的要求而发生变化。自我态度的改变不能强迫实现，必须通过自觉自愿，否则自我意识将会起阻碍作用。

影响自我态度变化的因素十分复杂，其中有主观因素，也有客观因素。当一个人的自我评价很高，与客观要求和看法距离很大时，自我态度的转变将会感到十分困难。一般来说，对于自我态度强烈的人，要转变他们的态度，必须做好充分的说服动员工作，否则将可能发生意外。

个人的自我意识还具有一种自我控制的功能，就是说在必要的情况下，自我意识能够控制自己的行为和态度，在一定的场合下，做到委曲求全。例如，在一种社会舆论的压力下，为了避免有失面子，不得不对社会舆论表示服从或顺从，声称自己的态度已经转变，实际上只是一种表面的服从，其实依然"故我"。这就是自我意识对个人行为和态度的一种控制作用。

四、自我意识的产生与发展

自我意识是个体社会化的结果。自我意识的形成大致可以分为以下三个阶段，即生理的自我、社会的自我和心理的自我。

(一) 生理的自我

生理的自我又称为物质的自我，它是一个人对自己身躯的认识，包括占有感、支配感和爱护感。心理学家奥尔波特等人认为，婴儿出生以后，最初他们不能区分属于自己与不属于自己的东西，对于自己的手、脚和周围的玩具，都视为同样性质的东西加以摆弄。3 个月的婴儿能对人发出微笑，这表示婴儿对外界的刺激发生了反映，8 个月的婴儿开始关心自己在镜子里的形象，但 10 个月的时候依然不知道镜子里的形象就是自己。一般认为，婴儿要到 2 岁零 2 个月以后，才会认识自己在镜子里的自我形象，大约与此同时，开始学会使用"你"这个人称代词。心理学家大都认为儿童要到 3 岁的时候，自我意识中的生理自我才能形成，同时也开始更多地使用人称代词"我"。这时候儿童所表现出来的行为，大都是以自我为中心的，所以有些心理学家称这一时期为"自我中心期"。

(二) 社会的自我

社会的自我时期又称为个体客观化时期。这个阶段大约是从 3 岁到青春期之前，即到十三四岁的时候，这段时间是个体接受社会影响的重要时期，也是个体实现社会自我的最关键的阶段。这期间儿童的游戏，往往是成人社会生活的缩影，儿童在游戏中扮演某种社会角色，也是他们学习角色行为的一种方式，在游戏中儿童揣摩着角色的心理状态，体验着角色与角色间的相互关系。特别是儿童通过学校中的社会化生活，更加速了他们社会自我的形成过程。

学校中的社会化过程，是个体自我意识形成的重要阶段。学校与家庭不同，在家庭中儿童往往是以"我"为中心，尤其是独生子女，而学校则是中性的，对任何人都一视同仁，老师对每一个学生都一样的关心，一样的严格要求。儿童在学校只能是班级和集体的一分子，而不能像在家里那样可以为所欲为地指挥别人，在学校他们必须承担一定的社会义务和社会责任，要完成这些义务和责任，本身就是一种压力，压力则可以使他们产生焦虑和不安。在家里可以听之任之的事，在学校则要认真对待，否则就要受到集体舆论的谴责，在学校必须学习文化科学知识，掌握各种技能技巧，按照一定的道德规范严格要求自己，逐步地使自我实现的愿望和动机与社会的要求相吻合，最终达到社会的自我。

(三) 心理的自我

心理的自我又称精神的自我，这个阶段主要是从青春期到成年大约 10 年的时间。这期间，个体无论在生理上还是在心理上，都发生了一系列急剧的变化，骨骼的增长，性器官的成熟，想象力的丰富，逻辑思维能力的日益完善，进一步使个体自我意识的发展趋向主观性。所以，这一时期又称为主观化时期。个体的主观性主要表现在以下四个方面。

1. 独立地认识外部世界

这个阶段的青年人，往往用自己的观点来认识和评价客观事物，自我意识是个体认识外界事物的中介因素。青年与儿童不同，在客观化时期，儿童是以社会的观点来认识和评价事物的，他们以成人的观点为指导，而青年人则不同，他们不愿意盲目地追随别人，把跟在别人的后面随声附和看成是耻辱，在观点上喜欢标新立异，在行为上喜欢别具一格。个体自我意识的发展并不是到此为止，否则人类社会的进步和创造力就无从谈起，人类社会将变成一个整齐划一的群体。其实个体早在客观化时期，就已经不断地把他们从社会吸取的知识、观点、理想和愿望等进行了综合加工，到了主观化时期，个体就把这些经过综合加工形成的主观态度和主观意识来作为评价客观事物的依据。

2. 个人价值体系的产生

在这个时期，青年人常常强调自己所独有的人格特征，目的是用以保护和提高自己在社会上的地位。强调自己的个人价值，实际上是一种自我防御机能。例如，一个身怀绝技的青年人，往往过分地强调该项技能的重要性，同样一个学习优异的青年人，也会强调学习文化知识的重要。青年人大都具有自我欣赏的人格特征，心理学中把这种自我欣赏的人格特征，纳入一个人的价值体系，它能使一个人感到自豪、自信和自尊。实际上，这种价值体系也是在个体自我意识发展的过程中产生的，并被看成是一个人的价值观。

3. 追求自我理想

自我理想就是一个人对追求目标的向往。个体所追求的目标对他本人来说，总认为是最有意义的。想当医生的人，就认为医生的职业最高尚，想当企业家的人，就认为企业家的工作最有意义，同样，想当社会活动家的人，也就认为社会活动家的工作最光荣等等。由此可见，自我理想往往与价值观是一致的。一般来说，青年人在这个时期，由于精力充沛，大都具有自己追求的目标。目标在这个时期往往成为他们自我奋斗的一种象征，并由此产生巨大的吸引力。

4. 抽象思维的发展

抽象思维的发展是个人智力发展的一个飞跃。抽象思维能力提高了，就能使人们的思维超越具体的环境，而进入精神的境界，即所谓达到了心理的自我。心理的自我主要是通过人们的思维和想象实现的。当自我意识的发展从成人的约束下独立出来，而强调自我价值和自我理想的时候，个体的自我意识也就确立了。因此，自我意识形成的过程，也就是个体不断成长的过程。

五、自我评价

（一）自我评价的定义

自我评价就是个体对自己生理和心理特征的自我判断。它也是自我意识的重要组成部分。随着个体自我意识的发展，人们的自我评价也相应的经历着几个不同的阶段。

美国心理学家詹姆士认为，在生理的自我阶段，个体的自我评价主要表现为对自己的身体、衣着、家庭成员以及自己所有物的判断，从而表现为自豪或自卑的自我情感。其个人的追求则表现为对身体的外表和物质欲望的满足，或获得家庭成员的关心和爱护等。

在社会的自我阶段，自我评价主要表现为个体对自己在社会上的名誉、地位、亲族、财产的估价，从而表现出自尊或自卑的自我体验。其个人的追求则是引起他人的注意、重视，期望获得他人的好感，其表现则是追求名誉、追求金钱、追求爱情，并怀有强烈的竞争心。

在心理的自我阶段，自我评价主要表现为个体对自己智慧、能力、道德水准的优越感。其自我追求则表现为在政治上、宗教上、道德上、良心上的进取和智慧上的提高。

（二）自我评价的功能

俗话说"人贵有自知之明"。其实，一个人真正能够做到正确地自我评价是不容易的，古时候所谓"改过迁善"、"吾日三省吾身"都包含着这个道理。如果能够做到正确的自我评价，将对一个人的心理生活和行为表现产生重大的意义，同时，对于协调各种人际关系也是一个不可缺少的主观因素。

在人们的心理生活中，自尊心和自卑感，常常与一个人的自我评价有着密切的联系。例如人们经常把自己看成是一个聪明能干、有价值、令人喜欢的人，就会产生自我欣赏和自我陶醉的心理。如果一个人看不到自己的价值和长处，就会感到低人一等，因而丧失信心产生自卑感，或者得过且过，暮气沉沉。相反，如果一个人认为自己什么都好，什么都行，就会盲目自大，自以为是，或者我行我素一意孤行。正确的态度就是要恰如其分地评价自己，严格地要求自己。

一般而言，一个人往往很难正确地评价自己，这不仅是因为人们对客观世界的认识总是从不全面到全面，从不正确到比较正确，而且人们的自我认识过程本身就是一个非常复杂的过程，既要受人们的各种认识因素的影响，又要受人们的需要、动机、态度和个人抱负等心理倾向的影响。因此，也就难免对自己有某些过高或过低的评价。问题是一旦发现自我评价与社会评价的差距过于悬殊的时候，就应该按照社会的标准重新估价自己。否则就会使自己与周围的环境失去平衡，久而久之，就会形成某种不正确的心理倾向，或是孤芳自赏，或是自暴自弃，总之将非常不利于个人的心理健康。

自我评价明显地带有主观性。一个人在工作中取得了很大的成绩，周围的人可能对他评价很高，也可能有人认为没有什么了不起，但是他可能会因为过高的评价而感到内疚，也可能因为受到别人的指责而感到自卑。实质上这是由于人们的自我要求不同造成的。对于自我要求很低的人来说，往往会因为点滴的成功而变得骄傲自满；而对自我要求很高的人来说，纵然是取得了很大的成功也会若无其事。这就是说人们的自尊心和自豪感取决于个体内在的心理结构，这种内在的心理结构，主要是指人们的自我理想、自我态度和自我要求等主观因素。

（三）自我评价的形成

自我评价并不是天生的，它是个体在自己的实践中伴随着角色化的过程逐渐形成的。当个体能够把自己从周围环境中分化出来以后，个体就在与周围人们的相互作用中，接受着人们的评价，观察着自己的行为，并懂得哪些是对的，哪些是错的，对的在实践中不断地得到了强化，错的也在与人们的相互作用中逐步得到了纠正，于是个体在实践中逐渐学会了自我评价。

个体自我评价的形成主要包括以下几个方面。

（1）根据他人对自己的态度来估计自己。个人对自己的评价往往以别人对自己的评价为参照。例如，一个人的工作很出色，经常受到他人的赞扬，尤其是受到了他尊敬的人的表扬，就会获得自信心；相反，如果他在工作中经常失败，因此受到别人的不满和批评，长此以往，他就会缺乏信心，看不到自己的力量。美国心理学家柯里认为，别人对自己的态度是自我评价的"一面镜子"。一个人总是处在一定的社会关系中，通过与他人相处，从他人对自己的评价中，看到自己的形象，这种自我形象，便构成了自我评价的基础。

（2）通过与他人的类比来估计自己。这就是说，个体对自己的评价是通过与社会上和自己地位、条件相类似的人的比较获得的。一个人自我评价的高低，不是孤立地进行的，总是把自己与他相似的人加以比较之后作出的。正如评价一个人100米速度的快慢，不单单是看他自己跑了多少秒，更主要的是通过与别人的比赛决定的。同样道理，一个管理者判断自己领导的优劣和成败，也应该通过同自己条件和能力相当的管理者的比较来衡量。美国心理学家弗斯汀格将这种现象称为"社会比较过程"。

（3）通过对个人的自我观察和心理分析来实现自我评价。前面已经提到，个人的自我评价常常是根据他人对自己的评价与态度来估价自己，与此同时，个人也对自己的行为表现和心理活动进行着观察和分析，因为自我评价不等于他人评价的反映，也不完全是以他人评价为依据，而是通过自我观察、自我分析独立完成的。一个能够正确对待自己的人，不会因为别人的过高评价而沾沾自喜，也不会因为别人不切合实际的指责而垂头丧气。有时一个人的自我评价也会带有文饰性，或怕别人的取笑，故作谦虚，或怕别人轻视，故作姿态，或出于某种虚荣心，矫揉造作，粉饰自己等等。总之，一个人的自我评价要受到多方面的影响，其中主要受到个人的认识水平、价值观念、个人抱负等方面的制约。所以，人们的自我评价常常带有主观性。

课后深化与训练

1. 测测你的自信心。

下面是一个小测试，你可用它测测自己的自信程度。

（1）当你进入一间很多人的房间，而其中你只认识少数几位时，你是否会感到紧张？

（2）当你遇到不认识的人时，你会不会自告奋勇地自我介绍？

（3）在大庭广众面前讲话，你是否会害怕？

（4）你是否因担心可能的失败而避免尝试一种新的工作？

（5）你交新朋友困难吗？

（6）和陌生人交谈时难以启齿吗？

（7）当一群人看到你便停止交谈，你会觉得他是在讨论你的不足吗？

（8）你是否老想知道别人在背后是怎么讨论你的？

（9）别人冷嘲热讽时，你觉得受到伤害吗？

（10）你是否经常有意争取别人的恭维？

（11）你敢不敢承认自己的主要缺点？

（12）你曾幻想如何去对付那些伤害你的人吗？

（13）当你尝试某件事情失败后，你会轻易放弃吗？

(14) 当别人在你面前受到赞美和恭维时,你会觉得不舒服吗?
(15) 当别人在竞赛中赢了你,你会整天闷闷不乐吗?
(16) 你常嫉妒朋友或同事的成功吗?
(17) 别人成功时,你会立即真心赞美吗?
(18) 别人批评你后,你会长时间耿耿于怀吗?
(19) 你喜爱和别人比较,因而产生不平衡的心态吗?
(20) 你容易受流行观念影响吗?

用5乘以答"是"的题目数,就是你的总分。

0~20分:你很有信心;

25~45分:你的信心尚佳,但你还应再改进;

50~75分:你的自信程度不理想,应努力加以改善;

80~100分:你的自信很差了,必须抓紧时间加以提高。

2. 俗话说,"人贵有自知之明",是何含义?
3. "东施效颦"和"癞蛤蟆想吃天鹅肉"与自我认知有关吗?

 知识链接

小毛驴和小猴

小毛驴和小猴生活在同一个主人家。一天,小猴玩得起兴,就爬到了主人家的房顶,上蹿下跳的,主人一个劲地夸小猴灵巧。为了得到主人的夸奖,小毛驴也爬到了房顶,费了好大劲,但是却把主人的瓦给踩坏了。主人见状,立即把它赶了下来,并又打了它一顿。小毛驴感到很委屈:为什么小猴能上房,而且还能得到夸奖,而我却不能呢?

你认为小毛驴的问题在哪里呢?其实这就是它没有认识自己的缘故。

(资料来源:摘自百度文库——《大学生就业创业与职业生涯规划》课件)

方丈与小和尚

从前,一座寺庙里新来了一个小和尚,他态度诚恳地去拜见老方丈,请求为寺里做一些事情。方丈对小和尚说:"你先认识、熟悉一下寺里的众僧吧!"第二天小和尚就认识了寺里几乎所有的僧人,又回到老方丈那里,请求事情做。方丈还让他去了解认识。过了三天,小和尚志得意满地来到方丈那里,告知自己这下把寺里的上百名僧人全认识和熟悉了。方丈微微一笑,说:"还有一个人,你没有认识,而且这个人对你十分重要。"小和尚满脸狐疑地走出方丈的房间,一个人一个人地询问着,一间房一间房地寻找着,在阳光里,在月光下,他都不断地琢磨、寻思。不知过了多少天,一头雾水的小和尚,在一口水井里忽然看到自己的身影,他这才豁然醒悟。

(资料来源:摘自成功励志网——认识自己,看清自己)

第四节　归因理论及应用

社会知觉主要是对人的知觉，对人的知觉不仅要研究个体的外部特征，更重要的是研究个体的心理状态及其行为。要了解一个人的心理状态，就应该了解人心理活动产生的原因；而了解一个人的行为，就必须先了解其行为产生的原因。

一、归因理论概论

（一）归因及归因理论的定义

归因是指人们根据个体外部行为反映特征来推测其内在心理状态，并对其行为进行解释或推断的过程。人们总是习惯对他人的原因进行追问，并进行种种猜测，也就是人们总是不自觉地对他人的行为原因进行分析。例如，看到某人近来老是唉声叹气，人们就会猜测：他是不是家里出什么事了？还是工作上碰到了问题？还是身体出什么问题了？对他人所做的这些分析和猜测，其实就是一种归因。现实生活中，人们不但会对他人的行为进行分析，也会对自己的行为进行分析，无论是成功还是失败，人们总是会分析成功或失败的原因，以便为今后积累经验，这也是一种归因。不同的归因会直接影响人们的工作态度和工作积极性，对过去成功或失败的归因，会影响对未来的期望和行为。一般情况下，人们会普遍做出以下的归因：努力程度、能力大小、任务难度、运气与机遇等。

（二）归因的种类

1. 根据归因的内容，将归因分为三种

（1）心理活动的归因，即对个体心理活动产生原因的分析，包括内部和外部的原因。

（2）行为的归因，即根据个体外部行为反映特征来推测其内在的心理活动。

（3）对未来行为的期望与预测，即根据个体过去的行为表现来预测其未来的行为。

2. 根据归因的来源，将归因分为两种

（1）内归因，又称个人倾向归因，即判断个体行为的原因主要是来自个体本身的心理因素，如个体自身的人格、需要、动机、态度、情绪、性格、能力大小、努力程度等。

（2）外归因，又称为情境归因，即判断个体行为的原因主要是来自外在的社会因素，如外部环境、他人影响、任务难度、运气与机遇等。

3. 根据归因的稳定性，将归因分为两种

（1）稳定归因，即判定个体行为的原因主要源于自身的能力、性格、品质、工作性质、任务难度等稳定的因素。

（2）不稳定归因，即判定个体行为的原因主要源于自身的情绪、努力程度、外部环境的变换等不稳定因素。

4. 根据归因的可控性，将归因分为两种

（1）可控归因，即行为归结的原因是可以人为控制的，如自身的努力程度、他人的帮助等。

（2）不可控归因，即行为归结的原因是不能人为控制的，如工作的性质、难度、智力因素等。

（三）影响归因的因素

1. 社会视角的影响

由于人们在归因上的社会视角不同，因而对行为原因的解释也会有明显的不同。对同一件事情进行归因时，因为人们各自所处的位置不同，各自的感受不同，对知觉对象的推断也会不同。

2. 自我价值保护意识的影响

个体在归因过程中，对有自我卷入的事情的解释，带有明显的自我价值保护倾向，即归因向有利于自我价值确立的方向倾斜。在成败归因中，成功时，个体倾向于内归因；失败时，个体很少用个人特征来解释，而倾向于外归因。成功内归因有利于自我价值的确立；失败外归因，减少自己对失败的责任，则是一种自我防卫。

二、典型的归因理论

（一）海德的归因理论

归因理论最初是由海德（F. Heider）1958年在《人及关系心理》中提出来的，因此，海德是归因理论的创始人。海德指出，在日常生活中，每一个人，不止是心理学家，都对个体的各种行为的因果关系感兴趣，力图弄清周围人们行为的前因后果。海德的归因理论开创了归因研究的先河，他对行为原因所做的个人—环境的划分一直是归因的基础，影响深远。海德归因理论的主要观点是：

（1）人们有预测环境和控制环境的需要，这种需要引发了因果推理过程。人们总希望预测和改变发生在自己和他人身上的事情，而分析行为的原因正是达到这一目的的最好方式。

（2）个体行为的原因可分为内部原因和外部原因。内部原因是指存在于行为者本身的因素，如需要、情绪、兴趣、态度、信念、努力程度等；外部原因是指行为者周围环境中的因素，如他人的期望、奖励、惩罚、指示、命令、天气的好坏、工作难易程度等。事实上，人们在归因时，总是比较有倾向性地进行内部归因和外部归因。例如，对自己取得的成绩，人们往往作内部归因，认为是自己的能力水平较高、工作态度认真、意志信念坚定、工作负责努力的结果；而对他人取得的成绩，由于普遍存在的嫉妒心理，人们往往作外部归因，认为那是因为他的运气和机遇太好、工作太简单、有其他人的帮助，或上天助他等。

（二）韦纳的归因理论

美国心理学家韦纳（B. Weiner）于20世纪70年代提出了成功与失败的归因模式。韦纳认为，控制点（内外部）、稳定性、可控性三个维度对动机分别有重要的影响。

（1）内外维度上，如果将成功归因于内部因素，个体会产生自信感，从而使个体的动机提高；归因于外部因素，个体则会产生投机心理。

（2）在稳定性维度上，如果将成功归因于稳定因素，个体会产生自豪感，从而使其动机提高；归因于不稳定因素，个体则会产生投机心理。

（3）在控制性维度上，如果将成功归因于可控因素，个体则会积极去争取成功，归因于不可控因素，个体则不会产生多大的动力。

韦纳通过一系列的研究，得出归因最基本的结论：个人将成功归因于能力和努力等内部因素时，会感到骄傲、满意、信心十足；相反，如果一个人将失败归因于缺乏能力或努力，则会长生愧疚和内疚，而将失败归因于任务太难或运气不好时，产生的愧疚则较少。

实际生活中，由于行动者和观察者所处的角度不同，对行为产生时的具体情况了解不同，对行为的解释也不同，虽然双方认知的是同一行为，但是行动者往往把自己的失败归因于外部原因（不利因素的干扰），而把成功归因于内部原因（自己努力的结果）；但是观察者则相反，往往把他人的失败归因于内部原因（他自身不努力的结果），而把他人的成功归因于外部原因（运气机遇好）。

（三）凯利的归因理论

美国社会心理学家凯利（H. Kelly）吸收了海德的共变原则，于1967年提出了自己的三维归因理论，也叫立方体理论。他认为任何事件的原因最终可以归于三个方面：行动者、刺激物及环境背景。例如对张三打李四这件事的归因，张三是行动者，李四是刺激物，打架时的环境是背景。凯利的归因理论的主要观点如下。

（1）人们在进行归因时，依据下面三个因素进行判断：① 一致性。在相同情况下大多数人都会有相同的行为，当某人也是这种行为时，人们对他作外部归因；而当某人行为与众不同时，对他作内部归因。例如，所有经过相同路线上班的员工都迟到了（包括他）这应该是外部归因（可能是因为修路不通车）；其他经过相同路线上班的员工都准时到达，唯独他迟到，则应该作为内部归因（自身原因）。② 区别性。区别性主要是看对象的行为是否特殊，不特殊且与平时一样，就作外部归因；特殊且不同于平时的风格就作内部归因。例如，一名员工今天上班迟到了，分析这名员工是否经常自由散漫，如果是的，便是内部归因（自身原因）；如果不是，则应该是外部归因（可能是因为路上堵车）。③ 一贯性。一贯性是指个体的某种行为在不同情境下是否一样和稳定。例如，一名员工今天上班迟到了，如果这名员工很少迟到，是偶然的，则应该是外部归因（堵车造成的）；但他如果是经常迟到，则应该是内部归因（自身原因）。

（2）在归因过程中人们会使用折扣原则。即特定原因产生特定结果的作用将会由于其他可能的原因而被消减。这一原则广泛应用于我们对他人行为的归因。例如，多年没有联系的人突然要请你吃饭，并且说只是因为太想念你了，所以才想见见你。这时，人们会普遍认为对方找你肯定还想请你办其他事，因此，对方对你的"思念"应打折扣。

三、归因理论在管理工作中的应用

（一）归因偏差的种类

在实际生活中，由于人们受到各种主观条件的限制，在进行归因时，难免会出现失真和偏差，从而对自己和他人的行为做出错误、主观的判断。常见的偏差主要有以下几种。

1. 责任归因偏差

人们总爱让无辜的受害者对他自己的行为负一定的责任。所以，当有人受到伤害时，人们对他的责怪往往多于同情。例如，早上人们挤电梯上班时，某人因为好心主动谦让其他人先上而导致上班迟到受领导批评时，许多人总会责怪他太慢或者本来就是假慈悲、太虚伪。

2. 行为者与观察者的偏差

行动者倾向于把自己的成功归因于自身原因，把失败归因于外部原因；观察者则倾向于把别人的成功归因于外部原因，把其失败归因于他自身的原因。

3. 自我服务倾向

自我服务倾向就是人们在归因时，总是愿意把有利的、积极的结果归因于自己，把不利的、消极的结果归因于情境（外部原因）。

4. 自我损害倾向

人们在归因时，常常把行为的原因归因于自身的原因。例如，如果一个人工作发生失误，他就总认为是自己的工作能力太差造成的结果，而长期处于自我否定的消极、自卑的心理状态。

5. 自然现象的拟人化归因

人们在进行行为归因时，有时会把某些自然现象进行拟人化归因，把偶然的巧合看作是必然的因果联系。例如，人们认为喜鹊叫是好预兆，认为"喜鹊叫，喜事到"；认为乌鸦是不祥之鸟，"乌鸦叫，祸要到"；认为眼皮跳是祸福将临的预兆，说"左眼跳福，右眼跳祸"、"左眼跳财，右眼跳灾"。这些都是没有科学道理的偏见，在今后的生活和工作中应杜绝这些偏见带来的归因错误。

（二）归因理论在管理中的应用

归因理论被广泛地应用于实际管理工作中。如果工作上处理问题，管理者经常会认为是员工工作不努力、能力差等而造成的结果；但员工却会认为是工作任务太难、机器设备太差、外界环境条件太差等才造成的。特别是有的员工工作时，一旦出了问题，不是从自己身上找原因总结经验教训，而是一味地怨天尤人，抱怨领导、责怪同事、互相埋怨，不去认真地、客观地总结经验教训。所以，在实际管理工作中，当员工完成任务受挫折时，管理人员要及时了解职工的归因倾向，才能帮助职工正确总结经验教训和顺利进行归因，使职工胜不骄、败不馁，进一步严格要求自己，更加发奋努力。

 课后深化与训练

1. 自我解剖一下最近在学习或是生活的过程中取得成功或是失败的原因，并分析自己的归因是否有积极的意义。

2. 案例分析。

案例一：这是一节五年级的体育课，正在进行的教学内容是50米快速跑。教师将全班学生分成了男女各两组进行分组练习，同时为了激发学生的学习兴趣，调动学生的学习积极性，教师在练习前提出了要求，即男女两对中没有战胜各自对手的，要做立卧撑五个。练习的一开始学生还为了比赛中胜负争论，如谁抢跑了，谁跑的时候脚踩线了等，练习了几次后，学生中出现不协调的因素，"老师，太不公平了，我要求换人。"寻声望去，一名男生指着身旁的同学叫嚷着，一脸的懊丧，他的叫嚷得到全班大多数"失败者"的附和，原来与其同跑的是校田径队的集训队员，他虽几经努力都以失败而告终，自信心不免受到不小的打击。教师问道："你认为与谁比公平呢？""我要和他比！"面对教师的提问，学生迅速地作出了回答与选择，指着身后一名小胖子并脸上带着一丝"坏笑"，于是"失败者们"纷纷提出换人要求，一时间就乱作了一团。教师很快使学生们安定了下来，对学生们说了这么一席话："如果是比赛，你能因为对手的强大而要求调换对手或者是拒绝比赛吗？""不能"学生的回答是坚决的。"什么是虽败犹荣？相信大家都懂，能与强者同场竞技是一种荣耀。什么是强者？就是困难面前不低头，永不言败，即使明知是失败的结果，也要冲上去与之争个高低，这才是强者。"听完老师的话那些要求换对手的学生不再言语了，只是接下来的练习更具竞争性。那名学生又一次输了，他一边做立卧撑一边在说："我就不信赢不了你……"

案例二："都是你害的！""害人精！"说者是群情激奋，被说的人一脸无奈，欲说无话。这是一次迎面接力游戏，游戏中这组学生输了，原因是该组中的一名组员是全班中跑得最慢的。于是，教师组织学生进行小组讨论，讨论的主题是：接力比赛中获胜的因素有哪些？教师参加了刚才有矛盾的那组学生的讨论。讨论中学生各抒己见，有的同学认为组里拥有一个"跑得超级慢的人"是失败的主要原因，如果将其换掉就能获胜；有的则不然，认为失败的因素是组里的同学不团结，配合不默契所致。教师对于持这一观点的同学给予了肯定，同时还给同学讲了"田忌赛马"的故事，同学们听后大喜迅速作出反应。游戏重新开始，结果出来，出乎其他各组意料，拥有全班"超级跑得慢的人"的小组居然获得了第一名，百思不得其解。教师在总结讲评中揭示了其中的谜底：首先，引导各组观察这一组有什么变化。学生发现这组人的排队顺序和一开始不同了。然后，请该组的成员介绍为什么会这样组合。当学生讲到"田忌赛马"时，大家惊呼"哎呀，我们怎么没想到！"最后，教师告诉学生：在集体中要相信自己的同伴，相信同伴和你一样会为了同一个目标而全力以赴去奋斗，要做到物尽其用，人尽其才。通过这节课后，学生在以后的体育课中比以往显得更团结了，同学与同学的关系更加密切与和谐了，班级的凝聚力得到了加强，体育成绩也大幅度的得到了提高。

试分析上述现象产生的原因。

知识链接

运用归因理论激发自我学习动机

根据归因理论，我们可以从以下三个方面入手进行学习动机的自我激发。

1. 学会积极归因，形成有效的学习动机。

所谓积极归因即能够调动学习积极性的归因方式。根据成败归因理论，当成功时应多作稳定归因，而失败时要多作不稳定归因，才有利于个体保持积极的行为动力。如果总是将失败归因于一时较难改变的能力缺乏，个体可能就不会努力去尝试解决类似的问题了。许多同学的厌学情绪就是在失败情境下因不适当的归因而产生的。所以，当学习上受到挫折时，要学会从失败情境中寻求可以改进的因素，即进行积极归因，从而力争获取下一次的成功。比如说，自己平时成绩排名总在前几名，在某段时间因连续几次考试成绩下滑，排名到了二十几名，若这时情绪十分紧张、失望，甚至不知所措，就应作不稳定的、可控制的归因；并坚信只要更加努力，放松紧张情绪，注意改进学习方法，学习成绩很快就能恢复上去。这样的归因有助于恢复自信心，放松情绪，增强自我期望，从而产生强烈的学习动机。

2. 明确目标，体验成功，增强自我效能感。

为什么具有同样智力和技能的人在同一任务环境中，会有不同的行为表现？其原因就在于他们具有不同的自我效能。一般来说，成功经验会增强自我效能感，反复的失败会降低自我效能感。那么，如何获取成功感呢？首先，要设置明确而合适的目标定向。学习动机对学习的推动作用主要表现在学习目标上。一个人的求知欲越旺盛，越想得到别人的赞许和认可，则他在有关的目标指向性行为上就越想获得成功，其行为的强度就越大。其次，可进行"自我竞赛"。即同自己的过去比，从自身进步、变化中认识、发现自己的能力，体验成功，增加自信心。如果总是与班上的优秀生相比，会觉得自己样样不如别人，越比自信心越低，尤其是中、下水平的同学。最后，为自己创设更多的成功机会，发挥自己的专长与潜能，增强胜任感。譬如，语文、数学成绩都较差，但擅长美术，就可从发扬美术特长入手，增强自信。

3. 掌握学习策略，提高学习能力，促进积极归因方式的稳定获得。

能力是保证活动获得顺利进行的最基本的条件。研究发现，随着年龄的增长，努力的"价值"逐渐贬值，能力逐渐被看作是最能体现个人价值的关键。因此，为了使自我在失败或成功的情境下都能进行积极归因，具有持续的学习动力，个体还要掌握学习策略，提高学习能力。学习能力是学生学习过程中获得知识的一种能力，是学生学会学习、发掘潜力、获得发展的基础。而学习策略是学习方法和学习的调节与控制的有机统一体，它是会不会学的标志，是衡量个体学习能力的重要尺度，是决定学习效果的主要因素之一。心理学家的研究表明，学习策略是可以学会的。以记忆为例，根据艾宾浩斯先快后慢、先多后少的遗忘规律，学习者对所学习的内容要及时复习，在时间间隔上要先密后疏；因为理解的材料容易记，学习者在记忆知识时，应在理解的基础上进行，对无意义的或难理解的材料，还可采用谐音法、表象法、缩句法、图示法、符号转换法等方法。所以，个体掌握和运用一定的学习策略，能使学习产生事半功倍的效果。从而有助于个体增强自我价值感，稳定地进行积极归因，激发旺盛的学习动力。

（资料来源：根据微笑在线：《微笑心理模块——运用归因理论自我激发学习动机》一文整理）

第四章 态度与管理

 能力目标
- ▶ 能够分析影响态度转变与形成的因素。
- ▶ 能够运用相关工具正确的测定态度。
- ▶ 能够理解态度转变理论并应用于实践。

 知识目标
- ▶ 重点掌握态度的特点、作用及影响态度形成与转变的因素。
- ▶ 掌握转变员工态度的方法。
- ▶ 理解与管理相关的态度。
- ▶ 了解态度改变理论。

 导入案例

一个年轻人来到一片绿洲碰到一位老先生,年轻人便问:"这里如何?"老人反问:"你的家乡如何?"年轻人回答:"糟透了!我很讨厌!"老人家接着说:"那你快走,这里同你的家人一样糟。"后来又来了另一位年轻人问同一个问题,老人家也同样反问,年轻人回答说:"我的家乡很好,我很想念家乡的人、花、事物。"老人家说:"这里和你的家乡一样好。"旁边的人听着差异,问老人家的说法为什么前后不一致呢?老者说:"你要寻找什么,你就会得到什么。"

分析启示:当一个人的态度不同,他在看到、听到、想到或做到一些事时,会产生明显的个体差异。由此可见,一个人的态度会对他的行为具有指导性的影响。

第一节 态度概论

一、态度及其构成

态度是指个人以肯定或否定的方式对某一对象所持有的评价与行为倾向。态度的对象包括很多方面,凡是人们能够了解到和感觉到的事物都可以成为态度的对象,例如：人、事件、事物、组织、制度及各种观念和风俗习惯等。当一个人说："我喜欢我现在的工作"时，他是在表明他对工作的态度。

个人对某一对象会形成肯定或否定的评价，同时还会表现出反应的倾向性，这种倾向性就是一种心理活动的准备状态。所以，个人的态度会影响到他的行为。

态度包括三个基本组成部分，即认知成分、情感成分和意向成分。

（一）态度的认知成分

认知是指个人对态度对象，如对人、事物、地点、思想、形势和经历等方面的认识理解。认知是态度形成的基础。例如，一位曾经去过大连的旅游者认为大连是个好地方，不仅环境优美，气候宜人，而且海滨风光秀丽，这实际上反映了他对大连的认识和理解，代表他对大连所持有的态度的认知成分。

（二）态度的情感成分

情感是指个人对态度对象的情感判断，例如：喜欢或厌恶、肯定或否定、热情或冷漠、积极或消极、尊敬或轻视等。情感成分是态度的核心并且与人们的行为紧密相连，态度的情感成分有强弱之分，有时非常强烈，有时又很微弱。与态度的认知成分不同，态度的情感成分并不总是以事实为依据。个人对态度对象的情感判断主要受到个人对态度对象的情感强度的影响。例如，有人说"我喜欢上海"，反映的就是他对上海情感上的判断。他之所以有这种情感上的判断，可能因为他出生于上海，成长于上海，上海又是一个美丽繁华的大都市，他对上海有特别的故乡情感，虽然他也可能不喜欢上海人口稠密、喧闹而拥挤，但是当他表示对上海的态度时，情感的强烈作用就会使他作出积极的肯定的判断。可见，情感成分是态度的核心成分。

（三）态度的意向成分

意向是指个人对态度对象的反映倾向。态度的意向成分是行为的准备状态，是以言语和行为等外显形式表达的行为倾向。例如，某人对北京产生了积极肯定的情感（希望能够到北京去旅游），他就会积极地做好各种准备，调整休假时间，联系旅行社咨询旅游线路，收集旅游景点相关信息等。

态度的三种成分缺一不可，在大体上是相互协调一致的。例如一位员工认为他的上级领导不但任劳任怨、工作负责，而且还关心体恤下属（认知成分），因此对这位领导产生了尊敬、爱戴的感情（情感成分），表现出愿意与这位领导接近，有事愿意与他商量，寻求建议的行为倾向（意向成分）。认知、情感、意向三者协调一致的程度越高，态度就越稳定。

但是，态度的三种成分之间也可能存在不一致、不协调的情况，从而导致态度的不稳定。例如，在管理工作中，有人这样形容自己的感受："某位领导，工作是称职的，可是我并不喜欢她"，"某项政策、某项制度是正确的，但是从情感上还是不能够理解和接受，因而在行动上也不愿意真正执行。"当构成态度的三种成分不一致时，起主导作用的是态度的情感成分。

二、态度的特点

（一）对象性

态度是个人以肯定或否定的方式对某一对象所持有的评价与行为倾向。态度总是针对某一对象而产生的，态度必须有一个特定的对象，没有对象的态度是不存在的。对象可能是具体的人、事、物，也可能是一种抽象的观念、一种现象或趋势。例如，"热爱和平"，"鼓励创新"，以及企业中的员工愿意在行动上接近某位领导，接受这位领导的指导和帮助等。

（二）社会性

态度并不是与生俱来的，个人在长期的社会生活中不可能孤立的存在，他要与其他社会成员相互交往和相互作用，还要受到社会环境和社会文化的不断影响，态度就是在这种情况下逐渐形成的。同时，个人的态度一旦形成，就会与外界事物、与他人发生反应，影响周围的任何事物。

（三）内隐性

态度是个人的行为倾向，是一种内在的心理体验，个人对态度对象持有什么样的态度，我们可以通过观察其行为加以推测。例如：某位员工一直兢兢业业、脚踏实地地工作，我们可以推测他对工作持有认真、积极的态度；又如某位员工一有空闲时间就钻研业务书，我们也可以从他的行为中推测他对学习是抱着热忱的态度的。

心理学家罗森伯格和霍夫兰德曾经把态度看作是个人接收到的各种刺激（态度对象）与可以观察到的反应（行为）之间的一种内在终结。刺激（态度对象）是一种独立变量，反应（行为）是一种依从变量，而态度是一种中介变量。

（四）稳定性

个人的态度是在社会生活实践中逐渐形成的，同时也是与个人的理想、信念和世界观等紧密相连的，因而态度形成后比较稳定和持久，能够在一段时间内保持不变，成为个性的一部分，并且在人的行为反应表现出一定的规律性。

但是，态度的形成与发展也是一个长期的过程。在形成初期，态度只能在短期内保持稳定。要使态度的稳定性不断增强，还需要考虑各方面的因素：态度的强度、态度的因果关系、态度的趋同性。

1. 态度的强度

态度的强度指的是态度的力量，即个人对态度对象肯定或否定的程度。一般来说，越是强烈的态度，就越难改变。态度的强度因人而异，与人们对态度对象的喜好程度有关。根据对态度对象喜好程度的差异，人们对态度对象形成三种态度：容忍、认同、内在化。

2. 态度的因果关系

个人的态度也会因为事物之间的因果关系而加强和稳定。当个人认为喜好的一件事是另外一件事的直接结果时，他对另一件事的态度也会加强和稳定。例如：当企业某个部门的员工了解到本部门的业绩逐年提升、奖金逐年增加主要是因为部门主管卓越的领导能力时，他对该部门领导卓越领导能力的肯定也会因此加强或稳定。

3. 态度的趋同性

如果个人发现其他人和自己对同一事物（态度对象）持有相同的态度，态度就容易得到加强，并且会变得更加稳定。例如，一位大学生毕业后选择了在一家世界500强的企业工作，亲朋好友得知这个消息后，纷纷肯定他的选择，那么这位大学生到这家企业工作的决心就会变得更加强烈与稳定。

（五）可变性

态度虽然具有稳定性，但是态度并不是一成不变的。导致态度发生改变的因素很多，主要有态度的冲突、环境的影响等。

1. 态度的冲突

每个人都持有多种不同的态度，有时这些态度很难保持一致。例如，青年人对探险旅游可能持有肯定的态度，但是他也许会阻止他的孩子去探险旅游。当态度发生冲突时人们就会做出选择，在做出选择的过程中，哪种态度更加强烈或更加重要是关键因素。例如：某人对出境旅游可能持肯定态度，但是它不一定就会出境旅游，因为出境旅游费用比较高，而他对生活节俭持有更加强烈的态度。

2. 环境的影响

人们生活在一定的环境中，在特定情况下，个人的态度受到他所感觉到的事物的影响。例如，某人做出外出旅游的决定，可能仅仅是受到了生活环境中电视广告、报纸宣传和旅游促销等的影响。

三、态度的作用

态度对个人的思想观念，心理活动及行为都具有重要的影响与作用。它不仅影响个人对于事物的认知、情感和意向，也能够影响个人的学习效率、工作效率与工作成绩，同时对于人的性格特点、人际关系都会产生较大的影响。

（一）态度与学习效率

如果个人的学习态度积极主动，就比较容易激发强烈的求知欲、浓厚的学习兴趣和高涨的热情；而消极的态度则正好相反。符合个人学习兴趣的学习材料能够使人感觉敏锐、观察细致、思维活跃，学习效率大大提高；而不符合个人学习兴趣的学习材料则容易令人产生厌烦的情绪和厌恶的态度，导致学习效率下降。

（二）态度与工作效率和工作成绩

如果员工工作的态度认真积极，就比较容易提高工作效率，也比较容易提高学习成绩。如美国一家大型鞋业公司为了拓展业务，派了两名市场调研员 A 和 B 前往非洲考察鞋业市场。A 先生到达非洲之后，立即被眼前的情景惊呆了：当地人全部赤脚在灼热的沙地上行走。于是他马上给公司发电报："这里的人都不穿鞋！"在进行了草草的调查之后，他就打道回府了。面对同样的情景，B 先生却进行了认真的思考，在进行了详尽的调查之后，他致电公司："这里的人没鞋穿！"公司接纳了 B 先生的意见，投入了大量的人力、物力和财力开发非洲市场，结果取得了巨大的成功。两位调研员的电报，意思是一样的，只是语气和语序不同而已，但导致的结果却有天壤之别。稍加分析就不难发现，案例中两位市场调研员的最大区别在于工作态度的不同，在不同态度的作用下，最终产生了两种不同的结果：A 先生（消极）：不穿鞋—没市场—放弃—失败；B 先生（积极）：没鞋穿—市场大—行动—成功。试问，你愿意学习哪一位？

(三) 态度与社会性认知和判断

态度形成后，个人比较容易产生一种较为稳定的认知、情感体验和行为倾向的反应。态度对人的社会认知、判断和行为的影响可以是积极的，也可以是消极的。心理学家兰波特（W. E. Lambert）等人在加拿大蒙特利尔曾经做过这样一次试验，试验对象是英裔和法裔的大学生。在试验开始时告诉学生试验的目的是想了解大家凭借不曾见过面的人的声音来判断说话者的个性特征的准确性。试验的形式是让这些学生听一段录音，这段录音中共有10个人朗读同一篇文章，5个人用英文朗读，5个人用法文朗读（实际上，朗读的只有5个人，每个人以两种语音朗读，但是这一点学生不知道）。试验的结果显示出两种有趣的现象：第一，同一个朗诵者，当他以英语朗诵时，比用法语朗诵时获得了更好的评价。例如在说英语时，他被判断为个子高，风度好，比较聪明、亲切、有抱负。而在说法语时幽默感获得了较高的评价。第二，法裔学生对于朗诵英语的人评价比英裔学生更高。该试验说明，人们容易根据现有的态度去判断他人。因为英裔加拿大人的社会背景比法裔加拿大人优越，所以大学生对英裔加拿大人的态度也优于对法裔加拿大人的态度。正是由于这种态度的差别，影响了大学生做出正确的社会性判断。

(四) 态度与群体的凝聚力

在组织中，个人对于群体、他人的态度往往能够影响他与群体能否相处融洽；群体中每个成员对待彼此的相互态度，也会影响群体的凝聚力。如果个人对群体、对他人热情、诚恳、宽容、互助，那么彼此之间也容易相处融洽，使群体的凝聚力增强；相反，对人冷漠、虚伪、尖刻、敌视的态度使彼此之间关系紧张，群体的凝聚力减弱。

(五) 态度与挫折容忍力

挫折容忍力是指个人对于挫折的适应能力。个人从事有目的的活动，遇到阻碍或干扰，无法达到预期目标时，就产生了挫折。例如：对工作提出了合理的建议，却没有被采纳；参加"优秀员工"的评比结果却落选等。人们遭受挫折时的反应是各不相同的，有的人不畏挑战，勇往直前；有的人忧虑不安，惶恐焦急；有的人一蹶不振，抱怨不休。这种对于挫折的容忍力，是与人们对于引起挫折的事物的态度密切相关的。例如：某位员工对自己工作的企业非常忠诚，非常热爱自己的工作，那么他对挫折的容忍力就比较高，能够吃苦耐劳，任劳任怨，不会因为工作过程中的不如意而轻易丧失信心。

四、态度的测定

态度是一种心理活动的准备状态。它虽然无法被直接观察到，但是它可以通过人们的语言、行动和表情以及其他方面的变化表现出来。由于态度总是指向某一客体，在性质上总是表现为一定的强度和方向性。因此，才使我们对态度的测量成为可能。心理学研究中有关态度测量的方法有很多，这里仅介绍较为常用的几种方法。

(一) 总加量表法

测量态度的工具一般为态度量表。每一种态度量表总是针对某一态度对象设计的，并由若干个问题组成，根据受试者对各个问题的反应，得到相应的分数，以代表受试者对某一事物所持态度的强弱。用总加量表法测人们的社会态度既简单方便，又比较可靠。

总加量表法大约由20个问题组成，每个问题在意义的大小上并无本质的区别，受试者只需对所提出的问题表示赞成或反对的程度进行选择。程度可以分为三等（赞成、无所谓、反对）、五等（最赞成、赞成、无所谓、反对、最反对）、七等（最赞成、赞成、稍赞成、无所谓、稍反对、反对、最反对），甚至更多。测定每一项态度，提出的问题最低不得少于5个，最高不要超过25个。

在每个问题的下面都有不同的评定等级，一般多使用五个等级，即：最赞成、比较赞成、无所谓、反对、最反对。受试者可以在自己认可的评定等级上打"√"，从中反映出受试者对某问题的态度是积极的还是消极的。每个题目按照不同的等级给予不同的分数，最赞成5分，比较赞成4分，无所谓3分，反对2分，最反对1分。最后将分数加在一起，即可以代表受试者对待该问题的态度。

（二）社会距离尺度法

这种方法是通过测定人与人之间的社会距离，借以反映人们的某种社会态度。它是由心理学家布加达斯于1925年创立的。由于方法简便易行，后来得到普遍使用。它可以被用来测量民族间的社会距离，为外交和民族政策提供一定的理论根据，也可以用来测量社团之间、企业之间、群体之间的各种社会态度反应，为管理者提供各种人群关系的依据。

例如，有人对美国人和加拿大人的社会距离进行测量，问卷形式如下：

- 愿意通婚；
- 愿意让加拿大人参加社团活动；
- 愿意和加拿大人做邻居；
- 愿意和加拿大人做同事；
- 愿意接受加拿大人为美国公民；
- 只允许加拿大人来美国观光；
- 拒绝加拿大人。

要求受试在上述七项中选出自己认可的一项打上符号。对于其他民族如西班牙人、希腊人都采用以上七项内容给以测定，并将几次调查所得的结果加以综合处理，然后绘制成曲线图。处理结果表明美国人对加拿大人怀有较好的民族相容性，而对西班牙人和希腊人则怀有排斥心理。这一社会距离表明了美国人对三个民族的不同态度。

（三）五点法

这种方法把某人对某事的态度划为五个等级，其中两端为极端态度，中间为中性态度，每个等级给分如下：

最反对	反对	无所谓	赞成	最赞成
−2	−1	0	1	2

以五点为尺度测定态度，有两种具体方法。

（1）主试根据所测的中心问题，与大量被试进行个别谈话，诱发他们讲出自己的看法。然后根据评分的标准，由主试给每个被试打出态度分数。

(2) 主试用问卷量表提出问题。量表中所提出的问题分为正负两种，其正问题回答时越同意得分越高，负问题回答时越同意得分越低。量表中每个问题的下方均有5个答案，要求被试根据自己的真实想法，选择其中的一个答案，并在所选答案上打圈即可。被测者对量表上的全部问题作答以后，主持测量者便可按标准评分，这样通过统计处理将全部项目的分数综合起来，便可得到被测者的态度分数，由此分数便可推断某人对某一事物的态度。

例如：测量一个人对战争的态度。

问题1：不管如何，我们均应为祖国而战。

回答： 非常赞成　　赞成　　无所谓　　不赞成　　非常不赞成
得分：　　5　　　　4　　　　3　　　　2　　　　1

（这是个正问题，越赞成得分越多。）

问题2：在任何情况下我们都不应向他国开战。

回答： 非常赞成　　赞成　　无所谓　　不赞成　　非常不赞成
得分：　　1　　　　2　　　　3　　　　4　　　　5

（这是个负问题，越赞成得分越少。）

该测验共20题，其总分就代表了被测者对战争的态度。

（四）一点法（又称瑟斯顿量表）

瑟斯顿认为测量态度的最好办法是：首先选取一组有关某一问题的简单、直接、涉及面广的陈述，再要求被试对其中的每个陈述做出一种反应，依据应答评记分数，这种分数代表被试者对某一事物所持的态度及态度的强弱。

瑟斯顿量表已被有效地运用于较大范围内的对象态度测量，包括对战争、死刑、各种少数民族群体及宗教等态度进行测量。这种量表的特点是制作者事先经过大量样本的测试后，再根据每道题确定不同水平的态度等级（如1为非常赞成，6为中等，11为非常不赞成）。测定时，被试只要对所提问题进行回答，然后通过统计分析，就可确定态度的方向和强度。

（五）主题统觉测验（简称TAT）

主题统觉测验是投射法的一种。投射法是一种利用某些材料引起被试的自由联想，做出无拘束而不受限制的反应，从而间接地分析出投射到其中的心理准备状态。主题统觉测验是由哈佛大学的默里（H. A. Murray，1938）设计的，其做法是给被试几张图片，请他们凭想象自编一个故事，并要求说明：

1. 图中所描绘的是一个什么情境；
2. 这种情境发生的原因是什么；
3. 若演变下去会有什么结果；
4. 个人有什么感想。

 课后深化与训练

1. 以小组为单位，选择五种测量态度的方法中的任意一种或几种，测量小组成员的态度。

2. 请填写下列表格。

态度的构成

	态度的认知成分	态度的情感成分	态度的意向成分
定义			
举例并说明			
三者协调一致情况举例			
三者不协调一致情况举例			

 知识链接

态度决定一切

在组织管理中，员工对组织的发展主要持这样几种工作态度：投入、真正遵从、适度遵从、勉强遵从、不遵从、冷漠。

对工作持投入态度的员工：衷心为了组织的发展而竭尽全力，愿意做任何必要的改变，更加愿意全心全意地实现它的目标；对工作持真正遵从态度的员工：看到组织发展的希望，愿意按照组织的要求去做所有被期望做的事情，或者做得更多，遵守各项明文规定；对工作持有适度遵从态度的员工：大体上看到了组织发展的希望，按照要求去做所有被期望做的事情，但是仅此而已；对工作持勉强遵从态度的员工：并未看到组织发展的前景，但是也不想丢掉工作，不得不做刚好符合期望的事，但是别人知道，他不是真的愿意这样去做；对工作持不遵从态度的员工：不但看不到组织发展的前景，也不愿意去做被期望做的事情，"任你苦口婆心，我就是不干"；对工作持冷漠态度的员工：既不支持也不反对企业的发展，好像什么事情都与自己毫无关系。

作为组织管理者，必须真正把握每位员工的工作态度，有目的的进行管理，组建优秀的工作团队，为组织发展提供有力的支持。

(资料来源：根据《一个容易被人遗忘的管理技巧》一本整理)

第二节 态度的形成与改变

一、态度的形成与改变过程

态度的形成与一个人的社会化过程是一致的。当婴儿诞生在某一特定的家庭环境之后，家庭对他的各种刺激，对他的成长都会有非常重要的影响作用。例如，父母的举止言行，父母对他的要求和期望，往往对他形成某种固定的行为习惯具有决定性意义，从而使他按照一定的规范形成自己对待各种事物的态度。

心理学家认为，态度形成后，个体便具有种种特有的内在心理结构，这种结构使个体行为产生一定的倾向性。如果形成的态度是正确的，它会促使个体与外界保

持平衡；反之，则会阻碍个体在社会上的适应性。个体总是根据自己已经形成的态度来对待他人、自己以及周围社会生活中的其他事物，从而对外界的影响表现为吸收或拒绝。例如，从小生长在回族家庭的人，由于社会化的结果，形成了忌食猪肉的习惯，于是他对猪肉总是采取回避的态度。

由于态度具有稳定性和持久性的特征，态度的形成总是要经过一段时间的孕育过程。心理学家凯尔曼（H. Kelman，1961）提出了态度形成的三个阶段理论，即服从阶段、同化阶段和内化阶段。

（一）服从（顺从）阶段

服从是个体为了获得奖励或避免惩罚，按照社会的要求、群体的规范或其他人的意志而采取的表面服从的行为。例如：企业的新进员工应该学习和遵守企业的各项规章和制度，如果不执行相关的规章制度，就会按照企业的规定受到惩罚。当奖励或者惩罚的可能性消失时，这种服从行为就会立即停止。

态度的形成除了始于服从之外，也可能从不知不觉模仿他人的态度开始。有时个人的行为不一定受到外界强制力量的影响，常常是从无意识地模仿父母、老师及自己崇敬的对象的态度和行为开始的，这是态度形成和改变的一种最常见的形式。

（二）同化（认同）阶段

在同化阶段，个体不是迫于压力而是自愿接受他人的观点、信念，受到他人的态度与行为的影响，使自己的态度和行为逐渐与他人和某个团体的态度和行为相接近。同化阶段的态度不同于服从阶段的态度，它不是在外界压力下形成或转变的，而是有较多的情感的投入，是出于个体的自觉或自愿。例如：某人想要加入某个具有吸引力的社会团体，他就会按照该团体的规范约束自己的行为，积极接受团体的要求和指导，并且努力以该团体一分子的态度对待工作和生活。

（三）内化（固化）阶段

这一阶段是指个体真正从内心深处相信并且接受他人的观点，彻底改变自己的态度，形成新的态度。个体把外部的思想、观点、信念纳入自己的思想体系中，成为自己态度体系的一个组成部分。内化阶段是人的态度和行为最稳定、最持久的阶段，并且还是常有强烈的情感体验的阶段。

态度的形成从服从阶段到同化阶段，一直到内化阶段，是一个复杂的心理过程，并不是所有人的态度的形成和转变都需要经历这个过程。人们对人、事、物的态度的形成可能完成了这个过程，也可能只是一直停留在服从或同化阶段，如表4-1所示。

表4-1 态度的形成

服从阶段	同化阶段	内化阶段
① 表面服从的行为 ② 当奖励或惩罚的可能性消失，服从行为立即停止 ③ 不知不觉模仿他人的态度	① 自愿接受他人的观点、态度与行为 ② 行为具有情感成分的投入	① 真正从内心深处接受他人的观点 ② 是态度和行为最稳定、最持久的阶段，情感强烈 ③ 彻底改变原有态度，形成新的态度

二、影响态度形成与转变的因素

(一) 影响态度形成的因素

态度不是与生俱有的,而是在后天的生活环境中,通过自身社会化的过程逐渐形成的。在这个过程中,影响态度形成的因素主要有如下几点。

1. 欲望

态度的形成往往与个人的欲望有着密切的关系。实验证明,凡是能够满足个人欲望,或能帮助个人达到目标的对象,都能使人产生满意的态度。相反,对于那些阻碍目标,或使欲望受到挫折的对象,都会使人产生厌恶的态度。这种过程实际上是一种交替学习的过程,它说明欲望的满足总是与良好的态度相联系。有人曾对某个种族偏见(态度)的发展进行过研究,认为这种偏见具有满足某些个人欲望的功能。例如有些人需要借蔑视其他种族,以发泄自己在生活中压抑已久的敌意或冲动行为。这说明态度中的情感和意向成分与欲望的满足有着密切的关系。

2. 知识

态度中的认知成分与一个人的知识密切相关。个体对某些对象态度的形成,受他对该对象所获得的知识的影响。例如,一个人阅读过某种科技著作,了解到原子武器爆破力的杀伤性,就会产生对原子武器的一种态度,这就是说态度的形成是受知识影响的。但是,并不是说态度的形成单纯受知识的影响。心理学家进行过有趣的调查,他们把调查对象分成两种态度组,即有严密组织的宗教态度者与无严密组织的宗教态度者。结果发现前者能够认识并且接受自己的优点和缺点,而后者则只接受自己的优点,把自己的缺点掩盖起来。

3. 个体的经验

一个人的经验往往与其态度的形成有着密切的联系,生活实践证明,很多态度是由于经验的积累与分化而慢慢形成的。例如,四川人喜欢吃辣椒,山东人喜欢吃大葱的习惯,就是由于长期的经验而形成的一种习惯性态度。当然有时也会出现只经过一次戏剧性的经验就构成了某种态度。例如,在某一次逗狗的游戏中被狗咬伤,很可能从此就不喜欢狗,甚至害怕狗,即所谓"一朝被蛇咬,十年怕井绳"。

(二) 影响态度转变的因素

员工态度的转变是指管理人员把员工消极态度转变成为积极的态度,把员工较弱的积极态度转变为较强的积极态度,或者把员工较强的消极态度转变为较弱的消极态度的过程。转变员工的态度是人力资源管理的一条有效途径,它对提高人力资源管理的效率具有重要的意义,同时也有助于企业建立良好的企业文化,建立企业内部和谐的人际关系。为了有效地转变员工的态度,不但需要了解员工态度转变的因素,而且要掌握转变员工态度的方法。

影响员工态度转变有两方面的因素,即外部因素和内部因素。外部因素主要包括人际影响、企业内部的信息沟通、企业文化等因素;内部因素主要包括员工的认知、需要、个性心理特征等因素。除此之外,还受到个人所属团体的影响。

1. 外部因素

（1）人际影响。员工在企业中工作和生活，其上级、下级、同级、客户及与之交往的其他人员的观点、意见、态度，对员工态度的转变有重要的影响，尤其是有权威的上级、关系密切的同事及企业中非正式组织的领导。苏联著名的心理学家维果茨基认为人之所以会改变自己，是因为以他人作为参照系来对照自己的行为。

（2）内部的信息沟通。从某种意义上说，态度是在接受各种信息的基础上形成的。人们在行动前，会主动收集各种有关的信息。各种信息间的一致性越强，形成的态度越稳固，因而越不容易改变。企业内部的信息沟通是影响员工态度转变的一个重要因素。信息沟通包括对每一个员工进行信息传递和对所有的员工进行信息传递，其目的都是为了转变员工的态度。企业内部的信息沟通对改变员工态度结构中的认知成分具有重要的影响。

（3）企业文化的影响。企业文化是指一个企业内形成的独特的文化现象、价值观念、历史传统、习惯、作风、价值标准、道德观念和生产观念，通过这些文化，企业内部各种力量统一于共同的指导思想和经营哲学。员工的态度要受到企业文化的影响和制约，作为企业的一员他必须维护和遵守企业的规章制度、价值观念、道德观念等企业文化，可以通过培育企业文化来转变员工态度。

（4）社会环境的影响。社会环境主要包括社会制度、国家法制、社会风俗、社会舆论等。个人的态度的形成受到社会环境的影响，也会随着社会环境的变化而发生变化；同时，家庭、学校及社会教育、不同的社会文化背景，对个人态度的形成也会产生不同的影响。个人的态度往往会具有社会文化的烙印。

2. 内部因素

（1）员工的认知。对原先态度对象认知得越深刻，员工态度的转变就越困难。一个人对某事所持有的信念与态度会影响到态度改变的进程。若员工只有意念而未采取行动，则较容易改变；而既有意念又有行动，则较难改变；仅有意念而且又做公开表态，则有更大的抗拒性，更难改变。因此，针对员工的原有态度强度，采取适当的方法来改变它。此外，态度的形成，也受到新旧知识经验对比结果的影响。当两者一致时，旧的知识经验是本体认知，新态度的形成依赖于旧的知识经验；新旧知识经验两者差别大时，态度的形成依赖于新的知识经验。

（2）员工的需要。能够满足个人需要的态度对象，使人产生满意的态度；反之，则使人产生厌恶的态度。需要是否能够得到满足是肯定或否定态度形成的基础。如果新的态度对象能够满足员工的需要并能消除由行为的内驱力而引起的紧张状态，员工在情感上就容易接受，便形成积极的态度，从而使原有的态度得到转变；反之，员工便会形成消极的态度，不利于原有态度的转变。

（3）员工的个性心理特征。员工的气质和个性对员工态度的转变有重要影响。一般认为气质为胆汁质、多血质的员工转变比较容易，而黏液质、抑郁质的员工态度转变比较难；性格外向的员工比性格内向的员工态度转变更容易些。一般情况下，低自尊、低智力、低自信者易被说服。高智力者易受强调理解的信息的影响，低智力者易受强调顺从的信息的影响。就自尊而言，人们普遍认为高自尊者比低自尊者不易说服，因为高自尊者很看重自己的观点和意见，自信心很强，对外来的说服和冲击会强烈的加以抑制；而低自尊者则相反，不大在乎自己的看法和意见，当遇到外在压力或强大的说服者时，很容易放弃自己的观点和态度。年轻人从学校毕业，充满热情，求知欲很强，也很容易改变自己的态度和观点。

（4）个人的深刻经历。个人的深刻经历会影响态度的形成与转变。例如：幸福的体验和痛苦的创伤都给人带来刻骨铭心的印象，左右着人们对特定对象的态度。大家对陆游的《卜算子·咏梅》都比较熟悉"驿外断桥边，寂寞开无主。已是黄昏独自愁，更著风和雨。无意苦争春，一任群芳妒。零落成泥碾作尘，只有香如故。"在这首词中，作者把自己的思想感情、性格和经历等转移到客观事物梅花上面，把梅花写成备受打击的孤苦寂寞的坚贞之士，表面咏梅，实则喻人，是个人特殊经历所形成的对特定对象的态度。

（三）个人所属团体的影响

个人态度受到个人与团体之间关系的影响。一般情况下，个人态度通常与其所属团体的要求和期望是一致的。团体的意志、团体的目标及团体的行为规范和习惯会在无形中调节着每个团体成员的态度和行为，对团体成员的态度和行为形成一种无形的压力，可以有效地改变个人的态度。如"近朱者赤"，"出国问禁，入乡随俗"等，都可视为对个人态度施加的影响。

三、态度与偏好

偏好是人们趋向于某一目标的心理倾向，态度能够预测人们的偏好，态度和偏好的关系受到态度的复杂性和态度对象的突出属性的影响。概括来讲影响偏好的因素有以下两种：

（一）态度的复杂性

态度的复杂性是指人们对态度对象所掌握的信息量和信息种类的多少，它反映了人们对态度对象的认知水平。人们对态度对象所掌握的信息量和信息种类越多，形成的态度就越复杂。复杂的态度比简单的态度更加难以改变。

（二）态度对象的突出属性

态度对象的突出属性是影响态度强度的重要因素之一，它的突出属性对人的重要程度是因人而异的。任何事物都有许多不同的属性，如形状、大小、价格等，人们对事物的认知是针对事物的具体属性而言的。不仅如此，对于同一个人来说，随着需要或目标的改变，其态度对象的突出属性也会发生变化。下面来看一个实例：暑假里，小王和小张决定外出旅游。有几个旅游目的地可供选择：广州、南京和大连。通过对旅游时间、空间距离和经典特征等各种因素进行比较，他们最后决定去南京旅游。因为小王的妹妹在南京工作，可以节省许多住宿费用，同时她还可以做免费导游，带领他们游览南京。而在游览过程中，小王对南京的历史文化遗产很有兴趣，小张却喜欢游览自然风光。对一个旅游目的地的整体态度是由人们对他们希望在那里得到的各种突出属性的态度组合而成的。这些突出属性包括自然风光、住宿条件、娱乐设施和其他游乐项目等，其中的每一个突出属性都有自己的特点。但是，每一个突出属性的相对重要性却因人而异。因此，对于同一个旅游目的地南京，小王和小张知觉的突出属性可能不一样，这种差异影响了他们偏好的形成。

四、与管理相关的态度

在管理工作中,管理者并不是要了解和研究员工持有的所有态度,而是要了解和研究员工与工作有关的态度。其中三种比较重要的态度是工作满意度、工作投入和组织承诺。

(一) 工作满意度

1. 工作满意度的概念

工作满意度(job satisfaction)是员工态度的一个特殊部分,是员工对自己工作所持有的一般态度。当管理者谈到员工的态度时,一般是指工作满意度。工作满意度高,员工对工作就可能持有积极的态度;工作满意度低,员工就可能对工作持消极的态度。

工作满意度不仅对于组织管理者是重要的,对于员工也很重要,令人满意的工作能够满足他多方面的需要。工作满意度是衡量和预测工作行为及组织绩效的有效指标之一。

近年来,大量关于工作满意度的研究都涉及工作满意度的维度问题。多数研究得出结论:工作虽然千差万别,却都有一些共同的维度,可以描述工作满意度的变化。美国学者洛客(E. ALocke)对工作满意度的维度进行了归纳和分析,如表4-2所示。

表4-2 员工工作满意度的评定维度

类别	维度	维度说明	举例
事件或条件	工作	工作本身	内在兴趣、挑战性、学习机会、成功机会等
	奖励	报酬 晋升 认可	数量、公平性、依据合理等 机会、公平性、依据合理等 表扬、赞誉、批评等
	工作背景	工作条件	时间长、短、休息多少、工作设备、空间宽敞、气温、厂址等
人物	自己	自己	价值观、能力等
	单位及他人	领导 同事 顾客	管理风格、管理技能、行政技能等 权利、友好态度、合作互助、技术能力等 技术能力、友好态度等
	单位及他人	家人 其他	支持、对职务理解、对时间的要求等 按职务划定,如学生、家长、选民等

2. 工作满意度的影响因素

(1) 挑战性的工作。挑战性的工作为员工提供施展才能和技术的机会,有一定的难度和自主权,承担一定的责任,容易使员工获得心理满足。无聊单调的工作,没有技术含量、不能显示自己能力的工作容易使员工感到厌倦;但是,如果工作的挑战性过强,员工又容易产生挫败感。因此,挑战性适中的工作,能够使多数员工满意。

(2) 公平的报酬。组织的报酬、晋升的制度、政策是对员工工作最直接、最明确的物质肯定方式，他们是不是公正、明确，是否与员工的愿望一致，是工作满意度的另一重要的因素。员工期望的报酬不仅仅是指工资一项，工作地点、工作时间及晋升的政策等，都是员工体验公平的因素。当员工认为这些方面都是以公平、公正为基础时，他们更容易从工作中获得满足感。例如，有的员工希望工作地点距离家比较近，工作强度小一些、自由度大一些、人际关系融洽，即使薪水低一些也不介意。

(3) 良好的工作环境。良好的工作环境和工作条件，不仅能够给员工提供舒适感，也是员工更好地完成工作的前提条件。

(4) 融洽的人际关系。对于员工来说，在工作中不仅希望得到公平的报酬，还希望能够融入组织之中，满足自己社会交往的需要。因此，良好和谐的同事关系，也会提高员工的工作满意度。员工与上级的关系更是如此，如果管理者能够了解、关心员工，倾听并采纳员工的合理建议，奖励成就，员工的满意度就会增加。

(5) 个人特征与工作的匹配。当员工的个性及个人知识和技能与他所从事的工作匹配时，员工的工作更容易取得成功，并且能够得到更多报酬和奖励，事业的成功会增加员工的工作满意度。

(二) 工作投入

工作投入（job involvement）是指员工在心理上认可自己的工作，主动参与工作，认可工作绩效对自己的个人价值的重要程度。工作投入程度高的员工对工作有强烈的认同感，工作出勤率高，离职率低。

在早期的研究中，管理心理学家认为工作投入是一种激励方式，后来将其视为一种工作态度。萨里和赫斯克（Sale & Hosck）利用因素分析法归纳出工作投入的三个主要成分，即主动参与、工作是生活的核心、工作绩效是自我概念的核心。他们认为，工作投入与一般的态度一样，是以对工作的认知、情感和行为三者为基础的复杂概念。

(三) 组织承诺

组织承诺（organizational commitment）是指员工对组织及组织目标的忠诚性、认可程度和参与程度。组织承诺是工作投入的进一步拓展。

组织承诺反映了员工对组织整体、全面和长久的认同，与对组织的不满相比较，对工作的不满更容易改变。当员工对组织有不满时，更可能考虑离开组织。所以，培养员工的组织承诺，对于增强员工对组织的忠诚度更具有实际意义。

最早提出组织承诺的是贝克（Becker），他认为组织承诺是由于员工对组织的投入增加，而使员工不得不继续留在组织里的一种心理现象。后来有学者经过综合研究提出三种形式的组织承诺。

1. 感情承诺

员工努力工作，对组织忠诚，并不是因为物质利益，主要是因为员工对组织有深厚的感情。影响感情承诺的因素包括工作性质、组织管理的特点、人际关系、组织的公平性、员工个人在组织中的重要性、员工感觉到来自组织的关系与支持等。

2. 继续承诺

员工为了不失去已有的工作职位和多年投入换来的福利待遇，不得不继续留在组织中。影响继续承诺的因素有受教育程度、员工个人技术水平、组织福利待遇、员工个人对组织的投入状况和个人性格特点等。

3. 规范承诺

员工选择留在组织中，是受到长期形成的社会责任感和社会规范的约束。影响规范承诺的因素包括对组织承诺的规范要求、员工的个性特征及受教育程度等。

组织无法保证每位员工都对工作满意，但是组织的管理者都希望降低员工流动率和缺席率，因此管理者必须关心员工对组织和工作的态度，提高员工工作积极性。在组织管理中，员工对组织的发展主要持这样几种工作态度：投入、真正遵从、适度遵从、勉强遵从、不遵从、冷漠。对工作持投入态度的员工：衷心为了组织的发展而竭尽全力，愿意做任何必要的改变，更加愿意全心全意地实现它的目标；对工作持真正遵从态度的员工：看到组织发展的希望，愿意按照组织的要求去做所有被期望做的事情，或者做得更多，遵守各项明文规定；对工作持适度遵从态度的员工：大体上看到了组织发展的希望，按照要求去做所有被期望做的事情，但是仅此而已；对工作持勉强遵从态度的员工：并未看到组织发展的前景，也不想丢掉工作，不得不做刚好符合期望的事，但是别人知道，他不是真的愿意这样去做；对工作持不遵从态度的员工：不但看不到组织发展的前景，也不愿去做被期望做的事，"任你苦口婆心，我就是不干"；对工作持冷漠态度的员工：既不支持也不反对企业的发展，好像什么事情都与自己毫无关系。

作为组织管理者，必须真正把握每位员工的工作态度，有目的地进行管理，组建优秀的工作团队，为组织发展提供有力的支持。前中国国家足球队教练米卢曾经说过："态度决定一切。"组织管理也同样如此。

 课后深化与训练

1. 以小组为单位，分析讨论影响态度形成与转变的因素，并形成PPT，小组派代表进行展示。

2. 请填写以下表格。

态度的形成与发展

影响态度形成的因素			影响态度转变的因素		
序号	因素	举例说明	序号	因素	举例说明
1			1		
2			2		
3			3		
4			4		
…			…		

第三节 态度转变理论

一、态度转变的条件

(一) 原先的态度与要求改变的态度之间距离的大小

心理学家采用态度的主观量表来表示态度之间距离的大小。态度变化难易要看两者差距的大小而决定。这说明，要转变一个人的态度取决于他原来的态度如何，如果两者差距太大，往往不仅难以改变，反而会更加坚持原来的态度，甚至产生对立的情绪。例如让一个抽烟成瘾的人戒烟是非常困难的。

(二) 是否积极参加有关活动

要转变一个人的态度，必须引导他积极参与有关活动，比如一个对于体育活动态度不够积极的人，与其口头劝说，还不如动员他去操场活动一下，这样就容易发生态度的转变。通过实践活动转变态度是非常有效的思想教育的手段。青年工人不知道旧社会的苦，新社会的甜，这就要让他们去参观"阶级教育展览会"，通过参观活动就可以知道新旧社会的对比，从而增加了对新社会热爱的态度。

如果青年工人参加了不正当的活动，这就会使态度向坏的方向转变，比如偶尔抱着好奇心参加赌博等，在这些有害活动中态度转向了消极、反面。

(三) 团体规定与态度的转变

人们都处在一定的团体中，团体中的准则、规范化的规则都可以有效地改变个人的态度。一个工厂有厂规，一个班组中也有自己的行为准则。这样，一个纪律松散的青年进了工厂、班组之后，就要受到厂纪厂规、班组准则的约束，从而也就逐渐地改变了青年对于纪律和自由的态度。

(四) 宣传与态度转变

宣传对态度的转变是有影响的。但是宣传对被宣传者态度变化的效果大小究竟怎样，取决于以下的因素。

1. 宣传者的权威

宣传者本身有无权威对被宣传者态度转变关系很大。宣传者的威信是由两个因素构成，即专业性与可信性。专业性指专家身份，如学位、社会地位、职业、年龄等。可靠性是指宣传者的人格特征、外表仪态以及讲话时的信心、态度等。显然，讲话时结结巴巴、畏首畏尾，总不如理直气壮、信心十足那样使人感到可信。

心理学家伯洛（Bello）在研究了宣传者本身的威信与态度改变之间的关系时指出，有三个因素是很主要的：

（1）宣传态度的公正与不公正，友好与不友好，诚恳与不诚恳，这些就是可靠性因素；

（2）宣传者的有训练与无训练，有经验与无经验，有技术与无技术，知识丰富与不丰富，这些就是专业性因素；

（3）宣传时语调坚定与软弱，勇敢与胆小，主动与被动，精力充沛与疲倦乏力，这些就是表达方式因素。

伯洛指出，在这三个因素中，第一、二因素是主要的，第三是较不重要的。

2. 宣传内容及其组织

宣传内容是仅仅强调一方面有效呢？还是强调正反两方面有效呢？心理学家对此进行过研究，结果如下。

（1）对于教育程度低的人来说，单方面宣传容易转变他们的态度，而对于文化程度较高的人，则听到正反两方面内容的宣传效果为最好。

（2）人们最初的态度与宣传者所强调的方向一致时，单方面宣传有效，假若最初态度与宣传者的意图相对抗时，那么两方面宣传更为有效。为此，企业管理人员对于工厂中具有不同文化教育程度的人应该具有不同的宣传方式。对于工程技术人员，他们有充分的知识经验，而且习惯于多思考，善于比较，在这种情况下作两方面宣传的效果更好。对于刚进厂的青年员工，由于他们的知识经验不足，在此情况下就应该多作正面的单方面的宣传。总之，要根据不同的对象，有的放矢地作不同组织内容的宣传。

（3）引起恐惧的宣传。宣传内容要使对方具有不安全感，有一定的压力，产生一定的焦虑，这样就能使人被迫改变态度。例如宣传抽烟会引起癌症。但是恐惧心过分强调之后，反而会引起抗拒的心理，从而采取否定或逃避听取宣传。如果需要人们立即改变态度的话，那么宣传必须能引起人们较强烈的恐惧心，并使这种恐惧心理成为一种动机力量，以激发人们迅速改变态度。为此，企业管理人员为了使职工能够安全生产，就需要使工人能够理解不安全生产会带来的重大的人身事故，轻则残疾，重则死亡，这样的带有恐惧性的宣传会带来很好的效果，使不重视安全生产的工人改变了态度。

（4）逐步提高要求与一时提出高要求的影响。当我们宣传一个主题时，应该分阶段逐步提出要求，不要急于求成，欲速则不达。为此，在企业管理中对于后进的同志要循序渐进地提出不同的要求，先提出他力所能及的小要求，然后再逐步加码，这样就容易奏效。总之，最初提出较小要求，后来再提出进一步要求，这比一开始就提出高要求容易使人接受，也有利于转变态度。

（5）宣传效果与被宣传者的个性特点有关。人们在同一情境内接受宣传，有的容易转变态度，有的难以改变，这些都与每个人的个性特点有关，如智力、性格等。一般说来，智力水平高的人比智力水平低的人不容易接受宣传而转变态度。这是由于这种人的知识经验丰富，善于分辨他人的宣传是否真有道理。智力水平高的人对于不同性质内容的宣传，其接受程度不同。例如，对于强调对方要相信与执行的宣传不易接受，而对于强调对方要注意与了解并具有说服力的宣传则易接受；但是，对于智力水平低的人则情况却相反，对简易的宣传易接受，而对于复杂、深奥的宣传则不易接受。此外，自尊心强的人比自尊心不强的人不容易转变态度。

二、态度转变的理论

(一) 费斯定克的认知失调理论

1957年费斯定克（Festinger）提出，认识因素是相对于个体的整个认知结构而言。人们的认知结构是由知识、观念、观点、信念等组成。每一个具体的知识、观念、观点都是一个认知因素的单元。比如，"我要为现代化建设做出贡献"，"我对某企业的领导很满意"，这些都是独立的认知因素单元。

有相关的认知因素之间存在两种情况：一是关系很协调，另一种情况是关系很不协调。前一种情况像"我喜欢学企业管理"，因为"企业管理是办好企业的关键"；后一种情况是"文化考试中数学占有重要位置"，但"我一想到数学就头昏脑涨"。认知因素之间的矛盾与失调会带来心理上的不快感，这时人们就会想法去减轻或解除其不协调的关系。但是当认知结构内各因素之间是协调的时，他就想去保持这种关系。

认知因素之间的不协调强度越大，人们想要减轻或解除不协调的动机也越强烈。一般来说，解决这种矛盾的方法有以下两种。

（1）改变认知因素中不协调的双方中任何一种认知因素，使双方趋于协调。比如有的人可以决定"自己今后戒烟"，也可以怀疑"抽烟会得癌症"的说法无根据，因为他们认为"不抽烟的人也可能得癌症"。用这种方法就能协调认知因素的矛盾。

（2）添加新的认知因素，以缓和双方的矛盾。例如抽烟的人决定今后"改抽带过滤嘴的香烟"。这是一种用新的认知因素来解除或减轻原有的认识因素之间的紧张关系。

费斯定克的这一理论，实际上就是如何使认知矛盾达到统一，从而使得人们心情舒畅。这是从心理学的观点提出的解决思想矛盾的方法。

(二) 凯尔曼的态度变化阶段说

1961年凯尔曼（Kelman）提出了态度变化过程的三阶段说。这三个阶段是：服从、同化和内化。

1. 服从阶段

这是从表面上转变自己的观点和态度的时期，这也是态度转变的第一阶段。一般说来，这时人们会表现出一些顺从的行为，但这仅仅是受迫被动的。这就比如刚进工厂的青年员工因为考虑到奖励和惩罚的利益关系，才在行为上表现出服从的样子。

2. 同化阶段

这一阶段表现为不是被迫而是自愿接受他人的观点、信念、态度与行为，并使自己的态度与他人的态度相接近。同样可用上面的例子，青年员工在组织和同事的教育和帮助下，真正意识到作为一名青年工人，应该自觉地遵守纪律，因而他会同其他职工一样，把遵守劳动纪律当作是一种信念和观点。显然，同化这一阶段已不同于服从阶段，它不是在外界压力下转变态度，而是自愿地进行的。

3. 内化阶段

真正从内心深处相信并接受他人的观点，从而彻底地转变了自己的态度。在这一阶段中真正使一个人相信了新的观点和新的思想，从而把这些新的思想和观点纳入了自己的价值体系之内，成为自己态度体系中一个有机组成部分。

（三）海德的平衡理论

心理学家海德（F. Heider）于1958年提出了态度转变的平衡理论。

海德认为，人类普遍地有一种平衡、和谐的需要。一旦人们在认识上有了不平衡和不和谐性，就会在心理上产生紧张的焦虑，从而促使他们的认知结构向平衡和和谐的方向转化。显然，人们喜欢完美的平衡关系，而不喜欢不平衡的关系。

平衡理论涉及一个认知对象与二个态度对象之间的三角形关系。例如，用符号P来表示认知的主体，用符号O与X表示二个态度对象，O与X称为处于一个单元中的两个对象。认知主体P对构成一体的两对象O与X的评价是带有情绪性的，如喜欢、赞成或反对。

通常，认知主体对单元中两对象的态度是趋向一致的，如喜欢某人，则对某人的工作也很赞赏；不喜欢某人，则认为他的朋友也不是好东西。

为此，当认知主体对一个单元内两对象看法一致时，其认知体系呈现平衡状态；当对两对象有相反看法时，就产生不平衡状态。例如，喜欢某人，但对他的工作表现不能赞同。不平衡的结果会引起内心的不愉快和紧张。消除不平衡状态的办法将是，赞同他的工作表现，或不再喜欢此人，这就产生了态度转变的问题。

现将上述的P-O-X的关系列成图解形式，以符号"＋"表示正的关系，以符号"－"表示负的关系，那么，共有8种结构，其中4种是平衡的结构，4种是不平衡的结构，见图4-1。

判断三角关系是平衡的，还是不平衡的，其根据为：平衡的结构必须三角形三边符号相乘为正；不平衡的结构必须三角形三边符号相乘为负。

现举例说明这种三角关系：今有认知主体P（女青年），态度对象为O（男青年，为P的男朋友），X（男青年O自愿当清洁工）。

对此，可能存在三种情况：

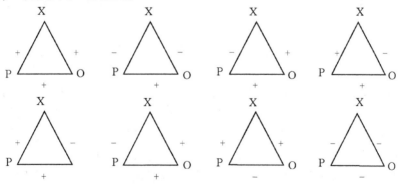

图4-1　P-O-X 关系形式

（1）P对O与X皆持赞成态度，这是一种平衡状态；
（2）P对O与X皆持不赞成态度，这也是一种平衡状态；
（3）P对O持赞成态度，对X持不赞成态度，这就造成了不平衡状态。
在第三种情况下，P要达到平衡的解决办法为：

(1) P 改变对 O 的看法，认为 O 很老实，肯干；
(2) P 改变对 X 的看法，认为 X（清洁工）也是工作的需要；
(3) P 劝说 O，不要去做清洁工。

由上可见，不平衡状态会导致认知结构中的各种变化，所以，态度可以凭借这种不平衡的关系而形成和改变。

三、转变员工态度的方法

人们态度的改变，主要取决于内在原因，例如生理状态的某些变化，心理上的某些愿望和要求等。但是并不是意味着态度的改变可以忽视外在因素的影响，有时外在因素在推动态度的改变上，往往能够起到重要的作用。在管理工作中，改变人们态度的方法，主要有以下几种。

（一）积极参加实践活动

心理学研究表明，要改变一个人的态度，最好能够引导他积极参加有关的实践活动，或是在活动中扮演一定的角色，或是在活动中让他发挥自己的主动性，这些都有利于个人态度的转变。例如，心理学家费斯廷格在研究美国白人对黑人的态度时，曾设置了不同的情境。第一种情境是把一批虽然住得很近，但是彼此不相往来的白人和黑人组织在一起做纸牌游戏；第二种情境是让白人和黑人共同观看别人玩纸牌；第三种情境是双方同处一室，但并不组织共同活动。研究结果发现，由于情境不同，白人对黑人显示出友好态度的人分别是 66.7%、42.9%、11.1%，这说明参加活动越积极则态度的转变越明显。

积极地参加有关实践活动，能推动一个人态度的转变，其原因在于某种特定的环境气氛能够使人们受到感染。因为情境中的各种因素，能够对人们的情感产生综合性的影响，其间往往有一种无形的力量推动参加者产生某种感情上的共鸣。因此，常常听到人们这样说，对那些持消极态度的人，与其口头劝说，还不如带他们到现场去转一转。这就是说，一个人经过自己亲身体验，往往容易使其态度发生改变。

（二）组织规定

组织的规章制度、公约、法规，一般来说，可以有效地改变人们的态度。心理学家勒温曾经为此做了这样一个实验。实验的对象是刚生过孩子而住医院的产妇，当她们离院回家时，被要求给婴儿喂鱼肝油和橘子汁。实验者把产妇分成 A、B 两组，A 组为控制组，B 组为实验组。A 组是通过医生的劝说，告知产妇为了婴儿的健康，每天应该给孩子喂鱼肝油和橘子汁；B 组则是医院给大家规定，回去以后必须给孩子吃上述食品。一个月以后进行检查，发现 B 组的产妇几乎全部照办，而 A 组的产妇只有部分人接受了医生的个别劝告。这说明，组织规定比个别说服更有助于转变人们的态度。

但是，这并不是说，我们可以由此不再重视思想政治工作。我们认为，实验所揭示的结果并不说明实验本身与思想政治工作是矛盾的，因为转变人们的态度所采取的途径可以是多样的，如果把多种途径结合起来，则效果将会更好。单纯的依靠说服动员就想达到态度的改变，往往是十分困难的。所以，有必要通过国家、团体和组织做出某些规定，使这些规定在客观上带有法令和准法令性质，并使它逐步成为人们的行为规范，使之知道怎样做是对的，怎样做是不对的。对的便会得到社会、团体和组织的肯定，不对的便会受到社会、团体和组织的批评和否定，这种规定促使人们产生服从感。当然，服从只是态度改变的最初阶段，它可能是被迫的，也可能是自觉的。因此，在国家规定和组织法规之后，还必须进行必要的宣传和说服动员，以期造成社会和组织的一致舆论。心理学家认为，舆论的作用在于它能够使人们的道德行为迅速地发生定向反应，在心理上激起情感波动和思想反响，从而使人们调整自己的行为，改变自己的态度。

（三）逐步提出要求

心理学研究表明，要改变一个人的态度，首先必须了解他原来的态度立场，然后再估计一下两者的差距是否过于悬殊，若差距过大，反而会发生反作用；如果逐步提出要求，不断缩小差距，则人们比较容易接受。所以要改变人们的态度，不能操之过急，最好逐步提出要求。

1966年，有人通过实验证明了这一原理。实验的课题是转变人们对睡眠时间的传统态度，研究被试原有的态度与要求转变的态度之间距离的大小对态度改变的难易的影响。实验者事先已了解被试认为最恰当的睡眠时间平均为7.89小时（原来的态度），然后将被试分成9个小组，每组发给一篇提倡睡眠时数的文章（9个小组所给的睡眠时数分别为0、1、2、3、4、5、6、7、8小时），原来的态度与要求改变的态度之间的差距为8、7、6、5、4、3、2、1、0小时。被试还被告知文章的作者是一位获得诺贝尔奖金的著名生理学家。随后要求被试回答自己认为最适当的睡眠时数。结果证明，原来的态度立场与要求转变的态度距离越大，越不容易转变。例如，文章提倡每天只需睡3小时的小组，被试者勉强从7.894小时降到6.6小时，而文章认为每天只需睡2小时、1小时乃至可以不睡的小组，则被试者的回答仍然坚持要睡7小时以上。

心理学家费里德曼曾进行了一次对比实验，实验是在自然的情况下进行的。对象是一批美国的家庭主妇，她们被分成A、B两组。实验者先向A组的被试者提出，想在她家门前竖一个牌子，家庭主妇们普遍都同意这个要求。后来又向她们提出第二个要求，最好能在她家的院子里立一个架子，被试大部分也接受了。实验者对B组的被试同时提出这两个要求，结果，家庭主妇们普遍不能接受。这说明，最初提出小的要求，以后再提出难的要求，比一开始就提出两个要求要容易使人接受。

由此看来，态度立场的差距对于态度的转变是十分重要的因素。因此，我们可以应用这一原理，处理日常生活中某些常见的事情。例如，一个人突然听到亲人的不幸（死亡），会由于一时思想准备不足受不了刺激。于是可以采取逐渐增加信息的办法，以免发生意外。但是必须指出，态度立场并不是唯一的因素，因为一个人态度的最后转变，还要看本人自身的心理状态，如果个人迫切要求改变现状，则差距虽大，也能改变原来的态度。也有一些情况，由于不改变态度将直接损害到个人的切身利益，这时，虽然态度立场的差距甚大，也会不得已改变态度。

（四）利用睡眠者效应

睡眠者效应是在40年前的一个研究中发现的。在这个研究中，一组美国士兵观看了一个爱国主义的电影。在看完影片后5天，态度有少量改变，9周后，与未看影片的控制组士兵相比，这一组的士兵对爱国表现出更多倾向于肯定的态度。显而易见，5天和9周之间，产生了某种东西而导致了态度的改变。

为解释睡眠者效应，研究人员开始研究消息来源的可信度。由于士兵们认为最初观看的信息是值得怀疑的，他们不相信美国军队，对于美军的信息持有偏见。这些信息最初只有很低的可信度，因而，他们倾向于对电影的信息打了折扣。然而，几个星期过去了，这个消息的来源已被忘记而消息的内容还被保存着，这个解释就是后来闻名于世的"折扣心理假设"。这个假设建立在这样一种说法的基础上：我们储存信息内容的方式与信息源的方式不同，而且我们回忆这些信息时，成功的程度也会有所区别。

在态度改变的诸因素中，信息的可信度是一个重要的相关因素，可信度高的信息源容易引起人们的态度改变，但可信度差的信息源在一定程度上也能说服并改变人的态度。在我们宣传自己的主张或向别人提出建议时，如果我们自身还缺少让别人信任的条件，或者别人对我们怀有偏见，不妨利用睡眠者效应，让时间冲淡各种不利因素对你的宣传或建议的影响。

（五）利用宣传手段

改变员工的态度是组织管理工作的一项重要任务。管理人员改变员工的态度主要是通过宣传、教育和说服的手段。因此，如何通过宣传的手段达到改变员工态度的目的，也是管理心理学的重要课题。

1. 宣传的目的

从心理学的角度来看，宣传就是通过信息的传递来影响人们的意识和行为，即改变、巩固或加强人们对某种事物的态度。当然，宣传的目的不仅仅是传递信息和使人们掌握信息，而主要是通过信息的传递，使人们在掌握信息的基础上，形成或改变对某种事物的态度。所以，信息传递只是宣传工作的一种手段。例如，通过报纸、电台、电视、演说、广告、刊物等途径达到传递信息、掌握信息的目的。但是，这并不是说，传递信息、掌握信息与改变态度无关，恰恰相反，同类信息的多次刺激，会使人们产生心理定向。例如在学校里，对学生进行各种科学知识的教学，久而久之，就会形成学生对各种自然现象和社会现象的观念，即形成他们对自然和社会现象的态度。在宣传教育工作中，宣传工具的正确选择与使用，将有助于扩大宣传的效果。

2. 宣传内容的组织

宣传内容的组织主要是根据宣传对象的态度、水平和宣传任务的缓急，对宣传内容作单方面宣传和双方面宣传的处理。在第二次世界大战中，心理学家哈弗兰曾经针对士兵的厌战情绪，以要求早日结束战争为课题，对美国士兵进行了两种宣传方式的研究，结果发现：

（1）对于文化教育水平较低的士兵，单方面的宣传容易转变他们的态度；对于文化教育水平较高的士兵，则进行正反两方面（双方面）的宣传效果较好。

（2）士兵最初的态度与宣传者所强调的方向一致时，单方面宣传效果较好；若士兵最初的态度与宣传者的意图相对抗时，则双方面宣传效果较好。

单方面的宣传和双方面的宣传对人们态度的转变并不是绝对的，主要应该根据宣传对象的特点有针对性地采用不同的办法。当宣传对象的态度和提倡的方向一致，只是缺乏有关的知识、经验时，只需进行单方面宣传。而当人们已经具有多方面的知识，且善于分析、比较时，则进行双方面的宣传效果更好。

目前的商业电视广告，几乎是一边倒的倾向（单方面宣传），从心理学的角度来看，对于经验丰富、知识水平高的人，并不能产生多大作用，反而使他们怀疑，认为这种宣传是言过其实，骗骗人而已。如果能在广告中真实反映两种情况，说明产品的优点和缺点，恐怕要比只讲优点好得多。有人曾为此对同一型号的汽车作了两种广告，一则广告说：这种汽车里边的把手太偏了一点，用起来不顺手，除此之外其他都很好。另一则广告中全讲优点不讲缺点。结果顾客都相信前一种广告，这说明人们在求实心理中还有一种逆反心理。

另外，根据宣传任务的轻重缓急，对所提供的宣传材料也应该作适当的处理。如果宣传任务是解决当务之急的问题，最好只提出正面的观点和材料，因为这时再提出反面的观点和材料，容易使宣传对象产生怀疑，难于立即形成正确的态度。如果宣传任务是培养和形成人们长期稳定的态度和信念，则应该提出正反两方面的观点和材料，使宣传对象通过正反材料的比较，最终形成正确的观点和稳定的态度和信念。

3. 情绪因素和理智因素对改变态度的影响

宣传中有效地利用情绪因素和理智因素的作用，对于人们态度的改变是有积极意义的。美国心理学家哈特曼曾经对此做过一个实验，实验的内容是在一次竞选活动中，用三种不同的方式在三个选区进行竞选宣传。在第一个选区散发了具有强烈情绪色彩的传单，在第二个选区散发了条理清楚、说理透彻的传单，在第三个选区里什么传单也没有散发。

选举的结果是，在第一个选区竞选者获得了最多的选票。显然这说明情绪因素优于理智因素。然而在一个月后对选民进行调查时发现，第一个选区的选民多数已记不清传单的内容，而第二个选区的选民对传单内容仍能记忆犹新。这说明在宣传活动中，情绪因素的影响虽很强烈，但容易消失，而理智因素的效果却能保持较长的时间。这个实验表明：要使宣传工作立见成效，应该运用带有情绪色彩的宣传手段，如果要使宣传工作收到长期的效果，需依靠充分说理的理智手段。

许多心理学家都认为，在宣传工作中应该充分发挥情绪的作用，主张宣传必须能激起人们的情绪变化，使人们的内心感到压力和威胁，只有听从劝告转变态度，才可以消除心理上的紧张。也就是说宣传必须晓以利害，使宣传对象认为不改变态度就会有不安全感，而且不安全的心理越强烈，态度的转变越积极。小说《三国演义》中，诸葛亮在东吴舌战群儒的那一段描述，就是讲诸葛亮用了这种办法，激起了孙权态度的改变，使之采取了联合抗曹的方针。近些年来有人以安全行车为主题，进行分组实验，结果也证明，引起的恐惧程度越强，态度的转变越大。不过也有一些心理学家认为，恐惧宣传只能在一定的限度内有效。

宣传就是要造成一种压力，使人产生不安全的感觉，产生一种焦虑。没有压力不行，但是压力太大也不行，因为压力太大，恐惧太强，超过了一定的限度，反而会引起人们的抗拒心理，而出现逃避宣传。于是有人作了一次对抽烟态度转变的研究。实验者设计了一个实验，把一些抽烟成瘾的人分成两组，一组使之产生高恐状态，给他们看抽烟成瘾得了肺癌，正在接受手术的电影。另一组只给中等强度的恐惧，让他们看医生介绍肺癌患者肺部"X"光片的镜头。然后比较两组被试者对抽烟态度的改变的情况，结果前者少于后者，前者转变态度的占36.4%，而后者则占68.8%。这说明过分的恐惧宣传，使人们产生了抗拒的心理。

研究者认为，恐惧心理主要是以情感活动为基础，外界的危险刺激，引起了强烈的情绪活动和生理变化，于是在心理上形成了恐惧感，这种恐惧感在一定的时间内成为一种动机力量，促使人们迅速地改变自己的态度。不过，这种情绪活动只是暂时的，随着时间的推移，恐惧心理会逐渐消失，进而由理智因素所代替。但是这并不是说情绪和理智是互相对立的，二者如果能够适当地结合，将会取得更好的宣传效果。

4. 人际关系对宣传效果的影响

宣传效果的好坏，不仅取决于宣传的内容、宣传对象的态度，同时宣传者个人的品质、宣传者与听众、听众彼此之间的关系也往往对宣传的效果具有很大的影响，在这方面能够起到重要作用的有以下几点。

（1）宣传者的威信。宣传者的威信对被宣传者态度的转变往往影响很大。有人做过一个实验，对两组被试者施以同样内容的宣传（录音、录像或材料）。一组被告知宣传者是一个很有威望且可信赖的人，而另一组则被告知宣传者是一个普通的人，结果前者23%的人转变了态度，后者则不到7%。研究者认为，宣传者的威信主要有两个因素构成：一个是专业性，一个是可信性。专业性即是指具有某一方面专长，例如受过某种教育，具有某种社会地位，担任某种职务甚至从事某种职业等。总之，这些都能使宣传者在宣传对象面前成为某一方面专家的形象。可信性主要与宣传者的人格、知识、仪表、风度以及讲话时的态度有关。讲话时态度诚恳、公正、热情、友好、语言表达清楚，都会提高宣传者的威信。可信性还包括宣传对象对宣传者意图的了解，如果宣传对象知道宣传者是出于高尚的目的，就会越加信服，所谓"亲其师，信其道"。相反，宣传者如果被认为哗众取宠或想从中得到好处，那么即使宣传者口生莲花，也不能打动听众的心，更谈不上转变人的态度。

（2）名片效应。所谓"名片"效应，就是指宣传者在论述自己的基本观点之前，先表明自己在许多问题上与听众有一致的意见。先亮出这种"名片"，会使宣传工作收到更好的效果。表明自己与听众之间有许多共同的见解，会造成一种印象，使听众认为他们彼此之间有许多共同观点，这样能够使听众更容易接受宣传者的观点。因为事先宣布有共同的见解，可以削弱对立情绪，从而减少听众对宣传观点的挑剔态度。

（3）自己人效应。观察和实验证明，"名片"效应是在宣传中被普遍使用的表现形式。还有一种更普遍的形式就是：不仅宣传者与宣传对象之间存在观点一致，而且他们之间任何其他的相似之处，都会提高宣传的效果。因为相似之处会使人产生表同的趋向，把宣传者看成是自己人，进而产生"自己人"效应。宣传者与听众之间在职业、民族、性别以及其他方面的相似性都会影响宣传效果。在少数民族地区，由少数民族干部进行宣传要比汉族干部能收到更好的效果。对于某些犯罪团伙中失足青年的改造，企业的领导者往往对此无能为力，如果利用那些经过改造已经变好了的青年对他们现身说法，将产生较好的作用，这就是"自己人"效应的结果。

（4）印象效应。研究者认为，如果听众对宣传者本人怀有良好的印象，他们会更容易接受宣传者的观点；如果听众对宣传者本人怀有不好的印象甚至抱有反感，他们会对宣传者的观点持挑剔态度，很难接受他们的观点。这种现象不仅表现在宣传者与听众的关系上，而且还表现在集体讨论中。如果人们的印象良好，关系融洽，会增加相互影响的力量，容易取得一致的意见，反之就很难取得彼此一致的观点。国外管理界有一句名言："如果你要人们相信你是对的，并按照你的意见行事，首先必须让人们喜欢你。否则，你的尝试就会失败。"

（5）社会支持效应。当听众的观点与宣传者的观点有很大距离的时候，如果宣传者的观点得到大多数人的支持，则会使持反对观点的听众改变态度。这是因为多数人的支持会形成一种压力，这种压力能迫使宣传对象改变态度。从宣传对象本身而言，这可能是由于认知失调的缘故，使之在头脑中存在的两种观点处于紧张的冲突状态，而个人为了摆脱这种紧张状态，就要在这两种观点之间进行协调，直到自己感到完全安全时，才会消除紧张，恢复平衡。在这种情况下，宣传者的观点如果得到多数人的支持，少数持对立观点的听众就会向宣传者靠近。相反，如果持对立观点的听众得到别人的支持，则可能加强对宣传对象原来的态度，使他们变得更加反对宣传者的观点。这种现象在宣传工作中应该引起充分的注意。

5. 宣传对象的个人特点

由于人与人之间存在着个性的差异，即使在同一个情境内接受同样的宣传，也会出现有的人容易转变态度，有的人不容易转变态度，这主要与本人的个性特点有关。

就一般常识而言，智力水平高的人比智力水平低的人难以转变态度。因为智力水平高的人，知识经验丰富，分析批判能力强，善于辨别宣传的内容是否合乎逻辑，是否真有道理，这种人具有独立见解，较少盲从，所以一般不会轻易地改变态度。智力水平低的人，由于缺乏丰富的知识经验，独立性较小，依赖性较大，容易相信权威，接受宣传，转变态度。研究者还发现，智力在不同的情境下，对于态度的转变具有不同的作用。由于宣传内容的性质不同、要求不同，往往会出现以下两种情况：

一种情况只是强调要对方相信与执行，就是"要这样做，不要那样做"，这种宣传内容，意义简单，缺乏说服力，智力水平高的人不容易接受。另一种情况则是强调要对方注意与了解宣传的内容，如为什么是这样的而不是那样的。这种宣传内容复杂，意义深奥，智力水平低的人不容易接受。

此外，个人自尊心、自信心的强弱，气质上的外向和内向，性格上的独立和顺从，以及男女性别和不同的年龄特点，都会在一定程度上影响人们态度的转变。宣传工作者应该注意到人们的这些差异，切忌在宣传中一刀切、一锅煮。由于人们态度的转变是一个复杂的过程，既要受主观因素的影响，又要受客观因素的制约，因此转变一个人的态度，要从实际情况出发，因地、因时、因人制宜，否则很难达到预期的效果。

课后深化与训练

1. 报载:"欧盟委员会 2003 年 9 月 8 日宣布,欧盟将从本月 30 日起实行更为严格的烟草警示规定,要求烟草生产厂家用黑色大号字体将警句印刷在白底香烟盒上,警句在烟盒正面所占面积不得少于 30%,背面不得少于 40%。警句包括:'吸烟会造成慢性疾病和痛苦死亡'及'吸烟会引起性无能'等 14 条"。你认为这种做法会有效吗?其心理依据是什么?

2. 组织观看电视购物节目,以小组为单位谈谈宣传对自己态度转变的影响。

 知识链接

态度的内化作用

小芳刚刚进入一家酒店餐饮部工作的时候,由于内心不情愿做服务员工作,服务态度恶劣,工作粗糙,经常遭到客人的投诉和上级的批评,她自己也准备不干了。但是由于一件小事,她改变了自己的态度。在一次接待一位腿脚不便的老年顾客时,小芳帮了老人一些小忙,她对这位顾客的帮助获得了老人的赞扬。当老人离开酒店时,非要向小芳赠送纪念品,还打电话给酒店经理,表示对小芳工作非常满意,下一次来还要入住该酒店。在酒店的例会上,经理表扬了小芳。这件事对小芳的触动很大。她从内心感受到自己的人生价值和工作意义,从此努力工作,成为了酒店的一名优秀员工。小芳的转变,就是态度内化作用的结果。

第五章　情绪情感与管理

 能力目标

▶ 能够了解自己和他人情绪、情感发生的原因和特点。
▶ 能够结合生活实际培养和调控自己的情绪。

 知识目标

▶ 重点掌握情绪、情感的定义、特征及类型。
▶ 了解情绪、情感产生与表达的方式。
▶ 理解情绪的功能。
▶ 理解情绪劳动。

 导入案例

一个男孩有着很坏的脾气，于是他的父亲就给了他一袋钉子，并且告诉他，每当他发脾气的时候就钉一根钉子在后院的围篱上。第一天，这个男孩钉下了37根钉子。慢慢地每天钉下钉子的数量减少了。他发现控制自己的脾气要比钉下那些钉子来得容易些。终于有一天，这个男孩再也不会失去耐性乱发脾气，父亲告诉他，现在开始每当他能控制自己的脾气的时候，就拔出一根钉子。一天天地过去了，最后男孩告诉他的父亲，他终于把所有钉子都拔出来了。父亲握着他的手来到后院说：你做得很好，我的好孩子。但是看看那些围篱上的洞，这些围篱将永远不能恢复成从前。你生气的时候说的话将像这些钉子一样留下疤痕。如果你拿刀子捅别人一刀，不管你说了多少次对不起，那个伤口将永远存在。话语的伤痛就像真实的伤痛一样令人无法承受。从此，男孩懂得管理情绪的重要性。

分析启示：人在不同的情绪、情感下，会有不同的行为反应，对人的行为产生不同的影响作用。通过对人情绪、情感的研究，探讨情绪、情感对人们行为的影响规律以便加强对行为的控制和引导，从而达到提高效率的目的。

第一节 情绪、情感概论

一、什么是情绪和情感

(一) 情绪和情感的定义及构成

喜、怒、哀、乐人之常情,生活中人的一切活动都有情绪情感的印迹,它像催化剂一样,使人的生活染上各种各样的色彩。积极快乐的情绪是获得幸福与成功的动力,焦虑、痛苦等消极情绪让人沮丧消沉。那么,什么是情绪情感?情绪和情感(emotion and feeling)是指客观事物是否符合人的需要而产生的态度体验及相应的行为反应。在认识和适应客观事物的过程中,人们总是根据个人的需要对客观事物产生某种态度,同时内心产生出某种不同的主观感受或体验。英语四、六级考试结束后,有人轻松、愉快,有人苦恼、失望、悲观;有人时而喜悦时而担忧。个人对现实的这些不同感受就是情绪或情感。

情绪、情感既是一种主观感受或体验,又是对客观现实的一种特殊反映。所谓特殊反映即它反映的是客观现实与人的需要之间的关系。不同的人由于当前的需要状态不同,对客观事物的态度不同,所产生的情绪、情感体验也就不同。客观事物使人产生什么样的情绪情感体验,是以人的当前需要为中介的。与人的需要和愿望相符的客观事物,使人产生愉快、满意、喜爱、赞叹等积极的情绪情感体验,而与人的需要不相符的客观事物,则会引起人烦恼、不满、忧愁、厌恶、愤怒等消极的情绪情感体验。

众多的情绪研究者们大都从三个方面来考察和定义情绪:在认知层面上的主观体验,在生理层面上的生理唤醒,在表达层面上的外部行为。当情绪产生时,这三种层面共同活动,构成一个完整的情绪体验过程。

1. 主观体验

情绪的主观体验是人的一种自我觉察,即大脑的一种感受状态。人有许多主观感受,如喜怒哀乐爱惧恨等。人们对不同事物的态度会产生不同的感受。人对自己、对他人、对事物都会产生一定的态度,如对朋友遭遇的同情,对敌人凶暴的仇恨,事业成功的欢乐,考试失败的悲伤。这些主观体验只有个人内心才能真正感受到或意识到,如我知道"我很高兴"、我意识到"我很痛苦"、我感受到"我很内疚"等。

2. 生理唤醒

人在情绪反应时,常常会伴随着一定的生理唤醒。如激动时血压升高;愤怒时浑身发抖;紧张时心跳加快;害羞时满脸通红。脉搏加快、肌肉紧张、血压升高及血流加快等生理现象,是一种内部的生理反应过程,常常是伴随不同情绪产生的。

3. 外部行为

在情绪产生时,人们还会出现一些外部反应过程,这一过程也是情绪的表达过程。如人悲伤时会痛哭流涕,激动时会手舞足蹈,高兴时会开怀大笑。情绪所伴随出现的这些相应的身体姿态和面部表情，就是情绪的外部行为。它经常成为人们判断和推测情绪的外部指标。但由于人类心理的复杂性，有时人们的外部行为会出现与主观体验不一致的现象。比如在一大群人面前演讲时，明明心里非常紧张，还要做出镇定自若的样子。

主观体验、生理唤醒和外部行为作为情绪的三个组成部分，在评定情绪时缺一不可，只有三者同时活动，同时存在，才能构成一个完整的情绪体验过程。例如，当一个人佯装愤怒时，他只有愤怒的外在行为，却没有真正的内在主观体验和生理唤醒，因而也就称不上有真正的情绪过程。因此，情绪必须是上述三方面同时存在，并且有一一对应的关系，一旦出现不对应，便无法确定真正的情绪是什么。这也正是情绪研究的复杂性，以及对情绪下定义的困难所在。

（二）情绪与情感的区别与联系

在现实生活中，情绪和情感是紧密联系在一起的，但二者却存在着一些差异。

1. 从需要的角度看差异

情绪通常是与生理需要或物质需要相联系的体验，如饥饿时得到食物就会体验到满意、愉快，得不到食物就会难受、不安。这些都是人的情绪反应。而情感是指与人的社会性需要相联系的体验，更多地与人的精神或社会需要相联系。比如，人都希望得到他人的赞扬，希望有良好的人际关系，当听到别人说自己好听的话时，心里乐滋滋的，相反当听到别人说自己不愿听的或坏话时，就气愤、难受、不高兴。当我们的交往需要得到满足时就会产生友谊感，当我们获得成功时会产生成就感，友谊感和成就感就是情感。

2. 从发生早晚的角度看差异

从发展的角度来看，情绪发生早，情感产生晚。人出生时会有情绪反应，但没有情感。情绪是人与动物所共有的，而情感是人所特有的，它是随着人的年龄增长而逐渐发展起来的。如人刚生下来时，并没有道德感、成就感和美感等，这些情感反应是随着儿童的社会化过程而逐渐形成的。

3. 从反映特点看差异

情绪具有情境性、冲动性和短暂性。它往往由某种情境引起，一旦发生，冲动性较强，不容易控制，外显的成分比较突出，在表现形式上带有较多的原始动力特征。而时过境迁，情绪就会随之减弱或消失。情感具有稳定性、深刻性、持久性，是对人对事稳定的态度体验，它始终处于意识的控制之下，且多以内隐的形式存在或以微妙的方式流露出来。例如，孩子的顽皮可能引起母亲的愤怒，但是这是具有情境性的，每一个做母亲的决不会因为孩子引起她的一次生气，而失掉亲子之爱的情感。又如，大多数人不论遇到什么挫折，其民族自尊心不会轻易改变。还有父辈对下一代殷切的期望、深沉的爱都体现了情感的深刻性与内隐性。

实际上，情绪和情感既有区别又有联系，它们总是彼此依存，相互交融在一起。一方面，情感依赖于情绪。人先有情绪后有情感，情感是在情绪的基础上发展起来的，而且情感总是通过各种不断变化的情绪得以表现，离开具体情绪，人的情感就难以表现和存在。例如，当人们看到小偷行窃时，愤恨的情绪使人产生正义感；看到自己的祖国遭到外敌入侵时，就会产生无比愤怒和激动的情绪，由此而表现出崇高的爱国主义情感。另一方面，情绪也有赖于情感。情绪的不同变化，一般都受到个人已经形成的社会情感的影响。例如，在非常艰苦的条件下，人们受高尚情感的支配，可以克服很多常人难以想象的困难，让自己的情绪服从于情感。

二、情绪情感与认识的关系

情绪情感和认识都是对客观现实的反映，但它们是有区别的。首先，认识活动是通过形象或概念来反映客观事物本身，它反映的是各种对象和现象的属性、本质和发生、发展的规律。而情绪和情感是通过体验来反映客观事物与人的需要的关系，它不反映事物本身的属性、本质、规律等。其次，认识活动的发生、改变在一定程度上具有随意性，情绪和情感的发生、改变则具有不随意性。例如，人们在看电视电影时，会随着剧情和主人公的遭遇而不知不觉地高兴或悲伤，所谓"触景生情"就表明了情绪情感的不随意性。

情绪情感和认识活动也是相互联系、相互影响的。首先，认识活动是产生情绪情感的前提和基础。有了对事物本身的认识，才能有主客体之间需求关系的反映，从而产生情绪与情感。没有某种感知觉，就没有某方面的感受。例如，耳朵听不见的人对噪音就不反感，盲人体会不到在看见绚丽景色的喜悦心情。当人们回想起辛酸的往事、辉煌的成就、惊心动魄的场面，会产生不同的情绪情感体验，这都是与记忆有关的。人对某些事情越想越高兴，越想越生气，或者越想越后怕，也无非是思维和想象的结果。所以说，情绪情感总是伴随认识活动产生的。认识可以起到整理、加深人的情绪情感的作用。其次，人的情绪情感对认识活动也有促进和推动作用。例如，情绪情感可以不断地提高求知欲，促使人不断地去追求和维护真理。人在情绪积极的状态下，认识能较为全面、深刻，反之，则有可能偏激，歪曲事实。

在近年来的研究中，研究者们把情绪与最能代表人的认识水平的智力联系在一起，提出了情绪智力的概念。在传统观念中，人们总是把情绪和理智对立起来，认为情绪色彩浓重的时候必然缺乏理智，比较理智的时候必然缺少情绪色彩。1990年美国心理学家沙洛维（P. Salovery）和梅耶（J. Mayer）提出了情绪智力的概念，用来表示情绪和理智结合起来对事业成功至关重要的情绪特征，并且认为智力对事业成功只起到20%的作用，而情绪智力则可以起到80%的作用。

1995年美国《纽约时报》科学专栏作家戈尔曼（D. Goleman）发表了《情绪智力》一书，书中系统地论述了情绪智力的内涵、生理机制、对成功的影响及情绪智力培养等问题，初步形成了情绪智力的体系和理论观点。他认为情绪智力大体可以从五个方面来理解：了解自己情绪的能力、控制自己情绪的能力、用自己情绪激励自己行为的能力、了解别人情绪的能力、与别人和睦相处的能力。其中控制自己情绪的能力，是情绪智力的核心。五种能力偏重于我们日常生活中所强调的自知、自控、热情、坚持、社交技巧等非智力方面的一些心理品质。这些心理品质也构成了我们通常所说的生活智慧。

以色列心理学家巴荣（R. Baron）提出了"情绪商数"的概念，简称"情商"，以和我们通常所说的"智商"相对应。

三、情绪、情感的产生及表达

需要是情绪情感产生的基础,人对客观现实采取什么态度,产生什么样的情绪情感体验,是以某种事物是否满足人的需要作为中介的。需要是否满足也决定情绪和情感的性质。如需要得到满足,则产生肯定性质的体验,如喜悦、快乐、热爱等。如需要没有得到满足,则产生否定性质的体验,如愤怒、悲伤、憎恨等。

情绪情感在有机体身上的外部表现,亦称表情。表情是情绪情感表达的一种方式,也是人们交往的一种手段。在人类交往过程中,言语与表情经常是相互配合的。同一句话,配以不同的表情,会使人产生完全不同的理解。所谓的"言外之意"、"弦外之音"就更多地依赖于表情的作用。而且,表情比言语更能显示情绪情感的真实性。有时人们能够运用言语来掩饰和否定其情绪情感体验,但是表情则往往掩饰不住内心的体验。情绪情感作为一种内心体验,一旦产生,通常会伴随相应的非言语行为,如面部表情和身体姿势等。一般而言它包括面部表情、言语表情和体态表情。人类的基本表情有愉快、惊奇、悲伤、愤怒、厌恶和惧怕等。人类表情有先天性、共同性、习得性、可控性等特性。

(一)面部表情

面部表情是由面部肌肉和腺体变化来表现情绪,是由眉、眼、鼻、嘴的不同组合构成的,如眉开眼笑、怒目而视、愁眉苦脸、面红耳赤、泪流满面等。面部表情是人类的基本沟通方式,也是情绪情感表达的基本方式。面部表情有泛文化性,同一种面部表情会被不同文化背景下的人们共同承认和使用,以表达相同的情绪情感体验。心理学家们经过研究发现,有七种表情是世界上各民族的人都能认出的,它们是快乐、惊讶、生气、厌恶、害怕、悲伤和轻视。研究者发现,不同文化背景的人们都能精确辨认这七种基本表情,5岁的孩子在辨认表情的精确度上便等同于成人了。面部表情识别的研究还发现,最容易辨认的表情是快乐、痛苦,较难辨认的是恐惧、悲哀,最难辨认的是怀疑、怜悯。一般来说,情绪成分越复杂,表情越难辨认。

(二)体态表情

体态表情是由人的身体姿态、动作变化来表达情绪,如高兴时手舞足蹈,悲痛时捶胸顿足,成功时趾高气扬,失败时垂头丧气,紧张时坐立不安,献媚时卑躬屈膝等。体态表情不具有跨文化性,受不同文化的影响。研究表明,手势表情是通过学习获得的。在不同的文化中,同一手势所代表的含义可能截然不同。如竖起大拇指在许多文化中是表示夸奖的意思,但在希腊却有侮辱他人的意思。手势表情具有丰富的内涵,但隐蔽性也最小。弗洛伊德曾描述过手势表情:"凡人皆无法隐瞒私情,尽管他的嘴可以保持缄默,但他的手指却会多嘴多舌"。

(三)语调表情

语调表情是通过声调、节奏变化来表达情绪,也是一种副语言现象,如言语中语音的高低、强弱、抑扬顿挫等。例如人们惊恐时尖叫;悲哀时声调低沉,节奏缓慢;气愤时声高,节奏变快;爱慕时语调柔软且有节奏。

四、情绪和情感的类型

(一) 情感的类型

道德感、美感、理智感被认为是高级的社会性情感,因为这些情感包含着人类独有的社会意义,反映着人们个性生活和社会生活的一致性以及人们的精神面貌,调节着人们的社会行为。

1. 道德感

道德感是由道德生活的需要与道德观点是否得到满足与实现而产生的情感体验。如对符合道德准则的行为感到敬佩、赞赏或自豪,对不道德的行为感到厌恶、愤恨或内疚等。道德感具有明显的社会性和阶级性,不同的社会制度,不同的阶级,具有不同的道德规范和道德标准,因而其道德感是不同的。在我国,道德感是与现阶段社会主义的道德规范和标准相联系的,是与坚持党的四项基本原则相联系的,是与建设两个文明相联系的。它的主要内容有:对祖国的自豪感和尊严感;对阶级的和民族的敌人的仇恨感;对社会劳动和公共事务的义务感、责任感;对社会集体的集体感、荣誉感;对同志的友谊感以及其他的如正义感、是非感、善恶感等。其中最根本的是爱国感、集体荣誉感和责任感,它们推动人们努力奋发向上。

2. 美感

美感是人根据自己的审美标准对客观事物、人的行为以及艺术作品予以评价产生的情感体验。美感包括自然美感、艺术美感和社会美感。美是客观存在的。美存在于大自然之中,辽阔的海洋、壮丽的河山、蔚蓝的天空、秀丽的田园等等,都有它的自然之美。美又存在于艺术作品之中。引人入胜的绘画、巧夺天工的雕塑、匠心独具的建筑、动人心弦的乐章,都蕴涵着艺术之美。美还存在于人类自身之中,秀丽的相貌、轻盈的体态、高尚的品德、模范的行为,都体现着人类自身的美。正由于有了自然的美、艺术的美和人类社会的美,才有美感。美感来源于现实,是客观现实美的反映。美感受多方面因素的制约。如果一个人对某种事物缺乏必要的审美能力,即使这个事物很美,他也不会产生深刻的美的体验。美感既具有共同性,又具有差异性。不同的历史时期、不同的地区、不同的民族、不同的阶级,有着不同的审美标准,因而对同一事物也有着不同的美的体验。例如,对于女性形体美,现代文明社会普遍以匀称、苗条为美,而大洋洲的汤加岛国以胖为美,那里的姑娘如果长不够一定的体重是嫁不出去的。

3. 理智感

理智感是与人的求知欲望、认识兴趣、对解决问题的需要、对真理的追求相联系的情感体验。它体现为人对自己智力活动过程中出现的新现象、新成果而产生的欣喜感等。在智力活动中发生、发展起来的理智感,对人的智力活动也是一种新的动力。对知识的热爱、对自己专业的热爱,可以促使人去克服智力活动中的各种困难和障碍,锲而不舍,并从中体验到真正的幸福感、成功感。

(二) 情绪的类型

情绪的纷繁多样使它的分类成为一个复杂而困难的问题。尽管如此,古今中外的学者从不同角度对情绪情感的分类进行了许多有益的尝试。

1. 传统的情绪分类

我国最早的情绪分类思想源于《礼记》，其中记载人的情绪有"七情"分法，即喜、怒、哀、乐、爱、恶、欲。《白虎通》记载，情绪可以分为"六情"，即喜、怒、哀、乐、爱、恶。近代的研究中，常把快乐、愤怒、悲哀、恐惧列为情绪的基本形式。

法国哲学家笛卡儿认为人有六种原始情绪：惊奇、爱悦、憎恶、欲望、欢乐和悲哀，它们都和一定的对象相联系，其他情绪都是它们的组合与分支。科学心理学的缔造者冯特也对情绪情感进行了分类，他曾于1896年提出情感的三度学说。他把情绪分为愉快—不愉快、激动—平静、紧张—轻松三个维度，每个维度代表一对感情元素沿着相反两极的不同程度变化，三个维度相交于零点。冯特认为，在这个三维空间中可以找到各种情绪的位置。

2. 现代心理学的分类

现代心理学对情绪的划分因学派的不同而不同，但都认为情绪是具有多种形式的。

（1）基本情绪。一般认为，快乐、愤怒、恐惧和悲哀是最基本的、最原始的四种情绪。这些情绪与基本需要相联系，是不学就会的，常常具有高度的紧张性。快乐是盼望的目的达到后，随之而来的紧张解除时产生的情绪体验，如高考中取得好成绩、工作取得重大突破等。愤怒是由于目的、愿望一再受阻，从而积累了紧张所产生的情绪体验。悲哀是在所热爱的事物的丧失和所盼望的东西幻灭时产生的情绪体验，如亲人的丧失、生活中的种种失意等。恐惧是个体企图摆脱、逃避某种情景又苦于无能为力时的情绪体验。

（2）与接近事物有关的情绪。这包括厌恶、惊奇、兴趣等。这类情绪可以是愉快的，也可以是不愉快的。厌恶是当个体感知到一些令人不愉快的事物时产生的包括强烈躲避倾向和明显的身体不舒服感觉在内的情绪体验。厌恶情绪与社会文化以及个体过去的生活经验有着密切的联系。比如一个民族喜闻乐见的东西，可能会引起另一个民族的强烈厌恶情绪。当一个人看到或听到陌生、奇特但并未对主体构成威胁的事物时，便会产生惊奇的情绪体验，进一步发展就会产生对它进行探究的兴趣。一般认为，惊奇和兴趣是一种中等肯定程度的情绪体验。

（3）与自我评价有关的情绪。自我评价是个体在社会中按照社会及个人的要求对自己及自己的行为进行评价。与自我评价有关的情绪比较复杂而且具有社会性。包括骄傲与羞耻、内疚与悔恨等，这些情绪决定于一个人对自身行为与客观行为标准的关系的知觉。害羞是个体在与周围人或环境相处的过程中，对自己作出不太肯定的评价时产生的一种情绪体验。骄傲是在个人了解到自己的特点和行为是符合理想自我要求时的满足、自我肯定的情绪体验。而自卑是个体了解到自己的特点、行为达不到自己理想形象的要求时所产生的自我否定的情绪。

（4）与他人有关的情绪。发生在人与人之间的情绪似乎很繁多，按照积极和消极的维度可以把它们分为爱和恨两大类。爱是肯定情绪的极端，恨是否定情绪的极端。爱和恨起源于对他人的好感或厌恶，这些情绪经常发生后就逐渐形成了对他人持久的情感倾向和态度。

3. 情绪的存在形式

情绪的存在形式是多种多样的，依据情绪发生的强度、持续性和紧张度，可以把情绪划分为心境、激情、应激三种情绪状态。

（1）心境。心境是一种使人的整个精神活动都染上某种色彩的、微弱而持久的情绪状态，也称为心情。心境的突出特点是具有感染性。心境不是指向某一特定事物的特殊体验，而是一种影响人的所有体验的性质的情绪倾向。当一个人处于某种心境中时，他会以一种固定的情绪倾向去看待他所遇到的一切事物和他所从事的一切活动，仿佛使一切事物和活动都染上了某种情绪色彩。所谓"人逢喜事精神爽"，就是心境的绝好写照。心境按其强度来说，并不强烈，但往往持续相当一段时间，因而常常使人因某种喜事而终日乐不可支，或因某种不如意而整天心灰意冷。引起心境的原因是多种多样的。家庭的境遇、事业的成败、工作的顺逆、人际关系、往事的回忆、未来的遐想、身体的状况等，都能引起某种心境。甚至时令、自然景物等也会影响人的心境。心境的产生总有原因，可人们并不总是清楚地意识到它，因而经常可以听到人们这样说："不知道这几天为什么这么高兴。"从影响心境的本质原因来看，主要是人的世界观、人生观。

心境对人的生活、工作、学习和身体健康有很大的影响。积极乐观的心境会促进人的主动性和创造性的发挥，有利于提高活动效率，并有益于人的身心健康。而消极、不良、悲观的心境容易使人意志消沉，不利于主观能动性的发挥，还危害人的身心健康。所以，学会对自己心境的调节，做自己心境的主人对我们是非常重要的。

（2）激情。激情是一种暴风雨般的、强烈而短暂的情绪状态。激情的出现带有爆发性，突然笼罩着整个人，且强度大，并伴有剧烈的外显行为，但持续时间短，犹如暴风骤雨，来也匆匆去也匆匆。暴怒、狂喜、恐怖都是激情的表现。激情通常是由一个人生活中的重大事件、对立意向的冲突、过度的兴奋或抑制所引发的。处于激情状态的人，会出现认识范围缩小、分析能力受到抑制、自我控制能力减弱等现象。从这个意义上讲，对激情要善于控制。但是，并不是所有的激情都是消极的，也有积极的激情存在，而且有些活动非得要有激情不可。作家没有激情就难以写出激动人心的作品，运动员没有激情就难以有超水平的发挥。

（3）应激。应激是出乎意料的紧急情况所引起的急速而高度紧张的情绪状态。在生活和工作中，往往会遇到突如其来的事件和意想不到的危险，它要求人们立即作出决策并调动自己的全部力量来应对，这时产生的情绪状态就是应激。在应激状态下，人们可能有两种表现，一种是被突如其来的刺激所笼罩，目瞪口呆、手足无措、语无伦次，陷入一片混乱之中；另一种是在突如其来的事件面前，清醒冷静、急中生智、当机立断、行动有力，常常作出许多平时根本做不到的事情。例如，房子着火的时候，两个人就可以将一架钢琴抬出房子，这似乎超出了一般人的生理极限。产生积极的应激一是依赖于坚定的信念，二是通过训练来获得。

由于应激状态伴随着有机体全身性的能量消耗，因此，长时间处于应激状态之中，会破坏一个人的生物化学保护机制，降低人的抵抗能力，以至于为疾病所侵袭。

五、情绪的功能

(一) 适应功能

情绪情感是人适应生存和生活的精神支柱。从种族发展角度来看，人的情绪最初就是为了适应生存而发展起来的。从一些高等动物如猿猴喜、怒、哀、乐的基本情绪来看，就是在生存适应中发展分化出来的。吃饱了，有了同伴，就会产生肯定愉快的情绪；反之，有外敌入侵、失去同伴、威胁生存的现象出现时，就会产生恐惧、发怒或悲哀等否定情绪。从人类个体发展的角度看，情绪也有这种适应特点。从婴儿情绪发展来看，先有哭的情绪产生，这是最具特征的适应方式。身体不舒服、饿了、生病了、尿布湿了，都可以用哭来表示。对成人而言，除了具有最基本的由适应而产生的情绪外，成人更能主动地通过调节个人情绪来适应社会。尤其是在现代社会，由于科学进步、文化发展和社会变革的速度越来越快，由此产生的社会价值观念的不断更新，个人对环境生活的适应就成为一个经常摆在人们面前的问题，调节情绪也就成为适应社会环境的一种重要手段。现代医学表明，不良情绪除了会造成心理不适以外，还会导致一些身体疾病的产生和加重。比如，长期紧张焦虑的情绪与冠心病和溃疡等疾病有较大的关联。在日常生活中，情绪不好就会吃不好，就是一种情绪影响适应的明显表现。

(二) 动机作用

动机是激励人们进行活动的原因，它可以引发并维持主体有组织、有目的、有方向的行动。情绪和动机关系密切。第一，情绪是伴随动机性行为而产生的，即行为的目的在于寻求动机的满足，在这种情况下，行为的结果能否使个体的动机获得满足，自然就会伴随产生不同的情绪情感，满足则快乐，不满足则痛苦，甚至在寻求过程中因遭遇阻碍打击，更可能产生恐惧、沮丧等复杂情绪。第二，在某些情况下，情绪本身可以视为动机，情绪本身就具有动机的作用，此时的情绪引发的个体行为就是情绪性行为。以恐惧为例，它既是情绪，又是动机；恐惧对个体所引发的行为，可能是逃避，也可能是攻击。

情绪的动机作用也有正反两个方面，积极的情绪可以使人们提高行为效率，起正向的推动作用；消极的情绪则会干扰人的行动，减低活动效率，甚至引发不良行为，起反向的推动作用。

(三) 组织作用

情绪这种由需要的满足与否引起的特殊的心理活动，对其他的心理过程也有影响。感知、记忆和思维等认识过程是主体对事物本身的反映，而情绪是对此反映的一种监测系统，具有调节和组织的作用。情绪对一个人的认知操作活动具有组织或瓦解的作用，这是现代情感心理学家把注意力越来越集中于情感和认识活动的相互关系方面后所揭示出来的一个最引人注目的作用。情绪一旦产生，便会影响整个认知过程，使整个认知过程都染上情绪的色彩。情绪积极时，认知过程也积极；情绪消极时，认知过程也消极。积极的情绪如快乐、兴趣、喜悦等的作用体现在以下四个方面。

(1) 促成知觉选择。知觉是有选择性的，而情绪的偏好是影响这种知觉选择性的因素之一。如婴儿大都喜欢红色,红色物品最能引起他们的注意而成为知觉对象。

(2) 监视信息移动。对信息的监视实际上是注意的现象,情绪状态好的时候,就对事物注意得多,且坚持的时间长,反之,则会视而不见,难以保持长久注意。

(3) 影响工作记忆。记忆作为人储存信息的心理过程,也受到情绪情感的影响。一般说来,对喜欢的事物,容易记住,而对不喜欢的东西,记忆起来就十分吃力。学习就是很好的例子,缺乏学习兴趣,认为学习是苦差事,往往学习效果就差。

(4) 影响思维活动。情绪对决策、推理和问题解决等思维过程的影响是十分明显的。人在高兴的时候思维一般很敏捷,但过度的兴奋却会干扰思维推理和决策。抑郁情绪会使大脑神经活动的兴奋性降低,阻碍问题的解决。

(四) 信号作用

情绪是人们社会交往中的一种心理表现形式。情绪的外部表现是表情,表情具有信号传递作用,属于一种非言语性交际。人们可以凭借一定的表情来传递情感信息和思想愿望。心理学家研究了英语使用者的交往现象后发现,在日常生活中,55%的信息是靠非言语表情传递的,38%的信息是靠言语表情传递的,只有7%的信息才是靠言语传递的。表情是比言语更早产生的心理现象,在婴儿不会说话之前,主要是靠表情来与他人交流的。表情比语言更具生动性、表现力、神秘性和敏感性。特别是在言语信息暧昧不清时,表情往往具有补充作用,人们可以通过表情准确而微妙地表达自己的思想感情,也可以通过表情去辨认对方的态度和内心世界。所以,表情作为情感交流的一种方式,它被视为人际关系的纽带。

(五) 感染作用

情绪的感染功能是指某个人情绪的表现具有对他人情绪的影响功能。当一个人发生情绪时,不仅能自身感受到产生相应的主观体验,而且还能通过表情动作等形式外显出来,被他人所察觉,并引起他人相应的情绪反应。例如,看悲剧影片时,被剧中人物的情绪所感染,你也禁不住悲伤不已;无所事事的你走在街上,被街上的一场热烈的活动所感染,也兴奋起来。心理学把这一现象称为移情或情感移入。在日常生活中,一个人的情绪引起另一个人的完全一致、又有相当程度的情绪,称为情感共鸣。这是很典型的移情现象。一个人的情绪会影响他人的情绪,而他人的情绪反过来又会影响这个人原先的情感,使人与人之间的情绪相互影响。这是情绪感染功能所导致的必然结果。

(六) 迁移作用

情绪的迁移作用是指一个人对他人的情感会迁移到与他人有关的对象上的效能。一个人对他人有感情,那么对他所使用的东西、他的生活习性等等,也都会产生好感。比如,喜欢一个人就喜欢他的一切,似乎是把对他人的情感"迁移"到他所接触的人或事物上了。中国有句成语"爱屋及乌",生动地概括了这一独特的情感现象。

(七) 调控功能

情绪对于人们的认知过程具有影响作用,有积极作用,也有消极作用。大量研究表明，适当的情绪对人的认知活动具有积极的组织功能，而不当的情绪对人的认知活动具有消极的瓦解功能。

1. 促进功能

良好的情绪情感会提高大脑活动的效率，提高认知操作的速度与质量。耶尔克斯—道森定律说明了情绪与认知操作效率的关系，不同情绪水平与不同难度的操作任务有相关关系。不同难度的任务，需要不同的情绪唤醒最佳的水平。在困难复杂的工作中，低水平的情绪有助于保持最佳的操作效果；在中等难度的任务中，中等情绪水平是最佳操作效果的条件；在简单工作中，高情绪唤醒水平是保证工作效率的条件。总之，活动任务越复杂，情绪的最佳唤醒水平也越低。我们了解了情绪与操作效率之间的关系，就能更好地把握情绪状态，使情绪成为我们认知操作活动的促进力量。

2. 瓦解功能

情绪对认知操作的消极影响，主要体现在不良情绪对认知活动功能的瓦解上。一些消极情绪，如恐惧、悲哀、愤怒等，会干扰或抑制认知功能。恐惧情绪越强，对认知操作的破坏就越大。考试焦虑就是一个典型例子，考试压力越大，考生考砸的可能性越大。一般来说，中等程度的紧张是考试的最佳情绪状态，过于松弛或极度紧张都会瓦解学生的认知功能，不利于考生正常水平的发挥。当一个人悲哀时，会影响到他的工作或学习状态，导致注意力不集中，易分神，思维流畅性降低等。

由此可见，情绪的调控功能是非常重要的。情绪的好坏与唤醒水平会影响到人们的认知操作效能。

（八）健康功能

人对社会的适应是通过调节情绪来进行的，情绪调控的好坏会直接影响到身心健康。常听人们叹息"人生苦短"，在一般人的情绪生活中，常是苦多于乐。在喜怒哀乐爱惧恨中，正面情绪占3/7，反面情绪占4/7。情绪对健康的影响作用是众所周知的。积极的情绪有助于身心健康，消极的情绪会引起人的各种疾病。我国古代医书《内经》中就有"怒伤肝，喜伤心，思伤脾，忧伤肺，恐伤肾"的记载。有许多疾病与人的情绪失调有关，如溃疡、偏头痛、高血压、哮喘、月经失调等。有些人患癌症也与长期心情压抑有关。一项长达30年的关于情绪与健康关系的追踪研究发现，年轻时性情压抑、焦虑和愤怒的人患结核病、心脏病和癌症的比例是性情沉稳的人的4倍。所以，积极而正常的情绪体验是保持心理平衡与身体健康的条件。"一个小丑进城胜过一打医生"的说法，就非常形象地说明了情绪对人身体健康的影响。

课后深化与训练

1. 请填写以下表格。

情绪与情感的区别		
	情绪	情感
从需求的角度		
从发生早晚的角度		
从反映特点的角度		
情绪与情感的联系		

2. 案例分析。

关于情绪能力的"软糖实验"

实验人员把一组4岁儿童领入空荡荡的大房间，只在一张桌子上放着非常显眼的东西：软糖。这些孩子进来前，实验人员告诉过他们，允许你走出大厅之前吃掉这颗软糖，但如果你能坚持在走出大厅之前不吃这颗糖，就会有奖励，能再得到一块软糖。结果当然是两种情况都有。专家们把坚持下来得到第二块糖的孩子归为一组，没有坚持下来只吃一块糖的孩子归为另一组，并对这两组孩子进行了14年的追踪研究。结果发现，那些向往未来而能克制眼前诱惑的孩子，在学业、品质、行为、操守方面，与另一组相比有更为优越的表现。这说明，决定人生成功的因素并非只有传统智商理论所认定的那些东西，非智力因素特别是情绪智力对个人的成功有着极为重要的影响。

结合上述案例，试分析情绪与情感的主要功能。

 知识链接

掌控情绪的锦囊妙计

1. 觉察自己的情绪

觉察自我就是要回归自己的内心，倾听内心，不带任何评判，不去分辨是非，只是客观地、"如其所是"地观察自己的内在，看所有发生的一切。当人感到痛苦、烦恼、焦虑时，跳开"现在的我"，用一种客观的、有距离的眼光来看自己的情绪。当能够觉察自己时，就会发现自己拥有越来越多的选择性和可能性，拥有越来越多的自由与自在。任何的痛苦与烦恼都是有意义的，它是我们心灵成长的必由之路。正如许宜铭先生所说："烦恼即菩提。"生命里所有的伤害和烦恼如同黑夜，而生命潜能里的真善美和智慧犹如天上的星辰。星辰在白天依然存在于天空，只是白天我们看不到它们，要看到它们就得等到黑夜来临。夜越深、越黑，天上的星辰就越加闪亮。

2. 爱自己，接纳自己

每一个人都不是完美的，正是因为不完美，才为我们每个人提供了认识、学习、体验与成长的机会，才使得我们的人生如此丰富多彩。人的一生就是一个学习爱自己、爱他人及爱宇宙万物的过程。在这个发展过程中，人的几个普遍存在的问题是：

喜欢与别人比较，缺乏自信，容易自我责备。针对这几点，可以通过如下方法逐步改善：首先，跳出与别人比较的模式，培养与自己比较的模式；其次，列出自己所有的优点；再次，每天总结自己的言行，对于自己满意的方面及时肯定并赞赏，对于需要改进的方面给予勉励而非指责；最后，学习他人的优点，包容他人的缺点。学会爱自己才能更好地爱别人，照顾好自己才能照顾好别人。

3. 掌管好快乐的钥匙

喜怒哀乐，所有的情绪都只是我们自身的一部分，而不是全部。当痛苦与烦恼来临时，记住，痛苦、烦恼不是我，我也不是痛苦、烦恼，告诉自己，我是自己的主人，我能掌控自己的情绪。

（资料来源：根据百度文库——《大学生情绪管理案例》一文整理）

第二节　情绪的培养与控制

情绪是人类自然属性和社会属性的交织。从人类的社会本质而言，情绪作为交际手段和活动动机，受社会规范的制约；从人类的自然属性而论，它受脑的低级中枢的支配，在一定程度上带有不可控性。同时由于环境事件及其对人的意义的复杂性，致使情绪发生时的变异性很大，产生的频度与强度不同。某些情绪发生过多过强，一些发生得过少过弱；情绪有时得到释放，有时受到压抑；例如，愤怒和恐惧导致紧张，挫折和痛苦导致压抑。当负面情绪过多过强时，就会影响情绪的健康发展，引起情绪适应不良。

情绪适应不良的后果有两方面：一方面是人在情绪上的适应不良导致对人的机体本身造成影响，如引起身体疾病；另一方面，人在承受能力上超负荷而导致严重适应不良，以致影响到社会适应行为异常，导致心理疾病。所以，我们要学会培养积极健康的情绪，控制消极不良的情绪，不断进行情绪的调节。

所谓情绪调节是指通过一定方法、策略和机制，使自己或他人情绪的生理活动、主观体验、表情等方面得到规范、约束、管理和变化的过程。情绪调节可以从情绪内容、性质（消极情绪和积极情绪）、情绪唤醒水平（削弱、控制与激活、振奋）、情绪的生理、行为和表情等方面进行。例如，要激活积极的情绪，如快乐、兴奋等，要控制消极的情绪，如悲伤、愤怒、恐惧等。

一、积极情绪的培养及调控

（一）正确认识健康的情绪在自我发展中的意义

1. 情绪管理有利于建立和谐的人际关系

和谐的人际关系有助于个体获得社会生活所必需的自我价值感、人格品质、理想信念以及社会赞许的行为方式，加快其社会化的进程。情绪在人际对个体关系中起着信号、表达和感染作用，是人际关系交往的重要手段。情绪的信号作用有助于个体对自我情绪进行认知、表达和调控，对他人情绪进行觉察和把握。具有较好情绪管理能力的人通常是拥有稳定可靠的人际关系的人。

2. 情绪管理有利于人们的身心健康

情绪与人们的身心健康有着密切的关系。一方面，不良情绪会造成生理机制的紊乱，从而导致各种躯体疾病。如强烈或持久的消极情绪会造成心血管机能受损，引发高血压和冠心病，严重时还可导致脑血栓或心肌梗塞。另一方面，不良情绪会抑制大脑皮层的高级心智活动，使人的意识范围变得狭窄，正常判断力减弱，甚至使人精神错乱、神志不清，导致各种神经症和精神病。据调查，常见的焦虑症、抑郁症、神经衰弱等心理问题和疾病大多与不良情绪有着密切的关系。相反，良好的情绪可以直接作用于脑垂体，保持内分泌的适度平衡，使全身各系统、器官的功能更加协调、健全，有利于身体健康。情绪管理能使人们通过对自己情绪的认知、调控来建立和维护良好的情绪状态，促进身心健康。

3. 情绪管理有利于塑造健全的人格

人格是个人素质的重要组成部分，其行为的倾向性是人在社会化过程中形成的具有个人特色的身心组织。健全人格的情绪控制性特征表现为：情绪理性化、冷静、脾气温和、有满足感、与别人相处愉快。这不仅体现了情绪与人格密切相关，也说明了提高情绪管理能力对人格发展的重要意义。研究表明，对情绪的有效调节和控制能使个体保持良好、积极、稳定的情绪，有助于培养乐观向上、积极进取、百折不挠的良好品质；对自己和他人情绪的认知和理解有助于培养真诚友好、善解人意等良好性格。而不良情绪的泛滥会导致个体人格出现缺陷和障碍。

（二）情绪的调控途径

1. 自我意识调控

自我意识调控就是通过自我认识和评价来调控自己的情绪。情绪是人们主观意识到的体验，人们不仅能认识自己的体验，还可以有意识地自觉地调整自己的体验，改变自己的不良情绪。如当一个人感到自己"怀才不遇"而忧愁苦恼时，可以用自我评价的方法开导自己，自觉找出差距，既不怨天尤人，也不自卑自馁，做到振作精神、锐意进取，变消极悲观为积极乐观。人在愤怒即将爆发而失去理智时，如果马上自我提醒"心胸开阔些"、"急躁是无能的表现"，则可以降低激情的强度，使之逐渐趋向平衡。

自我意识的集中表现就是人要有自知之明，要对自己的现实条件及所长所能有较为清醒的认识，这对于自己的社会交往和人生追求都有益处。如果抱负定得太高，不是自己能力所能达到的，或要求十全十美，必然会遭到挫折，自寻烦恼，终日郁闷不乐。

2. 理智调控

理智调控就是用合乎原则和逻辑性的思维去调控情绪。当过于强烈的情绪出现时，往往会使人思维狭窄，判断偏颇，以致言行失控。在这种情绪状态下就需要用理智来调节自己的情绪。先用意志控制过强的情绪，再进行冷静地分析、合乎逻辑的推理，想一想自己的言行举止是否得当，后果如何。已经造成不好局面时，要善于用"吃一堑，长一智"、"塞翁失马，安知非福"来安慰自己，这样就会感到天地广阔，心情舒畅。

3. 转移调控

转移调控就是有意识地把自己的情绪转移到另一个方向上去，使情绪得以缓解。情绪具有情境性，人们在情绪不安的情况下，强迫自己转移心理活动指向的对象，变换情境，可以调节自己的情绪。如遇到挫折或意外打击时怒火中烧、悲愤难忍，可以暂时离开引起这种激情的环境，找自己高兴的事情去做，散步、看电影、看报纸杂志、下棋、打球、唱歌、听音乐，或者到街上或市场上去看看，买一点自己需要的东西，这样就可以从精神上得到安慰，情绪得到缓和、平衡。

4. 激励调控

激励调控就是用自我激励的办法调控自己的情绪。人们的不良情绪产生时，机体内部堆积很多能量，这些能量得不到释放会感到烦闷难受。如果能够把这些能量引向正确的方向，就可以成为激励人们积极行动的力量。如工作学习失败，受到别人的蔑视或冷嘲热讽，心中不平时，就可以用自我激励的办法，把失败看成是对自己的考验，把别人的嘲讽看成是对自己的鞭策，变压力为动力，做生活的强者。

5. 合理宣泄

合理宣泄就是把自己压抑的情绪向合适的对象释放出来，使情绪恢复平静。消极的激情一旦产生，人们觉得痛苦难忍，对这样的情绪如果过分强制和压抑会引起意识障碍，影响正常的心理活动。这时可以把自己的事情向亲朋好友坦率地说出来，倾诉自己的痛苦和不幸；或者痛哭一场，"男儿有泪不轻弹"是不利于情绪健康的；或者给朋友写一封书信或记一篇日记来述说自己的苦衷。"当局者迷，旁观者清"，别人的劝慰可以减轻自己的痛苦，别人的分析点拨可以使自己茅塞顿开。当然宣泄要合理，要注意对象、场合与方式，不可超越法规纪律的约束，不能把别人当成自己出气的对象而伤害别人，也不能用毁坏公共财物等手段来发泄怒气。

二、消极情绪的调节与控制

积极情绪的培养和消极情绪情感的控制是一个事物的两个方面，情绪修养的关键就是要学会克服不良情绪。下面介绍几种常见的不良情绪的调控方法。

（一）排除忧郁

当遇到不顺心的事情时，比如遭遇挫折或失败，就会引起忧郁，表现为烦恼、痛苦、悲伤等。忧郁是一种负性情绪，不仅使人消沉、影响行为活动的积极性和潜能的发挥，而且时间久了，还会影响健康。排除忧郁可以采取以下几种方法。

（1）铲除忧郁根源。产生忧郁的根本原因是客观事物不满足个体主观需要。因此一旦有不顺心的事情发生，不能把自己的意识束缚于对挫折或失败的消极认知中，而应把注意力放在如何解决问题的努力上，以积极的态度直面现实，从根本上铲除引起苦恼的根源，这是排除忧郁的最切实的方法之一。

（2）改变认知角度。虽然说客观事物不满足个体主观需要是产生忧郁的根本原因，但直接原因还是个体对客观事物与主观需要之间的认知评价。有意识地改变自己的认知角度，灵活的看待问题，努力从客观事物中分析、寻找合理积极的因素，是排除忧郁的有效方法。

（3）适当释放情绪。如果一时产生较强烈的苦恼情绪，不宜积压在心里，可以采取适当的方式加以释放。如到操场上跑几圈、做无伤害的攻击、出去逛逛街、到一个人少的地方大声的喊叫几声。如果悲伤之极，那就不妨大哭一场，哭也是释放能量、调节平衡的一种方式。

（4）改变行为方式。积极参与到行动中，计划一些积极有益的活动来应付你所认为的枯燥的生活，尽力做好一件小事情，制定一个可行的目标，并将你的行动计划分成足够小的步骤，以确保计划一定可以完成。如参加运动锻炼、参加一个晚会、上网聊天、与朋友去超市购物、外出野餐等。

（5）调换环境。情绪具有情境性，苦恼情绪也不例外。不良情绪一旦产生，又难以摆脱，可以暂时换一下环境来帮助排除苦恼。

（6）休息。情绪不好时，睡觉休息也会收到意想不到的效果，情绪得以缓解，人也会变得冷静而清醒，有利于从新的角度思考问题，梳理头绪，从而达到消除不良情绪的目的。一些有忧郁情绪的人常常强迫自己及时起床，其实，与之相反的策略也许会有所帮助，那就是学会享受床上的时光。你可以躺在床上看看报纸，听听音乐，并暗示自己：这是多愉快的事情啊！有这样一个故事：从前有个老汉整天心情不畅，抑郁不振，长期吃药都不见效，于是慕名求治于一代名师叶天师，叶天师认真诊脉后在处方上写下了"冲任失调"四个字。老汉拿药方去抓药时知此是月经失调的意思，一代名医竟然如此荒唐糊涂，简直叫人笑掉大牙。以后，只要老汉一想起这件事情，便忍俊不禁，讲给人听，并与人纵声大笑。没有过多久，老汉的身体竟然好了，精神也格外爽朗。

（二）学会制怒

怒在性质上有双重性：面对丑恶行径的积极的、充满凛然正气的怒和为了一点小事的消极的、不该发作的怒，我们要克服和避免的是后一种。一方面，处于激情状态的消极的怒，会使我们的意识失去对行为的有效控制，作出不明智的行为举止，另一方面，消极的怒火是十分损害健康的，《黄帝内经》中就明确警示了"怒伤肝"。

要做到控制消极的怒是完全可能的，主要应把握两点：① 拓宽心理容量。心理容量大的人能经受较强的刺激而不动怒。为此，第一要培养远大的生活目标，习惯于从大局、从长远处着眼；第二要善于理解人，要善于从对方的角度来看待问题；第三要尊重他人，一个人的脾气不管多么暴烈，对内心真正尊重的人是很少发火的；第四要提高文化知识修养，让自己看问题比较通达。② 要有一定的防怒措施。如行动上的制止，或是针对自己容易发火的特点，养成接受他人劝言和自我暗示的习惯，从外部诱因中获得制怒的信息和力量。

（三）克服自卑

自卑，就是自我评价过低，自己瞧不起自己，认为自己不如别人，担心自己笨拙，对自己的价值产生怀疑，实际上是一种人格上的缺陷，一种失去平衡的行为状态。自卑常常以一种消极防御的形式表现出来，如嫉妒、猜疑、羞怯、孤僻、迁怒、自欺欺人、焦虑紧张、不安等。自卑使人十分敏感，经不起任何刺激。其实，人人都有自卑感，只是程度不同而已。孩提时代的自卑感主要来自成长环境，而根本的原因则多半来自于父母的态度。一个人长大以后，自卑的形成还受到个人的生理状况、性格、思维方式、价值取向、能力、成就以及生活经验的影响，同时，周围人的评价与印象也起着十分重要的作用。

自卑对人的心理发展有很大的影响，每个人都有先天的生理或心理缺陷，这就决定了每一个人的潜意识中都有自卑感的存在，如果处理得好，就会使自己超越自卑去寻求优越感，而处理不好就会演化成各种各样的心理疾病。另外，自卑容易消磨人的斗志，就像一根潮湿的火柴，再也燃不起兴奋的火花，长期被自卑笼罩的人，还会引起生理失调和病变，如对心血管系统和消化系统有不良影响。

自卑者所缺乏的就是自信，就是一种内在的自我价值感，这种内在的自信不是表面的自尊，而是有着稳定的内核。因此，自卑者需要的不仅是调整对自我的认识态度，更需要的是通过不断地发展自我建立一种独特的人生优势。

积极的心理暗示是克服自卑的良好手段。"一切的成就，一切的财富，都始于一个意念。"自卑者总是在心理上进行消极的自我暗示，而积极心理暗示可以帮助我们摒弃自卑、树立自信。可以说经常进行积极暗示的人在每一个困难和问题面前看到的都是机会和希望，而经常进行消极暗示的人在每一个希望和机会面前看到的都是问题和困难。所以，坚持心理上的积极暗示，对于从自卑走向自信是非常重要的。

那么，怎样进行积极的心理暗示呢？方法有很多，如经常使用肯定句对自己进行积极的自我评价、学会将注意力从自己的劣势上转移开、自己喜欢自己、通过改变形象来改变自己、用实际行动建立自信、发展自己的兴趣和爱好来充实自己、多进行社会交往等。在这个过程中，要注意的几点是：

（1）经常用积极正面肯定的语气来暗示自己；
（2）自己使用的自我暗示的语句要简短有力如"我能行"；
（3）自己要达到的目标要有可行性；
（4）经常在脑海中呈现积极清晰的图像；
（5）要有快乐而健康的感受。

（四）消除紧张与焦虑

适当的紧张是必要的，它比松弛状态更能调动人的潜能和智慧，但是一旦过度，就会产生消极影响，如大脑神经的兴奋和抑制过程失调，出现暂时性的不平衡，干扰认知活动，降低活动的效率，并会引起心跳加速、血压升高等生理反应，不利于健康。消除紧张的方法有很多，如降低动机强度、弱化自我意识、进行放松练习、实施转移、休息等。总的来说，我们可以从两个方面来摆脱紧张与焦虑情绪。

1. 积极的认知方式

人的认识直接影响情绪，错误的或不现实的认知会导致异常的情绪反应，进而产生各种身体和心理疾病；如果矫正了认识，就能改善情绪反应并消除焦虑症状。具体来讲，在遇到有令你焦虑紧张的事件发生时，应采取的认知方式有以下几种。

（1）勇敢面对焦虑与紧张，想一想事情最坏会到什么程度。人之所以焦虑与紧张，是因为潜意识里都渴望过一种自由自在、无忧无虑的生活，在面对可能发生的事情或克服事情产生的后果缺乏信心，潜在的不自信使我们的思想、行为、情绪陷入一种混乱，肌肉不由自主地绷紧。这时要做的事就是勇敢地面对它。

（2）排除极端的想法，不随意夸大生活状态。夸大会让人陷入焦虑与紧张，站在极端的立场上看问题会令人烦恼，把臆想当作即将发生的事实会令人不知所措。

（3）用欣赏的态度看待世界。

（4）承认自己的局限，接受自己的不足之处。对于无能为力的事情不必强求，学会接受现实。对自己的局限认识不足、对自己期望过高，是我们产生失望和幻灭感的根源，给我们造成了很大的压力。

（5）理智地面对冲突，权衡自己所冒的风险。

2. 积极的行动方式

积极的行动方式表现在以下几个方面。

（1）赶快行动起来。如果焦虑和紧张的事件可以用行动弥补，就尽可能现在就做，决不拖延，不应在无尽的忧思和焦虑中沉沦，让实际行动去改变处境。越是拖延，压迫感就会越大，就越是紧张和焦虑。

（2）融洽社会关系，运用社会支持。适时地主动地寻求支援或同理他人，都是明智之举。

（3）学会宣泄和倾诉。宣泄的方法很多，倾诉、记日记、运动锻炼、娱乐、满足自己的嗜好、吃一些令自己健康的食物、走进大自然让自己得到净化等等。例如运动，不仅可以强身健体，还可以改善人的心理状态，经常锻炼的人很少受焦虑与紧张的困扰，即使有了焦虑和烦恼，也很容易化解。另外，学会倾诉也是化解焦虑的有效手段，语言的力量是巨大的，可以影响到我们思维和感觉的方式，当向人倾诉心中的烦恼时，当用肯定的语言自我激励时，语言将对缓解紧张与焦虑情绪起到极大的作用。

培养积极的认知方式和行动策略就是培养健康的个性，有了健康的个性，消极的情绪就会减少许多。

 课后深化与训练

历史上有个著名的医师叫阿维林纳，他对动物的生存环境做过一个试验。他把两只小羊同样喂养，其中一只放在离狼笼子不远的地方，由于经常恐惧，这只小羊逐渐消瘦，身体衰弱，不久即死了；而另一只小羊因为放在比较安静的地方，没有狼的恐吓，而健康地生存下来了。

美国生理学家爱尔玛为了研究情绪状态对健康的影响，设计了一个很简单的实验：他把玻璃管插在正好是0℃的冰水混合物容器里，然后分别注入人们在不同情况下的"气水"，即用人们在悲痛、悔恨、生气时呼出的水汽和他们在心平气和时呼出的水汽作对比实验。结果表明，当一个人心平气和时呼出的水汽冷凝成水后，水是澄清透明、无杂质的；悲痛时呼出的水汽冷凝后则有白色沉淀；悔恨时呼出的水汽沉淀物为乳白色；而生气时呼出的"生气水"沉淀物为紫色。他把"生气水"注射到大白鼠身上，几十分钟后，大白鼠就死了。由此可见，生气对健康的危害非同一般。

试对以上两则案例进行小组讨论：为什么是这样的结果？

 知识链接

有效管理情绪三部曲

1. WHAT——我现在有什么情绪？

由于我们平常比较容易压抑感觉或者常认为有情绪是不好的，因此常常忽略我们真实的感受，因此，情绪管理第一步就是要先能察觉我们的情绪，并且接纳我们的情绪。情绪没有好坏之分，只要是我们真实的感受，我们要学习正视并接受它。只有当我们认清我们的情绪，知道自己现在的感受，才有机会掌握情绪，也才能为自己的情绪负责，而不会被情绪所左右。

2. WHY——我为什么会有这种感觉（情绪）？

我为什么生气？我为什么难过？我为什么觉得挫折无助？我为什么……找出原因我们才知道这样的反应是否正常，找出引发情绪的原因，我们才能对症下药。

3. HOW——如何有效处理情绪？

想想看，可以用什么方法来缓解自己的情绪呢？平常当你心情不好的时候，你会怎么处理？什么方法对你是比较有效的呢？也许可以通过深呼吸、肌肉松弛法、静坐冥想、运动、到郊外走走、听音乐等来让心情平静，也许会是大哭一场、找人聊天、涂鸦等方式，来宣泄一下或者换个乐观的想法来改变心情。

（资料来源：《做情绪的主人：情绪管理三部曲》整理）

笑的妙用

名医张子和曾采用使人发笑疏导法治愈了一个人的怪病。当时有个官吏的妻子，精神失常，不吃不喝，只是胡叫乱骂，不少医生使用各种药物治疗了半年也无效。张子和则叫来两个老妇人，在病人面前涂脂抹粉，故意做出各种滑稽的样子，这个病人看了不禁大笑起来。第二天，张子和又让那两个老妇人做摔跤表演，病人看了又大笑不止。后来张子和又让两个食欲旺盛的妇人在身边进餐，一边吃一边对食物的鲜美味道赞不绝口，这个病人看见她俩吃得津津有味便要求尝一尝。从此她开始正常进食，怒气平息，病全好了。

著名科学家法拉第年轻时，由于工作十分紧张，导致精神失调、身体非常虚弱，虽然长期进行药物治疗却毫无起色。后来一位名医对他进行了仔细的检查，但未开药方，临走时只说了一句话："一个小丑进城胜过一打医生！"法拉第对这句话仔细琢磨，终于明白了其中的奥秘。从此以后，他经常抽空去看马戏、滑稽戏与喜剧，经常高兴得开怀大笑，愉快的心情使他恢复了健康。

（资料来源：摘自《笑是良药：笑的作用揭秘》）

第六章 激励与管理

 能力目标

▶ 能够掌握各种激励理论的主要内容,并能将其应用于管理实践。
▶ 能够根据激励理论分析如何调动人们的积极性。

 知识目标

▶ 重点掌握激励的定义及激励的过程。
▶ 了解并能积极应对激励中的特殊问题。
▶ 掌握挫折理论并了解挫折后的行为表现。
▶ 结合实际,积极应对挫折。

 导入案例

有一个村庄有一个风俗:求婚用牛的多少来决定姑娘的美丑,最贤惠漂亮的需要九头牛,这是最高规格的聘礼。李老汉家有三个女儿,前两个女儿既聪明又漂亮,都是被人用九头牛作聘礼娶走的。第三个女儿到了出嫁的时候,却一直没有人肯出九头牛来娶,原因是她非但不漂亮,还很懒惰。后来一个远方叫张三的人听了这件事,就对李老汉说:"我愿意用九头牛娶你的女儿。"李老汉非常高兴,真的把女儿嫁给了远方的张三。过了几年,李老汉去看自己远嫁他乡的三女儿。没想到,女儿能亲自下厨做美味佳肴来款待他,而且从前的丑女孩变成了一个气质超俗的漂亮女人。李老汉很震惊,偷偷地问女婿:"难道你有魔法么?你是怎么把它调教成这样的?"李老汉的女婿说:"我没有调教她,我只是始终坚信你的女儿值九头牛的价,所以她就一直按照九头牛的标准来做了,就这么简单。"

分析启示:信任,鼓励、暗含期待,都是对人的一种激励。

第一节　激励概述

一、什么是激励

所谓激励，就是组织通过设计适当的外部奖酬形式和工作环境，以一定的行为规范和惩罚性措施，借助信息沟通，来激发、引导、保持组织成员的行为，以有效的实现组织及其成员个人目标的系统活动。这一定义包含以下几个方面的内容。

（1）激励的出发点是满足组织成员的各种需要，即通过系统的设计适当的外部奖酬形式和工作环境，来满足企业员工的外在性需要和内在性需要。

（2）科学的激励工作需要奖励和惩罚并举，既要对员工表现出来的符合企业期望的行为进行奖励，又要对不符合员工期望的行为进行惩罚。

（3）激励贯穿于企业员工工作的全过程，包括对员工个人需要的了解、个性的把握、行为过程的控制和行为结果的评价等。

（4）信息沟通贯穿于激励工作的始末，从对激励制度的宣传、企业员工个人的了解，到对员工行为过程的控制和对员工行为结果的评价等，都依赖于一定的信息沟通。企业组织中信息沟通是否通畅，是否及时、准确、全面，直接影响着激励制度的运用效果和激励工作的成本。

（5）激励的最终目的是在实现组织预期目标的同时，也能让组织成员实现其个人目标，即达到组织目标和员工个人目标在客观上的统一。

二、激励的基本原则

1. 目标结合原则

在激励机制中，设置目标是一个关键环节。目标设置必须同时体现组织目标和员工需要的要求。

2. 物质激励和精神激励相结合的原则

物质激励是基础，精神激励是根本。在两者结合的基础上，逐步过渡到以精神激励为主。

3. 引导性原则

外部激励措施只有转化为被激励者的自觉意愿，才能取得激励效果。因此，引导性原则是激励过程的内在要求。

4. 合理性原则

激励的合理性原则包括两层含义，其一，激励的措施要适度，要根据所实现目标本身的价值大小确定适当的激励量；其二，奖惩要公平。

5. 明确性原则

激励的明确性原则包括三层含义：其一，明确。激励的目的是需要做什么和必须怎么做；其二，公开。特别是分配奖金等大量员工关注的问题时，更为重要；其三，直观。实施物质奖励和精神奖励时都需要直观地表达它们的指标，总结和授予奖励和惩罚的方式。

6. 时效性原则

要把握激励的时机，"雪中送炭"和"雨后送伞"的效果是不一样的。激励越及时，越有利于将人们的激情推向高潮，使其创造力连续有效地发挥出来。

7. 正激励与负激励相结合的原则

所谓正激励就是对员工的符合组织目标的期望行为进行奖励。所谓负激励就是对员工违背组织目的的非期望行为进行惩罚。正负激励都是必要而有效的，不仅作用于当事人，而且会间接地影响周围其他人。

8. 按需激励原则

激励的起点是满足员工的需要，但员工的需要因人而异，因时而异，并且只有满足最迫切需要（主导需要）的措施，其效价才高，其激励强度才大，因此，领导者必须深入地进行调查研究，不断了解员工需要层次和需要结构的变化趋势，有针对性地采取激励措施，才能收到实效。

三、激励的作用

对一个企业来说，科学的激励制度至少具有以下几个方面的作用。

1. 吸引优秀的人才到企业来

在发达国家的许多企业中，特别是那些竞争力强、实力雄厚的企业，通过各种优惠政策、丰厚的福利待遇、快捷的晋升途径来吸引企业需要的人才。

2. 开发员工的潜在能力，促进在职员工充分的发挥其才能和智慧

美国哈佛大学的詹姆士（W. James）教授在对员工激励的研究中发现，按时计酬的分配制度仅能让员工发挥20%~30%的能力，如果受到充分激励的话，员工的能力可以发挥出80%~90%，两种情况之间60%的差距就是有效激励的结果。管理学家的研究表明，员工的工作绩效是员工能力和受激励程度的函数，即绩效 = F（能力，激励）。如果把激励制度对员工创造性、革新精神和主动提高自身素质的意愿的影响考虑进去的话，激励对工作绩效的影响就更大了。

3. 留住优秀人才

德鲁克（P. Druker）认为，每一个组织都需要三个方面的绩效：直接的成果、价值的实现和未来的人力发展。缺少任何一方面的绩效，组织注定非垮不可。因此，每一位管理者都必须在这三个方面均有贡献。在三方面的贡献中，对"未来的人力发展"的贡献就是来自激励工作。

4. 造就良性的竞争环境

科学的激励制度包含有一种竞争精神，它的运行能够创造出一种良性的竞争环境，进而形成良性的竞争机制。在具有竞争性的环境中，组织成员会受到环境的压力，这种压力将转变为员工努力工作的动力。正如麦格雷戈所说："个人与个人之

间的竞争，才是激励的主要来源之一。"在这里，员工工作的动力和积极性成了激励工作的间接结果。

四、激励的过程

人的行为是由动机支配的，动机是由需要引起的，行为的方向是寻求目标、满足需要。

1. 需要

需要是客观的刺激作用于人们的大脑所引起的个体缺乏某种东西的状态。人的需要，既可以是生理或物质上的（如对食物、水分、空气等的需要），也可以是心理或精神上的（如追求社会地位或事业成就等）。在现实生活中，人的需要往往不只有一种，而是同时存在多种需要。这些需要的强弱也随时会发生变化。在任何时候，一个人的行为动机总是由其全部需要结构中最重要、最强烈的需要所支配、决定的。这种最重要、最强烈的需要就叫优势需要。

2. 动机

动机是人们行为产生的直接原因，它引起行为、维持行为并指引行为去满足某种需要。动机是由需要产生的，当人们产生的某种优势需要未能得到满足时，会产生一种紧张不安的心理状态，在遇到能够满足需要的目标时，这种紧张不安的心理就转化为动机。

3. 行为

动机是指个体在环境影响下所引起的内在生理和心理变化的外在反应。人们在动机的推动下，向目标前进，目标达到后，需要得到满足，紧张不安的心理状态就会消除。随后，又会产生新的需要，引起新的动机和行为。这是一个循环往复、连续不断的过程。由上可知，人的任何动机与行为都是在需要的基础上产生的，没有需要，也就无所谓动机和行为。人们产生某种需要后，只有当这种需要具有某种特定目标时，需要才会产生动机，动机才会成为人们行为的直接原因。但并不是每个动机都必然引起行为，在多种动机下，只有优势动机才会引发行为。

因此，要使员工产生组织所期望的行为，可以根据员工的需要设置某些目标，并通过目标导向使员工出现有利于组织目标的优势动机，并按照组织所需要的方式行动。管理者实施激励，即是想方设法做好需要引导和目标引导，强化员工的动机，刺激员工的行为，从而实现组织目标。

课后深化与训练

1. 马斯洛等行为科学家们认为，一个国家多数人的需要层次结构，是同这个国家的经济发展水平、科技发展水平、文化发展水平和人民受教育的程度直接相关的。在发展中国家，生理需要和安全需要待满足的人数比例较大，而高级需要占主导的人数比例较小；在发达国家，则刚好相反。请你根据该观点并结合实际，谈一谈我国构建社会主义和谐社会的必要性。

2. 展开一场辩论赛，题目是：金钱奖励是激励最有效的手段。

3. 收集有关激励的案例，试用学过的激励理论探讨如何有效地建立和完善激励机制。

张瑞敏的激励理论

张瑞敏，一个和新中国同龄的山东莱州人，1984 年接管青岛电冰箱总厂，引进了德国利勃海尔公司的冰箱技术，幸运地搭上了当时轻工部定点冰箱厂的末班车。近 15 年的发展，今天的海尔集团已成为中国民族企业的优秀代表，张瑞敏也获得了许多殊荣。1985 年，为了提高工人的质量意识，张瑞敏带领工人亲手砸毁了 76 台质量不合格的冰箱；1989 年，张瑞敏逆市场而行，在同行业都降价的情况下，宣布产品涨价 10%。这些在家电史上传为佳话。张瑞敏给许多采访记者的印象是，他有着丰富的哲学思维，很有点在谈笑间让对手灰飞烟灭的现代儒商风范。关于人力资源开发方面，张瑞敏曾说："给你比赛的场地，帮你明确比赛的目标，比赛的规则公开化，谁能跑在前面，就看你自己的了。""兵随将转，无不可用之人。作为企业领导，你的任务不是去发现人才，而是建立一个出人才的机制，给每个人相同的竞争机会。作为企业领导，你可以不知道下属的短处，但不能不知道他的长处。""每个人可以参加预赛、半决赛、决赛，但进入新的领域时必须重新参加该领域的预赛。""没有危机感，其实就有了危机；有了危机感，才能没有危机；在危机感中生存，反而避免了危机。"

（资料来源：根据百度文库——《张瑞敏的领导风格》整理）

第二节 激励理论及应用

一、早期激励理论

50 年代是激励理论发展卓有成效的阶段，这一时期形成了 3 种理论。这 3 种理论分别是需要层次理论、X 理论和 Y 理论、激励保健理论。

（一）马斯洛的需要层次理论

可以说最著名的激励理论当数亚伯拉罕·马斯洛（Abraham Maslow）的需要层次理论（hierarchy of needs theory）。他假设每个人内部都存在着以下 5 种需要层次。

(1) 生理需要：包括饥饿、干渴、栖身、性和其他身体需要。

(2) 安全需要：保护自己免受生理和心理伤害的需要。

(3) 社会需要：包括爱、归属、接纳和友谊的需要。

(4) 尊重需要：包括内部尊重和外部尊重两方面的因素。内部尊重因素，如自尊、自主和成就；外部尊重因素，如地位、认可和关注。

(5) 自我实现需要：指一种追求个人能力极限的内驱力，包括成长、发挥自觉的潜能和自我实现。

当任何一种需要基本上得到满足后，下一个需要就成为主导需要。个体顺着需要层次的阶梯前进。从激励的观点来看，这种理论认为，虽然不存在完全获得满足的需要，但那些获得基本满足的需要也不再具有激励作用。所以，如果你要激励某个人，根据马斯洛的需要理论，你需要知道他现在处于需要层次的哪个水平上，然后去满足这些需要及更高层次的需要，如图6-1所示。

图6-1　马斯洛的需要层次理论

（二）麦格里格的X理论和Y理论

道格拉斯·麦格里格（Douglas McGregor）提出两种完全不同的人性假设：一种基本上是消极的，称为X理论（theory X）；另一种基本上是积极的，称为Y理论（theory Y）。通过观察管理者对待员工的方式，麦格里格得出结论：一个管理者关于人性的观点是建立在一组特定的假设之上的，他倾向于根据这些假设塑造自己对待下级的行为。

根据X理论，管理者持有以下4种假设：

（1）员工天生讨厌工作，尽可能地逃避工作；

（2）由于员工讨厌工作，必须对其进行强制、控制或惩罚，迫使他们实现目标；

（3）员工逃避责任，并且尽可能地寻求正式的指导；

（4）大多数员工认为安全感在工作相关因素中最为重要，并且没有什么进取心。

与这些关于人性的消极假设相反，麦格里格还提出了4个积极假设，他称之为Y理论：

（1）员工会把工作看成与休息或游戏一样自然的事情；

（2）如果员工对工作做出承诺，他能自我引导和自我控制；

（3）普通人能学会接受甚至寻求责任；

（4）人们普遍具有创造性决策能力，而不只是管理层次的核心人物具有这种能力。

如果我们接受麦格里格的分析，激励的含义是什么呢？答案在马斯洛的框架中得到了最好的表述。

X理论假设低级需要主导个体行为，Y理论假设高级需要决定个体行为，麦格里格自己认为 Y 理论比 X 理论更符合实际。因此，他提出了一些促进员工工作动机的方法，如参与决策过程，提供有责任性和挑战性的工作，建立融洽的群体关系等。

遗憾的是，没有证据证明哪一组假设更有效，也无证据表明在接受 Y 理论的基础上改变员工的行为会使更多的员工受到激励。

（三）赫兹伯格激励-保健理论

激励-保健理论（motivation-hygiene）由心理学家弗雷德里克·赫兹伯格（Frederick Herzberg）提出。他本着这样的信念：个人与工作的关系是一种基本关系，他对工作的态度在很大程度上将决定其成败。赫兹伯格调查了这样一个问题：人们想从工作中得到什么。他让人们详细描述他们感到工作异常好和异常坏时的情形。这些回答被制成表并加以分类。赫兹伯格所做的 12 个调查中影响工作态度的因素如图 6-2 所示。

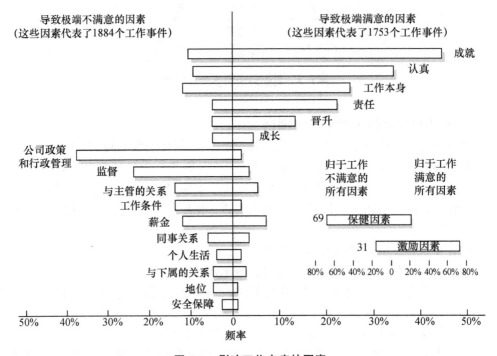

图 6-2　影响工作态度的因素

从经过分类的回答中，赫兹伯格总结出，人们对工作满意时的回答和对工作不满意时的回答大相径庭。如图 6-3 所示，某些特征总是与工作满意有关（图右边的因素），而其他因素与工作不满意有关（图左边的因素）。内部因素，如工作富有成就感、工作成绩得到认可、工作本身、责任大小、晋升、成长等，看起来与工作满意有关。当被调查者对工作满意时，他们倾向于把这些特征归于自己。另一方面，当他们不满意时，他们倾向于抱怨外部因素，如公司政策及行政管理、监督者、与主管的关系和工作条件等。

赫兹伯格认为，统计资料表明满意的对立面不是不满意，消除工作中的不满意因素并不必然带来工作满意。赫兹伯格认为，这一发现表明了一个二元连续统一体的存在：满意的对立面是"没有满意"，"不满意"的对立面是"没有不满意"。

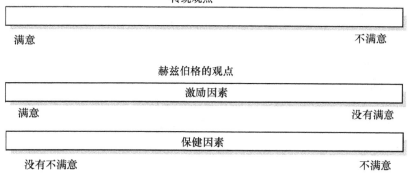

图 6-3 满意与不满意的对立面

根据赫兹伯格的观点，带来工作满意的因素和导致工作不满意的因素是不相关和截然不同的。因此，管理者若努力消除带来工作不满意的因素，可能会带来平静，却不一定有激励作用。他们能安抚员工，却不能激励他们。因此，赫兹伯格把公司政策、监督、人际关系、工作环境和工资这样的因素称为保健因素（hygiene factors）。当具备这些因素时，员工没有不满意，但是它们也不会带来满意。如果我们想在工作中激励人们，赫兹伯格提出，要强调成就、认可、工作本身、责任和晋升，这些因素是激励因素。

激励-保健理论也受到了批评，批评意见如下。

（1）赫兹伯格运用的程序受到方法论的限制。当事情满意时，人们倾向于把功劳记在自己身上；相反，把失败归于外部环境因素。

（2）没有对满意度进行整体的测量，也就是说，一个人可能讨厌他的工作的一部分，但仍认为工作是可以接受的。

（3）这个理论与以前的研究结论不一致。激励-保健理论忽视了环境变量。

（4）赫兹伯格假设满意度和生产率之间有一定关系，但是他所用的研究方法只考察了工作满意度，没有考察生产率。为了使研究有参考意义，人们必须假设满意和生产率之间有密切关系。

尽管有很多批评意见，赫兹伯格的理论仍然广泛流传，并且大多数管理者都熟悉他的观点。20世纪60年代中期以来，日渐风行的垂直拓宽工作，允许工人在计划和控制工作方面有更大的责任，也许在很大程度上要归于赫兹伯格的发现和建议。

二、当代激励理论

（一）爱尔德弗的 ERG 理论

耶鲁大学的克莱顿·爱尔德弗（Clayton Alderfer）重组了马斯洛的需要层次理论使之和实证研究更加一致。经他修改的需要层次称为 ERG 理论。

爱尔德弗认为有 3 种核心需要：生存（existence）、相互关系（relatedness）和成长（growth），所以称之为 ERG 理论。第一种需要是基本的物质生存需要，包括马斯洛称为生理需要和安全需要的这两项。第二种需要是相互关系，即维持重要的人际关系的需要。要满足社会的和地位的需要就要和其他人交往，这类需要和马斯洛的社会需要与尊重需要中的外在部分相对应。最后，爱尔德弗提出了成长需要——个人发展的内部需要。包括马斯洛的尊重需要的内在部分和自我实现需要的一些特征。

除了以3种需要代替5种需要以外，爱尔德弗的ERG理论和马斯洛的理论还有什么不同？与需要层次理论不同，ERG理论还证实了：① 多种需要可以同时存在；② 如果高层次需要不能得到满足，那么满足低层次需要的愿望会更强烈。

马斯洛的需要层次是一个严格的阶梯式序列；ERG理论却不认为必须在低层次需要获得满足后才能进入高层次的需要。例如，在生存和相互关系需要都没有得到满足的情况下，一个人也可以为成长而工作，或者3种需要同时起作用。

ERG理论还包括挫折—倒退维度。马斯洛认为，一个人会滞留在某一特定的需要层次直到这一需要得到满足。ERG理论却认为，当一个人较高层次的需要不能得到满足时，较低层次的需要强度会增加。例如，无法满足社会交往的需要可能会带来对更多的工资或更好的工作条件的需求，所以受挫可以导致倒退到较低层次的需要。

总之，ERG理论像马斯洛的理论一样，认为较低层次需要的满足会带来满足较高层次需要的愿望；但是同时也认为多种需要作为激励因素可以同时存在，并且，满足较高层次需要的努力受挫会导致倒退到较低层次的需要。

（二）麦克莱兰德的需要理论

麦克莱兰德的需要理论（McClelland's theory of needs）主要关注三种需要：成就、权力、合群。它们的定义如下：

（1）成就需要（need for achievement）：追求卓越，实现目标，争取成功的内驱力。

（2）权力需要（need for power）：是指影响控制其他人的欲望。

（3）合群需要（need for affiliation）：建立友好和亲密的人际关系的欲望。

一些人具有获得成功的强烈动机，他们追求的是个人成就而不是成功的报酬。他们有一种使事情做得比以前更好或更有效率的欲望。这种内驱力就是成就需要。通过对成就需要的研究，麦克莱兰德发现高成就需要者与其他人的区别之处在于他们想把事情做得更好。他们寻求的环境具有下列特点：在这样的情境中，个人能够为解决问题的方法承担责任，及时获得对自己绩效的反馈以便于判断自己是否有改进，可以设置有中等挑战性（难度）的目标。高成就者不是赌徒，他们不喜欢靠运气获得成功。他们喜欢接受困难的挑战，能够承担成功或失败的个人责任，而不是将结果归于运气或其他人的行为。

当高成就需要者认为一项任务成功的可能性是0.5时，他们的绩效最高。他们不喜欢偶然性高的赌博，因为从偶然的成功中他们得不到任何成就满足感。同样，他们也不喜欢成功的概率过高，因为那样对他们的能力没有挑战性。他们喜欢设置需要他们经过一定努力才能实现的目标。当成功和失败的可能性几乎相等时，是一个人从个人努力中获得成功感和满意感的最佳时机。

权力需要是指影响和控制其他人的欲望。具有高权力需要的人喜欢承担责任，努力影响其他人，喜欢处于竞争性和重视地位的环境。与有效的绩效相比，他们更关心获得威望和对其他人的影响力。

麦克莱兰德提出的第三种需要是合群需要。具有高合群需要的人努力寻求友爱，喜欢合作性的而非竞争性的环境，渴望有高度相互理解的关系。

你怎样才能判断一个人是否是高成就需要者？有许多问卷可以判断这种动机，但是大多数研究使用投射测验，该测验要求被试者对一系列图片作出反应。主试者把每张图片迅速地呈现给被试者，然后要他以图片为基础编写一个小故事。例如，图片上一个男人神情郁闷地坐在桌边，看着放在桌角的一个女人和两个孩子的照片。要求被试者编写一个故事描述正在发生的事，事情会怎样发展，将来会怎样，等等。这些故事实际上成为用来测量无意识动机的投射测验，给每一个故事打分，就可以得到被试者每一种动机的等级。

通过大量广泛的研究，可以在成就需要和工作绩效的关系基础上得出一些有相当可信度的预言。

第一，具有高成就需要的人更喜欢具有个人责任、能够获得工作反馈和适度的冒险性的环境。当具备了这些特征，高成就者的激励水平会很高。例如，不少证据表明，高成就需要者在创造性活动中更容易获得成功。如经营自己的公司或管理一个大组织中的一个独立的部门。

第二，高成就需要的人不一定就是一个优秀的管理者，尤其是在一个大组织中。高成就需要者感兴趣的是他们个人如何做好，而不是如何影响其他人做好。高成就需要的销售人员不一定是优秀的销售管理者，大型组织中出色的总经理并不一定是高成就需要的人。

第三，合群和权力需要与管理者的成功有密切关系。最优秀的管理者有高权力需要和低合群需要。实际上，高权力动机可能是管理有效性的一个必要条件。当然，二者之间什么是因什么是果还有待于确定。有人曾提出，高权力需要可能仅仅是一个人在层级组织中地位的产物。这种观点认为，一个人在组织中的位置越高，权力动机就越强。结果是有权力的职位会成为高权力动机的刺激因素。

第四，已经有成功的办法可以训练员工激发自己的成就需要。培训者指导个人根据成就、胜利和成功来思考问题；然后帮助他们学习如何通过寻求具有个人责任、反馈和适度的冒险性的环境并以高成就者的方式行动。所以，如果工作需要高成就需要者，管理者可以选拔具有高成就需要的人，也可以通过成就培训来开发原有的下属。

（三）目标设置理论

20世纪60年代末，爱德温·洛克（Edwin Locke）提出，指向一个目标的工作意向是工作激励的主要源泉。也就是说，目标告诉员工需要做什么以及需要作出多大努力。事实有力地支持了目标的价值。更重要的是我们可以这样说：明确的目标能提高绩效；一旦我们接受了困难的目标，会比容易的目标带来更高的绩效；反馈比无反馈带来更高的绩效。

具体的、困难的目标比笼统的目标"尽最大努力"效果更好。目标的具体性本身就是一种内部激励因素。例如，当一个卡车司机决定每周在多伦多市和纽约的布法罗之间跑12次时，这种愿望就给他设置了一个要达到的具体目标。我们可以说，在其他条件相同时，有具体目标的卡车司机比没有目标或只有笼统目标"尽最大努力去做"的司机做得更好。

如果能力和目标的可接受性这样的因素保持不变，我们可以说，目标越困难，绩效水平越高。但是，合乎逻辑的假设是目标越容易越可能被接受。不过一旦员工接受了一项艰巨的任务，他就会投入更多的努力，直到目标实现、目标降低或放弃目标。

当人们获得了在朝向目标的过程中做得如何的反馈时，人们会做得更好，因为反馈能帮助认清他们已做的和要做的之间的差距，也就是说，反馈引导行为。但并不是所有的反馈都同样有效。自我反馈——此时员工能控制自己的进度——是比外部反馈更强有力的激励因素。

如果员工有机会参与设置自己的目标，他们会更努力地工作吗？参与目标是否比指定目标更有效？答案并不确定。在某些情况下，参与式的目标设置能带来更高的绩效；在其他情况下，上司指定目标时绩效更高。参与的一个主要优势在于提高了目标本身作为工作努力方向的可接受性。正如我们提到的，目标越困难阻力越大。如果人们参与目标设置，即使是一个困难的目标相对来说也更容易被员工接受。原因在于，人们对于自己亲自参与作出的选择投入程度更大。因此，尽管在可接受性一定的情况下参与式的目标并不比指定的目标有优势，但参与确实可以使困难的目标更容易被接受，并提高采取行动的可能性。

除了反馈，还有其他3个因素影响目标和绩效的关系：目标承诺、适当的自我效能感和民族文化。目标设置理论的前提假设是每个人都忠于目标，即个人作出决定不降低或放弃这个目标。当目标是当众确定的、个人是内部控制点、目标是自己设置而不是指定的时候，其结果更有可能发生。

自我效能感（self-efficacy）是指一个人对他能胜任一项工作的信心。你的自我效能感越高，你对自己在一项任务中获得成功的能力就越有信心。所以，我们发现，在困难情况下，自我效能感低的人更易降低努力或干脆放弃；相反，那些具有高自我效能感的人会努力把握挑战。另外，自我效能感高的人对消极反馈的反应是更加努力，而自我效能感低的人面对消极的反馈则可能降低努力程度。最后，目标设置理论是受文化限制的。它适用于部分国家，如美国和加拿大，因为这个理论的关键部分与北美文化相当一致。它假定下属有相当的独立性，管理者和下属寻求具有挑战性的目标以及双方都认为绩效重要。

结论是有一定难度的具体目标和工作意图结合起来才是有效的激励力量。在适当的情况下，目标可以带来更高的绩效。但是，没有证据证实这种目标和工作满意度的提高有关。

（四）斯金纳的强化理论

强化理论是美国的心理学家和行为科学家斯金纳、赫西、布兰查德等人提出的一种理论。斯金纳（Burrhus Frederic Skinner）生于1904年，他于1931年获得哈佛大学的心理学博士学位，并于1943年回到哈佛大学任教，直到1975年退休。1968年他曾获得美国全国科学奖章，是第二个获得这种奖章的心理学家。他在心理学的学术观点上属于极端的行为主义者，其目标在于预测和控制人的行为而不去推测人的内部心理过程和状态。他提出了一种"操作条件反射"理论，认为人或动物为了达到某种目的，会采取一定的行为作用于环境。当这种行为的后果对他有利时，这种行为就会在以后重复出现；不利时，这种行为就减弱或消失。人们可以用这种正强化或负强化的办法来影响行为的后果，从而修正其行为，这就是强化理论，也叫做行为修正理论。

斯金纳所倡导的强化理论是以学习的强化原则为基础的关于理解和修正人的行为的一种学说。所谓强化，从其最基本的形式来讲，指的是对一种行为的肯定或否定的后果（报酬或惩罚），它至少在一定程度上会决定这种行为在今后是否会重复发生。根据强化的性质和目的可把强化分为正强化、负强化和自然消退三种类型。

第一种：正强化，又称积极强化。当人们采取某种行为时，能从他人那里得到某种令其感到愉快的结果，这种结果反过来又成为推进人们趋向或重复此种行为的力量。例如，企业用某种具有吸引力的结果（如奖金、休假、晋级、认可、表扬等），以表示对职工努力进行安全生产的行为的肯定，从而增强职工进一步遵守安全规程进行安全生产的行为。

第二种：负强化，又称消极强化。它是指通过某种不符合要求的行为所引起的不愉快的后果，对该行为予以否定。若职工能按所要求的方式行动，就可减少或消除令人不愉快的处境，从而也增大了职工符合要求的行为重复出现的可能性。例如，企业安全管理人员告知工人不遵守安全规程，就要受到批评，甚至得不到安全奖励，于是工人为了避免此种不期望的结果，而认真按操作规程进行安全作业。惩罚是负强化的一种典型方式，即在消极行为发生后，以某种带有强制性、威慑性的手段（如批评、行政处分、经济处罚等）给人带来不愉快的结果，或者取消现有的令人愉快和满意的条件，以表示对某种不符合要求的行为的否定。

第三种：自然消退，又称衰减。它是指对原先可接受的某种行为强化的撤销。由于在一定时间内不予强化，此行为将自然下降并逐渐消退。例如，企业曾对职工加班加点完成生产定额给予奖酬，后经研究认为这样不利于职工的身体健康和企业的长远利益，因此不再发给奖酬，从而使加班加点的职工逐渐减少。

正强化是用于加强所期望的个人行为；负强化和自然消退的目的是为了减少和消除不期望发生的行为。这三种类型的强化相互联系、相互补充，构成了强化的体系，并成为一种制约或影响人的行为的特殊环境因素。

斯金纳的强化理论和弗隆的期望理论都强调行为同其后果之间关系的重要性，但弗隆的期望理论较多地涉及主观判断等内部心理过程，而强化理论只讨论刺激和行为的关系。

第一，应以正强化方式为主。在企业中设置鼓舞人心的组织目标，是一种正强化方法，但要注意将企业的整体目标和职工个人目标、最终目标和阶段目标等相结合，并对在完成个人目标或阶段目标中做出明显绩效或贡献者，给予及时的物质和精神奖励（强化物），以求充分发挥强化作用。

第二，采用负强化（尤其是惩罚）手段要慎重。负强化应用得当会促进安全生产，应用不当则会带来一些消极影响，可能使人由于不愉快的感受而出现悲观、恐惧等心理反应，甚至发生对抗性消极行为。因此，在运用负强化时，应尊重事实，讲究方式方法，处罚依据准确公正，这样可尽量消除其副作用。将负强化与正强化结合应用一般能取得更好的效果。

第三，注意强化的时效性。采用强化的时间对于强化的效果有较大的影响。一般而论，强化应及时，及时强化可提高行为的强化反应程度，但须注意及时强化并不意味着随时都要进行强化。不定期的非预料的间断性强化，往往可取得更好的效果。

第四，因人制宜，采用不同的强化方式。由于人的个性特征及其需要层次不尽相同，不同的强化机制和强化物所产生的效应会因人而异。因此，在运用强化手段时，应采用有效的强化方式，并随对象和环境的变化而相应调整。

第五，利用信息反馈增强强化的效果。信息反馈是强化人的行为的一种重要手段，尤其是在应用安全目标进行强化时，定期反馈可使职工了解自己参加安全生产活动的绩效及其结果，既可使职工得到鼓励，增强信心，又有利于及时发现问题，分析原因，修正所为。

（五）亚当斯的公平理论

简·皮尔逊（Jane Pearson）去年从州立大学毕业，获得会计学位。在接受了许多组织的面试后，她选择了全国最大的一家会计公司中的一个职位，并被派到波士顿的办事处。简对所得到的一切很满意：名声显赫的大公司中的一份具有挑战性的工作，获得重要经验的良好机会，会计专业毕业生所能得到的最高工资，去年月薪2 950美元。但是简曾是班里最优秀的学生，她富有进取心，表达能力好，获得相应的工资是预料之内的事。

简受雇后12个月过去了，工作像她希望的那样具有挑战性和令人满意。雇主对她的表现极其满意。事实上，她最近刚得到每月200美元的加薪。但是，简的激励水平却在最近几周急速下降。为什么呢？她的雇主刚雇用了一个州立大学的毕业生，此人缺少简在一年中所获得的经验，工资却是每月3 200美元，比简现在的工资还多50多美元。除了愤怒，用其他任何语言都无法描述简现在的状态，简甚至说要另找一份工作。

简的情况表明了公平在激励中的作用。员工会把自己的投入和产出与其他人的投入产出进行比较。我们首先思考自己从工作中的投入和产出，然后把自己的投入—产出比和其他相关人员的投入—产出比相比较。

如果我们的比率与其他人的比率相等，那么就是公平状态。我们认为我们所处的环境是公平的——公平极为重要。当我们感到比率不相等时，我们就会经历公平紧张。史坦斯·亚当斯（J. Stancy Adams）认为，这种消极的紧张状态能提供一种动机使人们采取行动以纠正这种不公平。

员工选择的参照物使公平理论（equity theory）更复杂。证据表明选择的参照物是公平理论中的一个重要变量。员工可以选择四种参照物：

（1）自我——内部：员工在当前组织中不同职位上的经验；
（2）自我——外部：员工在当前组织以外的职位或情境中的经验；
（3）别人——内部：员工所在组织中的其他人或群体；
（4）别人——外部：员工所在组织之外的其他人或群体。

基于公平理论，当员工感到不公平时，会采取以下六种选择中的一种：

（1）改变自己的投入（如，不再那么努力）；
（2）改变自己的产出（如，实行计件工资的员工通过增加产量降低质量来增加自己的工资）；
（3）改变自我认知（如，"我曾认为我以中等速度工作，但是现在我意识到我比其他任何人都更努力工作"）；

（4）改变对其他人的看法（如，"迈克的工作不像我以前认为的那样令人满意"）；

（5）选择另一个不同的参照对象（如，"我可能不如我内弟挣得钱多，但我比我爸爸在我这个年龄时做得好得多"）；

（6）离开工作场所（如，辞职）。

公平理论认为，个人不仅关心自己经过努力所获得的报酬的绝对数量，也关心自己的报酬和其他人报酬的关系。他们对自己的投入与产出和其他人的投入与产出的关系作出判断。将一个人投入（如努力、经验、受教育水平和能力）的基础上，对产出（如工资水平、加薪、认可和其他因素）进行比较，当人们感到自己的产出—投入比和其他人的产出—投入比不平衡时，就会产生紧张感。这种紧张感又会成为他们追求公平和公正的激励基础。

从历史上看，公平理论着眼于分配公平（distributive justice），即个人可见的报酬的数量和分配的公平。但是公平也应考虑程序公平（procedural justice）——用来确定报酬分配的程序的公平。证据表明，分配公平比程序公平对员工的满意感有更大的影响；相反，程序公平更容易影响员工的组织承诺、对上司的信任和流动意图。所以管理者需要考虑分配的决策过程应公开化，应遵循一致和无偏见的程序，采取类似的措施增加程序公平感。通过增加程序公平感，员工即使对工资、晋升和其他个人产出不满意时，也可能以积极的态度看待上司和组织。

总之，公平理论表明，对大多数员工而言，激励不仅受到绝对报酬的影响，还受到相对报酬的影响。但是，一些关键问题仍旧不明晰。例如，员工怎样处理相互矛盾的公平信号，如当工会指出某个群体的收入过高而管理层认为这样有利于改善工作时，员工如何评价是否公平？员工怎样定义投入和产出？他们怎样综合权衡他们的投入和产出以得出结果？这些因素何时、怎样随时间变化？当然，如果不考虑这些问题，公平理论仍旧为我们认识员工激励提供了重要的真知灼见。

（六）弗隆姆的期望理论

期望理论认为，一种行为倾向的强度取决个体对于这种行为可能带来的结果的期望强度以及这种结果对行为者的吸引力。具体而言，当员工认为努力会带来良好的绩效评价时，他就会受到激励进而付出更大的努力；良好的绩效评价会带来组织奖励，如奖金、加薪或晋升；组织奖励会满足员工的个人目标。因此，这个理论着眼于三种关系：

（1）努力——绩效关系：个人认为通过一定努力会带来一定绩效的可能性。

（2）绩效——奖励关系：个人相信一定水平的绩效会带来所希望的奖励结果的程度。

（3）奖励——个人目标关系：组织奖励满足个人目标或需要的程度以及这些潜在的奖励对个人的吸引力。

期望理论有助于解释为什么许多工人在工作中没有受到激励而只求得过且过，如果我们再详细考察一下这个理论的 3 种关系就会明白了。我们把它们作为要使员工的激励水平达到最大化必须回答的问题。

第一，如果我付出了最大努力，是否会在绩效评估中体现出来？对大多数员工来说是"否"。为什么？他的技术水平可能还有缺陷，这就意味着，不论他的工作如何努力也不可能成为高绩效者。组织的绩效评估体系的设计可能是为了评估一些非绩效因素，如忠诚感、创造性或勇气，这意味着，更多的努力并不一定带来更高的绩效评估结果。还有一种可能是员工认为她的上司不喜欢她（这种知觉有可能是对的，也有可能是错的）。结果是，不管她的努力程度如何，她也预期会得到一个不好的评估结果。这些例子表明，员工激励水平低的一个源泉可能是员工的信念，即无论她工作如何努力，也不太可能获得良好的绩效评估结果。

第二，如果我获得了好的绩效评估，是否会得到组织奖励？许多员工认为在他们的工作中绩效—奖励的关系并不明确。原因在于，除了绩效，组织还奖励其他许多东西。如，当员工工资的分配基于资历、合作性、巴结上司等因素时，员工可能会认为绩效—奖励的关系是弱的，进而会降低激励水平。

第三，如果我得到奖励，我是否认为它们对我具有吸引力？员工努力工作期望获得晋升，但得到的却是加薪。或者员工希望得到一个比较有趣和具有挑战性的工作，但得到的仅仅是几句表扬的话。或者员工投入额外的努力以期被派到公司在巴黎的办事处，却被调到了芝加哥。这些例子表明，根据每个员工的个人需要设置奖励是十分重要的。遗憾的是，许多管理者受到能分配的奖励的限制，使得奖励个人化比较困难；而且，一些管理者错误地认为，所有员工都想得到同样的东西，因此，忽视了差别化奖励的激励效果。在这两种情况下，员工的激励水平都是低于最高水平的。

三、激励的特殊问题

各种群体向激励提出了挑战。在这一部分，我们看一看在激励专业员工、临时员工和各类员工时面临的一些特定问题。

（一）激励专业人员

当今社会的典型员工可能是受过大量培训、具有大学文凭的专业人员，而不是工厂的蓝领工人。这些专业人员从他们的工作中获得大量的内部满足感。他们的工资一般较高。所以，假如试图激励英特尔的工程师或微软的软件设计师，应该考虑什么特定的问题呢？

专业人员和非专业人员具有显著不同，前者对自己的专业领域有强烈和持久的承诺，他们的忠诚感更多是针对他们的专业而不是雇主。为了和专业的发展现状保持一致，他们需要经常更新知识。他们对专业的投入意味着他们很少把工作周定义为每天工作5小时至8小时，每周工作5天。

用什么激励专业人员呢？金钱和提升不是最佳选择。为什么呢？他们一般有较高的报酬并喜欢自己的工作。相反，工作的挑战性排在前列。他们喜欢处理问题并找到解决方法。他们工作中的主要奖励是工作本身。专业人员也看重支持。他们想让其他人认为他们正在从事的工作是重要的。虽然这对所有员工来说可能是正确的，但是，因为专业人员更倾向于把工作作为生活兴趣的中心，非专业人员通常在工作以外还有其他兴趣，这可满足其在工作中不能满足的需要。

如果你试图激励专业人员，以上的叙述隐含着一些必须记住的原则，即给他们提供不断发展的、有挑战性的工作；给他们一定的自主权去实现他们的兴趣；允许他们以自己认为有效的方式工作；提供受教育机会——培训，专题讨论会，参加会议——奖励他们，这可使他们了解其专业领域的发展。问他们一些问题和从事一些其他活动以向他们证实你确实对他们正在从事的工作感兴趣。

（二）激励临时工

临时工没有长期工具有的安全感或稳定性。这样，他们就不能融入组织或表现出其他员工具有的忠诚感。临时工通常也不享受或几乎不享受养老金、健康护理或其他类似的福利。

另外，那些报酬很高、没有对工作稳定性的需求的医生、技术人员、会计人员、财务计划人员可能喜欢临时性，但这是例外。绝大多数临时工都是非自愿的。

什么可以激励非自愿的临时工呢？显而易见的答案就是获得长期工作的机会。在那些长期工是从临时工中挑选出的案例中，临时工会努力工作以期成为长期工。另一个不太明显的答案是培训机会。临时工找到新工作的能力很大程度上取决于他们的技能。如果员工认为他们正从事的工作有助于他们掌握实用技能，激励水平就会提高。从公平的角度看，你也应该考虑到长期工和临时工混杂而工资差别显著会有什么影响。当临时工在从事同样工作但收入高、有福利的长期工旁边工作时，绩效水平可能会降低。把他们分开或实行浮动工资或技能工资可能有助于缓解这个问题。

（三）激励多样化的劳动力

不是每个人都会被金钱所激励，不是所有人都希望拥有一份具有挑战性的工作。参加大学学习的员工通常看重灵活的工作制度，这些人可能被那些能提供弹性工作时间、工作分享制或短期任务的组织所吸引。一个父亲可能希望在半夜到早上八点之间值班以便在他的妻子白天上班时照看孩子。如果你想使员工的激励水平最大化，你应该了解这种员工需求的多样化并做出反应。

如何做呢？你应遵循的关键是灵活性。准备制定工作时间表、报酬方案、福利、工作环境及其他方案以适应员工的不同需要。这可能包括为有家庭负担的员工提供托儿所、弹性工作时间和工作分享制；或者对偶而想回祖国探亲的移民制定灵活的假期制度；或者为来自集体主义导向的国家的员工提供工作团队；或者允许那些进校学习的员工改变工作时间。

课后深化与训练

某学校新校长说：教师们的辛勤劳动和创造不能成为过眼烟云，教师的劳动不可能像工人那样量化记酬，也不能像农民那样个体承包，要克服干好干坏都一样的弊端，就必须把教师的功绩记录在案。业务档案具有权威性，可以为今后教师晋升、提工资、奖励提供翔实客观的依据，也是学校的财富。业务档案只记功不记过。建立业务档案后，出现了教师自发向上、大家比贡献的局面，老教师焕发了青春，想改行的年轻教师当年就发表多篇论文。

试用"内容型激励理论"分析、论述以上管理方法之所以产生这样效果的原因。

知识链接

林肯电气公司的激励与管理

林肯电气公司总部设在克利夫，年销售额为44亿美元，拥有2400名员工，并且形成了一套独特的激励员工的方法。该公司90%的销售额来自于生产弧焊设备和辅助材料。

林肯电气公司的生产工人按件计酬，他们没有最低小时工资，员工为公司工作两年后，便可以分享年终奖金。该公司的奖金制度有一整套计算公式，全面考虑了公司的毛利润及员工的生产率与业绩，可以说是美国制造业中对工人最有利的奖金制度。在过去的56年中，平均奖金额是基本工资的95.5%，该公司中相当一部分员工的年收入超过10万美元。近几年经济发展迅速，员工年均收入为44 000美元左右，远远超出制造业员工年收入17 000美元的平均水平。在不景气的年头里，如1982年的经济萧条时期，林肯电气公司员工收入降为27 000美元，这虽然相比其他公司还不算太坏，可与经济发展时期相比就差了一大截。

公司自1958年开始一直推行职业保障政策，从那时起，他们没有辞退过一名员工。当然，作为对此政策的回报，员工也相应要做到以下几点：在经济萧条时他们必须接受减少工作时间的决定；要接受工作调换的决定；有时甚至为了维持每周30小时的最低工作量，而不得不调整到一个报酬更低的岗位上。

林肯电气公司极具成本和生产率意识，如果工人生产出一个不合标准的部件，那么除非这个部件修改至符合标准，否则这件产品就不能计入该工人的工资中。严格的计件工资制度和高度竞争性的绩效评估系统，形成了一种很有压力的氛围，有些工人还因此产生了一定的焦虑感，但这种压力有利于生产率的提高。据该公司的一位管理者估计，与国内竞争对手相比，林肯电气公司的总体生产率是他们的两倍。自20世纪30年代的经济大萧条以后，公司年年获利丰厚，没有缺过一次分红。该公司还是美国工业界中工人流动率最低的公司之一。前不久，该公司的两个分厂被《财富》杂志评为"全美十佳管理企业"。

（资料来源：根据百度文库《林肯电气公司的激励制度》整理）

第三节 挫折理论及应用

一、挫折理论概述

（一）挫折与挫折理论

1. 挫折的含义

人们在通向目标的道路上遇到了障碍，就会产生以下三种情况。第一种情况：改变行为，绕过障碍，达到目的。第二种情况：如果障碍不可逾越，可以改变目标，从而改变行为的方向。第三种情况：在障碍面前无路可走，不能达到目标。在第三种情况下，人们会产生挫折感。因此所谓挫折是指人类个体在从事有目的的活动过程中，指向目标的行为受到障碍或干扰，致使其动机不能实现，需要无法满足时所产生的情绪状态。使个体产生挫折心理的三个必备条件：个体所期望的目标是重要的、强烈的；个体认为这种目标有可能实现；在目标与现实中存在难以克服的阻碍与困难。

个体的挫折感与其动机实现紧密相关。当个体的动机完全受阻，已经无法达到目标时，个体的挫折感最强烈。挫折是一种心理现象，挫折的产生不以人们的主观意志为转移，人们对待挫折的感受也因人而异。

2. 挫折理论

挫折理论主要揭示人的动机行为受阻而未能满足需要时的心理状态，并由此而导致的行为表现，力求采取措施将消极性行为转化为积极性、建设性的行为。

（二）挫折形成的原因

挫折是人的一种主观心理感受，一个人是否体验到挫折，与他自己的抱负水平密切相关。所谓抱负水平是指一个人对自己要达到的目标所规定的标准。规定的标准越高，其抱负水平越高；规定的标准越低，其抱负水平也越低。同样两个推销人员，甲的指标是销售额100万元，乙的指标是销售额60万元，结果两人都完成80万元销售额，这对乙来说会感到成功和满足，而对甲来说则会感到是一种挫折，所以挫折因人而异。相同的情境，由于人们的心理状态、需要动机以及思想认识的不同，在遇到挫折时的表现也会大不一样。产生挫折的原因是多种多样的，从总体上它可划分为外在因素和内在因素。

1. 外在因素

外在因素又称客观因素或外因，是由外界事物或情境阻碍人们达到目标而产生的挫折。它主要包括自然因素和社会因素两种。所谓自然因素，主要是指个人能力无法克服的自然灾害，如天灾人祸、生老病死、冰雪洪水、地震山崩等。所谓社会因素，主要是指个人在社会生活中所遭到的政治、经济、风俗、习惯、宗教、道德等等的限制。另外，外在因素还包括组织者的管理不善，教育不力以及工作环境中缺乏良好的设施和人际关系等。

2. 内在因素

内在因素又称内因，主要是指主观因素阻碍人们达到目标而产生的挫折。它包括个人的生理因素和心理因素两种。生理因素，主要是指个人的健康状况，个子的高矮和身体上的某些缺陷所带来的限制。心理因素，主要是指个人的能力、智力、知识经验的不足。

此外，动机的矛盾和斗争状态，也是引起挫折的主要心理因素。例如，满足欲望与抑制欲望的斗争，理想与现实的斗争，个人利益与集体利益的斗争等等。这些斗争如果处理不当，常常能引发个人的心理挫折。

心理挫折，通常包括想象中的挫折和事实上的挫折。其中，想象中的挫折尽管还没有构成事实，但也能影响人的行为。例如，某人参加自学考试，还没有报名就预想着自己的命运，家务重、岁数大、学习吃力，将来十有八九通不过，于是在头脑里先产生了想象中的挫折。

(三) 挫折容忍力

1. 挫折容忍力的含义

挫折容忍力是指个体受到挫折时免于行为失常的能力，也即经得起挫折的能力，它在一定程度上反映了个体对环境的适应能力。对于同样的挫折，不同的人会有不同的感受，其主要原因就是个体的挫折容忍力不同；对于同一个体来说，面对不同的挫折，其容忍力也不相同。例如，有的人能容忍生活上的挫折，却不能容忍工作中的挫折，有的人则恰恰相反。

2. 影响个体挫折容忍力的因素

（1）生理条件。在其他主客观条件相同的情况下，身体健康、发育正常的人一般比体弱多病、有生理缺陷的人对挫折的容忍力要高。例如：一个突然生病的人，对以前不在乎的小事却反映强烈，我们通常称为"心焦"，实际上是由于其对挫折容忍力的下降。

（2）社会经验。阅历丰富、经验复杂的人比社会经验少的人对挫折的容忍力要高。例如，一个从小就娇生惯养的人，由于很少遇到挫折，或者遇到挫折有机会逃避，所以应对挫折的能力就降低。

（3）知觉判断。由于个体对客观的感知和理性认识不同，即使面对相同的挫折，不同的人也会有不同的认识感觉，获得的情绪体验也有所区别，因此受到的压力和打击程度也不同。例如，高考落榜，对有些人来说可能会认为自己这一辈子完了，而另一些人可能认为这不过是一次比较重要的选拔考试，今年考不上，明年可以从头再来。

（4）个性特征。性格开朗、意志坚强、有自信心的人，比性格孤僻、意志薄弱、自信心差的人对挫折的容忍力要强。例如：有的人由于个性方面的原因，不喜欢与人交往，或者不会协调与他人之间的关系，因而造成人际关系障碍，得不到周围人的同情与支持，导致某些需要与愿望不能实现，从而产生挫折。

二、挫折引起的行为表现

一个人遭受挫折以后，不管是由外在因素还是内在因素引起的，在心理和行为上可能产生两种反应：一种是理智性反应，另一种是非理智性反应。

（一）理智性反应

理智性反应包括继续加强努力，反复尝试，改变行为，调整目标和改变目标等行为。挫折对理智的人来说往往是事业成功的先导。

古今中外的成功者大都历经坎坷、命运多劫，是从不幸的境遇中奋起的人。而且也不可否认，对成功者来说，处境的艰险、失败的打击和对于新事物没有经验、缺少把握，也会相应的给他们带来困扰、忧虑、苦恼和烦躁不安的情绪。但成功者不畏艰难，不会被困苦的处境压垮。成功者最可贵的信念和本事是变压力为动力，从荆棘中开新路。

爱迪生做了一万多次实验。在每次失败后他都能不断寻求更多的东西。当他把原来的未知变成已知的时候，无数的灯泡就被制造出来了。所以他认为那么多的失败实质上都不能算是失败，"我只是发现了9 999种无法适用的方法而已。"这位伟大的科学家从自己"屡战屡败"的经历中总结出一条宝贵的经验。他说:"失败也是我需要的,它和成功一样对我有价值。只有在我知道一切做不好的方法之后,我才知道做好一件工作的方法是什么。"这不正是深知从各种损失中也能获益的意义吗?从这个意义上,我们认识到只有不怕失败,深知失败意味着什么的人才配享受,也才可能享受到成功的欢乐。

美国有个奇怪的企业家,他专门收买濒临破产的企业。而这类企业一到他手中,就会一个个起死回生,变得虎虎有生气。他叫保罗·密道尔。此人什么技术也没有,但很有自信心与心计。有人问他:"你为什么爱买一些失败的企业来经营?"密道尔说:"别人经营失败了,接过来就容易找到它失败的原因,只要把缺点改过来,自然就会赚钱,这比自己从头干起来省力得多。"一语道破"专买失败"的天机。由此可见,挫折和险境未必不是福祉,我们不仅要把成功视为珍宝,也要把失败看作财富。

(二)非理智性反应

非理智性反应,在心理学上又称为消极的适应或防卫,其具体表现为以下几种形式。

1. 攻击

攻击又称侵犯和对抗,它是当一个人受到挫折以后,对客体产生的强烈的敌对性情绪反应。攻击可以分为两种情况,即直接攻击和间接攻击。所谓直接攻击,就是指攻击行为直接指向构成挫折的人或物。例如当一个人受到挫折或受到他人的谴责时,常常反唇相讥,甚至拳头相向。一般来说,自尊心强的人,为了维护自己的人格或权力,容易将愤怒的情绪向外发泄,采取直接攻击的行为反应。所谓间接攻击,就是指把愤怒的情绪发泄或转嫁到毫不相关的人或物上。有时候挫折的来源不明,可能是日常生活中许多小挫折的积累,亦可能是由身体中某种病因引起,一旦有明显的攻击对象,往往会对人乱发脾气。

2. 固执

固执是指当一个人一而再,再而三地受到挫折,便逐渐地失去了信心,感到茫然、忧虑,甚至冷漠、固执、悲观厌世,无所作为,进而失去喜怒哀乐,对什么事都无动于衷。

3. 倒退

倒退又称为退化或回归。人们在受到挫折时,会表现出与自己年龄不相称的幼稚行为。例如,有的人在工作中遇到挫折或受到批评时,会像小孩子那样装病不起或号啕大哭。某些领导者因遇到挫折而对下级发脾气,也属于倒退之列。

退化的另一种表现形式是像小孩子那样,容易受暗示的影响。最经常的表现是在受到挫折以后,会盲目地相信别人,盲目地执行别人的指示,不能控制自己的情绪,缺乏责任心,轻信谣言,甚至无理取闹。领导者有时也会出现这种倒退现象。例如,在遇到挫折后不愿意承担责任或敏感性降低,不能区别合理要求与不合理要求,甚至会盲目地忠实于某个人或某个组织等等。这些现象都属于倒退之列。

4. 妥协

人们在受到挫折时,会产生心理或情绪上的紧张状态,这种紧张状态往往令人很难承受。为了摆脱这种状态,人们往往采取妥协性措施,可以减少在挫折时由于心理或情绪的过分紧张而给身体造成的损害。妥协措施常见的表现形式有以下几种。

（1）文饰。所谓文饰是指人们在受到挫折后，会想出各种理由原谅自己或为自己的失败辩解。文饰起着自我安慰的作用。也许在旁观者看来，自圆其说是荒唐的，但本人却以此得到说服，这种现象类似于我们平常所说的"阿Q精神"。

（2）投射。所谓投射就是把自己所做的错事或不良表现，委过于别人，从中减轻自己的内疚、不安和焦虑。

（3）反向。所谓反向就是受到挫折之后，为了掩盖自己内心的憎恨和敌视，努力压制自己的感情，做出违反自己意愿和情感的行为。

（4）表同。表同是与投射完全相反的一种表现，其特点是把别人具有的、自己羡慕的品质加到自己身上。具体表现就是模仿别人的举止言行、思想、信仰，以别人的风格姿态自居。

三、如何应对挫折

挫折对个体的影响具有两面性，既可能产生有益影响，也容易产生有害影响。挫折能够帮助个体增加行动的力量。如果个体对挫折能够客观认识、积极应对，就可能百折不挠、越挫越勇，此时挫折起到了一种侧面激励的作用；挫折能够帮助个体增强对挫折的容忍力；挫折能够提高个体的认识水平，即所谓的"吃一堑、长一智"。如果个体不能理性应对挫折，则既有害身心健康，又会阻碍个人发展，如得过且过、自暴自弃、精神颓废、一蹶不振等，甚至因为采取过激行为，酿成人生悲剧。那么应该怎样面对挫折呢？

1. 客观冷静地分析挫折

遇到挫折，首先要对挫折的原因做客观而冷静的分析，究竟挫折是怎么来的呢？是主观原因还是客观原因？只有了解挫折的原因，才能想办法去补救、解决、克服，至少下一次不会重蹈覆辙。更重要的是在了解失败的原因后，才能松弛本身紧张的情绪反应，想清楚这个失败并不会给我多么大的影响，也不会使我的名誉受那么大的打击，这样挫折就不会对你及你的自尊心造成很大的伤害。

2. 正确认识成功与失败

什么是成功？什么是失败？没有成功就算是失败吗？有很多的工作需要多次的尝试和努力才能成功，而每次的失败使人们在下次的尝试中获得更多的知识和经验，也就更进一步接近成功，即失败乃成功之母。因此，从某种意义上说，我们的生命就是一个学习的历程，不论成功与失败，都为我们今后的思想观念与行为模式提供了有意义的经验，在我们的生命中没有失败，只有成长。

3. 不逃避也不责怪自己

遇到挫折后，人们常常有意无意地用防卫作用来推卸自己的责任。但是，我们会发现，所有的防卫作用都或多或少地歪曲了事实。防卫作用虽然能减轻心理上的负担，但也会使我们不能了解事实的全貌和真相，对我们以后的行为毫无帮助。所以，遇到挫折，不能逃避责任。事情发生了，最重要的是谋求补助解决的方法，而不是忙着追究责任。遇到问题、挫折应该有勇气来承担责任，但承担责任并不意味着自责。过分的自责、不满、惭愧、内疚，会使自己对以后的行动产生不必要的顾虑，减少再尝试的勇气。因此，在学习生活中遇到问题，正确的做法是既不逃避也不责怪自己，不应总想着"怎么样才能不出错"，而应想"怎么样才能把事情做好"。这样，学习效率和热情自然会增高，成功的机会也就会越来越多。

4. 寻找应对挫折的有效途径

应对挫折的有效途径包括两个方面：一是重新修订自己的目标。在很多遭受挫折的情况中，个人的目标定得太高而没有办法实现是最普遍的原因。如果在追求自己的目标过程中，能充分考虑自己的条件，适当降低目标水平，不盲目地去和别人比较，那么，所受的打击就会少得多。二是放弃目标，另作追求。在很多遭受挫折的情况中，目标定得不适当也是很普遍的原因。须知人生的路不止一条，条条大道通罗马。没有谁能规定这一条路是必然成功之路，另外的路就不是成功之路。你有你的长处，他有他的优点；你有你的路，他有他的桥，大家没必要都走同样的路。在充分考虑自己的各种条件及所面临的环境后，如果原定目标确实不切实际，就应果断地放弃，重新确定合适的目标，让自己有适当的成功机会。

5. 培养自己应对挫折的能力

人生的道路上，困难不可避免，因此，也就要求我们提高应付困境的能力。首先要树立远大的理想，把竞争意识和危机意识注入学习中，把困难看作是对自己的一种锻炼、一种考验，养成勇于进取、不断钻研的习惯。其次，要培养自己自我选择和自我负责的独立人格，减少自己对家庭、学校等环境的过分依赖。第三，要不断进行自信训练，培养对自己能力的认同感，为以后走入纷繁变化的社会做好心理准备。

 课后深化与训练

1. 以小组为单位，在查阅资料和充分讨论的基础上，分别举例说明你所知道的名人在遇到挫折时是如何处理的。

2. 简述你在日常生活中遇到的一次挫折，分析这次挫折产生的原因，你是怎样处理的？

 知识链接

如何面对挫折

人生在世，谁都会遇到挫折，适度的挫折具有一定的积极意义，它可以帮助人们驱走惰性，促使人奋进。挫折又是一种挑战和考验。英国哲学家培根说过："超越自然的奇迹多是在对逆境的征服中出现的。"关键的问题是应该如何面对挫折。

人们都希望自己的生活中能够多一些快乐，少一些痛苦，多些顺利，少些挫折，可是命运却似乎总爱捉弄人、折磨人，总是给人以更多的失落、痛苦和挫折。记得我曾读过这样一则故事：草地上有一个蛹，被一个小孩发现并带回了家。过了几天，蛹上出现了一道小裂缝，里面的蝴蝶挣扎了好长时间，身子似乎被卡住了，一直出不来。天真的孩子看到蛹中的蝴蝶痛苦挣扎的样子十分不忍。于是，他便拿起剪刀把蛹壳剪

开，帮助蝴蝶脱蛹出来。然而，由于这只蝴蝶没有经过破蛹前必须经过的痛苦挣扎，以致出壳后身躯臃肿，翅膀干瘪，根本飞不起来，不久就死了。自然，这只蝴蝶的欢乐也就随着它的死亡而永远地消失了。这个小故事也说明了一个人生的道理：要得到欢乐就必须能够承受痛苦和挫折。这是对人的磨炼，也是一个人成长必经的过程。

造成挫折的因素有很多。例如，将奋斗的目标定得过高，能力与期望值存在差距等。另外还包括心理冲突的因素。比如，一个大学生很想专心攻读博士学位，可又处于热恋之中。读书与恋爱如鱼与熊掌，他希望兼而得之，但对他来说最佳做法是只选其一，这就是一种"双趋冲突"。又如，一对正谈恋爱的男女，接触几次后就觉得该谈的都谈了，再也没什么可说的了，俩人只能你看我，我瞧你，显得十分尴尬，可一个人会更觉寂寞。这就叫"双避冲突"。

人在遭遇挫折时，往往会感到缺乏安全感，使人难以安下心来，工作和生活都会受到影响。那么，人在遭受挫折的时候，又应如何进行调试呢？以下10种方法，不妨一试：

第一，沉着冷静，不慌不怒。

第二，增强自信，提高勇气。

第三，审时度势，迂回取胜。所谓迂回取胜，即目标不变，方法变了。

第四，再接再厉，锲而不舍。当你遇到挫折时，要勇往直前。你的既定目标不变，努力的程度加倍。

第五，移花接木，灵活机动。倘若原来太高的目标一时无法实现，可用比较容易达到的目标来替代，这也是一种适应的方式。

第六，寻找原因，理清思路。当你受挫时，先静下心来把可能产生的原因寻找出来，再寻求解决问题的方法。

第七，情绪转移，寻求升华。可以通过自己喜爱的集邮、写作、书法、美术、音乐、舞蹈、体育锻炼等方式，使情绪得以调适，情感得以升华。

第八，学会宣泄，摆脱压力。面对挫折，不同的人有不同的态度。有人惆怅，有人犹豫，此时不妨找一两个亲近的、理解你的人，把心里的话全部倾吐出来。从心理健康角度而言，宣泄可以消除因挫折而带来的精神压力，可以减轻精神疲劳；同时，宣泄也是一种自我心理救护措施，它能使不良情绪得到淡化和减轻。

第九，必要时求助于心理咨询。当人们遭遇到挫折不知所措时，不妨求助于心理咨询机构。心理医生会对你动之以情，晓之以理，导之以行，循循善诱，使你从"山穷水复疑无路"的困境中，步入"柳暗花明又一村"的境界。

第十，学会幽默，自我解嘲。"幽默"和"自嘲"是宣泄积郁、平衡心态、制造快乐的良方。当你遭受挫折时，不妨采用阿Q的精神胜利法，比如"吃亏是福"、"破财免灾"、"有失有得"等来调节一下你失衡的心理，或者"难得糊涂"，冷静看待挫折，用幽默的方法调整心态。

人生在世，不可能春风得意，事事顺心。面对挫折能够虚怀若谷、大智若愚，保持一种恬淡平和的心境，是彻悟人生的大度。一个人要想保持健康的心境，就需要升华精神，修炼道德，积蓄能量，风趣乐观。正如马克思所言："一种美好的心情，比十副良药更能解除生理上的疲惫和痛楚。"

(资料来源：根据人民网：《如何面对挫折》一文整理)

第七章 群体心理与管理

 能力目标

▶ 能够根据群体的特征准确区分群体和个体，并且结合实际确定合适的群体规模。
▶ 能够把握并实际应用改善人际关系的方法。

 知识目标

▶ 重点掌握群体的概念和分类。
▶ 掌握非正式群体的特征与作用。
▶ 理解群体凝聚力的概念、人际关系的概念及种类。

 导入案例

三个尼姑在破落的庙宇里相遇。"这个庙为什么一片荒废凄凉呢？"甲尼姑触景随口提出这个问题。"一定是尼姑不虔诚，所以诸神不灵。"乙尼姑说。"一定是尼姑不勤劳，所以庙才不修。"丙尼姑说。"一定是尼姑不敬谨，所以信徒不多。"甲尼姑说。

三人你一言我一语，最后决定留下来各尽所能，看看能不能够成功拯救此庙。于是甲尼姑恭谨化缘招呼，乙尼姑诵经礼佛，丙尼姑殷勤打扫。果然香火渐盛，朝拜的信徒络绎而来，而原来的庙宇也再度恢复鼎盛兴旺的旧观。

"都是因为我四处化缘，所以信徒大增。"甲尼姑说。

"都是因为我虔心礼佛，所以菩萨才显灵。"乙尼姑说。

"都是因为我勤加整理，所以庙宇焕然一新。"丙尼姑说。

三人为此日夜争执不休，庙里的盛况从此又一落千丈。

分析启示：这庙之所以荒废，既非尼姑不虔诚，也不是尼姑不勤劳，更非尼姑不敬谨，而是尼姑不和谐。一个人的力量只能获得小的成功，一个团队的力量才能获得大的成功。在一个群体中，合作是最重要的。

第一节　群体行为理论

群体并不是单纯的人群集合体。候车室的乘客、商场的顾客、影剧院的观众、节日广场上的游人等萍水相逢、偶然聚在一起的人,虽然在时间、空间甚至在目标上有某些共同点,但他们之间在心理上没有相互影响和相互作用,因而不能称为群体。群体作为一个特定概念,有其独有的内容和特征。群体不是若干个体的相加,而是使个体有机地组织起来,形成一种新的力量,以完成个人无法完成的任务。

一、群体的概念与分类

(一)群体的概念

群体是具有一定结构和共同目标,在心理上相互影响、行为上相互作用的人群集合体。著名心理学家霍曼斯(G. G. Homans)认为,任何一个群体中,都存在着相互联系的三个组成要素:活动、相互作用和情感。并提出群体应该具有以下特征。

(1)群体具有共同的目标,并由群体成员通力合作来达成这个目标。这是构成和维持群体存在的基本条件。

(2)群体一般都有自己的规范、规则和领导人,每个群体成员应该遵守这些规范和规则。群体的规范和规则在相当长的时间内不因群体成员的去留而改变。

(3)群体成员在心理上相互依存,彼此都能意识到对方的存在,也能意识到自己与其他人之间的关系,有心理上的联系和接触,这是群体区别于一般人群的特点之一。

(4)群体成员间在行为上互动,即彼此的所作所为相互作用、相互影响,人们之间有信息、思想、感情的交流。

(二)群体的分类

群体的种类很多,可按不同标准进行分类。

1. 依据群体是否实际存在,可以分为假设群体和实际群体

所谓假设群体,是指实际上并不存在,只是为了研究和分析需要而划分出来的群体。例如,为了调查了解全国各类人员年平均工资收入情况,可对工人、农民、教师等进行抽样调查,这些被调查的工人、农民、教师等人群就是假设群体。它是我们调查研究、了解情况的有效手段。实际群体是指实际存在的群体,这类群体的成员在一定的时间、空间内发生直接或间接的接触和联系,彼此之间发生实际的相互作用和影响。

2. 依据群体规模的大小,可以分为小型群体和大型群体

凡是群体成员有直接的、面对面的接触和联系的群体属于小型群体;而人数众多,成员间不能直接联系、接触、认识、交往,仅能以间接的方式,如通过群体的共同目标,通过各层组织机构等联系在一起的群体属于大型群体。管理心理学研究的重点是小型群体，小型群体中心理因素的作用相对来讲要大于大型群体。在大型群体中，由于其成员间的联系是间接的，所以社会因素比心理因素有更大作用。

3. 依据构成群体的原则和方式，可以分为正式群体和非正式群体

正式群体是由官方组织正式设立的一种组织形式。正式群体是为了组织的特定任务，达到特殊目的而设立的。正式群体中有组织任命或选举的领导人，有严密的组织结构，每个成员有明确的分工，承担规定的职责和义务。工厂里的车间、科室和学校里的教研室、学生班集体以及各单位的党团支部、工会小组等都是正式群体。非正式群体不是经过官方组织正式设立的，它没有明确的目的和任务，是在工作和生活中自然形成的无形的组织。在许多正式群体中都存在着各种形式的非正式群体，它们会在一定程度上对正式群体的目标实现和心理氛围等产生重要影响。

4. 依据群体在人心目中的形象，可以分为一般群体和参照群体

一般群体是与参照群体相对而言的，指的是那些虽然也存在并活动于社会上，但其标准和目标还不足以成为人们行动的楷模的一般性群体。参照群体亦称榜样群体，是个体自觉接受其规范准则并以此来指导自己行为的群体。应当指出，个体所参加的群体不一定是个人心目中的参照群体。生活中常有这样的现象，一个人参加了某个群体，却把另一个群体作为自己的参照群体。另外，参照群体也可能是想象中的群体，它在现实中并不存在。参照群体不等同于先进群体，只有一个人把先进群体的行为规范与自己的行为相对照，并按其标准行事，先进群体才会成为参照群体。研究参照群体很重要，先进群体能不能发挥榜样的作用，关键在于他们能不能成为人们的参照群体，也就是使人们用他们的规范和准则来指导自己的行动。否则榜样树立的再多，也不会起什么作用。

二、群体的结构、规模与作用

（一）群体的结构

群体的结构是指群体成员的组成成分及这些成分的有机组合。群体成员的结构可根据不同纬度进行划分，如年龄结构、能力结构、知识结构、专业结构、性格结构以及观点、信念的结构等。群体结构对于群体成员的工作效率有很大影响。群体成员搭配不当，会使群体涣散，经常发生冲突，降低工作效率。

群体结构根据其成员在群体组成成分的接近性程度可分为同质结构和异质结构。同质结构指群体成员在能力、性格、年龄、知识等方面都比较接近。研究表明，在以下三种条件下，同质群体可以达到最高的生产率。

（1）当工作比较单纯，而又不需要许多种类的资源来完成工作时，同质群体有较高效率；

（2）当完成某一件工作需要大量合作时，同质群体往往有效。因为，在这样的群体中冲突和竞争较少；

（3）如果一个群体在工作时需要连锁反应，那么群体的同质性对群体完成任务较有帮助。

异质结构指群体成员在上述各个方面有很大差别。以下三种情景中异质群体会有较高的生产率。

（1）异质群体适合于完成复杂的工作，因为在该群体中有各种能力和各种见解的人，"仁者见仁，智者见智"，这样有利于复杂问题的解决。

（2）当在较短时间就做出解决问题的方案有可能产生不利后果（过于仓促，考虑不周全，不成熟）时，异质群体就有优点，异质群体往往需要从多个角度，不同侧面，通过较长时间争议，最后才能统一思想，做出决策。而同质群体，则会由于意见一致，工作进行的较快而对短时间内所做出的决策论证不足。比如，法庭审判中异质的陪审团要有较长的时间才能做出决定，这样有利于对案件的证据作更加深入的分析。

（3）凡需要有创造力的地方，由不同类型的成员组成的群体较为有利，不同的见解有助于提高这个群体的创造力。

管理者应当懂得，为完成某一任务或达到某一目的从事组织工作时，必须注意寻求你所组成的工作群体中，对于这种工作可能会有的那种最适当的同质成员与异质成员对比的平衡。也就是说，如果群体成员过于参差不齐，他们彼此之间就难以和谐地相互作用，因而抑制了生产率的提高；与此相反，如果群体成员过于整齐划一，很快达到一致，听不到不同意见，或有意见也不说，这样群体的智慧就很难充分发挥。总之，管理人员要注意研究工作群体成员的素质结构及其作用。

（二）群体的规模与作用

群体规模的研究涉及两个方面的问题，一是确定群体人数的上限和下限。一般认为小群体的下限应为2人或3人，但大多数主张不能少于3人，因为2人往往只能构成个人间的纯感情关系，如果发生争执，没有第三者仲裁，矛盾很难解决，不能体现群体的特征。对于上限的人数则存在不同看法，如多数人认为7人最佳，但也有人主张20、30甚至40人的，总之，群体的规模不能太大，因为规模太大，使群体成员间彼此不能见面、接触和了解，心理上没有相互联系和影响，行动上没有相互作用，也就没有对某一群体的归属感，因此也就失去了群体的质的特征。二是群体成员数是奇数还是偶数。主张群体应为奇数的人认为当群体成员发生意见分歧时，奇数群体可以采取投票表决的方式使问题迅速得到解决；主张偶数群体的人则认为有时真理掌握在少数人手中，因而只有在深入讨论的基础上使问题得到解决，才能更好地发挥群体的力量。

现在管理界普遍认为，群体规模最终应根据生产任务的特征而确定。它的确定应遵循以下原则：

（1）群体规模的下限保证能按时、定量地完成生产任务。

（2）群体规模的上限应保证不会因规模过大而造成生产效率的下降。

（3）必须努力寻求使其生产效率达到最佳水平的适度的群体规模。

目前，在我国企业中，对于生产班组的规模还缺乏有科学根据的成员定额标准。生产班组的规模应根据生产任务、工程的区别、机械化程度、工人的熟练水平等确定。群体规模对群体的影响，主要表现在以下五个方面。

（1）群体内的相互作用。群体内成员的数目必然会影响到群体成员间的相互作用、相互交流。一般来说群体成员超过8人时，群体中的每位成员就很难同时和其他各个成员进行相互交往并做出反映。因此，由5~7人组成的小组，往往有利于深入考虑某些特殊的需要决策的问题。

（2）工作满意度。工作群体的规模与工作满意度呈负相关，也就是说工作群体的规模越大，员工的满意度越低。这可能是由于工作规模的加大，使得个人受到关注以及与他人交流的机会减少，个人的归属感、群体对个人的吸引力降低等因素使得员工的满意度不高。

（3）生产效率。工作规模与生产效率之间的关系比较复杂，受生产任务性质的影响。工作任务可以有两种性质：第一种是"相加性"工作，整个工作任务的总效果是由从事该工作的个体的工作相加得到的。例如，生产某种零件，1个人生产10件，那么10个人就是100件。第二种是联结性工作，在完成一项任务时，每个成员必须共同合作，例如组装一辆汽车。在第一类工作中，人越多工作成效越大。在第二类工作中，人过多工作效率反而会下降。

（4）缺勤或旷工。国外对蓝领工人的研究表明：工作群体规模与缺勤或旷工成正相关。工作群体规模越大，缺勤率越高。而在白领管理人员的研究中没有发现二者之间有关系。

（5）离职。国外研究表明：工作群体规模与离职率成正比。这也就是说工作群体规模越大，人们离职的可能性越大。这主要是由于群体规模的加大，削弱了群体对个体的吸引力和归属感而造成的。

三、非正式群体

所谓非正式群体，是指那些相对于正式群体而言的群体，非正式群体不是由组织正式组建，而是自然或自发形成的，由于情趣一致或爱好相仿，利益接近或观点相同，以及彼此需要等原因把人们联结在一起，并且依靠心理、情感的力量来维持的群体。非正式群体在组织和正式群体中的作用也是客观存在的，其作用有好有坏。研究非正式群体的目的，在于把其视为一种可开发的人力资源，加以正确引导，发挥其积极作用，抑制消极作用，避免其破坏作用，这对于工作群体的行为合理化及提高绩效，具有重要意义。

（一）非正式群体的特征

非正式群体一般具有如下特征：

（1）非正式群体的形成和维持是以某种共同利益为基础、以感情为纽带的；

（2）正式群体有自己的领袖人物，他是一群人中最有影响力和号召力的人物。非正式群体往往是围绕某个领袖人物形成起来的；

（3）非正式群体有自己的行为规范和一套不成文的规章制度，对群体成员有一种无形的约束力。这种力量往往迫使群体成员"一致对外"，具有强烈的自卫性和排他性；

（4）非正式群体中的成员间信息传递灵敏，沟通渠道畅通无阻；

（5）非正式群体存在于正式组织或群体之中，它和正式组织或群体同时并存，一般不起主导作用。

（二）非正式群体的形成原因

非正式群体是人们在工作和生活中自然形成的一种人群集合体。其形成原因主要有以下四种。

(1) 共同的价值观念和共同的利益与风险。个体在交往中，如果价值观一致，会使双方的心理距离迅速缩短；如果价值观不一致，心理距离便越拉越长。所谓"酒逢知己千杯少，话不投机半句多"。企业中的员工虽然都有各自的利益，但往往部分员工的利益会趋于一致。这些利益一致的员工容易形成非正式群体。

(2) 共同的兴趣爱好。人有各种兴趣爱好。正当的兴趣爱好，有助于陶冶情操，丰富业余生活，增长知识，促进身心平衡，提高休息质量。兴趣爱好的一致，会促进一些员工经常聚在一起，形成非正式群体。

(3) 共同的经济与社会背景。这里的背景主要是指以往的学历、当前的处境、出身、家庭、年龄、性别、职业、生活地域等，特别是当前的处境尤为明显。一般而言，背景相似的人相互之间的共同语言较多，相互沟通比较容易，较容易形成非正式群体。

(4) 时间与空间上的接近。时间和空间上的接近会使个体之间有更多的接触和交往的机会，从而加深彼此之间的了解，较容易形成非正式群体。

(三) 非正式群体的分类

1. 按非正式群体的形成原因划分

(1) 利益型。因其成员利益上的一致而形成，凝聚力最强，作用明显，是否是非正式群体也容易判定。

(2) 信仰型。因其成员共同的信仰和观点而形成，凝聚力较强，但由于是思想上的结合，除与信仰、观点有关问题外，群体作用并不十分明显。

(3) 目的型。因其成员要达到一定的目的而形成，这种目的的动机可能各不相同，一旦达到目的，群体也就可能解体。

(4) "需要互补"型。因其成员在某些方面，譬如品质、性格有相似、相近之处，"同类相求"，或虽不相同，但能互补。这样的非正式群体比较松散。

(5) "压力组合"型。因外驱力或压力作用而形成，如果外力消失或改变，群体本身也就可能发生变化。

(6) "家族亲朋"型。因其成员有家庭亲朋关系而形成，凝聚力强，内部相互帮助和对外自卫的作用明显。

(7) "娱乐"型。因兴趣爱好相同而形成，凝聚力不是很强，群体作用也不明显。

2. 按非正式群体的作用性质划分

(1) 积极型。对组织目标、正式群体的建设及成员成长起积极作用，如技术人员自发形成的攻关小组、技术能手小组等。

(2) 消极型。对于组织目标、正式群体的建设及成员的成长，有着消极的影响，如有的非正式群体经常聚在一起发牢骚之类。

(3) 中间型。对于组织目标、正式群体，都没有明显的积极作用或消极作用，如业余诗词协会、篮球队等。

(4) 破坏型。对组织目标和任务及正式群体的建设有明显的破坏、干扰作用，如有些非正式群体鼓励成员怠工、破坏工具、赌博、打架，等等。

这里需要指出：第一，非正式群体的群体作用性质不是固定不变的，可以发生转化。比如，起积极作用的非正式群体，如果引导不利，或对其采取不正确的态度，可能使其作用发生转化；起消极作用的非正式群体，经过适当的工作，也可能转为起积极作用的非正式群体。第二，非正式群体的作用往往不是绝对的积极或绝对的消极。比如，有些非正式群体的作用对组织是不利的，但可能对正式群体却有一定积极作用。

（四）非正式群体的作用

心理学研究表明，群体有两项基本功能，即工作性功能和维持性功能。任何组织都有自己的工作目标和特定任务，要实现目标、完成任务，必须通过群体动员，组织其成员积极努力工作，这种组织生产工作，并取得成果的活动，称为群体的工作性功能。对于非正式群体来说，它的工作性功能不是很强，但它在满足个人心理需要的维持性功能方面，却有独特的作用。

因为我们说每个人都有自己的个性和需要结构，人的需要是多种多样的，有物质的，也有精神的；有社会的，也有心理的。有些需要可以通过工作性的活动得以满足，例如，通过工作取得成绩，获得报酬，可以满足人的某些物质需要、成就需要以及自我表现的需要等。但是人的有些需要，如社会交往、尊重、亲和等需要，则是通过群体内人际之间的相互作用、相互交流得以满足的。这种需要的满足可以维持群体的存在和正常运转。这种满足人们的合理需要、协调人际关系、维持自身团结和健康发展的功能，称为群体的维持性功能。

群体的维持性功能是通过满足人的心理性和社会性需要得以实现的。研究证明，群体可以满足个人的下列需要。

（1）安全需要。求得安全是人的基本需要之一，一个人参加并属于某一群体时，就能避免孤独恐惧感，从而获得心理上的安全感。

（2）合群的需要。广交朋友，建立友谊，获得他人对自己的支持、帮助，这是人的社会交往的需要。谁都需要朋友和友谊。在群体中可以保持与他人之间的联系，获得择友的机会，满足人的社会交往的需要。

（3）尊重的需要。自尊是每个人都有的基本心理需要。谁都希望别人尊重自己、承认自己，并在群体中占有一定的地位，包括职务上的地位和心理上的地位。受到别人的尊重和赞许，可以满足人尊重的需要。

（4）增强自信心。在群体中，对某些问题可以通过讨论，充分交换意见，得出一致的结论，使个人不明确、拿不准的看法获得支持或订正，从而增强个人的自信心。

（5）增强力量感。群体可作为个人的后盾和一种可依靠的力量，使其成员不会感到孤单，并增加力量感。

（6）自我确认的需要。个人参加并属于某一群体，不但使个人体会到自己是社会的一分子，而且能认识个人在社会中的地位。

（7）其他需要。如遇到困难时得到帮助，苦恼时得到安慰，失败时得到鼓励等。

以上这些非正式群体的作用是正式群体无法代替的。因此，管理者应正确对待非正式群体，使它们充分发挥其应有的作用。

四、群体行为理论

群体行为理论研究非正式组织以及人与人之间的关系问题,以德国心理学家卢因(Kurt Lewin)的"群体动力学理论"和美国心理学家布雷德福(Leland Bradfood)的"敏感训练"理论为代表。

卢因的"群体动力学理论"认为:

(1)群体是一种非正式组织,是由活动、相互影响以及情绪三个相互关联的要素组成;

(2)群体的存在和发展有自己的目标;

(3)群体的内聚力可能会高于正式组织的内聚力;

(4)群体有自己的规范;

(5)群体的结构包括群体领袖、正式成员、非正式成员以及孤立者;

(6)群体领导方式有三种:专制式、民主式和自由放任式;

(7)群体的规模一般较小,以利于内部沟通;

(8)群体领导是自然形成的,他要创造条件促使他人为群体出力;

(9)群体中的行为包括团结、消除紧张、同意、提出建议、确定方向、征求意见、不同意、制造紧张、对立等。

为处理组织中人与人之间的关系,布雷德福提出了"敏感训练",通过模拟工作环境,使受训者在群体学习环境中相互影响,明确受训者在群体中自己的地位和责任,加强对自己的感情和情绪的敏感性以及人际关系处理的敏感性,从而改进个人和团体的行为,以提高工作效率,满足个人需要。

课后深化与训练

1. 请完善以下表格。

正式群体与非正式群体的区别

	正式群体	非正式群体
定义及特征		
分类并举例		
形成原因		
作用		

2. 案例分析。

猎人捕鸟

猎人在湖边张网捕鸟,许多鸟都落网了,但是由于鸟太多,带着网飞走了,猎人就跟着鸟跑。农夫看到了就说:"你怎能追得上鸟呢?"猎人回答:"如果只是一只鸟,我没有办法,但是是一群鸟,我肯定追得上。"后来,鸟和网都掉在地上,猎人成功了。

请问：为什么一群鸟在一张网里却无法保持在空中飞行，反而掉在了地上？这个案例在管理上有什么启示？

知识链接

群体形成的基本条件

1961 年，社会心理学家 M. 谢立夫进行了一项经典研究，完整地揭示了人们从个体形成群体的全过程。

这一研究请互不相识的 12 位男孩参加夏令营。他们来自不同的学校和街区，都来自于中产阶级白人家庭。研究分几个阶段进行。

实验第一阶段，参加试验的被试者被分为两个独立人群，相互不知道对方的存在。研究分别安排两个人群进行一系列活动，如一起做饭、修游泳池、玩垒球、一起做绳梯等。结果，这一阶段的一起活动和交往，使两个人群分别从原来的聚合状态发生了变化。每个小组都发展了自己不成文的规则、非正式的领导者，以及其他一些组织化群体所具有的特点。两个小组甚至自发地为自己的群体起了名字：一个叫"响尾蛇"，一个叫"雄鹰"。至实验第一阶段结束，群体每个成员的角色已发生明显分化，并且稳定下来。

实验第二阶段，安排两个群体相遇，彼此之间开展一系列诸如橄榄球、垒球及其他项目的比赛。竞争的结果，是两个小组出现了明显的"我们的感情"，"我们"和"他们"的意识发生了明显分化。群体成员分别将自己的群体看作内群体，认为自己所属的群体更优越，而将对手视作外群体，似乎对方的特点都不合自己的愿望。竞争引起了对对手群体的敌意。第二阶段结束时，请被试者在两个群体中择友，结果两个群体的成员选择本组成员作为朋友的比例，分别达到 92.5% 和 93.6%。

实验第三阶段是探索如何减轻或消除群体间的冲突。实验安排两个小组被试者一起进行一系列共同活动，如玩撒豆游戏，即先把豆子撒下，然后捡起来猜捡到的豆子数目；一起用餐、一起看电影短片。然而，这样的操作并未有效减轻双方的敌意。有一次两个群体还在吃饭时发生了直接冲突。

研究的进一步安排是提供两个群体必须一起协同活动的机会。如一起修野营基地的贮水池，否则大家都会缺水；一起协力将卡车拖出泥潭等一系列共同活动。结果，两个群体的敌对情绪明显减缓。野营生活结束时再次进行择友测试，结果两个群体的成员选择对方成员作为朋友的比例达到了三分之一左右，与第二阶段的结果形成了明显对照。

显然，交往、共同活动和目标一致，是群体形成的基本条件。谢立夫等人巧妙的实验很好地证明了这一点。

（资料来源：章志光主编《社会心理学》，人民教育出版社，2001 年版。转引自人教网）

内群体和外群体

内群体和外群体，又称作"我群"和"他群"。这两个概念是由萨姆纳在《民俗论》一书中最先提出的。萨姆纳认为，根据成员对自己与群体关系密切程度的自

我感觉及对不同群体的态度，可以将群体分为内群体和外群体。

凡是成员感到自己与群体关系密切，对群体有强烈归属感的，就是内群体；而那些由他人结合而成、与自己没有什么关系的群体，就属于外群体。内群体和外群体是通过"我们"和"他们"的群体界限来划分和定义的。这些群体界限，有的是有形的，如学校的校徽，就是一种群体界限符号；然而，更多的则是基于群体成员一种感情上的亲切和态度上的认同，这种认同促使成员之间密切、团结、协调、合作。因此，内群体和外群体的研究，对于揭示社会伦理问题，有着更显著的意义。

（资料来源：根据华夏心理百科——内群体与外群体整理）

第二节 群体人际关系

一、人际关系的概念

人际关系，也叫人群关系，是指人们在物质交往和精神交往过程中产生、发展和建立起来的人与人之间的相互联系、相互影响和相互作用。人际关系在交往过程中产生和发展，并且总是处在不断的变化之中，对人们的工作、学习、生活和健康产生影响。人际关系的实质是一种社会关系，它包含在社会关系体系之内，而社会关系有更为广阔的内容，它只能通过各种复杂的人际关系表现出来。

人际关系的心理结构包括三方面的内容：① 认识是人际关系形成和发展的前提，② 情感是人际关系形成和发展的动力，③ 行为是人际关系形成和发展的途径。

人际关系有八种行为模式：① 由管理、指挥、指导、劝告、教育等行为，导致尊敬和服从等反应；② 由帮助、支持、同情等行为，导致信任和接受等反应；③ 由同意、合作、友好等行为，导致协助和温和等反应；④ 由尊敬、信任、赞扬、请求帮助等行为，导致劝导和帮助等反应；⑤ 由害羞、礼貌、敏感、服从等行为，导致骄傲或控制等反应；⑥ 由反抗、怀疑、异样、疲倦等行为，导致惩罚或拒绝等反应；⑦ 由攻击、惩罚、不友好等行为，导致敌对和反抗等反应；⑧ 由偏激、拒绝、夸大、炫耀等行为，导致不信任或自卑等反应。

二、人际关系的种类

（一）人际交往范围的大小

从人际关系的范围大小来看，人际关系可以分为三种类型：一是个体之间的关系（也称两人间的关系），如父子关系、夫妻关系、同学关系、同事关系、师生关系、朋友关系等；二是个体与群体之间的关系。如个人与家庭、个人与班组、个人与分监区之间的关系；三是群体之间的关系。如家庭与家庭、班组与班组、分监区与分监区之间的关系等。

（二）人际交往的需要类型

美国社会心理学家舒兹根据对他人需求的内容和方式的不同，把人际关系需求分为三类：一是包容的需求。具有包容需求的人愿意与人交往，希望与他人建立和维持相互容纳的和谐关系。基于这种愿望所产生的行为特征是：容纳、沟通、参与、归属、随同等。与之相反则表现为退缩、排斥、对立、疏远等。二是控制的需求。具有控制需求的人企图运用权力、权威或其他可以控制别人的因素来与他人建立和维持良好的人际关系，其行为特质是领导、支配、控制。与此相反的人际关系特质是受人支配、追随他人或者反抗权力、藐视权威等。这种类型的人际关系不只是存在于领导者与被领导者、管理者与被管理者之间，小群体中的核心人物、伙伴中的"头儿"，与他人的关系往往也都带有控制和被控制的特征。三是建立在情感需求上的人际关系。具有情感需求的人希望在情感方面与他人建立并维持友好、喜爱、亲密、同情、友善良好的关系，其行为反应特质是热情等。与此相反的人际特质是冷淡、疏远、憎恶等。

（三）人际交往的媒介类型

人际关系，按其形成的基础，可以分为三类：一是血缘人际关系。此种人际关系是由血缘联系和姻亲联系所构成的人际关系。这种人际关系以家庭为中心，成员之间的交往构成一个血缘关系网络和一个由若干家庭交叉形成的亲缘关系网络，如亲子、祖孙、叔侄、甥舅等，血缘人际关系是人际关系中最直接、最普遍的关系。二是地缘人际关系。此种人际关系是因居住在共同的区域，以地域观念为基础而形成的人际关系。地缘人际关系常常以社会历史和文化为背景，使人际关系带有文化传统、心理纽带和乡土色彩，如邻里关系、同乡关系等，地缘人际关系对社会的作用和影响十分广泛。三是业缘人际关系。如同事关系、师徒（生）关系、经营关系等，这种人际关系是以共同的事业、志趣为基础的。业缘人际关系打破了血缘人际关系和地缘人际关系的界限，以事业和志趣为纽带，在人际关系中所占的比例最大，对社会最有影响。

课后深化与训练

1. 6人一组，链式排列，开头的第一人对排在第二位的人说一句话，排在第二位的人用动作或其他方式（不能说话）把第一人说的意思传递给第三个人，第三人接受到信息后，依此类推传给第四个人……直至第六个人。最后每个人把接收到的信息口述出来，对比第一个人说的信息与所接收到的信息有没有差距。

讨论：

（1）列举人与人之间多种多样的沟通方式。

（2）你将如何克服沟通的障碍？

2. 每个小组出三个成员，一名扮演工程师，一名扮演工人，一名扮演观察者，小组的其他成员为监督员。一组的监督员监督二组三名队员的反应，二组监督员监督三组三名成员的反应……依此类推。

（1）"工程师"与"工人"背对着背。将积木分成相同的两个部分，发给"工程师"与"工人"，由"工程师"负责叙述自己的设计思路（一边叙述一边搭建），"工人"按照"工程师"的指令搭建，要求"工程师"与"工人"不能看对方搭建的积木，但可以通过语言交流。

（2）观察者负责观察，不能做出任何暗示；监督员负责监督这三名成员的行为，也不能做出任何暗示。

（3）规定时间为10分钟。规定时间用完后，检查"工程师"与"工人"建造成果的异同。

（4）请扮演四种角色的成员谈自己的感受。教师总结，可以围绕沟通的几个环节展开。

 知识链接

沟通的距离

美国人类学家E. T. 霍尔（E. T. Hall）对交往的人际空间距离进行了经典性的研究，提出"近体学"概念。认为人们进行交往时，互动双方的空间距离从近至远可分为4圈，即亲昵区，0～44厘米；个人区，44～122厘米；社会区，1.2～3.7米；公众区，3.7米以上。霍尔进而指出影响人们交往的空间距离的四个主要因素，即相互亲密程度、文化背景、社会地位差别和性别差异。

（资料来源：摘自《沟通中的距离：近体学》一文）

电话铃声的妙用

20世纪80年代，有一对两地分居的夫妇，丈夫留学美国，妻子在国内上班。当时国际长途电话的资费非常贵，每分钟要二三十元，对于这对夫妇而言成本很高。后来它们想出了一个既省钱又能保证每天都能沟通的办法——电话铃响一声就挂断，含义是：我很好，不要挂念；电话铃响两声挂断，含义是：你的回信我收到了，请放心；电话铃响三声挂断，含义是：我的信件已寄出，注意查收；铃声响三声以后还不挂断，代表我确实有话说，请接电话。

故事中的夫妇巧妙利用打电话的约定，将他们的沟通模式化、标准化，于是大大节约了例行沟通的成本，只有例外情况才付费用。当然，随着科技的发展，解决这个问题的途径很多，成本也很低，但故事中想方设法降低沟通成本的思想值得借鉴。

（资料来源：摘自百度文库《沟通小故事》）

第三节　提升群体凝聚力与士气

群体凝聚力是一个群体是否有战斗力、是否成功的重要标志，它对群体行为和群体效能的发挥有着重要作用。管理实践表明：有的群体关系融洽、凝聚力强、意见一致、团结合作，能顺利完成任务；有的群体成员之间意见分歧、关系紧张、相互摩擦、凝聚力差、个人顾个人、一盘散沙，不利于任务的完成。因此，研究群体凝聚力不但是管理心理学理论研究的重要内容，对实际管理工作也具有十分重要的指导意义。

一、群体凝聚力的概念

群体凝聚力即指群体对每个成员的吸引力和向心力，以及群体成员之间相互依存、相互协调、相互团结的程度和力量。它可以通过群体成员对群体的向心力、忠诚、责任感、群体的荣誉感等以及群体成员众志成城、齐心协力抵御外来攻击或同外来群体的竞争力来表示；也可以用群体成员之间的关系融洽、团结合作和友谊等态度来说明。研究表明，凝聚力高的群体有以下特征：

（1）成员间意见沟通快，信息交流频繁，互相了解较为深刻，民主气氛好，关系和谐；

（2）群体对每一个成员有较强的吸引力、向心力，成员愿意参加团体活动，无论是生产还是其他活动出席率都较高；

（3）群体成员愿意承担更多的推动群体工作的责任，时时关心群体，并注意维护群体的利益和荣誉；

（4）群体中每个成员都有较强的归属感、尊严感、自豪感。

群体的凝聚力具有重要的意义，它不仅是增强群体效能、实现群体目标的重要条件，而且是群体能否存在的必要条件。如果一个群体丧失了凝聚力，不再能吸引它的成员，那么它本身就失去了存在的意义。

二、群体凝聚力的测量及其主要影响因素

要了解和分析一个群体凝聚力的高低，可以进行心理测量。测量凝聚力有多种方法。例如，可以请群体的每一个成员评定自己对其他成员的感情，然后把这些评定汇总在一起；也可以让群体成员评价整个群体或他们的归属感。其中，测定群体中人际关系的社会测量法是测定群体凝聚力的一种主要方法。此外，心理学家多伊奇曾提出一个计算凝聚力的公式：

$$群体凝聚力 = \frac{成员之间相互选择的数目}{群体中可能互选择的总数目}$$

这个公式可用于实际测定。当然群体凝聚力的高低主要还是受以下因素的影响。

1. 群体成员的同质性

群体的同质性即指群体成员之间的共同点和相似性。例如，群体成员有共同的奋斗目标、理想、信念；相同的需要、动机、兴趣与爱好；相同的民族及文化背景；相似的个性倾向性及个性心理特征等都是群体的同质性。一般来说，同质性有相互吸引的作用，同质性越高，群体的凝聚力就越高。但是，有时群体成员之间工作性质相同，工作能力和水平相当，彼此不服气，可能出现嫉妒、"同行是冤家"等现象，这样会破坏群体的凝聚力，造成群体内部的不团结。

2. 群体规模

如果说群体凝聚力随着群体成员在一起的时间的增多而增强，那么群体规模越大，群体凝聚力就应越小，因为群体规模越大，群体成员之间进行相互作用就越难。各种研究也证实了这一点。随着群体规模的增大，群体成员之间的互动变得更困难，群体保持共同目标的能力也相应减弱。而且随着群体规模的增大，群体内部产生小

集团的可能性相应增大。群体内部小集团的产生通常会降低群体的整体凝聚力。

3. 外部威胁

大多数研究支持这样一个命题：如果群体受到外部攻击，群体的凝聚力会增强。如管理阶层单方面决定重新设计一项工作或处罚某个员工的做法，通常会成为当地报纸的头条新闻，因为所有的工人都会上街游行来支持那些受害者。这几个例子表明，当群体受到外部攻击时，群体内部通常会加强合作。虽然在受到外部威胁时群体通常会变得凝聚力更强，但这种现象并不是无条件的。如果群体成员认为他们的群体无力应付外部攻击，群体作为安全之源的重要性就会下降，群体凝聚力就很难提高。另外，如果群体成员认为外部攻击仅仅是因为群体的存在引起的，只要群体放弃或解体就能终止外部攻击，群体凝聚力就可能降低。

4. 领导者和领导方式

领导者是群体的核心，领导班子自身是否团结一致、齐心协力，是否坚强有力，会直接影响群体的凝聚力。如果领导班子自身不团结，互相扯皮、拆台，群体便失去核心，凝聚力将受到很大影响；如果领导班子是团结的、协调一致的，而主要的领导者有较高的权利性和非权利性影响力，众望所归，那么群体成员就会紧密地团结在他们的周围，使群体产生较强的凝聚力。不同的领导方式对群体凝聚力影响也不同。在民主、专制、放任三种领导方式中，民主型领导方式能使全体群体成员有充分表达自己意见的机会，群体成员有较强的参政意识，成员之间团结协作、互助友爱，因而有较高的凝聚力；而专制型和放任型领导方式则往往降低凝聚力。

5. 群体成员在一起的时间

如果你很少有机会看见别人，或没有机会与他们交往，那么你多半就不会被别人所吸引。因此，人们在一起的时间长短，影响相互之间的凝聚力。如果人们在一起的时间比较多，他们就会更加友好。他们会自然而然地相互交谈，作出反应，相互打招呼，并进行其他交往活动。而这些相互作用通常又会使他们发现大家共同的兴趣，增强相互之间的吸引力。群体成员在一起的机会取决于他们之间的物理距离。我们能够想象得出，与住宅距离较远的群体成员相比，住宅距离较近的群体成员之间关系更加密切。住在同一个街区，同在一个停车场停车，共用一个办公室的人更容易形成凝聚力较高的群体，因为他们之间的物理距离最小。

6. 群体成员的性别构成

最近研究一致发现，女性的凝聚力量高于男性。例如，在一项研究中，全部 6 个成员都是女性的群体和男女混合的群体比 6 个成员都是男性的群体凝聚力高。在另一项研究中发现，女性篮球队的群体凝聚力高于男性篮球队。为什么会出现这种情况尚不清楚。但是，一个比较合理的假设是，与男性相比，女性与自己的朋友、同事、伙伴竞争较少，而合作较多，这样就有助于增强女性群体的凝聚力。

三、群体凝聚力与生产效率的关系

研究影响群体凝聚力的主要因素，目的在于运用和创造这些因素，增强群体凝聚力，提高工作效率。那么，群体凝聚力与生产效率的关系如何，是否凝聚力越高生产效率也越高？这是心理学家十分关注的一个问题。研究表明，群体凝聚力与生产效率之间并不存在这种正相关的关系。凝聚力高，可能提高生产效率，也可能降低生产效率。其关键在于群体规范的性质和水平，即群体共同指定的生产指标的性质和数量。在一个凝聚力高的群体里，成员的行为高度一致，个人有较强的服从群体规范的倾向。如果这个群体的目标与组织目标不一致，则凝聚力与生产率之间成负相关；反之，群体目标与组织目标一致，则二者成正相关。前者凝聚力越高，生产率越低；后者凝聚力越高，生产率越高。

社会心理学家沙赫特通过实验研究了群体凝聚力对生产效率的影响情况。沙赫特在有严格控制条件的情况下，检验了群体凝聚力和对群体成员的诱导对于生产率的影响。实验中的自变量是凝聚力和诱导，因变量是生产率。设1个对照组、4个实验组，分别给予4种不同的条件，即高、低凝聚力和积极、消极的诱导4种不同的结合。

这个实验告诉我们：第一，无论凝聚力高低，积极诱导都提高了生产率，而且凝聚力高的群体生产率更高；消极的诱导明显地降低了生产率，而且凝聚力最高的群体生产率最低。第二，凝聚力高的群体，若群体规范规定的生产标准很低，则会降低生产率。第三，对群体的教育和引导是关键的一环，不能只靠加强成员间感情联系来提高群体的凝聚力。因此，管理者必须在提高群体凝聚力的同时，提高群体的生产指标的规范水平，加强对群体成员的思想教育和指导，克服群体中的消极因素，以使群体的凝聚力真正成为促进生产力发展的因素。

由此可见，群体凝聚力与群体生产率是相互影响的。群体成员之间的友好关系有助于降低紧张情绪，提供一个顺利实现群体目标的良好环境。但正如我们前面所指出的，顺利地实现群体目标以及群体成员作为成功群体的一分子的感觉，有助于提高群体成员对群体的忠诚感。例如，篮球队教练是有名的喜欢团队工作的人，他们相信，如果团队要赢得比赛，成员必须学会合作。教练中流行的术语包括"这个队没有个人"；"我们同生死，共命运"。这种观点的另一方面是会强化友谊关系，提高凝聚力。也就是说，成功的绩效导致成员间吸引力的提高。

更重要的是，现在我们已经认识到，凝聚力与群体生产率的关系取决于群体的绩效规范。如果群体的绩效规范比较高（比如，高产出、高质量、积极与群外员工合作），那么凝聚力高的群体就比凝聚力低的群体生产率高。但如果一个群体的凝聚力很高绩效规范却很低，群体生产率通常比较低。如果群体凝聚力低，但绩效规范高，群体生产率水平中等，不过比不上凝聚力和绩效规范都高的群体。如果凝聚力和绩效规范都低，群体生产率肯定低于一般水平。

课后深化与训练

1. 观看影片"士兵突击"，体会团队的合作精神，并形成书面文字材料。

2. 一企业有两个生产同类产品的车间，A车间的凝聚力明显弱于B车间，但A车间的生产效率又明显高于B车间。请分析以上现象的成因，并提出提高B车间生产效率的对策。

知识链接

群体凝聚力的结果

第一，士气。高凝聚力的群体比低凝聚力的群体有着较高的士气和满意程度。高凝聚力的群体具有高昂的工作精神，有为实现群体目标积极进取和顽强奋斗的精神，群体成员的关系和谐融洽，矛盾少，具有很高的满意度。

第二，更多的参与群体事务。高凝聚力群体其成员乐于参与到群体事务中去，希望留在群体内，乐于更多的相互支持，更频繁的信息沟通。在参与的过程中，群体成员增进了感情，并取得了一致性，这反过来又会增强群体的凝聚力。

第三，敌意。高凝聚力的群体容易对群体以外的人员持消极态度，而过多地表现出排斥、敌意和攻击。这主要是因为高凝聚力群体成员对自己的群体抱有过高的肯定评价而导致的结果。

第四，更多的从众。高凝聚力的群体对群体成员具有较强的吸引力，也获得群体成员的认同，因此对成员更有影响力，导致更多的从众行为。另一方面，凝聚力高的群体成员较多地表现出从众行为是为了向外界显示其所在的群体是个多么团结一致的群体，这种维护群体声誉的动机也促使成员更多地从众。

第五，绩效。一般来讲，由于高度的参与和信息沟通、高昂的士气和较高的满意度、更多主动的从众，高凝聚力的群体将有助于实现群体所追求的目标。但是，高凝聚力群体不一定能为组织带来高绩效。因为高凝聚力群体在实现自己的目标方面是成功的，如果群体目标与组织目标一致，则对组织绩效有利，导致高绩效；如果群体目标与组织目标不一致，则对组织绩效不利，将导致低绩效。

提高群体的凝聚力并不是目的，而应在提高群体凝聚力的同时，引导群体形成积极的群体规范，并把群体目标引导到与组织目标相一致的方向上来，只有这样，才能使群体凝聚力成为提高绩效的动力，而不是障碍。

（资料来源：摘自世界经理人网站《晓龙杂文：群体凝聚力的影响因素》）

第四节 群体沟通与冲突

一、群体的沟通

沟通也称意见沟通，有联络、通信、传播的意思。意见沟通也就是信息交流。信息交流是动物界的普遍现象，它是动物本能的一种表现。动物常以声音、行为、气味、肤色变化等手段彼此通报危险、敌对、友好、觅食、求偶等信号。在现代人类社会中，沟通可以是通信工具（如电报、电话、电影、电视等）之间的信息交流，属于通信技术科学研究的问题；也可以在人和机器之间进行，这是工程心理学所关注的问题。而人与人之间的信息交流则是管理心理学所要讨论的问题。这里主要研究人与人之间的意见沟通。

(一) 群体中人际沟通的要素、特点与基本类型

1. 人际沟通的要素

人与人之间的沟通尽管形式多种多样，但信息传播都有它的一般规律。最基本的要素是包括信息发出者、信息、讯道、信息接收者。信息发出者是信息沟通的主体，他不仅有目的地传播信息，还对传出的信息进行编码，即把信息加工、组织成便于传递的形式。信息是指沟通的内容，表达沟通主体的观念、需要、愿望、消息等。讯道即信息传递的途径，信息必须载入讯道才能存在和传递，声、光、电、动物、人以及报纸、书刊、电影、电视等，都是信息传递的媒介。信息接收者即接受信息的人。

信息沟通的过程是指信息发出者将沟通的内容进行编码后纳入沟通渠道；接收者在接到信息后，将信息解码并接受后，再把收到信息的情况反馈给信息的发出者。这是信息沟通的基本过程。信息接收者接受信息以后，必须经过解码才能理解信息的内容。所谓解码，是人们依据过去的经验对信息的解释，基于双方的共同经验，将编码还原，并制成新的编码，发送出去，从而构成双向沟通。如果没有新的编码，发送信息则是单向沟通。

企业中的信息沟通也是按着这个模式进行的。企业中的信息沟通一般是在两人或多人之间，并主要通过语言（包括文字语言、口头语言和身体动作语言）来进行；信息的内容包括资料、观点、意见或情感；沟通的目的在于获得了解、信任、协作，为共同完成企业目标而努力。

信息沟通在企业管理中起着重要作用。它是影响企业内部群体成员行为的一个重要因素，是企业建立和维持良好的人际关系，提高员工士气，促进企业发展的有效途径之一。

2. 人际沟通的特点

（1）人与人之间的沟通主要以语言交流的方式进行，其他辅助形式（如表情、语调、身体姿势等）对沟通效果也有一定意义。

（2）人与人之间的意见沟通，不仅指知识的交流，还包括情感、态度和观点的交流。

（3）在人与人之间的意见沟通过程中，心理因素起着重要的作用。在发送者与接收者之间，需要彼此了解对方进行信息交流的动机和目的意图；需要彼此注意、理解交流信息的含义；需要有相互交流的愿望。而信息交流的结果往往又影响和改变人的心理和行为，以增进群体成员之间的和谐。

（4）在人与人之间的意见沟通过程中，会出现特殊的沟通障碍。这种障碍不仅包括传播信息通道上的失真或编码、解码上的错误；而且包括人所特有的心理障碍。人的知识、经验、态度、人格、观点不同，对同一信息的看法和理解也可能不同。

（5）人与人的意见沟通具有不同的风格。由于每个人的个性差异，其向别人提供有关自己的信息及接受别人的信息程度也有明显的差异，向别人提供反馈信息的程度也不相同。

3. 人际沟通的类型

人际信息的沟通可划分为五种不同的类型：

(1) 自我克制型，善于克制自己，不肯轻易流露感情；
(2) 自我防守型，善于保护自己，较敏感，一旦接受他人信息立即反馈；
(3) 自我暴露型，性格外露，不善伪装，也易接受外界信息，反馈程度差；
(4) 自我谈判型，是较稳重的中间类型；
(5) 自我实现型，反应灵敏，积极主动，反馈程度高。

（二）群体中人际沟通的分类

1. 正式沟通和非正式沟通

从组织系统区分，将沟通分为正式沟通和非正式沟通。信息通过组织明文规定的渠道进行的传递和交流是正式沟通。组织内部的文件传达、通知发布、工作布置、工作汇报、各种会议以及组织与其他组织之间的公函往来都属于正式沟通。其优点是信息通路规范、准确度较高。

在正式沟通渠道之外进行的信息传递和交流称为非正式沟通，如员工间的私人交谈及一般流传的"流言"等。因为非正式沟通不但表露或反映人们的真实动机，同时也常提供组织没有预料的内外信息，因此现在的管理者都很重视非正式沟通，常利用私人会餐及非正式团体的娱乐活动等，多与员工接触并从中获取各种资料，作为改善管理或拟订政策的参考。非正式沟通既具有沟通形式灵活，信息传播速度快等优点，又具有随意性和不可靠性等致命的弱点。

2. 下行沟通、上行沟通和平行沟通

根据信息流动的方向，将沟通分为下行沟通、上行沟通和平行沟通。下行沟通是上级向下级传递信息。如企业的上级领导向下级发布命令和指示。这种沟通方式大体有五种目的：传达工作指示；促使员工了解本项工作与其他任务的关系；提供关于程序与任务的资料；向下级反馈其工作绩效；向员工阐明组织目标，使员工增强其"任务感"。这种自上而下的沟通能够协调组织内各层级之间的关系，增强各层级之间的联系，对下级具有督导、指挥、协调和帮助等作用。因此，这种沟通形式受到古典管理理论家的重视，今天仍为许多企业所沿用。但是，这种沟通易于形成一种"权利气氛"而影响士气，并且由于曲解、误解或搁置等因素，所传递的信息会逐步减少或歪曲。

上行沟通是指由下级向上级传递信息。如员工向上级报告工作情况、提出自己的建议和意见、表述自己的态度等。在组织中，不仅要求下行沟通迅速有效，而且还应保证上行沟通畅通无阻。因为只有这样，领导者才能及时掌握各种情况，从而做出符合实际的决策。但有关研究表明：有时自下而上的信息沟通即使到达了管理阶层，通常也不会被重视，或根本没被注意到，并且在逐层上报过程中内容会被逐层压缩，细节会被一一删去，造成严重失真。

平行沟通是指同级之间传递信息，如员工之间的交流、同一层级不同部门的沟通等。在企业部门中经常可以看到各部门之间发生矛盾和冲突。除其他因素以外，部门之间互不"通气"是重要原因之一。保证平行组织之间沟通渠道的畅通，是减少各部门之间冲突的一项重要措施。这种沟通一般具有业务协调性质。它有助于加强相互间的了解，增强团结，强化协调，减少矛盾和冲突，改善人与人之间的关系。

3. 单向沟通和双向沟通

根据发信者与接信者的地位是否变换，可将沟通分为单向沟通和双向沟通。单向沟通只是一方向另一方发出信息，发信者与接信者的方向位置不变，双方无论在语言上还是在表情动作上都不存在反馈信息，发指示、下命令、演讲、报告等都带有单向沟通的性质。双向沟通即指发信者和接信者的位置不断变化，发信者以协商、讨论或征求意见的方式面对接信者，信息发出后，又立即得到反馈。有时双方位置互换多次，直到双方共同明确为止。招聘会、座谈会等都属双向沟通。

单向沟通和双向沟通究竟哪种方式效率更高呢？心理学家曾作过不少实验，实验结果表明：① 从速度看，单向沟通比双向沟通信息传递速度快；② 从内容正确性看，双向沟通比单向沟通信息内容传递准确、可靠；③ 从沟通程序上看，单向沟通安静、规矩，双向沟通比较混乱、无秩序、易受干扰；④ 双向沟通中，接受信息者对自己的判断有信心、有把握；但对发出信息者有较大的心理压力，因为随时会受到接收者的发问、批评与挑剔；⑤ 单向沟通需要较多的计划性；双向沟通无法事先计划，需要当场判断与决策能力；⑥ 双向沟通可以增进彼此了解，建立良好的人际关系。

由此可见，单向、双向沟通各有所长，究竟采用何种方式沟通，要视具体情况而定。如果需要迅速传达信息，应采取单向沟通方式；如果需要准确地传达信息，以采取双向沟通为宜。一般说来，如果工作急需完成，或者工作性质比较简单，或者发信者只需发布指示，无须反馈时，多采用单向沟通方式。

4. 口头沟通和书面沟通

根据沟通形式区分，可将沟通分为口头沟通和书面沟通。口头沟通是面对面的口头信息交流，如会谈、讨论、会议、演说以及电话联系等。其优点是有亲切感，可以用表情、语调等增加沟通的效果，可以马上获得对方的反应，具有双向沟通的好处，且富有弹性，可以随机应变，但如果传达者口齿不清或不能掌握要点做简洁的意见表达，则无法使接收者了解其真意。沟通时如果接受者不专心、不注意或心里有困扰，则因口头沟通一过即逝，而无法回头再追认。书面沟通即指通过布告、通知、文件、刊物、书信、电报、调查报告等方式进行的信息交流。其优点是具有一定的严肃性、规范性、权威性，不容易在传达中被歪曲；它可以作为档案材料和参考资料，以及正式交换文件长期保存；它比口头表达更详细地供接收者慢慢阅读，细细领会。其弱点是沟通不灵活，感情因素少一些，对文字能力要求较高。

传统的管理多偏重书面的沟通，现代管理中，口头言语沟通受到重视，书面沟通显然仍是一种重要方式，但采用书面沟通方式，应注意文字的可读性、规范性，做到：① 文字简练；② 使用规范与熟悉的文字；③ 使用比喻、实例、图表等必须清晰易懂，便于理解；④ 使用主动语态和陈述句；⑤ 逻辑性强，有条理性。

（三）群体沟通网络

现实中群体的沟通不是单一渠道和单一形式的沟通，而是把各种沟通方式组合起来，形成了沟通网络。

1. 正式沟通网络

在正式群体中，人与人之间的信息交流结构称为正式沟通网络。美国心理学家莱维特把组织中常见的沟通网络归纳为以下 5 种。

（1）链式。表示信息传递是逐级进行的，信息可由上而下传递，也可由下而上传递。这种信息沟通具有传递速度快的特点。但是，它没有横向联系，成员的满意程度低，只适合组织庞大、需分层授权管理的企业。

（2）轮式。表示主管人员居中，分别与若干下级发生联系的沟通。这种沟通传递迅速、易控制。在这种企业中，速度与控制往往比士气、创造性更被重视，居中心地位的主管因情报多，有较大的权力，因而比较自信和有自主性，心理上也比较满足。但是，由于缺乏联系，各下级成员之间互不了解，信息闭塞，成员满意程度低，有利于保密，不利于协作。

（3）圆式。表示各成员之间依次联系沟通。这种沟通网络具有群体士气高、满意感强的特点，但信息传递速度慢，效率不高。在委员会之类的群体中可以采用此沟通形式。

（4）全通道式。表示组织内每个人都可以与其他成员直接地、自由地沟通，并无中心人物，所有的成员都处于平等地位，但由于缺乏中心人物，没有权威，信息传递速度也慢。委员会开会时即属于这种沟通网络。

（5）Y式。表示逐级传递，最上层有多名主管。这种沟通网络传递信息速度较快，但成员满意程度不高，尤其是多头领导，要求不一，不利于下级正常开展工作。

上述沟通网络的研究虽然是在实验条件下进行的，而且主要是小型群体的沟通类型，但在企业管理实践中具有不可否认的启发意义。沟通网络代表一个组织的结构系统。事实上，一个组织要达到有效管理的目的，应采取哪一种网络，须视不同的情况而定：如要速度快、易于控制，则轮式较好；如果组织庞大，需要分层授权管理，则链式较有效。

2. 非正式沟通网络

群体中信息的传播，不仅通过正式沟通渠道进行，还通过非正式渠道传播。美国心理学家戴维斯曾在一家皮革制品公司专门对 67 名管理人员进行调查研究，发现非正式沟通途径有以下四种传播方式。

（1）单线式。通过一连串的人，把信息传递到最终接收者。

（2）流言式。一个人主动地把信息传递给其他许多人。

（3）偶然式。按偶然的机会传播小道消息。

（4）集束式。把小道消息有选择地告诉自己的朋友或有关人。集束式又称葡萄藤式。

戴维斯还发现，小道消息传播的最普遍的形式是集束式。在一个单位里，大约只有 10% 的人是小道消息的传播者，而且多是固定的一群，其余的人往往姑且听之，听而不传。总之，一个群体里，有的是小道消息的"制造者"，有的人是小道消息的"传播者"，有的人是"夸大散播者"，而大多数人是只听不传或不听不传者。

戴维斯的研究表明，小道消息有五个特点：第一，新闻越新鲜，人们议论越多；第二，对人们工作越有影响，人们议论越多；第三，越为人们熟悉的，人们议论越多；第四，人与人在生活上有关系者，最可能牵涉到同一谣传中去；第五，人与人在工作中常有接触者，最可能牵涉到同一谣传中去。

小道消息由于均以口头传播为主，故易于形成，也易于迅速消失，一般没有永久性的结构和成员。对小道消息的准确性,有人曾做了统计。赫尔希对6家公司的30件小道消息作了调查分析,发现有16件毫无根据、5件有根据也有歪曲、9件真实。

在怎样评价非正式沟通渠道的问题上,有着不同的见解。一些人认为传播小道消息是散布流言蜚语,应该加以禁止。另一些人则认为小道消息的传播可以满足组织内成员的需要,而且有助于弥补正式沟通渠道不灵活的缺陷。

一般来说,在一个企业里小道消息盛行是不正常的,会破坏企业的凝聚力,不利于企业的管理。研究表明,小道消息盛行常常是大道消息不畅的结果。因此,完善和疏通正式沟通渠道是防止小道消息传播的有效措施。另外,由于小道消息常常是组织成员忧虑心理和抵触情绪的反映。所以管理者应该通过谣传间接地了解员工的心理状态,研究造成这种状态的原因并采取措施予以解决。

二、群体的冲突

冲突的含义很广,它包括人们内心的动机斗争,即内心的冲突,也包括人们之间的争论、争吵等等。从心理学的角度来看,冲突是指对立双方在资源匮乏时出现阻挠行为并被知觉到的矛盾。它包含三层含义:第一,必须有对立的两个方面;第二,为取得资源而发生阻挠行为;第三,只有当问题被知觉到时,才构成真正的冲突。

(一)冲突的功能

目前对冲突功能的理解有以下三种观点。

(1)传统观念认为所有冲突都是有害的。把冲突和暴力、破坏、无理取闹等同起来,在20世纪三四十年代,大多数研究群体行为的人持这种观点。即使是在为霍桑实验作结论时,心理学家们也是把冲突单纯视为由于信息交流不善、人际关系不良、管理部门不能满足员工的需要所带来的后果。

(2)人类关系理论认为,冲突是群体心理中客观存在、不可避免的、非常正常的一部分。因此把冲突作为管理心理学研究中一个非常重要的内容加以讨论。

(3)交互作用理论认为,冲突是新事物产生的基础。冲突并不总是坏事,不能一概反对和避免冲突。冲突中有破坏性的,它阻碍群体目标的达成,起消极作用;也有建设性的,它有助于群体目标的达成,起积极作用。根据这种观点,在企业管理中应该促进、发展建设性的冲突,化解、避免破坏性的冲突。

(二)冲突的过程

冲突的过程可以分为以下四个阶段,即潜在对立阶段、认知与个人介入阶段、行为阶段和结果阶段。

(1)潜在对立阶段是产生冲突条件的酝酿时期。这些冲突条件包括不良的沟通,不良的组织结构和不良的个人因素。

(2)认知与个人介入阶段指随着各种潜在冲突条件的具备,以及由此而不断产生的恶化,使人形成明显的知觉,并伴有不良的情感体验。

(3)行为阶段是指冲突已不可能在第二阶段低水平的较量中得到解决,双方的冲突开始升级,展开全面公开论战。此时,双方的"脸皮"都撕破了,能用的手段都用上了,冲突达到了白热化。

(4)结果阶段是指采取一系列措施处理外显冲突后所产生的结果。各类冲突不外有四种结果：一是成功—失败结果，即一方成功，一方失败；二是折中—和解结果，即双方斗了半天和解了，都未受损，也都没有满足自己的要求；三是失败—失败结果，即两败俱伤；四是成功—成功结果，即双方都胜利了，都获得了利益，这是最好的结果，多属建设性冲突。

（三）冲突分类

根据冲突的对象，可将其分为个人心理冲突，群体中人际冲突和群体际冲突。

1. 个人心理冲突

个人在面临互不相容、互相排斥的目标时，便会体验到的内心冲突。比如，一个学生第二天要参加考试，刚好这天晚上有场精彩的国际球赛，是复习功课还是看球赛，这两个互不相容的目标便会造成他个人的内心冲突。20 世纪 30 年代，心理学家按照接近和回避这两种倾向的不同结合，把个人内心冲突分为以下四种基本类型。

（1）接近—接近型冲突。当两种或两种以上目标同时吸引着人们，而必须选择其中一种目标时，通常出现接近—接近型冲突。《孟子》中有句话："鱼与熊掌不可兼得"。鱼好吃，熊掌也好吃，两种食物对人都有吸引力，而现在只许选择其中一种，由此引起的冲突就是接近—接近型冲突。中学毕业生选择高考志愿、顾客选择不同的商品时出现的冲突也属于这种类型。

（2）回避—回避型冲突。当两种或两种以上的目标都是人们力图回避的事物，而他们又只能回避其中的一种目标时，就产生回避—回避型冲突。例如，某人得了虫牙，疼痛难忍，但他迟迟不肯就医，因为他知道让牙科大夫治疗虫牙是一件痛苦的事情。在这种情况下，他或者忍受虫牙带来的苦痛，或者接受牙医的治病。由此引起的冲突就属于回避—回避型冲突。

（3）接近—回避型冲突。这种冲突是在同一物体或目标对人们既有吸引力，又有排斥力的情况下产生的。在这种情况下，人们在接近目标的同时，又故意回避它，从而引起内心的冲突。例如，孩子们愿意跟随爸爸、妈妈外出，但同时又怕受到约束；学生愿意选修一些新的、难度较大的课程，但又担心考试时失败；外出旅游是件有吸引力的事情，但因耗费时间太多而不愿意去等。在这些情况下引起的冲突都是接近—回避型冲突。

（4）多重接近—回避型冲突。在实际生活中，人们的接近—回避型冲突，常常以一种更复杂的形式出现。人们面对着两个或两个以上目标，而每个目标又分别具有吸引和排斥作用。人们不能简单地选择一个目标，而回避（拒绝）另一目标，必须进行多重的选择，由此引起的冲突叫多重接近—回避型冲突。例如，现在各用人单位都提倡人员流动。当一个人看到某经济特区招聘员工时，可能引起接近—回避型冲突。他想到去特区工作的许多好处，如工资收入多，住房条件好等，但又担心去一个新城市生活不习惯，子女教育问题难以解决；如果留在原单位工作，工资和住房条件差些，但工作和生活环境早已习惯，也比较安定，子女升学的条件也较好等。由于对各种利弊、得失的考虑，产生了多重接近—回避型冲突。解决这种冲突要求人们对各种可能性进行深入的思考，因而要花费较长的时间。

2. 群体中的人际冲突

冲突不仅会在人的内心中产生，而且群体中人与人之间也经常会发生冲突，这种冲突属于群体内人际冲突。群体中人与人之间的冲突是形形色色的，冲突的内容也各不相同，产生的原因也是多种多样的。有的是工作上的分歧造成的，有的是个人恩怨引起的；有的有助于组织的发展，有的具有破坏性；有的是正常的、合乎规律的，有的是不正常的、由人为因素造成的。一般来说，人与人之间在工作过程中所发生的冲突，往往是由于下述原因造成的。

（1）信息基因的冲突。这是由于人们信息沟通的渠道不同，彼此之间又互不交流而造成的冲突。例如，一个企业在制订生产计划时，计划科长与营销科长发生了冲突。计划科长坚决主张多生产本厂的传统产品，供销科长主张多生产新产品，究其原因，是因为计划科长的信息来源于上级的规则，而供销科长的信息来源于市场调查，这是由于信息来源的不同而造成的冲突。

（2）认识基因的冲突。由于人们的知识、经验、态度、观点等的不同，对于同一事物会有不同的认识，基于认识不同所造成的冲突就是认识基因的冲突，这种冲突在企业中相当普遍。人们在采用新设备、处理问题、发展企业的方式方法、用人等各方面都会有不同的认识，从而引起冲突。

（3）价值观基因的冲突。价值观是指人对是非、善恶、好坏的一般概念。由于个人的价值观不同，也会造成冲突。有些管理者认为提高产量是企业的首要任务，有些管理者则认为提高质量才是首要任务；有人认为企业的首要任务是生产，有人则认为在于经营，这都是由于价值观的分歧而造成的冲突。

（4）本位基因的冲突。企业中的个人都在某一单位工作，因此在处理问题时往往首先考虑本单位的利益。如果不同部门的两个人都只考虑本单位的利益，则往往容易引起冲突，这就是本位基因的冲突。

3. 群体际冲突

两个或多个群体之间的冲突是群体际冲突。如工矿企业的各个部门由于任务不清、职责不明所引起的互相埋怨、互相牵制的冲突；企业和企业之间、企业内部各部门之间的冲突等都属于群体际冲突。

美国心理学家谢里夫研究了在群体与群体竞争条件下发生冲突的情况。他设计了一项自然条件下的实验，邀请22名互不相识的男孩分成两队到郊外露营，两队的营地相距很远，互不来往，经过一周后两队队员各自成为一个团结一致的群体。在实验的第二阶段，安排两队开展竞赛，如拔河、球赛等。在竞赛过程中，因要互争胜负，两队产生对立情绪。在实验的第三阶段，又设计了两队必须合作的情境，例如，郊游的卡车坏了，需要两队齐心协力推动。这样，经过若干次合作，两队消除了隔阂，形成了一个新的较大的群体。此后，谢里夫又对成年人进行类似的实验，得到了相同的结果。

通过上述研究，谢里夫得出了如下结论。

（1）竞争对每一群体内部的影响。

① 群体内部团结增强，其成员对群体更加忠诚，内部分歧趋于减少；

② 群体由一个非正式的、以游戏为主的群体转变为以工作和完成任务为主的群体。对于群体成员个人心理需要的关心逐渐减弱，而对完成任务的关心逐渐增强；

③ 领导的方式逐渐从民主型转为专制型，而且群体成员逐渐心甘情愿忍受专制型的领导；

④ 每一群体都逐渐成为组织严密、纪律严明的群体；
⑤ 群体要求其成员更加效忠和服从，形成"坚强的阵线"。
（2）竞争对群体与群体之间关系的影响。
① 每一群体都把另一群体视为对立的一方，而不是中立的一方；
② 每一群体都会产生偏见，只看到本群体的优点，而看不到自己的弱点。对于另一群体则只看到它的缺点，而看不到它的优点；
③ 对另一群体的敌意逐渐增加，与对方的交往和沟通减少，结果使偏见难以纠正；
④ 假如强迫他们交往，例如，强制他们听取各队代表就某一问题发表意见时，两队队员都只注意倾听、支持自己队员的发言，对于对方的发言，除挑剔毛病外，根本不注意倾听。

（四）解决冲突的原则

（1）发展建设性冲突，消除破坏性冲突。建设性冲突，是组织发展的动力，不是要消灭它，而是要发展它，最好的办法是引入竞争机制。对破坏性冲突，要旗帜鲜明地加以反对，要把冲突解决在潜伏阶段或认知与个人介入阶段。

（2）要发扬民主，鼓励发表不同意见。不能采取压制的方法，否则不利于形成生动活泼的局面。

（3）加强信息沟通，提倡交换意见，提倡友谊、谅解、信任、支持，以便减少隔阂、缩短心理距离。

（4）分清是非，公正地解决冲突，切莫是非不分，偏袒一方。

（五）解决冲突的方法

（1）协商妥协。这是解决冲突最常用的方法。当两个部门发生冲突时，双方派出代表进行协商，各自提出自己的困难，阐述自己可以做出的让步，最后本着顾全大局、互谅互让的原则使冲突得以解决。

（2）第三者调解。当一再协商达不成协议时，就需要请第三者出面调解。调解者必须有权威，或者是冲突双方的上级，或者是有地位、有影响的专家、社会贤达。

（3）权威裁决。当调解无效时，只好请有正式权力的上级主管部门或由有关权力机关做出裁决。如我国近年来设立的经济法庭就是这种机关。权威裁决的实质是强制解决，因此它往往不能消除引起冲突的原因。

（4）拖延下去，不了了之。这是解决冲突的一种微妙而又常常颇为有效的办法。有的冲突一时无法解决，拖着，随着时间的流逝、环境的变化，它会自行消解。

（5）不予理睬。这是拖延的变种。不作决定，不表态，相对于拒绝所引起的冲突要小些，对于双方的伤害也轻些。所以，这也是一种应对冲突的有效办法。但是，应该看到，这是一种消极的办法，有时还会使冲突加剧。

（6）和平共处。冲突的双方采取克制态度，互相停止攻击和敌对行动，承认对方的存在，和平共处。这尽管不能解决冲突，但可避免冲突激化。

（7）托马斯的两维模式。托马斯认为解决冲突必须适当地确定解决问题的次序，以此来协调"武断"坐标和"合作"坐标，求得建设性的解决冲突的方式。冲突处理的结果，可以是一方胜利一方失败，或者是双方都有所得亦有所失，但最好的是"胜对胜"的处理结果。这种方法须精心筹划，促使双方协作，共同解决问题，找到一种双方都满意的答案，大家都做胜利者。

课后深化与训练

1. 以小组为单位回忆自己以前是否有和别人发生冲突的经历，如果有，你是怎样解决的？正确的处理方式是什么？

2. 请完善以下表格。

个人心理冲突分类

	接近—接近型冲突	回避—回避型冲突	接近—回避型冲突	多重接近—回避型冲突
定义				
特点				
举例				

3. 案例分析。

A公司的冲突管理分析

A公司是一家专门从事通信产品生产和电脑网络服务的中日合资企业。公司自1991年7月成立以来发展迅速，销售额每年增长50%以上。与此同时，公司内部存在着不少冲突，影响着公司绩效的继续提高。

因为是合资企业，尽管日方管理人员带来了许多先进的管理方法，但是日式的管理模式未必完全适合中国员工。例如，在日本，加班加点不仅司空见惯，而且没有报酬。A公司经常让中国员工长时间加班，引起了大家的不满，一些优秀员工还因此离开了A公司。

A公司的组织结构由于是直线职能制，部门之间的协调非常困难。例如，销售部经常抱怨研发部开发的产品偏离顾客的需求，生产部的效率太低，使自己错过了销售时机；生产部则抱怨研发部开发的产品不符合生产标准，销售部门的订单无法达到成本要求。

研发部的胡经理虽然技术水平首屈一指，但是心胸狭窄，总怕他人超越自己。因此，常常压制其他工程师。这使得工程部人心涣散，士气低落。

试分析：A公司的冲突有哪些？原因是什么？如何解决A公司存在的冲突？

知识链接

冲突管理的技巧

识别冲突，调解争执，是管理最需要的能力之一。在人们的共同生活中，冲突是一种司空见惯的正常现象，长期没有冲突的关系根本不存在。凡是人们共同活动的领域，总会产生不同意见、不同需求和不同利益的碰撞，或在个人之间，或在小团体之间，或在大组织之间。日常生活中的绝大多数冲突无需多费口舌便会自然平息下去，要么是这一方让了步，要么是另一方，或者双方都作出可以承受的妥协。但是，也有一些事情却突然莫名其妙地变成另外一副样子。好好的对话变成了争吵，再由争吵变成各持己见而互不相让。我们说冲突的发生在所难免，问题的关键是在冲突管理中你是否掌握了以下的技巧：

1. 建立直接的交流

总的来说，冲突必须由直接与冲突有关的双方亲自去解决。然而，在发生冲突的初期，双方直接沟通的可能性已被打断，这时，恢复直接对话的首要条件，即将对立的双方拉到同一张谈判桌上，则成为第一要点。

2. 监督对话

冲突的双方最初根本不可能真正地沟通。没有外力的帮助，他们在原有的片面观察问题的基础上极可能在很短的时间内再度彼此误解，重新争吵。所以，在解决冲突的第一个阶段时，有必要由一个中立的第三方密切监视冲突双方的双向行为。

3. 袒露感情

若双方不能坦白地说出主观的感受，例如失望、受委屈和伤害的感觉，则没有希望解决冲突。只有袒露感情，才能减缓积蓄已久的压力，使冲突回复到本来的根源上，即具体的需求和利益上去。

4. 正视过去

仅仅说出感觉还不够，双方都必须让对方明白，引起自己失意、失望和愤怒的具体情景、情况或事情，以及具体原因。做到这一点，对方才能明白自己在冲突中所占的分量，不论是有意的还是无意的，并且学会去承认这个事实。反过来，这也成为他不再将对方视为冲突中的唯一"责任者"的基本前提。

5. 取得双方可承受的解决办法

障碍清除以后，应共同制定一个长远的解决办法，关键是不允许出现"输方"。双方在这时最好的举措是，跳出自己的阴影去协商解决办法，照顾双方的利益。但是解决办法是一回事，通过伙伴式的协商去达成协议又是一回事。习惯于合作才是化解冲突的关键步骤，解决冲突的质量一定要由实施来检验。

(资料来源：根据智库·百科《冲突管理》一文整理)

第八章 组织心理与管理

 能力目标

- ▶ 能够理性地评价并创建组织文化。
- ▶ 能够结合实际在适当的时机进行组织变革。
- ▶ 能够根据外界环境的变化及时促进组织发展。

 知识目标

- ▶ 掌握组织的概念、分类与组织结构。
- ▶ 重点掌握组织层次和管理幅度的概念及两者之间的关系。
- ▶ 掌握组织文化的内容及组织文化塑造的途径。
- ▶ 重点掌握组织变革需要克服的心理障碍及组织发展的干预途径。

 导入案例

从1984年建厂之初单纯制造电冰箱的企业,以经营额每年递增80%的速度,发展成为世界第四大白色家电制造商、中国最具价值品牌、大规模的跨国企业集团——海尔集团,其发展过程中组织结构变革所起的作用显而易见。早在1998年,海尔的年营业额接近200亿元的时候,张瑞敏就在思考这样一个问题:如何进行企业的内部变革,让每一个员工都像他一样,感受到"战战兢兢,如履薄冰"的市场压力? 1998年9月8日,张瑞敏开始在海尔内部推行"内部模拟市场"的管理机制,即让上道工序与下道工序之间进行商业结算,下道工序变成上道工序的市场。他打破原来的管理组织框架,至2002年年底,他先后调整组织结构达40余次。

分析启示:企业和组织不是孤立存在的封闭性组织,它是与周围环境有着密切联系的开放性系统。客观环境在不断变化,企业和组织需要不断变革才能适应新的情况和要求。组织变革的目标,主要在于实现组织结构的完善、组织功能的优化和组织成员满意度的提高。

第一节 组织概述

一、组织的概念

（一）传统的组织概念

传统的组织概念把组织看成是为了达到特定的共同目标，经由各部门分工合作及不同层次的权力和责任制度而协调运行的群体。这个定义包括以下含义。

（1）组织有一个共同的目标。人们是为了实现共同目标走到一起的，没有共同的组织目标，便不会有协调的活动，也不会有真正的组织。

（2）组织包括不同层次的分工合作。组织目标单靠个人无法实现，必须分工合作，由不同层次结构的团体来实现。有分工就有权力和职责，在一个企业（组织）中，各车间、班组、科室有各自不同的权力和职责范围。组织的层次结构是组织区别于小群体的重要特征之一。

（3）组织的功能是协调人们为达到共同目标而努力工作。协调即指统一所有人员的思想和行动，调动各层次人员的积极性、主动性和创造性。

传统的组织概念存在三个明显的缺陷：一是只探讨了复杂组织的某一部分或某一方面；二是仅从组织内部来说明组织的特征，把组织视为一个与外界隔绝的封闭的系统；三是不考虑人的需求、满足感的变化，把组织看成是非人化的物的组合。

（二）现代的组织概念

现代的组织概念把组织看成开放的社会技术系统，这个系统由若干个相互依存的子系统组成。这些子系统相互作用，不但共同承担着组织的各项任务，而且与外部环境发生着错综复杂的联系，使组织与外界能够保持协调、稳定的共生关系。现代组织的突出特征有以下几个。

（1）开放性。组织是协调、运用人力、物力应付内外环境的一种结构，组织与社会环境不断地进行材料、能源和信息的交换，从而使组织不断地变革与发展。

（2）复杂性。组织不仅包括结构层次等静态结构，而且包括心理、社会和管理等动态结构。因此，组织研究不仅要探索组织的结构形式，而且要探索组织的实体，即人的行为系统的规律。

（3）系统性。组织系统建立在各个子系统相互依存的基础上，它整合了各子系统与外界环境的关系。组织的本质是领导和支配人力的机构，它具有集合性、相关性和环境适应性。

二、组织的分类

组织是一个外延十分广泛的概念，生活中的生产企业、公司、学校、医院、军队和政府部门等，都是组织的具体形式。为了研究和实际工作的方便，人们从不同的角度对组织进行了分类。其中较为典型的分类方式有以下几种。

(一) 根据组织的目标分类

根据组织的目标分类,可以把组织分为:

(1) 互益组织。如政党、工会、俱乐部、个体与各类劳动者协会、学会等社会团体。

(2) 工商组织。如企业、金融、银行、商业公司等。

(3) 服务组织。如医院、学校、托儿所、幼儿园及劳动服务公司、社会服务机构等。

(4) 公益组织。如政府机关、研究机构、消防队及社会福利机构等。

(二) 根据组成组织的原则分类

根据组成组织的原则分类,可以把组织分为:

(1) 正式组织。根据社会的需要,经过正式的设计、规划组建而成的,具有正式的组织规范和各种规章制度的集体。

(2) 非正式组织。以人们之间具有共同的思想、相互喜爱、相互依赖为基础,自发地形成的集体组织。由于非正式组织主要满足组织成员的心理需要,因此也有人称之为"心理—社会系统"。

(三) 根据个人与组织的关系分类

根据个人与组织的关系分类,可以把组织分为:

(1) 功利性组织。在运用合法权威的同时,实行经济和物质奖励,这类组织如工商业、农场等。

(2) 规范性组织。利用了有内在价值的奖励,权威建立在业务专长的基础之上,这类组织如学校、专业协会、医院、社会团体等。

(3) 强制性组织。包括监护性精神病医院、监狱和劳教所等。

三、组织结构

任何一个组织在确定了组织的目标之后,接下来就要考虑为实现组织目标设计、建立一定的组织结构。有了组织结构,才能把集中起来的人、财、物等分散的要素结合起来,形成一个有机的整体。

(一) 组织结构的概念

组织结构的概念有广义和狭义之分。狭义的组织结构,是指为了实现组织的目标,在组织理论指导下,经过组织设计形成的组织内部各个部门、各个层次之间固定的排列方式,即组织内部的构成方式。广义的组织结构,除了包含狭义的组织结构内容外,还包括组织之间的相互关系类型,如专业化协作、经济联合体、企业集团等。我们通常所说的组织结构指的是狭义的组织结构,它包括以下内容。

1. 工作任务的专业化

为了完成所要做的全部工作,首先要把这些工作划分成适于员工完成的专门的具体的任务。这些任务的专业化,就为这项工作和做这项工作的人提供了一个标志,即工作界限。这个标志确定了工作人员要做什么、怎样去做,以及组织为此给予什么样的报酬。

2. 部门化

部门化就是将工作和人员组编成可以管理的单位。部门化的根本目的在于有效的分工，它实际是机构和人员的分工化。

3. 责权系统

建立责权系统就是将划分的工作部门按性质及相互关系分为高、中、低几个层次，并明确各层次间的权力分配、业务隶属关系，明确各自的责、权、利。

(二) 组织结构的类型

1. 直线制的组织结构

这是早期的组织结构形式。其特点是组织的各级行政部门，从上到下实行垂直领导，指挥与管理职能基本上由行政主管（如厂长）一人承担，对行政主管在管理知识和专业技能方面都有较高的要求。这种机构的优点是简单灵活、职权明确、活动范围较固定，组织结构较稳定。缺点是结构呆板，缺少弹性，事无巨细均由领导来处理，下级的主动性、积极性不易被激发，上级要求下级绝对服从，缺乏民主，容易专断独行，组织成员之间缺乏合作精神。这种组织结构适合于规模小、生产过程简单的企业。对大中型企业和管理任务繁重复杂的组织不适用。

2. 直线职能制的组织结构

这种组织结构在直线制基础上增加了职能管理人员，他们作为管理方面的参谋，没有对下级行使直接指挥和决策的权力。这种结构既保证了集中统一的指挥，又能充分发挥专业人员的才能、智慧和积极性，有利于将复杂的工作简化，可在规模较大、生产技术复杂的企业推行这种组织形式。增加横向联系的信息渠道，有利于提高工作的计划性、预见性和准确性，有利于从各方面强化专业化管理职能，提高科学管理的效能。但过于正规化容易使机构不够灵活，行政管理部门与职能部门的职责权限容易混淆，领导的决策指挥与职能部门的建议可能不一致，导致下级无所适从，增加层次、扩大机构容易造成多头领导，在组织规模越来越庞大、环境变化日益剧烈的情况下，适应性较差。

3. 矩阵式组织结构

这种组织结构又称规划目标结构，是一种多元式的结构。指为了达到一定目标或完成一个项目，在已有的直线职能制结构中，从各部门抽调专业人员，组成临时或长期的专门机构。这种专门机构领导人有权指挥机构的成员，并同有关部门进行横向联系和协调。参与专门机构的成员同自己原来的部门保持隶属关系，接受他们的领导，打破了一个员工只能接受一个领导的传统模式。这种结构的优点是把不同部门和不同专业的人员汇集在一起，有利于解决复杂的技术问题；缺点是当组织成员所属两个部门的意见发生冲突时，会使员工无所适从。

4. 事业部制组织结构

这是根据集中决策指导下分散经营的方针而建立的组织结构。它把组织下属单位按产品、业务或地区分组，并组成各个事业部。每个事业部都是实现公司目标的基本经营单位，实行独立核算，自负盈亏。各事业部拥有相对独立的充分的自主权，高层管理部门则实行有限的控制，以摆脱行政管理事务。事业部制组织结构的优点是各事业部职权分明、自主权大，能积极灵活地开展生产经营活动，适应市场变化的能力强；其缺点是事业部权力较大，有可能导致职能机构的作用削弱，不利于统一决策和指导。

四、组织层次与管理幅度

组织层次是指管理系统的等级数，管理幅度则是指一名上级管理人员所直接领导和管理的下级人数。组织层次一般决定组织的纵向结构，而管理幅度决定组织的横向结构。组织层次与管理幅度是紧密联系在一起的，它们对组织结构有重要的影响。

（一）组织层次与管理幅度的关系

早期的法国管理学者格兰邱纳斯，通过对上下级关系的研究得出如下结论，即当下级人数按算术级数增长时，领导（或管理）者与下属之间的关系就会按几何级数增长。他还提出如下公式来计算任何数目的下属可能出现的关系数值：

$$C = N(2N/2 + N - 1) \text{ 或 } C = N[2N - 1 + (N - 1)]$$

式中 C 代表可能存在的关系总数，N 为直接受一位领导（或管理）者控制的下属人数。

法国管理学家法约尔认为，每一名最高经理人员通常拥有不超过四五名的直属下级。在实际的组织工作中，管理幅度主要受以下几个因素影响：一个是组织层次。管理幅度与组织层次成反比关系，组织层次越多，管理幅度越窄；反之，则越宽。另一个是受管理者与被管理者的才能、素质等因素影响。此外，组织的工作效率、集中程度、工作制度以及组织成员之间的相互联系等因素也与管理幅度有关系。由此可见，管理幅度是有弹性的，可视具体情况灵活掌握。

（二）组织层次、管理幅度与组织结构的选择

按组织层次的多少和管理幅度的大小，组织可分为高耸的组织结构和扁平的组织结构。高耸的结构具有管理层次多，管理幅度小，沟通渠道多等特点。其优点是管理严密，分工明确，上下级容易协调；缺点是管理层次多、费用高，信息沟通速度慢，下级人员满意度较低等。扁平的组织结构管理层次少，管理幅度大，沟通渠道少。其优点是管理费用低，信息交流速度快，下级成员满意度较高；缺点是不能严密监督下级的工作，上下级协调较差。

一般说来，管理幅度宽一些，组织层次少一些的"扁平"式结构具有更多的优点。这种结构有利于增进上下级的互相了解，便于实行分权式领导，能够获得较高的管理效率。但是这种结构也有增加了横向沟通的困难等缺点。管理幅度窄、组织层次多的"高耸"式结构，可以提供较多的等级位置，形成组织的高度权威，因此容易被军事组织所接受，但它却拉长了信息传递路线，增加了管理费用。

在实际管理工作中，采用高耸结构还是扁平结构，应考虑以下因素。

（1）工作任务的相似程度。工作任务越相似，管理幅度可能就越大，可采用较扁平的结构减少管理层次；工作任务差异大，则应缩小管理幅度。

（2）工作岗位的接近程度。员工工作岗位较接近的情况下，可以加大管理幅度，采用较扁平的结构；反之，应采用较高耸的结构。

（3）员工的经验和思想水平。员工缺乏经验，应减小管理幅度，加强对员工的

指导。员工工作自觉性高，责任感强又有工作能力，则应提高工作的自主性，让员工自己管理自己，发挥创造性，可以采用扁平结构。

（4）工作任务所需协调的程度。如果工作任务要求各部门之间或一个部门内部高度的协调，则应减少管理幅度，以较为高耸的结构为宜。

总之，究竟是采用扁平型还是高耸型组织结构，关键取决于领导者的有效管理幅度和组织规模。有效管理幅度，一是和领导者的素质有关，二是和上下层的管理性质有关。上层主要负责战略决策，管理幅度要窄些，一般为3～6人；下层为日常事务和操作管理，管理幅度可以宽一些，一般为7～11人为宜。组织的结构和层次还取决于组织的工作性质、规模大小和人员素质等具体情况。但一般情况下，组织层次过多容易造成信息交流失真，助长官僚主义。而减少管理层次，采用大房间集体办公，领导可直接布置工作，研究工作方便，领导与员工容易沟通信息，增进感情，从而提高工作效率。

五、组织理论

关于组织的理论研究，可追溯到20世纪初期德国社会学家韦伯的组织研究。纵观组织理论发展的历史，从总体上看，传统的组织理论都把组织看成一个高度结构化的封闭系统。而现代组织理论则倾向于把组织看成是一个开放的社会技术系统，这个系统由若干个相互依存的子系统组成，与外部环境发生着错综复杂的联系，因而应当用系统的、应变的观点去理解组织的全部内容。1960年以后，组织理论有了急速的发展，在传统组织管理的基础上，加上了心理科学和管理科学的内容。这种理论跨越自然科学、生命科学和社会科学，并以这些理论为基础建立起自己的组织理论体系。

（一）古典组织理论

古典组织理论是德国社会学家韦伯1910年提出来的。该理论认为组织应是一个层峰结构体（即金字塔的结构），具有集权、职责明确、管理严格等特点。这种组织结构的优点如下。

（1）有明确规定的职权等级制度。每个下级都处于一个上级的控制和监督之下，职务和权力是明文规定的，制度不变，人员可以调换。

（2）专业化强、分工明确。每个人的工作都分成简单的、例行常规的、明确规定的作业。

（3）规章制度明确。用规章制度来保证和巩固组织内各层次和人们之间的一致性。

（4）不受个人情感因素的影响。即指理想的组织，必须受正式的程序支配，而对个人的情感与个性的因素不予考虑，只是根据制度实行奖赏与惩罚。

（5）员工的选择和提升主要根据技术能力。即各级行政人员必须具有特殊的才能方可任职，采用公开竞争和考试等方法来选择员工。

这种组织结构的缺点如下。

（1）组织中的沟通容易被曲解，因而造成单位之间和单位与整个组织目标之间的冲突；

（2）组织是机械式的，不能适应周围环境的变化；

（3）容易压制员工的创造性；

（4）不考虑人的积极性，不考虑员工的心理因素、情感因素，实质上是把人看成是组织中的一个机器零件。

（二）新古典组织理论

这种理论的主要代表人物是斯科特，他以古典的层峰结构理论为基础，吸收了心理学、社会心理学和行为科学的关于行为规律和非正式群体的知识，对古典组织理论做了一定的修改。它与古典组织理论相比，有以下几点不同。

（1）在集权和分权的问题上，主张更多的分权。因为分权可以使更多的人参加决策，有利于调动员工的积极性。美国通用汽车公司总裁斯隆提出的"集中政策，分权管理"主张，就是这一思想的体现。

（2）从组织形态来看，不主张高耸的组织结构，而倾向于扁平的组织结构。根据新古典理论的观点，传统的科级组织模式可以分为尖三角形结构（即高耸的组织结构）和扁三角形结构（即扁平组织结构）。前者为集权制度，控制幅度小，后者较易推行分权，分层负责和专业化。

（3）提倡部门化。古典组织理论提倡分工和专业化主要是针对个人而言；新古典理论所倡导的部门化，实质是部门专业化。大学和医院等就是以部门化为基础的组织。

（三）系统与应变的组织理论

1. 霍曼斯组织理论

社会学家霍曼斯提出的组织理论既适用于小的群体，也适用于大的组织。他认为，任何一个社会系统都存在于物理环境（工作场所、气候、设施的布局）、文化环境（社会的规范、目标、价值观）和技术环境（系统为完成任务所具备的知识和手段）之中，这些环境决定着社会系统中人们的活动、相互作用以及在此基础上产生的情感。霍曼斯把这些由环境所决定的活动、相互作用和情感称为外部系统。他提出，随着人们交往和相互作用的加强，不仅会有新的情感，还会产生新的行为规范、新的态度。这种新规范、态度、活动方式并不是由外界环境引起的，而是由社会系统中的内部系统（即非正式组织）引起的。同时，内部系统与外部系统是相互依赖的，内、外两个系统与外部环境也是相互依赖的，其中任何一个系统的变化都会引起另一个系统的变化。霍曼斯组织理论用应变的观点看待组织，提出了进行组织研究的分析单元，为更精确的组织研究奠定了基础。

2. 利克特的重叠群体模型

利克特认为组织是由互相关联、发生重叠关系的群体组成的系统。这些互相关联、发生重叠关系的群体是由同处于几个群体重叠处的个人来连结的。这种起连结作用的个人称为"连结针"或"连结针角色"。承担"连结针"的人，既是本单位的领导人，又是上级组织的成员，在组织中起承上启下的作用。同时，整个组织同环境之间也需要依靠在组织与环境之间占有重要地位的关键人物来起"连结针"的作用，使组织与环境较好地互相协调。重叠群体模型打破了过去组织理论中严格分工的一人一职一位观念，在强化管理人员的联络功能方面具有重要意义。

3. 塔维斯特克的社会技术系统

以塔维斯特克为首的研究人员在一个煤矿进行技术改革的过程中发现，技术系统的改革必然影响到社会心理系统，由此他们提出了社会技术系统的概念。该理论认为任何生产性组织，皆由技术体系与社会体系组合而成，而两种体系是交互影响、互为因果的，只重视其中的一面是片面的。塔维斯特克的研究用系统论观点分析组织的特征，首次提出"社会技术系统"的概念。

4. 卡恩的重叠角色组模型

卡恩认为每一个人在正式组织中都占有一个"职位"，由此就产生了"角色认知"与"角色期望"。假如把一个执行组织角色的人称为"中心人物"，而跟他协同工作的人（如上级、下级、同事或组织之外的人）就组成以此为中心的"角色组"，这样，整个组织就可以看成是由许多重叠相连的"角色组"构成的，因而可以通过角色冲突、角色不明、角色负担过重等维度去研究组织中多种因素的依存关系。

5. 伯恩斯和斯托克的机械和有机的组织模型

机械和有机的组织模型是由伯恩斯和斯托克提出的。他们认为一个机械和有机的组织是一个连续体的两端，其中机械的组织具有高度专业化、形式化和集中化等特征，有机的组织则有很大的灵活性。在组织设计中，应当根据环境的变化和组织成员的习惯和偏爱采用相应的结构形态。如在稳定的环境中，应采用机械性结构；而当环境条件经常变动时，则应采用有机的结构。

 课后深化与训练

1. 画出你熟悉的组织结构图，例如学校、学生会等，并分析该结构的优缺点。
2. 以小组为单位，通过各种渠道查找扁平化组织的相关资料及其适用性。

 知识链接

正确看待非正式组织

非正式组织在日常生活和工作中比较常见，通常并没有进行什么正式程序和法定仪式而隐形成立。例如，在某一团体中，以"老乡、同乡"为感情纽带成立的"老乡会"、"同乡会"等非正式小团体；在大型组织或某社区中，以"同学"为感情联系纽带成立的"××大学同学会"；以共同参军并复员而成立的"战友联谊会"等。这些非正式组织大多是以联络感情、交流生活、互帮互助为目的，有时并没有什么明确的团体名称和组织体系，一般没有太多的危害性。现实生活中，如果处理不当，一些非正式组织容易陷入"江湖义气"、"感情代表一切"的陷阱。比如，当其中一个或部分成员出现问题或错误时，其他成员往往不能客观正视，不但不帮助其改正错误、分析问题，反而进行"怂恿"、"鼓励"，事实上起到"助纣为虐"的作用，从而对正式组织的制度规范、管理措施带来消极影响甚至严重危害。

（资料来源：根据百度文库相关资料整理）

第二节 组织文化

20世纪80年代以来，组织理论发展的一个显著特点，是对组织中的人有了更为深刻的认识，把人在组织和管理中的作用，提高到了前所未有的重要地位。组织文化这一新概念的出现就是明显的标志，它对组织管理实践的发展，已经并将继续发挥重要的推动作用。

一、组织文化的概念

什么是组织文化？国内外学者对此众说纷纭。由于西方学者所概括的组织文化大都以企业组织为典型，因此它与企业文化在许多场合是一致的，有时是在同一意义上使用的。但从严格的意义上说，组织文化的概念要比企业文化广泛得多，因为除了企业文化以外，还存在着各种不同类型组织的文化。由于不同学者的知识、经验不同，认识各异，对于组织文化也有不同的理解，但概括地说，可以分为以下三大类。

（一）三层次说

组织文化由三个层次的内容组成。第一层次是文化外显层，如厂房、设施等物质形态；第二层次称为制度文化，如规章制度，公约纪律等制度形态；第三层次为核心层或精神文化，指组织的价值观念、理想等精神形态。这三个层次总合起来，便是组织文化。

（二）二元说

认为组织文化是由组织中物质文化与精神文化两个方面因素总合成的。物质文化指的是有形的、可见的、外显的东西，又称外显文化或表层文化，如机器、设施、厂容厂貌、技术设计、商品包装、商标等；精神文化指的是无形的、看不见的方面，又称为隐形文化或深层文化，如组织中的共同价值观、信念、传统、气氛、作风、行为准则等。

（三）精神文化说

认为组织文化是以价值观为核心的，包括信念、作风、行为规范在内的各种精神现象。它体现在物质形态之中并发挥其影响和制约作用，但不能把物质形态的东西包括在内。

由上可见，国内外学者对组织文化的理解见仁见智、各有见地。但从中也不难看出他们的共同之处，这就是他们都承认以价值观为核心的精神文化是组织文化的最主要成分。

二、组织文化的作用

组织文化是组织中占支配地位的领导集体率领广大员工在长期的调查研究和工

作实践的基础上，经多年培育、维持而创建的，其内含的价值观、行为规范、传统作风等核心因素虽然来自于组织，不仅具有相对的独立性和稳定性，而且反过来对组织或企业在以下三个方面具有巨大的能动作用。

（一）导向作用

能将全体员工的思想行为统一到组织发展的目标上来，不仅对组织个体的心理、行为具有导向作用，而且对组织整体的价值取向和行为具有导向作用。

（二）凝聚作用

组织文化对员工的思想、兴趣、习惯等因素具有潜移默化的作用，能使他们自觉或不自觉地接受组织共同的信念和价值观，从而把个人融入集体，导致归属感增强，凝聚力提高。

（三）激励作用

员工能通过组织文化认识自己组织的特点与优点，理解自己工作的意义和价值，产生热爱集体的荣誉感、自豪感，激发巨大的工作热情。

组织文化及其价值观产生以后，具有相对独立性和继承性。由价值观所产生的特定的心理气氛，能使所有员工受到熏陶而接受其影响，从而使组织文化得以延续和发展。即使领导人更迭，这种精神依然存在，本组织的特色、特长和竞争力依然能够保持。这就是组织文化的力量所在。

三、组织文化的评价维度

组织文化是由组织观念、组织精神、道德规范、行为准则、历史传统、组织制度、组织的内外部环境、组织形象等构成的。因此，它的评价也应围绕这些内容。霍尔斯特德等人在20世纪90年代初通过案例研究，提出了10项组织文化的评价维度。

（1）组织成员的认同感。指组织成员认同整个组织还是只认同自己工作的程度。

（2）强调群体的程度。指工作活动以群体为主还是以个人为主的程度。

（3）单位整合度。指鼓励组织中各单位彼此协调配合的程度。

（4）以人为本。指领导者进行决策时，主要是考虑完成任务还是考虑该决策对组织成员的影响。

（5）控制水平。指对组织成员进行控制的严格程度。

（6）风险容忍度。指鼓励组织成员积极进取、创新和冒险的程度。

（7）奖励准则。指组织对员工实施加薪、提级时，是根据绩效还是根据资历及其他非绩效性因素。

（8）冲突容忍度。指鼓励组织成员把冲突公开并进行批评的程度。

（9）组织取向。指组织的管理者是重视目的、结果还是重视达到目的的过程手段。

（10）以开放系统为中心。指组织对外界环境变化反应的灵敏程度。

应当指出，上述10个特征应被看成是从一个极端到另一个极端的连续体，也就是说，应把上述特征看成是评定组织文化的维度。根据对这10个维度的测量并加以综合，就可了解某一组织的组织文化全貌。

当然，用这 10 个维度来评定和测量组织文化，是否能完全概括组织文化的全部内容，还有待进一步的研究和检验，但霍尔斯塔德等人的研究为我们研究组织文化提供了参考框架并指出了进一步研究的方向。

四、组织文化的创建

组织文化是在长期经营管理过程中逐步实现的，具有实践性和独特性。组织文化的这一特性，决定了它不可能一蹴而就，也不能简单模仿，必须将其纳入组织的发展战略，通过有意识的培育和扎扎实实的长期建设，才能最终形成。组织文化的创建，主要包括以下几个方面的内容：

(1) 培育组织精神——组织文化的灵魂；
(2) 组织价值观的形成——组织文化的内核；
(3) 完善组织制度——组织文化的支架；
(4) 塑造组织形象——组织文化的展现；
(5) 提高组织产品的品位——组织文化的载体。

在知识经济时代，创建学习型组织，形成具有学习型组织特征的组织文化，成了众多企业的组织文化创建目标。基于这种情况，我们结合学习型组织的组织文化建设，来进一步说明如何创建组织文化。

1. 树立学习理念

树立学习理念也就是树立学习型价值观，是创建学习型企业文化的重要一步。价值观是联结员工之所想和所做的纽带，对员工的行为具有重要的约束和支配作用。要树立学习型价值观，必须重视在员工中倡导以下学习理念和价值取向：即文凭不等于水平，学历不等于能力；学习是生命的源泉，创新是应变的根本，竞争是取胜的法宝，实现人生价值的阶梯，活出生命意义的根基；社会变动发展，学习永无止境；未来的文盲是"没有学会怎样学习的人"，习比学更重要；凡有学习心，处处皆学问；个人学习开发个人智力，团队学习开发集体智力，集体智力高于个人智力的总和。

2. 构建共同愿景

共同愿景可以唤起员工的希望，改善员工与企业的关系，可以极大地激发出员工为实现愿景而做任何事情的勇气。要建立起真正的愿景，就必须进行如下修炼：即鼓励建立个人愿景，个人愿景可以真正激发员工的智慧和力量，义无反顾地投入，共同愿景只有建立在个人愿景之上，其威力才会锐不可当；塑造组织整体形象，共同愿景的实现要靠组织成员的共同努力，只有当更多的人分享共同愿景时才会形成完整的组织形象；融入企业理念，共同愿景实际上是企业理念的一部分，它本身就包含企业目的、企业使命和企业核心价值观，愿景如果与员工信奉的价值观不一致，无法激发员工的热情；学会双向沟通，对管理者而言，应当运用双向沟通技术向员工阐明共同愿景，而不仅仅是自上而下的传达，必须经过不断交谈，并学习聆听别人的想法，在聆听之间逐渐融汇出更好的构思；忠于事实真相，要认识现状到愿景之间的差距，指明作为员工个人应该怎样做才能逐步实现愿景。

3. 搭建学习平台

学习平台是指人人平等参与、互动沟通、交流共享的学习场所、学习机会和学习工具。主要有：网络学习平台、图书资料库平台、培训平台、会议平台、学习活动平台。营造学习氛围应从以下几点做起：第一，营造有助于组织和员工终身学习和知识共享的文化氛围。要为员工创造良好的学习环境和机会，使学习成为企业的一种文化和机制；要培养员工终身学习的习惯；要促进员工间的相互学习和共同学习，提高整个组织的学习力和竞争力。第二，培育勇于挑战和创新的精神。组织要鼓励员工挑战传统，摒弃不合时宜的经验和做法，在实践中创新管理模式、创造新的管理经验和方法。组织要非常重视员工的想象力、灵感、原创性和主动性的发挥，为企业的发展注入更多创新的动力。组织要鼓励员工通过创新进行学习，并通过这种创新和学习不断提高企业的应变力和竞争力。第三，营造宽容的文化环境。创新是有风险的，不可能每一次创新都能成功。企业应该采取一些措施来营造宽容的文化氛围，允许员工有不超出规定宽容范围的失败，鼓励他们从冒险和失败中获得享受并学习到知识。

4. 健全学习机制

用学习型组织文化引领学习型组织的创建，是一个有始无终、复杂而漫长的过程，这离不开组织机制的配合和支持，必须建立一套鼓励学习的组织机制。一是要建立知识和信息宽松交流机制。充分利用已建立起来的内部沟通网络，增强员工间、团队间的相互学习和交流，促进知识和信息的宽松交流，如每日早会碰头机制、圆桌会议机制、午餐会议机制、周末沙龙机制等。二是要建立开放的知识交流机制。可以采取网络、研讨、恳谈、集会、互访、参观学习或建立项目小组等方式进行交流，使组织和员工能够多渠道获得各方面的知识和信息。三是要建立外部知识内化机制。按照长、中、短期发展规划的需要，有计划地请专家来讲解、培训最新的业务技术、管理技术和经营思想，并将外部专家所传授的知识加以整理，使之成为企业内部可共享的知识。四是要建立学习型组织的激励机制。要通过建立起物质的和精神的激励机制，营造一种鼓励学习、崇尚创新的制度环境，为培育学习型企业文化、创建以创新为本质特征的学习型企业，提供有力的动力保证。

 课后深化与训练

1. 分析与讨论。

与时俱进的海尔企业精神

求变创新，是海尔始终不变的企业语言。更高目标，是海尔一以贯之的企业追求。创业21年、已全面搭建全球本土化框架的海尔，正进入一个崭新的战略发展阶段——全球化品牌战略阶段。面对全球化竞争的新方向，海尔将开始企业精神和工作作风的新一轮升级创新。

第一个十年

海尔精神：无私奉献　追求卓越

海尔作风：迅速反应　马上行动

1984—1995年，海尔十年创业，从无到有、从小到大，立志要制造出中国最好冰箱的海尔创业者们，发出了"无私奉献、追求卓越"的心声。作为国内最后一家引进冰箱项目的工厂，要想后来居上，必须速度制胜，"迅速反应、马上行动"成为当时全体海尔人一致的工作作风。在这种企业精神和工作作风的推动下，海尔十年创业首战告捷，创出中国家电第一品牌。

第二个十年

海尔精神：敬业报国　追求卓越

海尔作风：迅速反应　马上行动

1995年开始聚焦国际市场，海尔二次创业——创国际名牌战略宣告启动。作为中国民族企业第一个真正意义上的尝试者，创中国人自己的国际品牌，成为海尔人此后最执着的追求。具有民族意义的企业精神：敬业报国、追求卓越，成为海尔人挑战国际名牌的精神底蕴。在这一时期，海尔的工作作风有了更深的价值取向，"迅速反应、马上行动"成为海尔创造比较优势、挑战国际名牌的速度利器；面临资金、技术、人才等巨大差距的海尔，以跨越式赶超为动力，义无反顾地冲向国际名牌的目标。2005年8月30日，《金融时报》评选中国十大世界名牌，海尔荣登榜首。在全球白色电器制造商中，海尔排名第四。

第三个十年

海尔精神：创造资源　美誉全球

海尔作风：人单合一　速决速胜

全球化的海尔，需要全球化的海尔精神。海尔的全球化，需要企业的全球化追求。遍布全球的5万海内外海尔员工，海尔创世界顶级品牌的目标，都需要一种全球视野的共享价值。海尔新的企业精神——"创造资源，美誉全球"应运而生。"创造资源"本质上是创新。与国际顶级企业相比，目前的海尔还不具备资源优势，但在创新的旗帜下，海尔可以而且能够创造资源，能够拥有自己的核心竞争力。"美誉全球"是海尔全球化品牌战略阶段的更高目标。海尔在全球各地满足用户需求的综合美誉，就是海尔世界品牌的根本内涵。在这一更高的目标下，"人单合一，速决速胜"，就成为海尔工作作风的最新表述。"人单合一"是手段，"速决速胜"是目的。每一个SBU都要与市场准确地结合，然后以速度取胜。

第一个十年，创业，创出中国第一品牌；第二个十年，创新，走出国门，创国际化企业；第三个十年，创造，实施全球化品牌战略。海尔企业精神的创新之路，就是海尔的品牌之路。

讨论：

（1）海尔文化的海尔精神是如何与时俱进的？

（2）从海尔企业文化的不断创新中，谈谈组织文化对组织发展的启示。

2. 结合实际，为你所熟悉的组织设计组织文化的CI标识。

知识链接

腾讯公司的企业文化

1. 愿景：最受尊敬的互联网企业
- 不断倾听和满足用户需求，引导并超越用户需求，赢得用户尊敬；
- 通过提升企业地位与品牌形象，使员工具有高度的企业荣誉感和自豪感，赢得员工尊敬；
- 推动互联网行业的健康发展，与合作伙伴共同成长，赢得行业尊敬；
- 注重企业责任，关爱社会、回馈社会，赢得社会尊敬。

2. 使命：通过互联网服务提升人类生活品质
- 使产品和服务像水和电一样源源不断融入人们的生活，为人们带来便捷和愉悦；
- 关注不同地域、不同群体，并针对不同对象提供差异化的产品和服务；
- 打造开放共赢平台，与合作伙伴共同营造健康的互联网生态环境。

3. 价值观：正直，进取，合作，创新

正直：
- 遵守国家法律与公司制度，绝不触犯企业高压线；
- 做人德为先，坚持公正、诚实、守信等为人处事的重要原则；
- 用正直的力量对周围产生积极的影响。

进取：
- 尽职尽责，高效执行；
- 勇于承担责任，主动迎接新的任务和挑战；
- 保持好奇心，不断学习，追求卓越。

合作：
- 具有开放共赢心态，与合作伙伴共享行业成长；
- 具备大局观，能够与其他团队相互配合，共同达成目标；
- 乐于分享专业知识与工作经验，与同事共同成长。

创新：
- 创新的目的是为用户创造价值；
- 人人皆可创新，事事皆可创新；
- 敢于突破，勇于尝试，不惧失败，善于总结。

3. 经营理念：一切以用户价值为依归
- 注重长远发展，不因商业利益伤害用户价值；
- 关注并深刻理解用户需求，不断以卓越的产品和服务满足用户需求；
- 重视与用户的情感沟通，尊重用户感受，与用户共成长。

4. 管理理念：关心员工成长
- 为员工提供良好的工作环境和激励机制；
- 完善员工培养体系和职业发展通道，使员工获得与企业同步成长的快乐；
- 充分尊重和信任员工，不断引导和鼓励，使其获得成就的喜悦。

（资料来源：根据腾讯网相关资料整理）

第三节 组织变革

现代社会的组织是个开放系统，它与整个社会环境是相互作用、相互影响的。随着社会的发展，组织的规模不断扩大，人员不断流动，技术设备、产品不断更新，而这一切必然会促使组织进行变革。所谓组织变革，应理解为组织为适应其内外环境，对其组成元素所做的各种调整或修正。它包括组织结构、组织功能、技术设备、组织管理、组织成员的思想和心理上的变革。

一、组织变革的动力

随着经济社会的发展，特别是全球化进程的加快，无论是发达国家，还是发展中国家的企业，都普遍面临着巨大的压力，都不得不重新考虑组织的结构和运作方式，以适应形势变化的要求。当然，促使组织变革的动力不仅来自外部环境，而且也来自组织内部。这些因素概括起来主要包括以下六个方面。

（一）环境

环境可分为一般环境和特殊环境。一般环境指任何组织都面临的环境，如技术、经济、法律等。特殊环境指与某一组织有关的更为特殊的一些因素，也即任务环境。如同行业的竞争。一个组织与环境之间交界的附属部门，在组织中具有特别重要的作用。它们维持着与任务环境的接触，同时也维持着对一般环境变化的监督。

（二）目标和价值观的修正

顾客的收入、爱好与价值观念的变化，将影响市场对某种商品的需求，进而影响企业生产职能的变革。所以，信息市场的变化和发展将更直接影响各企业的变革与发展。

（三）技术系统的改造

第二次世界大战以来，知识的爆炸与技术的突飞猛进，大大促进了组织的变革。新的科学技术主要从以下几个方面推动组织的改革：

（1）计算机的应用使高速数据处理和解决复杂的生产问题成为可能，使组织的活动更加信息化、程序化、网络化、精确化，组织的功能大大提高。

（2）新技术的推广和使用，计算机技术和自动化过程对生产组织的设计、制造工艺、检测能力、经营能力等提出了新要求，从而促使组织与企业改变不适应的状态。

（3）机器设备的更新和新的生产过程给许多产品的制造和传送方式带来革命性变化，革新与创造成为重要的管理技巧。组织内外的沟通日益重要，信息管理的职能大大加强，组织系统更加开放。

（四）组织结构的改变

组织结构的改变是组织改革的内部动力之一，这种变化与组织内外的其他分系统的变革有关联。组织结构方面的变革主要有：

（1）通过部门的划分或单位联合成部门的变革方式使正式组织系统中产生许多分系统。

（2）新结构形式的创建，如混合公司、跨国公司、地区性运输系统和多单位的保健实施系统等，常引起很多其他的变革。

（3）非正式组织的变化也是组织系统变革的一个因素。

（4）内部结构的其他变化，如特别委员会、任务小组、规划管理机构的变革等，也将为整个组织的改革提供动力。

（五）社会心理因素

组织成员的士气、动机、态度、行为等的改变，对整个组织有重要的影响，而要做到这一点对组织成员的教育和引导是非常重要的。只有充分地利用组织中人的因素，才能成功地实现预定的目标。

（六）管理活动

管理无疑是推动组织改革的重要因素。管理部门要实现组织目标，完成组织任务，就需要对企业和组织的工作与生产活动做出有效的预测和计划，对生产活动中的各种要素和各个环节进行协调和控制，对组织成员进行激励和教育。

二、组织变革的过程

由于组织的适应性、革新性、稳定性和持续性对于其生存和发展都是必不可少的。所以，组织的变革要达到动态平衡的目的，就必须要有足够的稳定性，以保证组织在目标和方法方面进行有秩序的变革；要有足够的适应性，以保证组织能够对外部的机会和要求以及内部的变化条件做出合适的反映；要有足够的革新性，以便使组织在条件允许的情况下主动地进行变革。

（一）勒温的组织变革模型

1. 解冻

激发要求变革的动机，首先应使员工认识到照老办法不能达到希望的结果。为了做到这一点，一方面要对旧的态度和行为进行弱化和否定；另一方面，要使员工感到变革的迫切性，只有当员工自己认识到旧态度、旧行为确实行不通，迫切要求变革、愿意接受新事物，变革才有可能实行。此外，还要创造一种心理上的安全感，扫除害怕失败、不愿变革的心理障碍。

2. 改变

指明改变的方向，实施变革，使员工形成新的态度和行为。这一步骤中，应该注意以下几个心理过程。首先，学习一种新的观点（概念），或确立一种新的态度的最有效的方法之一，就是看看其他人是如何做的，并且以这个人作为自己形成新态度和新行为的榜样。用心理学术语讲就是对角色模范的认同。其次，由于职位、工种等的不同，从角色模范学来的东西不能生搬硬套，必须从客观实际出发，对于多种信息加以选择，并在复杂的环境中筛选出有关自己特殊问题的信息。勒温说，变革是个认知的过程，它由获得新的概念和信息得以完成。但上述过程形成的前提条件，是员工有真正愿意变革的动机。否则上述的"认同"、"信息的选择"和"在环境中筛选"只是一句空话。

3. 再冻结

所谓再冻结就是利用必要的强化方法使新的态度和行为方式固定下来，使之持久化。我们经常可以发现，引导形成新态度和新行为的方案在开头很见效，但一旦受培训的人回到了老地方，从事原来的工作，改革效果就不能持久。因此，为了确保变革的稳定性，需要注意以下几点：首先，要使员工有机会来检验新的态度和新的行为是不是符合自己的具体情况。员工从自己的实际情况出发，开头可能只是学习角色模范的一小部分优点，这时起步虽小，却应该给予强化，应当用鼓励的办法使之保持持久。切不能因为变革开始很微小、很缓慢而操之过急、求全责备。其次，员工应当有机会检验与他有重要关系的其他人是否接受和肯定新的态度。群体在强化一个人的态度和行为方面的作用是很大的。因为群体的成员彼此强化新的态度和行为，个人的新态度和新行为可以保持得更持久些。

（二）卡斯特的组织变革模型

（1）对组织作一回顾、反省、批评，对组织的内外环境进行研究。

（2）觉察问题。认识到组织确实需要改革。

（3）辨明问题。找出现在的状态与所希望的状态之间的差距。可根据上述推动变革的几个动力（例如，士气、动机、新产品的要求，开辟新的国内外市场）分析存在的问题。

（4）解决问题的方法。提供可供选择的多种方法，对这些方法进行评定，讨论怎样行动以及测量成绩的方法，经过讨论做出选择。

（5）实行变革。指根据选择的方法及行动的方案实施变革，这是具体行动阶段。

（6）根据组织的效果实行反馈。评定效果与计划有什么问题，若有问题，根据上述步骤再次循环。

（三）夏思的组织变革模型

1. 适应循环的过程。此过程分为六个步骤：

（1）洞察内部环境及外部环境中产生的变化；

（2）向组织有关部门提供有关变化的确切情报资料；

（3）根据输入的情报资料改变组织内部的生产过程；

（4）减少或控制因变革而产生的不良副作用；

（5）输出变革产生的新产品及新成果等；

（6）经过反馈，更进一步观察外部环境状态与内部环境状态的一致程度，评定变革的结果。

2. 适应循环可能遇到的困难及其解决办法。组织适应环境的过程，倘若顺利进行，当然最为理想，但下面所列的六个过程中，每一个阶段都有可能碰到困难，需要解决的办法。

（1）组织无法洞察环境中的变化，或作错误的诊断。为了解决这一困难，可以运用市场调查、民意调查等新方法。

（2）有关单位无法掌握确切的情报资料。有时调查部门或参谋单位所提供的资料，无法被上级的决策单位所采纳，因为接受下级提供的新资料及意见，有时可能对主管部门的自我概念、原始态度及现行工作程序、管理方式等产生一种威胁。要解决这一困难，一方面，主管部门应主动提高自己对变革的认识，另一方面应采用各种方式收集情报和资料，也可以请其他单位的管理专家或心理学家帮助了解情况，并共同讨论和研究，以解决存在的问题。

（3）无法使生产系统作必要的改变。要在组织内部进行实际变革，比只了解改变的必要性困难得多，因为不管是增加生产还是改变工作方式，或采纳新技术，如果执行不当，都将遭到抵制。同时，组织内的各部门自成一个体系，都有其自己的工作方式、人际关系、行为规范、价值观念以及应付环境的方法，因此，组织的负责人不能采取简单命令的方式要求改变，而应该在引导教育的同时，协助各单位了解改变的必要，让各单位参与决策过程，大家讨论应该如何履行必要的变革。

（4）忽略变革的结果对其他单位产生的影响。例如，某一部门在其管理上作了一些改革后，影响了其他部门，使其不能协调工作，最后管理者为了保全整个组织的工作积极性，不得不放弃该项改革。因为组织的各部门是互相联系的，上下左右任何一项改革不但应考虑这种联系，同时也应该利用这种联系，将一项好的改革推广到其他单位。一般来说，组织最高阶层的态度改变，容易扩展到下级，所以，一项改革必须由领导部门率先推行。

（5）无法将新的产品及新的成果或新的情报资料输出外界。新产品等输出外界，既是满足人民的需要，也是开拓市场的问题，除了产品、服务等的数量、质量外，还得靠宣传能力。

（6）无法得知改革是否成功的反馈。这与第一项的察觉环境中的变化问题一样，对外需要定期的市场调查、民意调查，对内要进行态度、士气调查。或专门设立一个小组进行调查、评估变革是否成功，是否有修正的必要。

夏思的步骤与方法和卡斯特主张的步骤和方法大同小异，只是夏思重视信息的传递，即消息情报传递的过程，并指出了解决每个过程中出现的困难的方法，这是夏思理论的优点。

三、组织变革的方法

虽然根据不同的组织状况和不同的变革要求，组织变革的方式各不相同，但从总体上看，主要是通过以下四个方面着手进行的。

（一）通过改变组织结构来实现变革

改变组织结构即指对组织进行调整，包括成立新的部门或者合并某些部门；协调各部门的工作；调整领导班子；调整管理层次和管理幅度；实行承包制建立责任制，试行股份制，扩大基层单位的自主权；对各层次管理人员与员工实行优化组合。通过改革结构来实现组织变革的方法，比较直接，见效快，常常可以使组织发生根本性的转变。

（二）通过改变技术来实现变革

改变技术有两层含义：一是直接工作技术的改变，即由引进一种机器或引进一种人——机系统所引起的变革，直接工作技术的改变包括新机器、新设备、新工艺、新技术的引进和使用，挖掘潜力、改进技术、提高产品质量、控制生产进度等；二是改革管理技术，包括采用现代化的办公系统及文件处理系统，现代化的监控处理系统，现代化的工程管理或程序管理等。

（三）通过改变组织成员的动机、态度和行为实现变革

改变人的心理状态与特点，提高人的心理素质是推动组织改革的重要因素和基本条件。通过理解、关心、教育、帮助、支持员工的方式，提高员工的思想觉悟，转变员工的态度，激励员工的行为动机，增强员工的心理承受能力，培养树立员工的集体意识、责任心、主人翁感、荣誉感、成就感、效益感等，有助于推动组织的改革。

（四）通过控制和调节外部环境实现变革

从系统论的观点来看，组织和外界环境是相互作用的。组织不仅仅要适应外部环境的变化，而且要主动地调节、控制和改造环境，使其适应组织的发展。这方面的工作包括开发和占领新的市场，扩大与外界的信息交流，及时掌握信息情报，治理经济环境，优化组织功能等。

四、对组织变革抵制的克服

对于组织的变革，人们通常是欢迎的，希望把自己所在的组织搞得好一些，发展得快一些，创造更多的财富，积累更多的资金，对国家做出更大的贡献，同时，也希望工作环境更舒适些，劳动保护和住房等生活条件更好些，等等。可是，如果某项变革的实施，使人们感到不习惯，就会产生对变革的抵制。因此，心理治疗专家要学会如何预防这种"抵制"，同样管理人员要学会如何预测可能发生的"抵制"，并且设法克服抵制，以便使对组织变革的阻力成为动力。

（一）抵制变革的原因

1. 心理上的抵制

（1）职业认同。组织变革的进行有可能在某种程度上影响个人的安全感。在变革之前，人们的工作常常是熟悉的、稳定的，这在心理上有一种安全感。当人们面临变革时，这种"职业认同"受到一定影响，于是就产生对变革的抵制。有的管理人员认为，管理部门要进行变革，就意味着自己没有做好工作，因此会产生抵触的态度。另外，员工对本职工作的自豪感，也会由于要改变岗位而产生不满。此外，人们习惯于稳定的惯常的工作模式，一旦打破这种工作模式，实行新的变革，就会产生某种压力和不满意感，从而抵制变革的进行。

（2）隐晦的不安全感。许多事例表明，某些管理部门虽然赞同变革，如引进新技术，但就是没有具体实施。例如，一种体积小、功能多而成本又低的新的线切割控制器诞生以后，受到上海和外地700多位专业人员的好评。大家在现场会上一致认为这项新产品值得推广，可是却没有一家工厂肯投产。先进技术固然好，但企业仍然盯着产值和利润指标，继续生产被淘汰的产品，明知不利于社会经济效益也违心地干。这除了其他原因之外，心理上的原因也是其中之一。这就是隐晦的不安全感，即担心变革将带来的不稳定，害怕可能失败。对未知东西的担心也是一种潜在的抵制。

（3）地位上的考虑。另一个导致抵制变革的心理因素，是人们感到变革会影响

他们在组织和企业中的地位。例如，由于运用计算机，一些管理方面的指令通过计算机系统发出，使原来发布命令的管理人员失去原来的地位，因此产生某种心理上的抵制。为此，国外有些自动化工厂，仍然让原先的管理人员发布一些实际上无效的命令，使他们不感到自己的"地位"受到影响，从而减少心理上对变革的抵制。

2. 经济原因造成的抵制

（1）担心技术变革后被解雇。
（2）计时工资制的工人担心变革之后减少工作时间，使自己少拿钱。
（3）担心改变职务而降薪。
（4）担心增加产量而不增加个人收入。

3. 社会的抵制

群体不是简单的个体集合，它的功能与共同标准、态度、目标、规范和领导品质有关，群体要维持一种平衡，使得群体保持基本相同的行为。所以不论何时，当对群体实行变革时，群体会采取行动反对它，使之达到通常的平衡。心理学家勒温用一个概念来表示它，叫做"自动平衡"。当外界压力引起群体某些行为改变的同时，也引起抵制变革的反应，群体会向新的"自动平衡"方向移动。

勒温的研究表明，当推动群体变革的力量和抑制群体变革的力量之间的平衡被打破时，变革就发生了。这些不平衡解冻了原来的模式，群体为了获得新平衡，就得费力去奋斗，其结果是群体在新的、与以前不同的平衡水平上重新"冻结"。

用增加推动变革的力量来改变群体，大多数群体会用增加抵制变革的力量来做反应，一旦抵制变革的力量削弱了，变革便容易产生。这就是为什么用增加变革的动力来改变群体时往往比较困难的原因。推动力量增加了，整个系统的紧张程度也会增加，这种更大的不稳定，更可能在群体成员方面产生抵制的行为。

但是我们应当看到，上述关于抵制变革的"自动平衡"的观点，把群体看成变革的对立面，而且对变革本身及其动力的性质没有作进一步的分析，因此有着较大的局限性。在实施组织变革时，群体本身就可能是变革的一种动力，在这种情况下，增加变革的动力，就会加速变革的实现。

（二）对变革抵制的克服方法

1. 参与

心理学研究表明，人们对某项事情参与的程度越大，他就越会承担责任，把这件事当作自己的事。因此，有关人员能够参与相关变革的设计和讨论，抵制的情况就较少发生，变革就容易顺利进行。

2. 委任

群众选举产生的领导，其领导行为容易为群众所接受。由这种领导实行变革时受到的抵制就较少。同时，领导要身体力行，做出表率，重视变革过程中的思想教育工作。

3. 合理安排变革的时间和进程

即使不存在对变革的抵制，也需要时间来完成变革。不论组织的哪一级，都需要时间去适应新的制度，排除障碍。如果领导觉得不耐烦，强行加快速度推行变革，下级会产生一种受压迫感，这会造成习惯的工作关系的变异，产生以前没有过的抵制。一般来说，领导常常低估充分实行变革所需要的时间，他们没有认识到大部分工作是密切配合的，员工之间、员工与上级之间的连锁关系的模式需要一段时间才能建立起来。因此，管理部门和领导要清楚地懂得人际关系影响着变革的速度。否则即使推行了变革，也会需要更多的时间和精力去解决遗留的问题。

4. 处理个体对变革的抵制

个体的行为是由很多因素决定的。一些心理学家认为，这些因素的力量通常是相对平衡的。因此，要引起个体的改变，就必须使其中一种或几种因素发生改变，增强或者减弱影响该个体的一种或几种力量。

压力能够导致变革，但如果许多加在个体身上的力量的目标各不相同，则改革的方向就较难预计。如果各种压力方向一致的话，就很可能产生预期的结果。此外，就个体与群体的关系来说，由于个体对群体的忠诚，希望维持现状，也常常会产生对变革的抵制，导致个体改变的方向就较难预料。

5. 利用群体动力

有的心理学家提出，运用变革的"群体动力"可以推动变革。其具体方法包括：

（1）强烈的归属感。创造一种"我们的"感情，会使变革成功的可能性大大增加。如果要有效地改变某一群体，则群体中那些要改变的人和那些要施加影响使别人改变的人，都要有强烈的属于同一群体的归属感，即把群体看做是自己的群体。

（2）群体的威望。一个群体对于其成员越有吸引力，该群体对于成员的影响力就越大。群体越使人称心如意、越团结，成员也越容易接受影响和影响别人。怎样提高群体对个人的重要性呢？心理学家认为，主要应提高对群体目标重要性的认识并加强合作互助，使彼此亲密无间。

（3）态度、价值和行为。群体的共同目标对其成员的态度、价值和行为等具有极大的影响，应注意利用群体目标，使之与变革的目的一致起来，从而较顺利地改变成员的态度、价值观和行为。

（4）个人的威信。一个成员在其他成员中威信越高，他所具有的影响力就越大。这种威信不在于该成员在群体中担任的职务，而常常是由于其在群体活动中表现出有较高技能或比较活跃积极。因此，应认识群体中真正的领导及其影响，注意利用他来强化群体的认同感，共同明确变革的目的。

（5）注意群体规范。如果一项变革使某一成员或群体的一部分成员将会在很大程度上偏离群体规范，就可能遇到强烈的抵制，所以一般不宜采用这种方式。为了抵制变革，群体甚至会把该成员排斥于群体之外。因此在进行变革时，应考虑与群体规范的关系，以便采取适当的措施。同时，也应注意适当的引导和教育，建立有利于变革的新规范。

（6）共同知觉。当群体成员共同知觉到变革确实需要时，就能产生一种强大的要求改变的力量。这种压力存在于群体内部，当群体成员没有这种要求时，即使一位专家提出一系列事实来证明改变的必要，群体也会抵制；但是，如果改变的必要由他们自己发现的话，就大不相同了，他们会自觉地实行变革。

（7）分享情报资料和沟通的重要性。有关需要变革的资料、变革的计划以及变革的结果，必须让群体所有成员都知道。分享情报资料，不仅能带来相同的知觉，而且在群体成员中形成这样一种感觉，就是自己在计划变革中起着作用，于是他们就会担当起一定的责任，有一定的责任感。同时，在变革中加强信息交流，对于成功地实现变革是极为重要的。这既有利于实施变革，也有利于决策者及时发现实施中可能产生的新问题、新情况，随时排除变革过程中可能遇到的抵制和障碍。

 课后深化与训练

杜邦公司的组织变革

杜邦公司是美国的大型化学公司。1802年由法国移民 E. I. 杜邦在美国特拉华州威尔明顿附近建立，以制造火药为主。20世纪开始转入产品和投资多样化，经营范围涉及军工、农业、化工、石油、煤炭、建筑、电子、食品、家具、纺织、冷冻和运输等20多个行业。在美国本土和世界近50个国家与地区设有200多个子公司和经营机构。生产石油化工、日用化学品、医药、涂料、农药以及各种聚合物等1 700个门类，20 000多个品种。1983年总营业额达353.78亿美元，居世界化学公司年销售额之首。

在19世纪，杜邦公司是一个家族公司，基本上实行个人决策式经营，总管理者亨利在公司任职的40年中挥动军人严厉粗暴的铁腕统治着公司。公司的主要决策和许多细微决策都要由他亲自制定，所有支票都得由他亲自开，所有契约也都由他签订。他一人决定利润的分配，亲自周游全国，监督公司的数百家经销商。他全力加速回收账款，严格支付条件，促进交货流畅，努力降低价格。亨利接任时，公司负债高达50多万，但亨利后来却使公司成为火药制造业的领头羊。

亨利的侄子尤金作为公司的第三代继承人，试图承袭其伯父的经营作风，也采取绝对的控制，亲自处理细微末节，亲自拆信复函，但他终于陷入公司错综复杂的矛盾之中。1902年尤金去世，合伙者也都心力交瘁。正当公司濒临危机、无人敢接重任、家族拟将公司出卖给别人的时候，三位堂兄弟出来廉价买下了公司，并果断地抛弃了亨利的那种单枪匹马的管理方式，精心地设计了一个集团式经营的管理体制。在这种管理体制下，权力高度集中，实行统一指挥、垂直领导和专业分工的原则，结果，公司秩序井然、职责清楚，效率显著提高。公司的资产到1918年增加到3亿美元。可是，杜邦公司在第一次世界大战中的大幅度扩展，以及逐步走向多元化经营，使组织机构遇到了严重问题。每次收买其他公司后，杜邦公司都因多元化经营而严重亏损。

杜邦公司经过周密的分析，提出了一系列组织机构设置的原则，创造了一个多分部的组织结构。新分权化的组织使杜邦公司很快成为一个具有效能的集团。所有单位构成了一个有机的整体，公司组织具有很大的弹性，能适应市场需要而变化。

20世纪60年代初，杜邦公司接二连三地遇到了难题，许多产品的专利权纷纷满期，在市场上受到日益增多的竞争者的挑战，可以说是四面楚歌、危机重重。为了摆脱危机，杜邦公司除了实施新的经营方针外，还不断完善和调整原有的组织机构，进行组织结构的创新。1967年年底，科普兰把总经理一职史无前例地让给了非杜邦家族的马可，财务委员会议议长也让别人担任，自己专任董事长一职，从而形成了一个"三驾马车式"的体制。在新的体制下，最高领导层分别设立了办公室和委员会，作为管理大企业的"有效的富有伸缩性的管理工具"。科普兰说："'三驾马车式'的组织体制，是今后经营世界性大规模企业不得不采取的安全设施"。

试分析杜邦公司的组织变革过程。

知识链接

腾讯组织架构变革　六大事业群构建有机生态

2012年5月18日，国内最大互联网公司腾讯正式宣布，为顺应用户需求以及推动业务发展，将进行公司组织架构调整。

腾讯将从原有的业务系统制（Business Units，BUs）升级为事业群制（Business Groups，BGs），把现有业务重新划分成企业发展事业群（CDG）、互动娱乐事业群（IEG）、移动互联网事业群（MIG）、网络媒体事业群（OMG）、社交网络事业群（SNG），整合原有的研发和运营平台，成立新的技术工程事业群（TEG），并成立腾讯电商控股公司（ECC）专注运营电子商务业务。

腾讯董事会主席兼首席执行官马化腾在发出的全员内部邮件中表示："我们希望通过这次调整，更好地挖掘腾讯的潜力，拥抱互联网未来的机会，目标包括：强化大社交网络；拥抱全球网游机遇；发力移动互联网；整合网络媒体平台；聚力培育搜索业务；推动电商扬帆远航；并且加强创造新业务能力。同时，我们也聚合技术工程力量，发展核心技术以及运营云平台，更好的支撑未来业务的发展。"

重点布局六大业务

从调整方案看，腾讯将重点布局社交、游戏、网媒、无线、电商和搜索六大业务，强化平台战略。可以看出腾讯的长期战略布局中，一个完整的平台矩阵已初具雏形。这个平台矩阵涵盖了腾讯已经投入了相当一段时间的几大互联网领域，同时为未来发展和变化预留出足够的空间。

在社交领域，"强化大社交网络"，腾讯此次把即时通讯平台QQ与两大社区平台QQ空间、朋友网整合成为社交网络事业群，将形成更具规模效应的社交网络平台。腾讯是国内最早布局社交网络的公司，2005年推出的QQ空间目前活跃帐户数达到5.77亿，实名社交平台朋友网活跃用户数达2.15亿，目前处于行业领先地位。事实上，借助开放平台，腾讯在社交领域正呈加速趋势。2012年第一季度财报显示，社区及开放平台收入已达到人民币20.61亿元。

在游戏领域，"拥抱全球网游机遇"，腾讯展现了全球化布局的战略意图。据了解，腾讯游戏最早布局于2002年，10年时间里，先后打造了多款成功的自主研发游戏，并代理了多款经典游戏。"腾讯2011年在国内游戏市场已经稳居第一，这个时候试水国际化正当其时。"有专家分析说，在新媒体领域，"整合网络媒体平台"，在过去一年多的时间，腾讯已经逐步将传统门户、微博和视频等多种媒体形态进行深度整合，形成一个整合性的新媒体平台，在新媒体领域形成了更为全面的布局。

在无线领域,"发力移动互联网",无线不仅是腾讯最早搭建的平台之一,也是最早带来收入的业务,从2G时代到3G时代,从手机QQ、手机浏览器到手机管家,腾讯在移动互联上的布局愈加丰富和清晰。事实上,马化腾已经在多种场合下强调,腾讯十分看好移动互联网发展的前景,并且在积极地进行布局和尝试。

在电商领域,"推动电商扬帆远航",显示了腾讯长期投资电子商务的决心。未来专注的电商公司将以更灵活的机制应对市场挑战。据透露,腾讯先后投资了易迅、好乐买和珂兰钻石等优秀的B2C电商企业,未来五年,腾讯电商控股公司的目标是成就10家以上百亿级且盈利的B2C合作伙伴,100~200家年销售额超过1亿的传统品牌及网络品牌合作伙伴,并希望腾讯电商平台可以成为一个汇聚超过100万家各类商户的超级电商平台。

在搜索领域,"聚力培育搜索业务",腾讯将通过此次组织调整,使搜索业务更好的依托公司核心技术工程平台和移动互联网业务平台的资源优势,大力发展新一代搜索服务。在新的架构调整中,搜索商业部门与无线平台的整合是一大亮点。有关专家认为,腾讯在无线搜索市场上已经占有20.0%以上的份额,位居前三名,"以腾讯如此看好移动市场的特性而言,这种整合有助于扩大其搜索在无线领域的优势,实现快速增长。除了发力无线平台以外,腾讯搜索原核心技术部门将与腾讯技术工程事业群整合,继续加大对核心搜索技术以及语音搜索、图片搜索、语义搜索等前沿技术的投入,以便在未来技术变革时把握住重大机遇。"

可以看出,在腾讯的长期战略布局中,一个完整的平台矩阵已初具雏形,并为未来发展和变化预留出足够的空间。

适时而变　助推腾讯迈向世界级公司

"一切以用户价值为依归"的经营理念,在腾讯的架构调整中,再次得到凸显。马化腾在内部邮件中特别提到,"在互联网行业,谁能把握行业趋势,最好地满足用户内在的需求,谁就可以得到用户的垂青,这个是我们行业的生存法则"。

他透露,腾讯各个业务部门虽然也在不断与时共进,但由于架构的限制,已经不能完全满足用户层出不穷的新需求了,"所以在这个时候,我们必须要聚焦用户、顺势而变,从用户需求的角度,从产业发展的角度重新调整我们的组织架构"。

无论从用户规模、收入、市值等指标来看,现在的腾讯均处在历史最佳状态。向来以稳健著称的腾讯,选择在此时"变阵",业内人士普遍认为这个时机选择的恰当。这次重组将给腾讯带来长期积极意义。有专家指出:"目前腾讯的体量已经足够大,业务布局也比较完整了。接下来它要做的,是完成从中国最大的互联网公司向真正世界级公司迈进的'质变'。"事实上,腾讯已经为向世界级公司迈进打好了国际化基础。在2005年腾讯就成立了国际业务部,目前在东南亚、北美、欧洲等地均有业务运营,并且还战略投资了多家美国、韩国、欧洲和东南亚的优秀互联网公司。正如分析人士指出的,中国一定会出现全球性的大型互联网公司,此次的架构调整后,腾讯的业务布局更趋合理,也将成为最有希望第一个实现这个理想的公司。

(资料来源:根据腾讯网相关资料整理,有删改)

第四节 组织发展

企业组织不是一个静态的封闭系统,而是一个随环境变化而变化的开放系统。社会在发展,科学技术在进步,人的能力和思想意识在不断变化,因而组织也必然会随社会环境系统的变化而发展。

一、组织发展的概念

组织发展是指通过长期努力来改进和更新组织的过程。它是提高员工积极性和自觉性的手段,也是增进组织效率的有效途径。组织发展是在组织理论指导下,着重改善和更新人的行为、人际关系、组织文化、组织结构及组织管理方式,从而达到提高组织效能的目的。

任何一个组织都是由三个系统组成:一是技术或工作系统,包括工作流程、技术程度、工作角色分派等;二是管理或行政系统,包括组织结构、政策、程序、规章制度、决策方法等;三是人文系统,包括文化、价值、规范、成员的动机、态度、领导方式等。组织发展是这三个系统相互作用的结果。运用管理心理学的基本理论及其他管理知识,对上述三个因素进行系统改革是组织发展的本质。

二、组织发展的特点

(一)组织发展是一个相互作用的过程

组织发展活动有一定的目标,而且是一个相互连贯的不断变化的过程。人们在这一过程中可以开诚布公地交换意见,学习新的知识和技能,解决相互之间存在的问题,明确群体和组织的目标。

当然,组织发展并不是一次就可以完成的,它有一个不断提高的过程。不应把组织发展看成暂时解决组织中存在问题的办法,而应该认识到,组织发展是要通过较长期的相互作用,经过一系列变革活动,不断提高组织效能。因此,组织发展也是一个动态的过程,它实际上包括了两个方面:一是解决企业和组织中当前存在的问题,二是使企业和组织成员获得解决与管理将来可能出现的问题的能力。可见,组织发展的关键之一,就是学习解决问题,这也是组织发展的一个重要基础。

(二)组织发展是以有计划的再教育手段实现变革的策略

组织发展的基本假设之一认为,规范形成了行为的基础,通过再教育,可以使人们抛弃不适应形势发展的旧规范,建立新的规范,从而达到组织发展的目的。在企业和组织中,规范的基础是各成员的态度和价值体系,所以,组织发展不只包括改变有关知识和信息交流等方面,还包括了态度、价值观念、技能、人际关系和组织气氛等各个方面。

(三)组织发展是一个动态的系统

系统分析的观点,是组织发展的另一个重要基础和特点。这就是强调各部分的相互联系、相互依存和相互作用。就组织发展而言，有以下几方面含义。

（1）在组织发展中，企业或组织中的各种事件和情况不是孤立存在的，而是相互关联的。因此，不但要了解事件本身，而且要考察它们之间的关系。

（2）企业或组织所处的环境错综复杂，必须以多因素方式来分析，才能对现实问题做出准确的描述。

（3）一个部门或一个方面所进行的组织发展，必然影响其他部门或方面，因此，应预测发展所引起的多种效应。

（4）从整个组织系统出发进行组织发展，既要考虑各部分的工作，又要从整个系统功能最佳的角度出发，协调各部分的活动，并调节其与外界的关系。例如，奖励制度的改革，常常需要同时进行群体结构、工作任务安排和管理方式等各方面的相应变革，否则就难以取得全局稳定的效果。

（四）组织发展中明确目标与计划的重要性

组织发展的许多活动，都是制订和实施目标与计划的过程，需要设计各种学习活动来提高组织成员制订目标和计划的能力。

研究表明，明确具体的中等难度的目标比较能激发工作动机和提高工作的效率，这对于个人和组织都十分重要。制定合理的目标能够促进最大限度地利用企业的资源，包括人和技术两个方面的潜力，还能够产生高质量的计划，并且提高组织成员的责任感和义务感。

在组织的较低层次中，由于个人和群体常常并不具备较好的实施计划所要求具备的技能，因此，组织发展的一个重要方面就是让组织成员学习和掌握各种技能，包括制订目标和计划、按照预定目标确定具体的工作程序以及决策技能等。

三、组织发展的干预途径

（一）技术和结构方面的组织发展

技术和结构方面的组织发展包括社会技术系统和工作任务设计及内容丰富化两个方面。其中，社会技术系统是通过协调技术系统和社会心理系统的交互影响，使组织中技术和结构与社会相互作用的各方面达到最佳的配合。工作任务设计和内容丰富化是通过增加整个任务的多样性、完整性和实际意义，加强工作本身的激励因素，来提高工作满意感和生产效率。

1. 社会技术系统

社会技术系统的知识来源于两个方面的理论和实践：一是科学管理学和工业工程学，比较注重企业的物理环境和工效；二是普通心理学和社会心理学，比较注重员工之间的关系和个人的需要。因此，社会技术系统的目标就是希望在改革工作环境和管理制度的同时，注意在员工之间和上下级之间建立积极合作的关系，并且满足所有成员的不同需要。

2. 工作任务设计和内容丰富化

工作任务设计主要开始于20世纪的科学管理运动。当时，泰勒和吉尔布雷斯等运用时间和动作分析技术，系统地考察了不同类型的工作，以最大的限度提高了工作效益。但是，通过工作任务设计来进行组织发展的研究，还是近年的事情。

工作任务设计不但可以提高产量和质量，而且可以增加生产的灵活性和改进员工的工作态度。研究表明，把流水装配线工作设计为比较独立而又相互衔接的工作，这样不仅使生产时间减少，产品质量提高，而且增加了员工之间的社会和工作方面的交往，提高了工作积极性，增强了组织的效能。

（二）个人和群体方面的组织发展

这方面的组织发展着重于组织成员和群体活动的整个过程，主要通过敏感性训练、方格训练、调查反馈、PAC 相互作用分析法、过程咨询、团队建设等专门程序提高组织成员的心理素质与人际交往质量，来达到提高组织绩效的目标。

1. 传统方式的组织发展

早期所采用的实验室训练方法，如敏感性训练和方格训练以及调查反馈这三种技术都代表了传统的组织发展方式。

（1）敏感性训练。敏感性训练是使参加者深入地了解自己和其他人的感情和意见，并从中提高学习和认知的能力。敏感性训练可以通过解决自己与工作中的问题，促进个人的价值观念，培养参加者在实际环境中做出成绩的能力。

敏感性训练的主要对象包括员工、中层管理人员、学生以及具有不同文化背景和不同民族的人员。在敏感性训练中，参加的人员自由地讨论自己感兴趣的问题，自由地表达自己的意见，分析自己的行为和感情，并接受对自己行为的反馈意见（批评或者其他意见），从而提高对各种问题的敏感性。

通常员工可以自由参加这种训练，每次一般不超过 15 人。训练时间一般为 3～14 天，训练大致可以分以下几个阶段：

① 不规定正式的讨论议程和领导，由参加者自由讨论，相互启发，增进彼此之间的了解；

② 训练者不加评论地、坦率地谈出自己的看法；

③ 着重增进人际关系，相互学习，促进新的合作行为的不断形成；

④ 根据实际工作中的情景和问题，巩固学习效果。

由于敏感性训练的具体办法各异，针对的问题也不同，因此对训练的评价并不一致。但是，敏感性训练作为管理心理学中的一种训练方法，只要指导正确，是可以解决组织与群体中人际关系方面的某些问题的。

（2）方格训练。在领导心理与管理一章中，将介绍领导行为的管理方格理论。方格训练正是从领导行为的管理方格理论发展而来的组织发展方式。布莱克等人的领导管理方格中，对人和生产都表现出最大的关心，因此这种管理方式就是方格训练的一项目标。

方格训练与敏感性训练的不同之处在于：敏感性训练是组织发展的一种工具或手段；方格训练则不只是工具或手段，而是组织发展的一项全面的计划。

方格训练包括六个阶段：

① 实验室讨论会式的训练。介绍训练用的资料和几种领导作风的概念。

② 小组发展阶段。同一部门的成员集中在一起，讨论打算如何达到方格中既定的位置，并把上一阶段学到的知识运用于实际情景。

③ 群体之间的发展阶段。这个阶段开始了整个组织的发展，确定和分析群体之间的冲突和问题。

④ 订立组织目标阶段。讨论和制定组织的重要目标，增强参加者的义务感。

⑤ 完成目标阶段。参加者设法完成制定的目标，并一起讨论主要的问题。

⑥ 稳定效果阶段。即对思想和行为方面的训练结果做出评价。

这六个阶段所需的时间，按实际情况不同而异，有的可以几个月，有的需要进行3～5年。研究表明，这种训练对于提高组织效率有显著作用，并得到广泛应用。据1974年的一项统计，美国至少已有2万人参加了公开的方格训练，还有20多万人参加了公司内部的方格训练会，方格训练成为最流行的组织发展方式。

（3）调查反馈。这种组织发展的基本方法，是通过问卷表调查和分析某单位的工作，发现问题，收集解决问题的方法和意见，并把这些材料反馈给参加问卷调查的人。所调查的单位可以是工作群体和部门，也可以是整个组织。可以通过举行调查反馈的会议，运用所得到的资料，诊断所存在的问题，制订解决问题的行动计划。这方面所采用的一些标准形式，是由密执安大学社会研究所研究和设计的。问卷可以包括三方面的问题，即领导管理过程中的问题，组织的沟通、决策、协调和激励方面的情况，以及员工对组织中各方面情况的满意感。实践证明，这种方法可以比较准确地发现所存在的问题，找到解决的办法，并且促进参加者的态度和行为的转变，改善整个组织的气氛。

四、工作生活质量

提高和改善工作生活质量不仅是一项组织发展和变革的措施，而且是一种关于人与组织关系的指导方针和管理哲学。

（一）工作生活质量的概念

工作生活质量简称QWL（quality of work life），它的理论基础来源于英国塔维斯特克所提出的社会技术系统的概念，但其实施方案首先是在美国发展起来的。QWL是由工会和管理部门共同合作改善员工生活福利和工作环境，以增加参与决策为手段，达到提高生产率和员工满意感的一项措施。具体内容包括以下几个方面。

（1）合理和公平的报酬。保持员工合理的薪金、福利收入，使员工感到他们获得的报酬同他们工作中付出的努力和取得的成绩相比较，是公平合理、可以接受的。

（2）安全和健康的环境。为员工在履行职责时提供安全、方便的工作条件，创造有利于员工健康、舒适的工作环境。

（3）发展人的能力。实施职务专业化和分工化的同时要充分考虑发挥和发展员工的知识和技能。工作设计要力图保持和扩大员工的技能和知识。

（4）参与各层次的决策。创造条件，使员工能够参与各层次的决策和参与解决问题的活动。

（二）工作生活质量与生产率

一般认为，提高工作生活质量会使人们对自己的工作和工作环境越来越满意，反过来满意感又会提高劳动生产率。但有证据表明，这样的模式过于简单，因而有时不免发生差错。事实上工作生活质量至少要通过三种途径才能达到提高生产率的目的。

（1）提高工作生活质量措施，要能改善人们之间的交往，加强员工与组织之间的合作，协调不同的职务或部门关系的统一，有利于全面完成任务，这样才能提高生产率。

（2）提高工作生活质量措施，要能增强对员工的激励，满足员工迫切的需要，从而激发起工作热情和积极性。当员工拥有必要的能力和技术，并且具有必要的环境和条件时，就能提高生产率。而在某些高度专业化并且个人激励受到严格控制的条件下，恐怕只能在极有限的程度上影响生产率。

（3）提高工作生活质量措施，要能提高员工的素质，使他们能够自行解决群体中的问题，更好地参与决策。工作生活质量措施不但能直接影响和提高生产效率，也能间接影响生产效率，即通过增加员工福利、提供较好的工作环境和提高员工的满意感来影响生产效率。

 课后深化与训练

美日双方的划船比赛

从前，一家美国汽车公司和一家日本汽车公司决定进行划船比赛。双方都苦练了很长时间，做好了准备。结果日本队以1英里的优势赢了。美国队成立了一个特别工作组分析失败的原因，工作组研究的结论是：日本队有8人划船，一人掌舵，而美国队则恰好相反。为了防止再次输给日本队，美国队重新进行组织设计，设立4个掌舵经理、3个区域掌舵经理、1个调配掌舵经理，并为那个单独划船的人制定了激励机制。这次比赛，日本队赢了2英里。

该案例说明什么问题？

 知识链接

国外发展中小企业的经验

综观世界各国中小企业发展的做法和经验，中小企业发展需要政府运用各种政策全方面、多层次地予以扶持。概括起来看，各国对中小企业的扶持，大体上都主要包括如下几个方面。

一、制定扶持中小企业的法律，为中小企业创造公平竞争的经营环境和条件

美国1953年出台了《中小企业法》，此后历届政府又制定了十几部维护中小企业利益的法律，主要包括《中小企业政策法》、《中小企业资本形成法》、《公平执行中小企业法法案》等。日本除制定了《中小企业基本法》外，还制定了《中小企业现代化促进法》、《中小企业金融公库法》、《中小企业信用保险法》等三十多种有关中小企业的法律。欧盟各国、韩国等也都制定了专门扶持中小企业的比较完备的法律。

二、设立中小企业的专门管理机构

美国1953年在商务部设立了"小企业管理局",并在各州设立分支机构。日本早在1948年就在通产省设立了"中小企业厅",并在通产省的8个派出机构中设有"中小企业课",专门对中小企业进行管理和服务。1971年,英国在工业部设立了"小企业服务局",为了鼓励合作社类型的小企业发展,1978年英国又在工业部设立了"合作发展局",并在全国建立了70个地方合作发展机构。德国、法国、意大利、韩国等也都设有专门的中小企业管理或服务机构。

三、建立和规范中小企业协会等组织

包括美国、日本、欧盟国家、韩国等都设有由政府规范职能的中小企业协会组织。如日本设有"中小企业团体中央会"、"中小企业振兴事业团"、中小企业"商工听议会"等。这些协会组织负责或帮助实施政府的中小企业扶持政策,它们在中小企业自助、自律方面发挥了较大作用。

四、对中小企业进行金融、财政扶持

通过提供各种专项优惠贷款、贷款担保、贷款贴息等形式,保证中小企业的资金供应。如美国小企业管理局经国会授权拨款,就对中小企业提供三种形式的贷款,分别是直接贷款、协调贷款、担保贷款。日本通过国家出资建立的"中小企业金融公库"、"国民金融公库"和"工商组合金融公库",向中小企业发放利率比民间银行低2%~3%的长期贷款。

五、建立健全对中小企业的社会化服务体系

美国小企业管理局在全国成立了近1 000家"小企业发展中心"、13 000家"退休经理志愿者服务团"、60多个"妇女企业中心"、17个"美国出口援助中心"、13个"一站资本店"和39个"企业信息中心",为中小企业及个人提供各类信息咨询和帮助。在德国,各地也都有政府部门开办的为当地中小企业培训员工,对中小企业员工进行知识更新或改行培训的职业教育中心,经费由政府拨款,企业只为自己职工出部分培训费。

(资料来源:根据中国财经报网《国外发展中小企业的经验》一文整理)

第九章 领导心理与管理

 能力目标

▶ 能够掌握领导理论的主要内容，认识领导过程中存在问题，并能将其应用于管理实践。
▶ 能够根据领导理论，发挥领导艺术，提高领导者的影响力。

 知识目标

▶ 重点掌握领导心理的相关概念。
▶ 了解领导者常见的心理障碍及领导者应具有的五种习惯。
▶ 掌握领导理论的主要内容。
▶ 了解领导艺术。

 导入案例

布拉克公司是一家小型的制造公司，公司将人员分为三班，每班40名工人。阿特管理第一个班。他每天对日常工作很投入，但是工人们认为他并不真正理解他们的处境。汤姆管理第二个班。汤姆是一个以人为本的管理人员，但是第二个班的工人普遍感到工作有压力。卡罗尔管理第三个班。她擅长对工人提供帮助。如果工作有了问题，她能找到问题所在；如果工人感到垂头丧气，她就给他们打气。工人们描述她是集父母、教练和制造专家于一身的管理者。但是如果工人从卡罗尔的班上调到其他的班上工作，就会出现问题。

分析启示：在影响组织凝聚力和员工积极性的各种因素中，领导心理和行为是一个关键性的因素。因为不同的领导心理和行为，会造成组织的不同社会心理氛围，从而影响组织成员的积极性。

第一节 领导心理概述

领导活动与领导者一直是管理心理学研究的重要内容。从某种意义上说，对领导者在领导过程中的心理活动规律揭示得越清楚，对管理的认识就会越深刻，对实际管理工作的指导性就越强。

一、领导和领导者

我国管理界普遍认为："领导是指引、影响个人或组织在一定条件下实现目标的过程。"该过程的活动结果是领导者、被领导者、环境三因素相互作用的函数，三者的关系可用公式表示为：

$$领导 = f(领导者 \cdot 被领导者 \cdot 环境)$$

有效的领导是组织（企业）取得成功的一个重要条件。美国著名的管理学者杜拉克认为："管理者是任何企业的最基本、最宝贵的资产。"国外的统计资料表明：每一百个新的企业中约有二分之一的企业在两年内倒闭，绝大多数失败是由于领导不得力。因此，如何培养具有领导能力的人才，研究领导行为和领导方式对企业经营好坏的影响，是管理心理学研究的一个十分重要的课题。

社会心理学研究表明，凡是有人类聚集的地方，就有领导者存在。领导者是一个被指派到某一职位上具有职权、责任和义务来完成组织目标与目的的人。任何组织和团体，无论其规模大小，总会有领导者存在，以便于对内主持和领导整个群体，对外代表群体的全体。这种领导者有的是自然产生的，有的是由上级组织委派的，有的是由群体内互相推选产生的。

领导者并不是只有伟人、杰出人物才能担任，也不是一个终身的头衔，更不能说某一部门或群体的领导者可以胜任一切领域。在一种活动中可以胜任领导任务的人，在其他活动中，则未必能胜任，比如学术团体的领导就不一定能够胜任企业部门的领导。所以也可以将领导者理解为，凡是领导者必定在人类行为或群体生活的某方面可以影响一群人的人。就企业而言，领导者的使命是要促使每个人做好本职工作，为企业目标的实现做出积极的贡献。促使集体和个人共同努力、实现企业目标的全过程，即领导行为。就个人而言，领导者指的是在各类社会群体中起引导、率领、组织作用的人。领导者一般都是所在群体中影响力最大的人，包括由上级组织委派的或由群体成员推选产生的领导者，也包括虽未担任正式职务，但具有影响力的领导者，还包括那些自发产生的非正式群体中的领导者。

领导者实际有两种情况：一种是集影响、信任和权力于一体的领导者。这种领导者虽然被授予权力，但不是仅靠权力行事，而主要是靠自己的影响力，通过自己的品德、才干、学识和事业心赢得被领导者的信任，这种领导者，即使不再担任领导职务，仍能保持自己的影响力。另一种领导者是权力与影响、信任的分离体。其中又有两种情况：一种是领导者并不具有多大的影响力，没有取得被领导者真正的信任，只靠权力进行领导。这种人一旦离开了自己的职位，对群体的影响随即消失；另一种领导者是在群体中没有正式的职位和法定的权利，却拥有崇高的威望和广泛的影响力，被人们信赖，能起到实际的领导作用。在正式群体和非正式群体中，都存在着这种在长期实践中形成的、令人敬佩而被公认的领袖。在群体中，如果正式领导者的领导作用发挥的不好，非正式领导者的作用就显得比较突出。

在管理实践中，有人认为管理者便是领导者，把领导与管理等同起来。其实，领导仅是管理的一个部分，而不是其全部。领导是人为因素，用以团结和激励民众；而管理则是诸如规划、组织、控制和决策之类活动的总称。在这些管理活动中，由领导者引发对员工的激励，由管理者协调各项管理职能，使管理的目标得以实现。

二、领导者的影响力

影响力是指一个人在人际交往过程中影响他人思想和行为的能力。人与人之间的影响力在速度、强度、持久性等方面存在着个体差异。领导者的影响力构成是多方面的，其中主要包括以下因素。

1. 权力因素

它包括传统因素（人们对领导传统的观念，属于非完全强制因素）、职位因素（强制性因素）、资历因素（非完全强制性因素）；

2. 非权力因素

它包括品格、能力、知识、感情等因素（完全非强制因素）。

（1）品格方面——这是非权利感召力的重要前提。品格是指反映在人的一切言行中的道德、品行、人格、作风等的总和。这是非权利感召力的本质要素。优良的品格会给领导者带来巨大的感召力，使群体成员对其产生敬爱感。一个适应社会的好的品格，常被人们作为典范来效仿。品格优良、作风正派的领导，必然带出一大批正直的下属。一个领导应该懂得无论自己职位有多高，倘若在品格上出了问题，其政治威望（感召力或亲和力）就会荡然无存。

（2）能力方面——这是非权利性感召力产生的重要内容。能力是指能够胜任某项工作的主观条件，这是非权利性感召力的实践性要素。人的能力是多方面的，如果一个领导能够在安排下属的工作中，避其所短，扬其所长，使下属的专长得到充分的发挥，使本群体的各项工作更加井然有序，这就是领导者识人、用人的本领和能力。

（3）知识方面——这是非权利感召力产生的重要依据。知识是指人们在改造客观世界的实践活动中所获得的直接经验和间接经验的总和。这是非权利感召力的科学性要素。知识是一个人的宝贵财富，是领导者领导群体成员实现群体目标的重要依据。丰富的知识会给领导者带来良好的感召力，会使下属对其产生依赖感。领导者如果具有某种专业知识，那么，必然会对他人产生影响，具备这种素质的领导要比不具备这种素质的领导在行使权利上要顺利得多。

（4）情感方面——这是非权利性感召力产生的重要纽带。情感是人对客观事物（包括人）主观态度的一种反映。这是非权利性感召力的精神性要素。领导人深入基层，平易近人，时时体贴关心下属，和下属同甘共苦，与下属建立良好的情感，就容易使下属对其产生亲切感，下属的意见也容易反映到领导处，从而在领导做决策时可以根据群众的工作情况和思想状况作出更科学、合理的决策。

任何一个在位的现职领导者都同时拥有两种影响力——强制性影响力和自然性影响力。强制性影响力来源于领导者的地位权力，下级被动接受其影响，影响力持续的时间是短暂的；自然性影响力来源于领导者的个人条件，下级主动接受其影响，影响力持续的时间是持久的。

三、领导者的类型

根据领导方式的不同，还可以将领导者分为以下几类。

（1）专制型领导。是指领导者决定一切，安排布置下级执行。这种领导行为要求下级绝对服从与忠诚，并认为决策是领导层的事情，下级只要执行好就行。

（2）民主型领导。是指领导者发动下级讨论，共同商议，集思广益，然后进行决策。这种领导行为要求上下融洽，左右协调，齐心协力地工作。

（3）放任型领导。是指领导者撒手不管，下级想怎么干就怎么干，爱干什么就干什么，完全自由。

调查分析表明，凡是专制型领导所在的单位，下级工作完全依赖领导者的指示，领导者不在时，一切工作就停顿，上下级之间的关系也较紧张；民主型领导所在的单位，下级在友好的气氛下工作，上下级关系融洽、愉快，领导者不在时，下级照样工作；放任型领导所在的单位，下级虽然也有工作活动，但是各吹各的号，各唱各的调，群龙无首，一事无成。

表面看来，三种类型中民主型领导效果最好，但从本质而言却不能一概而论。现实中的有效领导者，并非属于哪一种固定的模式，他往往是根据实际需要，综合运用以上三种领导方式，进行所谓适应性的领导，以保证实现有效的管理。因为"专制"和"民主"只表明上下级关系，并非是判断有效领导的标准，所以不能表示一种因果关系。各种领导类型的有效性，必须按照特定目的，用事实进行判断。有效的领导并非是一个固定的模式，它是一个由领导者本身、被领导者以及当时环境三个方面相互作用的函数。专制型与放任型领导，是领导者使用权力范围与被领导者自由活动范围的两种极端情况，两者之间存在许多不同比重的过渡型。

四、领导者常见的心理障碍

领导者的心理障碍指的是在领导活动中，领导者所表现出来的不良心理状态。这种心理状态对其自身的心理健康以及领导工作有许多消极影响。因此，分析领导者的心理障碍，加强领导者心理素质锻炼，使其心理状态与客观环境达到平衡，具有十分重要的意义。在实际工作中，常见的领导者心理障碍有以下六种。

（一）权力欲

领导者在组织内担任一定的职务，掌握一定的权利。这种权利本应是领导者履行岗位职责，实现组织目标，为被领导者谋利益的手段，但由于个人素质和思想认识水平的差异，使得一些领导者对权利的认识发生了偏移，在一定程度上出现了心理障碍。产生这种心理障碍的原因，除了领导者个人素质因素外，还受到传统观念和长期封建专制及家长制的不良影响。如有的领导者以强权为核心原则考虑问题，恣意实施所谓"权力性影响"，依仗强权手段，迫使被领导者绝对服从自己的个人意志，领导活动笼罩着主奴关系的气氛；有的领导者以自我为中心，把自己凌驾于被领导者之上，头脑中充满着等级观念、尊卑意识。在领导活动中，虽然不依仗强权手段，但强调权力的主体作用，一意孤行地实施其领导行为。一旦取得领导绩效，便过分夸大领导者的作用，始终有一种居高临下，甚至是"救世主"的心态；有的领导对其所做的决定和决策，只愿听赞同意见，不愿听反对意见，不愿意"纳谏"等。这种心态严重影响了领导者的心理健康，人为地造成精神压力和心理负担，这对领导工作的开展是极为不利的。

（二）嫉妒

嫉妒是一种消极的、有害的心理。嫉妒的行为特征主要表现在：喜欢自我表现，什么都想比别人抢先；凡事以我为中心，从自身利益出发，对他人缺乏理解与认同；富于攻击性，揽功推过；缺乏自信又惴惴不安，对竞争者虎视眈眈；貌似和蔼亲切，其实冷酷无情等。

领导者的嫉妒大多是由于社会对自身的评价产生的，嫉妒的中心往往是对方的地位、名誉、权力和业绩。从积极的方面说，嫉妒可以成为竞争的动力和源泉，但其消极影响远远大于积极影响。嫉妒往往使领导者变得偏激，带来一定程度的心理紧张和攻击性行为，甚至做出违反道德准则和法律法规的事情。

消除嫉妒的理想方法，首先，要树立靠自己的努力去超过对手的思想，要把不服输落实在行动上，而不要停留在口头上。其次，要有达观、平和的心态，客观公正地评价客观环境，审视事态的发展，对于自身的能力和他人的能力，要有一个比较客观的分析和判断。最后，要理智地剖析、认识嫉妒的原因。领导者只要深入地思考一下就会明白，如果固守己见，抱着嫉妒不放，只会失掉更有价值的东西。

（三）多疑

多疑的人在心理上总是处于不安全、痛苦的猜测状态中。这种不正常的心理反应往往是由于人们对客观环境或他人的主观判断失误，而又没有认识到这种失误所引起的心理上的失控。在现实生活中，有的领导者会因为某一次遭受上级批评而怀疑上级不信任自己；有的领导会因为由于自己的突然到来终止了他人的谈话而怀疑别人正在议论自己；有的领导甚至怀疑自己的下属对自己是否忠诚等。这种不健康的心理状态如果不加以矫正，就会逐渐发展成为一种病态，影响个人的发展。而且多疑会破坏组织内部的团结，造成人与人之间互相不信任，工作中不能密切配合，故意给对方出难题。这样，就会严重破坏组织的凝聚力，造成人心涣散、身心疲惫的局面，对实现组织目标，提高领导绩效极为不利。

（四）焦虑

焦虑是一种消极的情绪反应，是个体对环境即将出现的变故或者需要做出的努力，在主观上引起紧张和不愉快的期待情绪，包括自尊心的损伤，自信心的丧失，失落感和内疚感，以及相互交织的不安、忧虑，甚至惊恐等情绪状态。对于领导者来说，产生焦虑的原因是多种多样的，青年领导者可能会由于工作压力过重，人际关系复杂，需要不能及时得到满足，以及担心不慎会失去领导职位等原因产生焦虑；中年领导者可能会因为长期不能打开工作局面，工作进展不大，生活压力比较重等原因产生焦虑；老年领导者则可能会由于即将离开自己工作多年的岗位，既留恋原有的工作，又担心退休之后自己的社会地位和生活待遇等受到影响而焦虑。与焦虑相伴的往往是烦躁不安，情绪波动。领导者的焦虑情绪使其不能够冷静地思考和处理问题，丧失积极的进取精神，同时还会损伤领导者的自信心，使得领导者对工作和生活缺乏热情，因而在一定程度上影响到被领导者积极性的发挥。

（五）虚荣和自卑

虚荣和自卑是由于自尊心失调而造成的两极表现。领导者的虚荣主要表现为：自我炫耀，文过饰非，弄虚作假，对表扬沾沾自喜，对批评耿耿于怀，干工作讲门面、讲排场、不务实。虚荣心是对自尊心的曲解，其产生的思想基础是对荣誉和获得荣誉的手段的不正确认识。领导者的虚荣心不仅会使领导者个人陷入荣誉的漩涡不能自拔，迷失自己应该追求的正确目标，而且会给工作造成一定的损失。

领导者的自卑感通常表现为：对自己的智力和能力估计不足，遇事不敢决断；不敢触及矛盾的焦点，不敢独当一面；生怕被别人讥笑，对自己的意志力缺乏了解。自卑感的产生，往往是在受到挫折之后，自尊心长期受到压抑的结果。克服自卑感，关键在于领导者要保持心理平衡，客观评价自己，正当表现自己，适当补偿自己。在自卑感占上风时，不妨多告诉自己有哪些优点，多想一些自己成功的事例，增强自信心和自尊心。

（六）麻木或冷漠

麻木或冷漠是个体对挫折的消极反应，是对挫折环境的一种自我保护性或防御性反应。麻木或冷漠是一种综合性的心理障碍。它包括缺乏积极的认识动机，活动意向减退，情感冷漠，情绪低落，意志衰退，思维不活跃等。这种消极反应一旦侵蚀领导者的心理，就会使之表现出缺乏进取精神，思想容易僵化保守等特征。领导者克服麻木、冷漠心理障碍的最好办法是到群众中去，从群众中汲取智慧，增强战胜挫折和困难的勇气。

五、领导者应具有的五种习惯

习惯可以改变人的一生。虽然我们已经了解了许多提高自身素质的方法，但这些方法如果不能转变成自己的习惯，还是没有任何意义。下面列举的是作为一名合格的领导者必备的五种习惯。

（一）延长工作时间

许多人对这项习惯不屑一顾，认为只要自己在上班时间提高效率，没有必要再加班加点。实际上，延长工作时间的习惯对领导者的确非常重要。

作为一名领导者，不仅要将本职的事务性工作处理的井井有条，还要应付其他突发事件，思考部门及公司的管理及发展规划。有大量的事情不是在上班时间内出现，也不是在上班时间内可以解决的，这需要领导者根据公司的需要随时为公司工作。但是，在不同时期和不同情况下，领导者超额工作的方式也有不同。如为了完成一个计划，可以在公司加班；为了理清管理思路，可以在周末看书和思考；为了获取信息，可以在业余时间与朋友们联络。总之，领导者所做的这一切，可以使领导者在公司更加称职，从而巩固领导者的地位。

（二）始终表现出对公司及公司产品的兴趣和热爱

领导者在任何时候都应表现出对公司及其产品的兴趣和热爱，不论是在工作时间，还是在下班后；不论是对公司员工，还是对客户及朋友。当领导者向别人传播对公司的兴趣和热爱时，别人也会从领导者身上体会到他的自信及对公司的信心。没有人喜欢与悲观厌世的人打交道，同样，公司也不愿让对公司的发展悲观失望或无动于衷的人担任领导工作。

（三）自愿承担艰巨的任务

公司的每个部门和每个岗位都有自己的部门及岗位职责，但总有一些突发事件无法明确划分到部门或个人，而这些事情往往还都是比较紧急或重要的。如果领导者是一名合格的领导者，就应该从维护公司利益的角度出发，积极去处理这些事情。面对艰巨的任务，领导者更应该主动去承担。不论事情成败与否，这种知难而上的精神也会让大家对领导者产生认同。另外，承担艰巨的任务是锻炼领导者能力的难得机会，长此以往，领导者的能力和经验会迅速提升。当然在完成这些艰巨任务的过程中，领导者有时也会感到很痛苦，但痛苦会让领导者成熟。

（四）在工作时间避免闲谈

可能领导者的工作效率很高，但是一定要注意，不要在工作时间闲谈。在公司并不是每个人都很清楚领导者当前的工作任务和工作效率，所以闲谈只能让人感觉领导者很懒散或很不重视工作。另外，闲谈也会影响他人的工作，引起别人的反感。领导者也不要做其他与工作无关的事情，如听音乐、看报纸等。如果领导者没有事做，可以看看本专业的相关书籍，查找一下最新专业资料等。总之，领导者必须让人感觉他在工作时间的每一分钟都是充实和高效的。

（五）向公司领导提出部门或公司管理问题及建议

作为一名领导者，必须始终以领导者的眼光观察部门和公司所发生的事情，并及时将发现的问题归纳总结，向公司领导提出管理建议。当然领导者的上级可能不会安排领导者做这些事情，但领导者的管理能力却是上级考核领导者的重要内容。领导者必须让别人感觉到，他始终关心着公司的发展。除向上级提出管理建议之外，一些小的管理方法可以直接在部门内部实施。只要这些方法行之有效，提高了部门的工作效率，领导者的工作就会被肯定。

课后深化与训练

某校新来了一位校长，他的做法和前任校长形成极大的反差。前任校长比较专断，大事小事都一人说了算。而新校长到校后就和四位副校长开会。他说：论教学，我不如老赵；论后勤，我不如老钱；论小学部，我不如老李；论初中部，我不如老孙。今后你们要各司其职，大胆工作，干好了是你们的成绩，出了问题，大家研究。这时，大家心里都在问：那你校长干什么？三个月后，新校长在细致调查研究的基础上，启动改革措施，学校发生了很大的变化，新校长受到教师的尊敬和好评。

试用领导类型风格理论分析、论述新校长为什么既"安乐"而又获得好评。

化妆品皇后与软件大王

我们来看两个不同的领导者——玫琳凯化妆品公司的玫琳凯·安丝和微软公司的比尔·盖茨。安丝和盖茨不属于一代人，他们有着不同的家庭成长经历和教育背景。他们有着不同的事业目标，他们用不同的手段从事自己的职责，甚至他们的领导方式都各有千秋，但是，他们两人对自己的事业充满激情、充满动力，他们都是各自领域的佼佼者。

安丝在45岁时，用5000美元的积蓄，在家庭的帮助下建立了自己的化妆品公司。现在公司的年销售额超过了6亿美元，拥有职工30万人。与员工家庭保持密切的关系以及在员工个人危难时给以帮助是公司的核心竞争力所在。公司会议就像一个大型的家庭会议一样充满着感情，玫琳凯就像一位母亲。公司把为妇女创造成功的机会，看做是自己的使命，公司的领导自豪地认为关心别人是自己的全部事业。对人的关心以及敏锐的商业意识使公司一直占据该高竞争行业的领先地位。

比尔·盖茨靠智慧和不断学习来经营微软公司。他曾经说："最重要的一点是你会从每天的工作中得到享受。对我而言，那就是与非常聪明的人在一起工作，而且会不断处理新问题。"他被描述为一个刻薄、对抗、粗鲁而又谦虚的人，是世界上最努力的执行官。而他几乎不关心个人及与工作无关的事情。围绕个人能力和行业主导竞争者而建立的企业文化，使微软公司保持了行业领导者的地位。

（资料来源：根据道客巴巴《行动中的领导》相关资料整理）

第二节　领导理论

领导理论是研究领导本质及其行为规律的科学，领导理论的发展大致经历了三个阶段：特质理论阶段、行为理论阶段和权变理论阶段。

一、特质理论

领导特质理论是研究有效领导者的个人特性和品质的理论。许多管理心理学家运用这种传统研究思路，对领导特质进行了长期的探索。

1. 早期的特质理论

早期的特质理论认为，领导行为的有效性主要取决于领导者内在的品质，具备了某些品质就能成为好的领导者，而且这些品质是先天就有的，只有先天具有这些品质的人，后天的培养才是有效的。

基于这样的认识，许多心理学家对某些社会上公认的成功或不成功的领导者进行了研究、测定，试图归纳出成功的和不成功的领导者各自应具备哪些品质，以作为选择领导者的标准。例如，吉普（Gibb）的研究认为，天才的领导者应该是：健谈，外表英俊潇洒，智力过人，具有自信，心理健康，有支配他人的倾向，外向而敏感。

2. 后期的特质理论

20世纪70年代以后，一些心理学家对领导者特质的研究又产生兴趣。他们认为，"天才论"的观点是不对的，但有效的领导者确实必须具备一定的品质。同时，领导者的品质不是生而有之，而是在实践中逐步形成和累积起来的，可以通过教育进行培训。此外，在实际工作中，选择领导者需要有明确的标准，培训和使用领导者要有明确的方向和内容，考核领导者也应有严格的指标。

3. 对特质理论的评价

（1）并非所有成功的领导者都具备上述特质理论所描述的品质，而且许多非领导者可能具备上述的大部分甚至全部品质。作为一种研究方法，这种理论的体系显得比较薄弱。

（2）它没有明确各种特质之间的相对重要性。没有一种品质是所有领导者所共有的，因此，领导特质理论无法指出哪些素质是领导者必需的，而且也无法对各种品质的相对重要性作出评价。

（3）它忽视了情境因素的作用。在一种情境中所展现的与领导能力有关的特质，并不能预示另一种情境中的领导能力。事实上，一个领导者能否发挥作用，会随被领导者的不同而不同，也会随环境的改变而改变。

由于特质理论对领导素质和效率的研究仍存在着许多缺陷，而人们对合适的领导模式的研究不断进展，到了20世纪40年代，有关领导理论的研究转向了对行为方式的探讨。

二、行为理论

在特质理论的研究过程中，人们逐渐认识到"天才论"是错误的，而且领导的有效性也并非取决于领导者的个人品质。于是从20世纪40年代起，有些学者转向研究领导者的个人行为。他们认为，领导的有效性主要取决于领导行为方式、作风。他们注重考察那些成功的领导者做些什么、怎样做的，优秀的领导者的行为与较差的领导者的行为有无区别等，以试图找出能获得有效性的行为模式。

（一）俄亥俄州立大学的研究

最全面且重复较多的行为理论来自于20世纪40年代末期在俄亥俄州立大学进行的研究。研究者希望确定领导行为的独立维度，他们收集了大量的下属对领导行为的描述，开始时列出了1 000多个因素，最后归纳出两大类，称之为结构维度和关怀维度。

结构维度（initiating structure）指的是领导者更愿意界定和建构自己与下属的角色，以达成组织目标。它包括设立工作、工作关系和目标的行为。高结构特点的领导者向小组成员分派具体工作，要求员工保持一定的绩效标准，并强调工作的最后期限。

关怀维度（consideration）指的是领导者尊重和关心下属的看法与情感，更愿意建立相互信任的工作关系。高关怀特点的领导者帮助下属解决个人问题，他友善而平易近人，公平对待每一个下属，并对下属的生活、健康、地位和满意度等问题十分关心。

研究认为，领导行为是这两种行为的具体组合，领导者的行为可以用两度空间的"四分图"来表示。如图9-1所示。

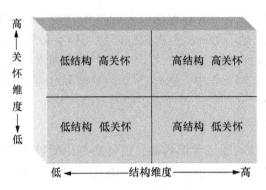

图9-1　俄亥俄州立大学领导行为四分图

（1）高结构、低关怀——领导者以工作为重，他最关心的是岗位工作。

（2）低结构、高关怀——不大关心工作进展，只关心员工间的人际关系，对处世方面多能保持一种互尊互信的气氛，他们关心和体恤下属，以鼓励下属完成工作。

（3）低结构、低关怀——既不关心工作也不关心人。

（4）高结构、高关怀——领导者对人对事并重，因此他会订立机制，使下属能参与事务，属于参与式领导风格。

以这些概念为基础进行的大量研究发现，在结构和关怀方面均高的领导者（"高—高"领导者）常常比其他3种类型的领导者（结构低，关怀低，或二者均低）更能使下属取得高工作绩效和高满意度。但是，"高—高"风格并不总能产生积极效果。比如，当工人从事常规任务时，高结构特点的领导行为会导致高抱怨率、高缺勤率和高离职率，员工的工作满意水平也很低。还有研究发现，领导者的直接上级主管对其进行的绩效评估等级与高关怀性成负相关。总之，俄亥俄州立大学的研究表明，"高—高"风格能够产生积极效果，但同时也有足够的特例表明这一理论还需加入情境因素。

（二）密执安大学的研究

与俄亥俄州立大学的研究同期，密执安大学调查研究中心也进行着相似性质的研究：确定领导者的行为特点，以及它们与工作绩效的关系。

密执安大学的研究群体也将领导行为划分为两个维度，称之为员工导向和生产导向。员工导向的领导者（employee-oriented leader）重视人际关系，他们总会考虑到下属的需要，并承认人与人之间的不同。相反，生产导向的领导者（production-oriented leader）更强调工作的技术或任务事项，主要关心的是群体任务的完成情况，并把群体成员视为达到目标的手段。

密执安大学研究者的结论对员工导向的领导者十分有利。员工导向的领导者与高群体生产率和高工作满意度成正相关；而生产导向的领导者则与低群体生产率和低工作满意度联系在一起。

(三) 管理方格论

布莱克和莫顿（Black&Mouton）两人发展了领导风格的两维度观点，在"关心人"和"关心生产"的基础上提出了管理方格论（managerial grid），该理论充分概括了俄亥俄州立大学的关怀与结构维度以及密执安大学的员工导向和生产导向维度。

管理方格如图9-2所示，横坐标表示管理者对生产的关心程度，纵坐标表示管理者对人的关心程度。两条坐标轴各划分为从1到9的九个小格作为标尺。整个方格图共有81个小方格，每个小方格表示"关心生产"和"关心人"这两个基本倾向相结合的一个领导方式，其中五种类型最具代表性：

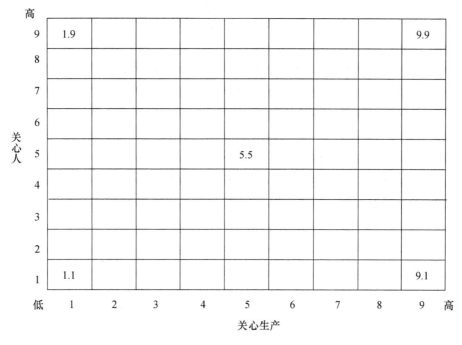

图9-2　管理方格图

（1.1）型：贫乏型管理——对员工和生产几乎都不关心，他只以最小的努力来完成必须做的工作。这种管理方式将导致失败，这是很少见的极端情况。

（9.1）型：任务型管理——领导者基于自身的权威，集中注意于对生产和作业的效率的要求，注重计划、指导和控制员工的工作活动，以使工作效率达到最佳状态。但不关心人的因素，雇员对此只能服从，很少注意员工们的发展和士气。

（1.9）型：乡村俱乐部型管理——领导集中注意对员工的支持和体谅，注重员工的需要，努力创造一种舒适和睦的组织气氛和工作节奏，认为只要员工心情舒畅，生产就一定能好，但对规章制度、指挥监督和任务效率等很少关心。

（5.5）型：中庸型管理——领导者力图在工作和士气之间寻求一种平衡。一方面比较注意管理者在计划、指挥和控制上的职责，另一方面也比较重视对员工的引导鼓励，设法使他们的士气保持在必须的满意的水平上。但是，这种领导方式缺乏创新精神，只追求正常的效率和可以满意的士气。

（9.9）型：团队型管理——对员工、对生产都极为关心，努力使员工个人的需要和组织的目标最有效地结合起来，注意使员工了解组织的目标，关心工作的成果。建立"命运共同体"的关系，利害与共。因此，员工关系协调，士气旺盛，会进行自我控制，生产任务完成得极好。

三、权变理论

权变领导理论是一种对领导理论的动态研究。权变领导理论的主要特点是：认为一种领导行为的效果好坏，不仅取决于领导者本人的素质和能力，而且还取决于许多客观因素，如被领导者的特点、领导的环境等。领导行为好不好，是一个很多因素起作用并且相互影响的过程。这一观点可用下述公式来表示：

$$领导 = f（领导者·被领导者·环境）$$

因此，没有一种"最好"的领导行为，一切要以时间、地点、条件为转移。例如，专制式的领导方式在一定条件下也可能是一种好的、有效的方式。因此，领导者的任务，就在于学会各种领导方式，以便"一把钥匙开一把锁"，针对不同的被领导者、不同的环境而采取相应的领导方式。而学会运用各种领导方式的关键，在于提高领导者的判断能力，能有效地判定领导者自己面临的情况。也就是说，领导的作用在于领导人们的行为，而人们的行为又受其动机和态度等因素及客观环境的影响，因此，讨论领导效能要考虑人的动机、态度和当时当地所处的特定环境。

这里主要介绍三种权变理论：费德勒模型、领导生命周期理论和途径—目标理论。

（一）费德勒模型

伊利诺大学的菲德勒（Fred Fiedler）从1951年开始，首先从组织绩效和领导态度之间的关系着手进行研究，经过长达15年的调查试验，提出了"有效领导的权变模式"，即菲德勒模型。他认为任何领导形态均可能有效，其有效性完全取决于是否与所处的环境相适应。他把影响领导者领导风格的环境因素归纳为三个方面：职位权力、任务结构和上下级关系。

（1）职位权力（position power）。职位权力指的是与领导者职位相关联的正式职权和从上级和整个组织各个方面所得到的支持程度，这一职位权力由领导者对下属所拥有的实有权力所决定。领导者拥有这种明确的职位权力时，则组织成员将会更顺从他的领导，有利于提高工作效率。

（2）任务结构（task structure）。任务结构是指工作任务明确程度和有关人员对工作任务的职责明确程度。当工作任务本身十分明确，组织成员对工作任务的职责也明确时，则领导者对工作过程易于控制，整个组织完成工作任务的方向就更加明确。

（3）上下级关系（leader-member relations）。上下级关系是指下属对领导者的信任爱戴和拥护程度，以及领导者对下属的关心、爱护程度。这一点对履行领导职能是很重要的。因为职位权力和任务结构可以由组织控制，而上下级关系是组织无法控制的。

（二）赫塞和布兰查德的情境理论

保罗·赫塞（Paul Hersey）和肯尼斯·布兰查德（Kenneth Blanchard）开发的

领导模型称为情境领导理论（situational leadership theory），它被广大的管理专家们所推崇，并常常作为主要的培训手段而应用。

情境理论是一个重视下属的权变理论。选择正确的领导风格可以获得领导的成功，在这一点上，赫塞和布兰查德认为下属的成熟度水平是一权变变量。在领导效果方面对下属的重视反应了这样一个事实：使下属们接纳或拒绝领导者。无论领导者做什么，其效果都取决于下属的活动。然而这一重要维度却被众多的领导理论所忽视或低估。对于成熟度，赫塞和布兰查德将其定义为：个体完成某一具体任务的能力和意愿的程度。

情境领导模式使用的两个领导维度与费德勒的划分相同：任务行为和关系行为。但是，赫塞和布兰查德更向前迈进了一步，他们认为每一维度有低有高，从而组合成4种具体的领导风格：指示、推销、参与和授权。具体描述如下：

指示（高任务—低关系）：领导者定义角色，告诉下属干什么、怎么干以及何时何地去干，其强调指导性行为。

推销（高任务—高关系）：领导者同时提供指导性行为与支持性行为。

参与（低任务—高关系）：领导者与下属共同决策，领导者的主要角色是提供便利条件与沟通。

授权（低任务—低关系）：领导者提供极少的指导或支持。

赫塞和布兰查德定义了下属成熟度的4个阶段：

（1）R1：下属对于执行某任务既无能力又不情愿。他们既不胜任工作又不能被信任。

（2）R2：下属缺乏能力，但却愿意从事必要的工作任务。他们有积极性，但目前尚缺乏足够的技能。

（3）R3：下属有能力却不愿意干领导者希望他们做的工作。

（4）R4：下属既有能力又愿意干让他们做的工作。

当下属的成熟度水平较高时，领导者不但可以减少对活动的控制，还可以减少关系行为。在R1阶段中，下属需要得到明确而具体的指导；在R2阶段中，领导者需要采取高任务和高关系行为。高任务行为能够弥补下属能力的欠缺，高关系行为则试图使下属在心理上"领会"领导者的意图；在R3阶段中出现的激励问题运用支持性、非指导性的参与风格可获最佳解决；在R4阶段中，领导者不需要做太多事情，因为下属既愿意又有能力承担责任。

（三）路径—目标理论

路径—目标理论（path-goal theory）已经成为当今最受人们关注的领导观点之一，它是罗伯特·豪斯（Robert House）开发的一种领导权变模型，这一模型从俄亥俄州立大学的领导研究和激励的期望理论中吸收了重要元素。

该理论的核心在于，领导者的工作是帮助下属达到他们的目标，并提供必要的指导和支持以确保他们各自的目标与群体或组织的总体目标相一致。"路径—目标"的概念来自于这种信念，即有效的领导者通过明确指明实现工作目标的途径来帮助下属，并为下属清理路程中的各种路障和危险从而使下属的"旅行"更为顺利。

按照路径—目标理论，领导者的行为被下属接受的程度取决于下属将这种行为视为获得满足的即时源泉还是作为未来获得满足的手段。领导者行为的激励作用在于：第一，它使下属的需要满足与有效的工作绩效联系在一起；第二，它提供了有效的工作绩效所必需的辅导、指导、支持和奖励。为了考察这些方面，豪斯确定了 4 种领导行为：指导型领导让下属知道对他们的期望是什么，以及完成工作的时间安排，并对如何完成任务给予具体指导，这种领导类型与俄亥俄州立大学的结构维度十分近似；支持型领导十分友善，并表现出对下属需求的关怀，这种领导类型与俄亥俄的关怀维度十分近似；参与型领导则与下属共同磋商，并在决策之前充分考虑下属的建议；成就取向型的领导设置有挑战性的目标，并期望下属实现自己的最佳水平。与费德勒的领导行为观点相反，豪斯认为领导者是弹性灵活的，同一领导者可以根据不同的情境表现出任何一种领导风格。

如图 9-3 所示，路径—目标理论提出了两类情境或权变变量作为领导行为与结果之间关系的中间变量，它们是下属控制范围之外的环境（任务结构，正式权力系统以及工作群体），以及下属个性特点中的一部分（控制点，经验和感知到的能力）。要想使下属的产出最多，环境因素决定了作为补充所要求的领导行为类型，而下属的个人特点决定了个体对环境和领导者的行为特点如何解释。这一理论指出，当环境结构与领导者行为相比重复多余或领导者行为与下属特点不一致时，效果均不佳。

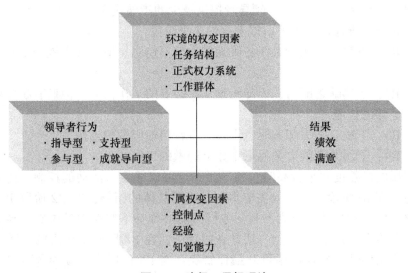

图 9-3　路径—目标理论

四、关于领导理论的最新观点

（一）领导的归因理论

归因理论主要用于探索原因与结果之间的关系，当一件事发生时，人们总愿意将它归因于某种原因。在领导情境下，归因理论指的是，领导主要是人们对其他个体进行的归因。运用归因理论的框架，研究者发现人们倾向于把领导者描述为具有这样一些特质，如智慧、随和的个性、很强的言语表达能力、进取心、理解力和勤奋。并且，人们发现"高—高"领导者（即在结构和关怀维度方面均高）与人们对好领导具有哪些因素的归因相一致。也就是说，不论情境如何，人们都倾向于将

"高—高"领导者视为最佳。在组织层面上，归因理论的框架说明了为什么人们在某些条件下使用领导来解释组织结果。

这些组织绩效常常是极端情况。当组织中的绩效极端低或极端高时，人们倾向于把它们归因于领导。这一点有助于解释当组织承受严重的财政危机时，首席执行官们的敏感性，无论他们是否与此事有关；它还说明为什么这些首席执行官都会因为极好的财政状况而赢得人们的好评，不管实际上他们的贡献有多大。

（二）魅力领袖的领导理论

20世纪初，德国社会学家韦伯提出领导者"超凡魅力"的概念。20世纪70年代，路径—目标模型的创建者——豪斯推出了魅力型领导者应当具有的三项人格特征。80年代后，美国学者康格和卡纳尔在广泛研究基础上，概括出魅力型领导者具有努力改革现状、目标远大、自信心强、善于表达、超凡行为、对环境变化敏感、创新开拓、具有人格魅力等八项人格特征，并认为这些特征是可以通过训练而习得的。

韦伯认为，任何组织都必须以某种形式的权力作为基础，没有某种形式的权力，任何组织都不能达到自己的目标。人类社会存在三种为社会所接受的权力：

（1）传统权力：传统惯例或世袭得来；

（2）超凡权力：来源于别人的崇拜与追随；

（3）法定权力：法律规定的权力。

对于传统权力，韦伯认为：人们对其服从是因为领袖人物占据着传统所支持的权力地位，同时，领袖人物也受着传统的制约。但是，人们对传统权力的服从并不是以与个人无关的秩序为依据，而是在习惯义务领域内的个人忠诚。领导人的作用似乎只为了维护传统，因而效率较低，不宜作为行政组织体系的基础。

而超凡权力的合法性，完全依靠对于领袖人物的信仰，他必须以不断的奇迹和英雄之举赢得追随者，超凡权力过于带有感情色彩并且是非理性的，不是依据规章制度，而是依据神秘的启示。所以，超凡的权力形式也不宜作为行政组织体系的基础。

韦伯认为，只有法定权力才能作为行政组织体系的基础，其最根本的特征在于它提供了慎重的公正。原因在于：① 管理的连续性使管理活动必须有秩序地进行；② 以"能"为本的择人方式提供了理性基础；③ 领导者的权力并非无限，应受到约束。

有了适合于行政组织体系的权力基础，韦伯勾画出理想的组织模式，这种模式具有如下特征。

（1）组织中的人员应有固定和正式的职责并依法行使职权。组织是根据合法程序制定的，应有其明确目标，并依靠一套完整的法规制度，组织与规范成员的行为，以期有效地追求与达到组织的目标。

（2）组织的结构是一层层控制的体系。在组织内，按照地位的高低规定成员间命令与服从的关系。

（3）人与工作的关系。成员间的关系只有对事的关系而无对人的关系。

（4）成员的选用与保障。每一职位根据其资格限制（资历或学历），按自由契约原则，经公开考试合格予以使用，务求人尽其才。

（5）专业分工与技术训练。对成员进行合理分工并明确每人的工作范围及权责，然后通过技术培训来提高工作效率。

（6）成员的工资及升迁。按职位支付薪金，并建立奖惩与升迁制度，使成员安心工作，培养其事业心。

韦伯认为，凡具有上述6项特征的组织，可使组织表现出高度的理性化，其成员的工作行为也能达到预期的效果，组织目标也能顺利达成。韦伯对理想的官僚组织模式的描绘，为行政组织指明了一条制度化的组织准则，这是他在管理思想上的最大贡献。

作为韦伯组织理论的基础，官僚制在19世纪已盛行于欧洲。韦伯从事实出发，把人类行为规律性地服从于一套规则作为社会学分析的基础。他认为一套支配行为的特殊规则的存在，是组织概念的本质所在。没有它们，将无从判断组织性行为。这些规则对行政人员具有双重作用，一方面他们自己的行为受其制约，另一方面他们有责任监督其他成员服从于这些规则。韦伯理论的主要创新之处源于他对有关官僚制效率争论的忽略，而把目光投向其准确性、连续性、纪律性、严整性与可靠性。韦伯这种强调规则、强调能力、强调知识的行政组织理论为社会发展提供了一种高效率、合乎理性的管理体制。现在我们普遍采用的高、中、低三个层次管理就是源于他的理论。

行政组织化是人类社会不可避免的进程，韦伯的理想行政组织体系自出现以来就得到了广泛的应用，它已经成为各类社会组织的主要形式。韦伯的行政组织理论虽然不是管理思想的全新开创，只是社会实践的理论总结，但这种思想对现代组织行为是具有积极的现实指导意义的。

今天"官僚"一词已从技术意义上的"行政组织"（中性）演变成"效率低下"的代名词（贬义）。然而，现今社会行政组织的过分低效，并不是"官僚制"本身的错误，而是由于官僚行政组织内部机制障碍所致。长期以来，我国政府和企业机构臃肿、效率低下，韦伯关于理想的官僚组织的6项特征，也会对推进其政府机构改革具有一定的启示。

改革开放以来，国内许多企业取得了长足的发展，涌现出了一批知名企业和企业家，然而在许多企业中，维系企业权力基础的却是企业最高领导人个人的超凡权力，他们或因卓越的胆识、杰出的才能、非凡的人格魅力，或因"时势造英雄"而成为企业的绝对主宰和精神领袖，"一人身系天下安危"。这种脆弱的权力体系，将直接影响企业长远、稳定的后续发展。在企业领导人决策失误或出现意外的情况下，将不可避免地陷入动荡的局面，企业的发展也难以预测。逐步向现代企业制度转化，建立以法定权力为基础的企业组织内部权力体系，才是企业长久稳定发展的保证。

被誉为"组织理论之父"的德国社会学家马克斯·韦伯对组织管理理论的伟大贡献，在于明确而系统地指出理想的组织应以合理合法权力为基础，有效地维系组织的连续和目标的达成。为此，韦伯首推官僚组织，并且阐述了规章制度是组织得以良性运作的基础和保证。这里不能狭义地理解官僚组织（此处的官僚是中性的）。企业的长生不老绝不仅仅依赖于其英雄人物的"超凡卓识"，应在更大程度上依赖于其"顺应自然"的原则体系——公正地识人、用人的体系。

（三）交易型领导与变革型领导

1985年，倍斯（R. Bass）正式提出了交换型领导行为理论和变革型领导行为理论，它以一个"走在大街上的"普通人看待领导行为，具有实际的应用价值，在实践中得到了广泛应用。

1. 交换型领导行为理论

交换型领导行为理论的基本假设是：领导—下属间的关系是以两者之间一系列的交换和隐含的契约为基础。该领导行为以奖赏的方式领导下属，当下属完成特定的任务后，便给予承诺的奖赏，整个过程就像一项交易。其主要特征是：（1）领导者通过明确角色和任务要求，指导和激励下属向既定的目标活动，领导者向员工阐述绩效的标准，意味着领导希望从员工那里得到相应的回报；（2）以组织管理的权威性和合法性为基础，完全依赖组织的奖惩来影响员工的绩效；（3）强调工作标准、任务的分派以及任务导向目标，倾向于重视任务的完成和员工的遵从。

2. 变革型领导行为理论

变革型领导行为是一种领导向员工灌输思想和道德价值观，并激励员工的过程。在这一过程中，领导除了引导下属完成各项工作外，常以领导者的个人魅力，通过对下属的激励、刺激下属的思想、对他们的关怀去变革员工的工作态度、信念和价值观，使他们为了组织的利益而超越自身利益，从而更加投入于工作中。该领导方式可以使下属产生更大的归属感，满足下属高层次的需求，获得高的生产率和低的离职率。变革型领导行为的前提是领导者必须明确组织的发展前景和目标，下属必须接受领导的可信性。其主要特征为：① 超越了交换的诱因，通过对员工的开发、智力激励等鼓励员工为群体的目标、任务以及发展前景超越自我的利益，实现预期的绩效目标；② 集中关注较长期的目标，强调发展的眼光，鼓励员工发挥创新能力，并改变和调整整个组织系统，为实现预期目标创造良好的氛围；③ 引导员工不仅为了他人的发展，也为了自身的发展承担更多的责任。

 课后深化与训练

1. 用权变理论解释为什么一个十分敬业的领导者不一定成功。
2. 对本班的同学用领导特质问卷进行测量，了解同学的基本特质情况。

 知识链接

乔布斯的魅力与领导力

史蒂夫·乔布斯（StevePaul Jobs），在他20岁和沃兹（Steve Wozniak）创造苹果（Apple）电脑公司时，可能不会想到有一天苹果会成为世界上市值最高的高新科技公司，他会获得总统授予的国家级技术勋章，会登上《时代周刊》成为封面人物，会被《财富杂志》评为"全美最佳CEO"，但这一切皆成事实。不仅如此，国际青年成就组织进行的调查表明，他因"以与众不同的方式提升了人们的生活质

量,使世界变得更加美好",而成为最受青少年尊敬的企业家。

从白手起家创办公司引发个人电脑行业革命,成为声名显赫的"计算机狂人",到被迫黯然离开苹果进行二次创业,新创立 NeXT 和 Pixar,制作世界上第一个用电脑完成的动画电影——《玩具总动员》,再到临危受命重新执掌苹果公司,带领苹果摆脱危机,一路高歌猛进,用 iPod 超越 MP3 鼻祖——索尼,用 iPhone 甩掉手机霸主诺基亚,用 iPad 挑战 IT 巨人微软和英特尔,乔布斯和苹果的命运紧紧相联。他的传奇人生和独特魅力辉映苹果的激情与浪漫,他的非凡成就影响整个 IT 产业和电子世界。

根据新兴产业发展的"三螺旋理论",在"技术创新—资本市场—企业家"三维度中,企业家扮演了极其重要的角色。苹果一次次突出重围、起死回生、终成大器的发展历程,是对三螺旋理论最生动的诠释,苹果的成功与作为苹果精神支柱和灵魂人物的乔布斯密不可分,更与他的卓越领导力密不可分。无疑,乔布斯是当之无愧的魅力型领导,他巨大的个人魅力让苹果的员工甚至消费者,对他建立了极高的崇拜和忠诚。

魅力归因理论认为,诸如坚毅、刚强、自信、执著、强势、果敢、精力充沛、激情四射、强烈的使命感、卓越的演说能力等领导品质和才能,都能增加归因魅力的可能性。乔布斯似乎符合所有这些要素,透过他的早期生活和职业生涯不难看出,乔布斯的魅力领导力主要表现为以下五个方面。

(1) 坚毅、刚强。乔布斯几经坎坷,跌宕起伏,依然屹立不倒,傲视群雄,他用行动诠释了海明威的名言"一个人可以被毁灭,但不能被打倒"。短短 10 年内,他就将苹果从自家车库里的小作坊,发展为雇员超过 4 000 名、价值超过 20 亿美元的大公司。然而,却在事业最巅峰时被自己创立的公司扫地出门。后来,又在一年中失去 2.5 亿美元!遭遇几近毁灭性打击的他,12 年后卷土重来,重新主宰了苹果公司,并将其带上前所未有的高度和辉煌。是什么使他能如此刚强?是钢铁般的意志,是绝不轻言失败的坚韧。他从未陷入自我怀疑、自暴自弃的泥潭,把挫折视为生活的一部分,看成是人生必修的功课。他对困境和打击毫不畏惧,从跌倒处爬起来,昂首再出发。

(2) 自信、执著,忠于自己的直觉,挚爱自己的事业。乔布斯在很小的时候就表现出有主见和自信的处事原则。他拒绝去读高中,还强迫父母搬了家。他说服父母让他去一个收费高得让家里难以承担的大学读书,然后却辍学了。在生意场上,他常常自信地为产品的设计提出一些"古怪"的想法,比如,他提出界面的按钮颜色可以模拟红绿灯:红色代表关闭窗口,黄色代表缩小窗口,而绿色则代表放大窗口。开始时开发人员都觉得这种想法莫名其妙,不可理喻,做完后才发现乔布斯是对的。乔布斯认为,要勇敢地追随自己的心灵和直觉,只有心灵和直觉才知道自己的真实想法。要全心全意地去找寻梦想,如果一时还没能找到,不要停下来,不要放弃。他告诫人们,不要被教条所限,不要活在他人的观念里。他对自己所做的事情无比钟爱,并因相信其伟大而怡然自得。他如是说:"成就一番伟业的唯一途径,就是热爱自己的事业。"

(3) 强势、果敢。1997 年 9 月,乔布斯重返苹果并任首席执行官,他对深陷发展困境、危在旦夕的公司进行了大刀阔斧的改组。一上任他就迅速砍掉了没有特色的业务，将公司的产品数量从350种砍到只剩下10种。这样的举动在今天看来十分明智，当初做决定时却阻力重重且令人提心吊胆。乔布斯正色道：不必保证每个决定都是正确的，只要大多数的决定正确即可。同样，他坚持在iPhone上取消所有物理按键，以一块大屏幕取而代之；他执意在"雪豹"操作系统上删除一组操作系统代码，以获得更高的稳定性和可靠性；他要求产品尽可能傻瓜化，从而诞生了连小孩也能使用的iPad，如此等等，不一而足。在控制成本方面，乔布斯的强势和坚决也令人折服。2009年，苹果研发共投入11亿美元，仅占全年总收入的2.3%，但1美元的投入却能带来8美元的回报。作为一家以创新著称的高科技公司，能以这样的成本获得如此的投资回报，不能不令人称奇。然而，奇迹背后的支撑力量，是众所周知的"乔氏"逻辑："创新和资金无关，关键是研发管理和创新机制"，以及他本人在推行这一逻辑时不容动摇的坚定态度。

(4) 理念牵引，愿景驱动，以人为本。活力四溢的乔布斯是一位鼓动人心的激励大师。"活着就是为了改变世界"，"领袖和跟风者的区别就在于创新"，是他始终秉持的理念；用计算机作工具，协助填补科技与艺术、理性与感性之间的鸿沟，是他梦寐以求的愿景。他将这种愿景和理念传递给苹果的全体员工，并将其融入着力开发的、后来移植到iPod、iPhone、iPad上的独特操作系统中，这使得苹果产品在功能上领先、强大、精湛，具有卓尔不群的高品质，其外观又典雅唯美、时尚新潮。用创新的方法改变商业图景，改变社区面貌，改变人生轨迹，引领并改变整个计算机硬件和软件产业，是乔布斯矢志不渝的追求。多年来，通过潜移默化和耳濡目染，特别是他的身体力行和一以贯之，这种追求也成为苹果人骨髓和血液里共同生长的基因，不仅体现在公司的架构上，还体现在用人甚至财务运作上。此外，乔布斯非常重视选人、用人和团队建设。乔布斯认为，一个出色人才能顶50个平庸员工，因此，他将1/4的时间用来招募一流人才，并为发掘和吸引人才不遗余力。在苹果公司受到微软、IBM强烈冲击后，他更加注重员工间的合作，大力提倡减少内耗，致力于消除沟通障碍，这使得苹果的团队凝聚力大大增强，整体效率也大为提高。

(5) 语言魅力和沟通才华。说乔布斯是世界上最具沟通能力、最擅长演讲的顶尖高手并不为过。他对语言的驱遣游刃有余，对场面的驾驭、情绪的调动和人心的掳获均得心应手。他的演讲才情奔逸，极富亲和力、感染力和思想张力，极具传播力的语句信手拈来，脱口而出，让与会者如沐春风。他在斯坦福大学的那场演讲，酣畅淋漓，堪称经典。实际上，每当有重大产品发布时，乔布斯都会亲自上阵，与世人分享苹果的新创造，让世人感受苹果的惊艳与震撼。他为新产品演讲拟定的标题简洁具体，卖点鲜明。例如，"今天，苹果重新发明了手机"（发布iPhone时），"把1000首歌装进你的口袋里"（推出iPod时）。这样的标题令人印象深刻，过目不忘，不仅能调动听众、读者的好奇心，更能激发消费者的购买欲。在向市场展示苹果的惊世作品iMac、iPod和iPhone时，他所使用的美轮美奂的PPT以及高超别致的表达技巧，使苹果产品大放异彩，他个人也赢得粉丝无数。

(资料来源：摘自徐飞《乔布斯的魅力领导力》，《管理学家》2011年第8期，转引自网易，有删改)

第三节　领导艺术

一、什么是领导艺术

领导艺术是指在领导的方式方法上表现出的创造性和有效性。一方面是创造，是真善美在领导活动中的自由创造性。"真"是把握规律，在规律中创造升华，升华到艺术境界；"善"就是要符合政治理念；"美"是指领导使人愉悦、舒畅。另一方面是有效性，领导实践活动是检验领导艺术的唯一标准。

领导艺术是领导者个人素质的综合反映，是因人而异的。黑格尔说过："世界上没有完全相同的两片叶子"，同样也没有完全相同的两个人，没有完全相同的领导者和领导模式。有多少个领导者就有多少种领导模式。

领导模式具有随机、非模式化的特征。领导模式就是领导方法，哪位领导者在错综复杂的矛盾中抓住了主要矛盾，他就能把领导艺术演绎得出神入化。例如，牵牛要牵牛鼻子，十指弹钢琴，统筹兼顾，全面安排，这些就是所谓的模式化。

领导艺术的特点：非模式化、直觉性、随机性、创造性、情感性、模糊性、实践性、科学性。

二、领导艺术的分类

（1）履行职能的艺术。它主要包括沟通、激励和指导的艺术，以及决策艺术、用权艺术、授权艺术、用人艺术等。

（2）提高领导工作有效性的艺术。

（3）人际关系的协调艺术。

三、主要的领导艺术

（一）领导决策的艺术

人们通常所说的决策，是指对事情拍板定案，而管理科学中的决策是指管理者为了达到一定的经营宗旨，实现一定的经营目标，从两个或两个以上的方案中选择一个最佳方案的过程。管理的关键在于经营，经营的核心在于决策。一旦决策失误，全盘皆输。

组织决策的内容极其广泛，但无论何种决策，都有一个科学与否的问题，而其中最重要的是对组织战略、非程序化、风险型、不确定型重大经营问题做出决策的艺术，即如何使所作决策能够保持组织外部环境、内部条件和经营目标三者的动态平衡。一般而言，包括以下三个方面：

（1）获取、加工和利用信息的艺术；

（2）对不同的决策问题采取不同决策方法的艺术；

（3）尽量实现经营决策的程序化。

(二) 合理用人的艺术

员工是组织的主体，激发员工的积极性和创造性，充分发掘他们的潜在能力，是增强组织活力的源泉。通常组织在人的管理上，比较重视员工现实能力的激发，而疏于员工潜在能力的挖掘，影响组织人才优势的发挥。因此，能否激发和挖掘员工的潜在能力，是组织管理艺术的重要内容之一。它主要体现在如何用人、激励人和治理人的艺术方面。

(三) 科学用人的艺术

领导者要科学的用人，需要先识人，即发现人所具有的潜在能力。欲要善任，先要知人。科学用人的艺术，主要表现在以下几个方面。

(1) 知人善任的艺术。也就是用人用其德才，不受名望、年龄、资历、关系亲疏的局限。对于组织领导者来说，就是能容忍和使用反对过自己的人，有勇气选择名望和才学与自己相同甚至超过自己的人。同时要用人所长，避人所短。日本有名的企业家松下幸之助曾说："绝不允许利用私人的感情或利害用人。"他主张，领导者"最好用七分的功夫去看人的长处，用三分功夫去看人的短处"。在提拔干部时，对方只要够 60 分就可以提拔，若要等到 90 分或 100 分时才提拔就会错过时机。他还主张重用那些能力强于自己的人。只用这样，才能打破组织内部干部与工人的界限，不求全责备，把有真才实学的员工及时提拔到适当的岗位上，以发挥他们的潜在才能。

(2) 量才适用的艺术。要帮助员工找到自己最佳的工作位置。如果把不精通产品技术的人安排去搞新产品开发，让未掌握营销技巧、不善于从事公共关系的员工去做推销人员，这种岗位角色的错位，不仅对工作不利也浪费了人才。

(3) 用人不疑的艺术。中国有句古语：疑人不用，用人不疑。对委以重任的员工，应当放手使用，合理授权，使他能够全面担负起责任。当他们有困难时，甚至遇到各种流言蜚语的时候，领导者要做到不偏听、不偏信，明辨真伪，给他们以必要的支持和帮助。

(四) 有效激励人的艺术

激励是组织管理的一项重要职能，激励理论是现代管理理论的基础理论之一。行为科学家根据人的需要、动机和行为之间的关系，对激励的艺术和方法提出了许多见仁见智的主张。诸如，有的学者提出，一个人的工作业绩、能力和动机激发程度三者之间的关系是：

$$工作成绩 = 能力 \times 动机激发程度$$

公式说明，一个人工作成绩的大小，取决于他的能力和动机（与自身需要相关）的激发程度。能力越强，动机激发程度越高，工作成绩也就越大。

激励具有时限性，但何时进行激励却是一项艺术。领导者应善于把握激励时机：当下属工作单调乏味时、当下属缺乏自信时、当下属很想了解领导对自己工作的评价时、当下属工作受挫感到沮丧时、当下属犯错误有悔改之意时、当下属对某种需求有强烈愿望时，都应当把握时机进行适当的激励。

(五) 适度治人的艺术

治人的艺术，从某种意义上说，也应当包括科学用人和有效激励人。除此之外，还包括批评人、指责人，帮助人克服错误行为，做好人的发动工作。表扬奖励员工是治人、管理人的艺术，而批评或指责人，也需要有良好的技巧。

（1）要弄清需要批评的原因。即掌握事情的真实情况，确保批评的准确性。

（2）要选择合适的批评时机。即批评一般应当及时，以免不良行为继续发展。有时先给予必要的提示，然后再视其改正情况正式进行批评，可能效果更好。

（3）要注意批评的场合。尽量避免当众批评，特别注意不要在被批评者的下级面前进行批评，以免影响他的威信以及对下属的管理。

（4）要讲究批评的态度。即批评者对人要真诚、公正、平等、理解，要帮助被批评者认识发生过失的主客观原因，并指出改正的方向。

（5）要正确运用批评的方式。例如，把点名批评与不点名批评相结合，把批评与奖励相结合等，都是十分重要的。

美国著名的管理学家李·亚科卡认为，企业的管理人员既是决策者，又是人的发动者。他说："讲到使一个企业运转起来，发动人就是一切，你可能能干两个人的工作，但你不能变成两个人。与此相反的是，你要鼓励你下一级的人去干，由他再去鼓动其他的人去干。"

四、正确处理人际关系的艺术

人际关系是人们在生产、工作和生活中所发生的各种相互交往和联系。组织的人际关系，主要表现在本组织内部员工与员工之间、员工与领导之间，以及管理部门群体之间、群体与个体之间的关系。

凡是有人进行生产和生活的地方，都存在着复杂的人际关系。组织实际上是由众多员工组成的集合体，必然会发生各种各样的人际关系。组织人际关系的好坏，直接关系到组织凝聚力的强弱和活力的大小。因此，讲究调适人际关系的艺术，是强化管理和激发员工积极性的一项必不可少的内容。

（一）影响组织人际关系的因素

国内外许多心理学家对影响人际关系的因素做过不少调查研究，结合我国组织情况分析，影响人际关系亲疏程度的主要因素有四个方面。

（1）员工空间距离的远近。人与人在工作的地理空间位置上越接近，彼此之间就越容易发生往来和了解，能知其所长，察其所短，相互补足。

（2）员工彼此交往的频率。所谓交往频率，是指员工相互接触次数的多少。交往的频率越高，越容易相互了解，关系越容易密切。

（3）员工观念态度的相似性。观念态度是指员工判断事物曲直、善恶、美丑的价值标准。如果员工观念态度基本趋同，具有共同的理念、价值观、思想感情，就容易相互理解，感情融洽，做到倾吐心声，交流思想，形成较为密切的关系。

（4）员工彼此需要的互补性。这是由于每个员工的需要不同，动机各异，性格有别所致。例如，有些性格内向的人，有时也愿意同性格外向的人合作共事，以补自己寡言少语和不善交往的不足。有些组织主张在高层领导人员素质结构中既有多谋善断的，又有刻苦实干的；有开拓创新的，又有沉稳老练、能把握阵角的。这种不同知识层次、性格有别的人结合在一起，就可以相互取长补短，提高领导层的整体素质。当然，这种需要的互补性，并不是在任何情况下都能够实现的，有时也可能影响人际关系的协调。因此，这种互补作用的发挥，还同每个人的理想、态度、追求，以及员工之间工作性质、距离远近、交往频率等因素密切相关。

上述四个方面的因素，是影响组织一般人际关系亲密程度的普遍原因。除此之外，还有几个值得注意的方面。

(1) 员工的权责是否对等。例如，企业改革是员工职责权限的再调整，彼此的权责范围会发生互相转换，也可能原来的领导者要被人所领导，从而发生心理上的不平衡，影响到与他人的关系。也有的企业在机构、制度的重建中，发生了责权畸重畸轻、有权无责、责大权小以及滥用权力或越权指挥等现象，正常的管理秩序一时被打乱，使人际关系受到影响。因此，分析把握企业改革过程中可能产生的影响人际关系的因素，对于改变管理的薄弱状况十分重要。

(2) 员工收入分配是否公平。员工收入分配是否公平与其权责是否对等是密切联系的。在我国少数曾经实行承包经营责任制的企业里，由于未能处理好承包者与员工之间收入分配关系，使一些员工认为自己由企业的主人翁变成现在的雇用者。这无形中拉开了领导同员工之间的距离，甚至还出现了关系较为紧张的情况。当然，收入方面的公平不是平均，是效率优先，兼顾公平。

(3) 员工素质结构是否良好。企业的任何一个产品都是经过不同操作者共同完成的。上游车间要为下游车间、上道工序要为下道工序提供半成品或零部件，如果操作者素质不整齐，操作不按规定，经常出现废品、次品，就会因为生产中的问题直接影响到员工之间的关系。

(4) 员工的性格、品德、气质各异，这也是影响人际关系的重要方面。有的员工谦虚、随和、果断、有思想，就会受到其他员工尊敬，易于与人搞好关系；有的员工自负、狂妄、多疑、嫉妒、容易冲动，对工作不负责任，其他员工就会避而远之，保持距离，人际关系肯定较为紧张。因此，有的领导者说，个人的偏见、庸俗、贪权等意识和行为，是损害人际关系的腐蚀剂；而理解、宽容、关心、信任等是优化人际关系的润滑剂。

(二) 调适人际关系的艺术应当多样化

基于人际关系的复杂性和微妙性，其调适的方法也应当是多种多样的，没有一套能适用于不同素质的员工和不同环境的通用方法，应当随机制宜，随人而异。

从组织管理的角度分析，调适人际关系的艺术，主要有以下五个方面。

1. 经营目标调适法

每个员工都是为了实现具体的目标而到组织的，如何用组织发展的总目标把所有员工组织起来，是一种很重要的技巧。目标既是员工共同奋斗的方向，也是有效协调人际关系的出发点。

2. 制度规则调适法

中国有句古话，没有规矩不成方圆。建立健全组织内部各种技术标准、流程和经营管理制度，使领导和员工、员工和员工之间都能依照规章制度进行自我约束、自我调整，减少员工之间的摩擦和冲突。

3. 心理冲突调适法

尽管目标、制度对调适员工之间的关系有重要的作用，但员工之间的心理冲突对人际关系的影响往往是看不见、摸不着的，潜在性强，又不易很快消除，因此，必须注意员工心理的调适艺术。

4. 正确利用隐性组织的润滑作用

在组织中，员工因为理念、爱好、情趣、态度等的趋同，或者因为是老上下级、同学、乡亲、朋友，往往容易形成某些没有明确组织目标的隐性组织，国外称它们为非正式组织。在这些隐性组织中，员工之间倾吐衷肠，交流看法，不受约束，具有一定的吸引力和凝聚力。尤其是在正式组织目标不集中、机构庞大、人心涣散、效益不好的格局下，隐性组织往往会成为员工聚集的场所。隐性组织在疏通人际关系，贯彻组织目标等方面，有可利用之处。

5. 随机处事技巧法

有人说，作为一个组织管理者，要有随机处事的技巧。处理事情既积极又稳妥，有利于正确调适领导者与员工、管理者与员工之间的关系。

（1）转移法。当领导者面对一个非处理不可的事情时，不去直接处理，而是先搁一搁，去处理其他问题。从表面看，这种方法似乎有悖常情，不可思议，其实这并非是真的不管，而是通过处理其他事情去寻找撞击力，使问题得以解决。

（2）不为法。不为法与转移法不同。转移法可以说是"明不管暗管"，而不为法则是真正的不管。世上有许多事，不去管它，它会自生自灭；反之，越去管它，反而会变得越麻烦。比如日常工作和生活中，常会有一些捕风捉影的流言，你若介意，则麻烦缠身；若以"身正不怕影子斜"的坦然心理去面对，时间和事实就会证明一切。

（3）换位法。凡正面难以处理的问题，领导者不妨灵活适时地运用"逆向思维"来个"换位"思考，换个角度看问题，也许就能找到一条解决问题的捷径。在处理一些事情时，领导者应设身处地考虑是否理解了别人，尊重了别人，否则，有时事情是处理不好，也处理不了的。

（4）缓冲法。缓冲法也称弹性法，领导者要向铁匠打铁一样，善于掌握火候，当钢铁没有烧到一定程度时，是不能锻打的。许多事情急切地去处理会适得其反，收不到好的效果。因此，领导者应学会以柔克刚，以静制动，先"降温"，然后再去疏导处理，效果会更好。

（5）糊涂法。领导者在处理事情时，有时表现得糊涂一点，也是必要的。"大事精明，小事糊涂"，实际上是领导者意志坚定性和原则性的深层体现。

（6）模糊法。现实生活中，许多问题的界限是不清晰的，甚至很模糊。你越精明，处理越难，而模糊一点，反而易于处理，甚至会产生意想不到的好效果。

五、科学利用时间的艺术

中国有句名言："一寸光阴一寸金，寸金难买寸光阴。"很多企业也说："质量就是生命，时间就是效率。"国外有的管理学家在谈到21世纪经营管理新观念时，提出企业必须树立时间就是资源的观念。

如果组织不重视时间成本，不健全会议制度，忽略时间成本的计算和评估，势必影响其竞争能力。时间是一种特殊的资源，是效率的分母，在任何一项管理活动中都包含着时间管理的内容。

时间管理当作组织管理的一项非常重要的内容，特别是在市场经济条件下，讲究充分利用时间的艺术，对于提高生产效率，促进经济发展，显得更加重要。

所谓有效地利用时间的艺术，包括两个方面：

（一）科学分配时间的艺术

对于领导者来说，科学分配时间的艺术，就是要根据组织经营的总任务，按制度时间的规定，科学合理的给各个单位分配定额，并要求他们在执行中严格按计划进行，做到按期、按质、按量完成。企业的综合经营计划、生产作业计划，从某种意义上说，就是在既定的经营任务情况下，如何科学分配时间的问题。科学地制定各种工时定额，都属于此。有人亦将这种做法称之为标准化时间法，即企业要将所有反复进行的生产作业或管理行为，包括工艺操作、设备陈设、工序结构、进度安排、管理流程等都力求做到标准化，并严格按照标准执行。

科学分配时间的艺术主要有以下几种。

1. 采取重点管理法

组织领导者每天要完成与处理的事务很多，但不能不分主次和轻重缓急，遇到什么抓什么，必须从众多的任务中抓住重要的事情，集中时间和精力把它做好，把有限的时间分配给最重要的工作。

2. 采取最佳时间法

任务是靠人去完成的，而人由于受生物钟和习惯的影响，一日之内不同时间段的精神状态不同。作为管理者应该把最重要的工作安排在一天中效率最高的时间段去完成，而把零碎事务或次要工作放在精力较差的时间段去做。

3. 采取可控措施法

这主要是对组织领导者说的，因为他们工作多、任务杂，与组织内外人员联系广泛，其时间有的可控，有的不可控，如何把自己不可控的时间转化为可控时间，提高管理效率，十分重要。例如，原联邦德国奈夫传动技术公司总经理米斯特鲁奇先生曾风趣地说，一周七天，五天属于企业，两天属于个人和家庭。一个要求较好生活和有所作为的经理，则必须竭尽全力，谋求企业和本人的发展。他每天的工作日程就像自己定的法规，既是自己行动的指南，又是工作的记录与时间控制法。

（二）合理节约时间的艺术

合理节约时间的艺术，指的是如何节约时间及如何把节约的时间更好地利用起来。很多管理者在这方面都有自己的经验和方法，主要的有以下几种。

1. 采取时间记录分析法

因为有不少组织领导成天忙忙碌碌，事必躬亲，而其他管理人员则出现工作负荷不均衡，甚至无所事事的现象，严重影响管理效率。从管理艺术来看，一个领导者为了获得时间使用管理效用的反馈，详细记录自己每周、每月或每季一个区段时间的使用情况，再加以分析综合，作出判断，从而了解哪些时间内的工作是必要的、有用的,哪些是不必要的、无用的、浪费的,加以改进,就可以提高时间的管理和使用效率。例如,把自己每一个时间区段做了什么事,完成了什么任务,做几次重复不断的记录统计后,再结合相关问题进行分析评估。其相关问题是:① 哪些工作是自己根本不必要做的,结果浪费了多少时间;② 哪些工作应当由其他领导者或管理人员去做,或者由他们去做更合适,而由于自己未能授权浪费了多少时间;③ 哪些工作由于安排不合适,而浪费了其他领导者和管理者多少时间;④ 哪些工作在过去的记录中就有浪费时间的现象,而这次又出现,浪费了多少时间。

另外,要将组织内外人事、公共关系及工作会议占用的时间作详细记录,并采取措施对浪费时间的事务及时予以调整改进,以达到节约时间的目的。

2. 采取科学召开会议法

在现代组织管理中,会议已成为人们互通信息、安排工作、综合协调、进行决策的重要方式。可是在我们不少组织中,没完没了的会议和学习,各种形式的评比、检查,浪费了大量的时间。因此,必须科学地召开会议,计算会议成本,提高会议效率。为此,可从以下方面入手:一是可开可不开的会,一般不要开;二是每次会议主题和要解决的问题必须明确,并事前通知与会者做好充分准备;三是要控制会议的规模和人数,可参加可不参加的人员,一般不要参加;四是会议时间不要太长,不开议而不决、坐而论道的会议;五是明确会后责任,切实组织实施,力避议而不决或决而不行。

例如,日本太阳工业公司为避免无准备开会、议而不决、决而不行等问题,实行了会议成本分析制度。即每次开会时,总是把一个醒目的会议成本分析表贴在黑板上,会议成本的算法是:

会议成本 = 每小时平均工资 × 3 × 2 × 开会人数 × 开会时间(小时)

公式中,平均工资之所以乘以 3,是因为劳动价值高于平均工资;乘以 2 是因为参加会议要中断经常性工作,损失要以 2 倍来计算。因此,参加会议的人越多,成本就越高。有了成本分析制度,该公司开会极为慎重,会议效果也比较好。

马克思曾经说过,一切节约归根到底是时间的节约。每个组织科学地分配、利用和节约时间,是改变管理落后状况,提高经济效益的一个重要的技术和技巧。

综合以上所述可知,讲求领导艺术,尤其是对组织的高层领导者来说,是十分重要的。不懂得领导艺术,就不能有效地实施领导和管理,甚至还可能做出事与愿违的事。因此,所有组织领导都要十分注意讲究、分析和总结自己的领导和管理艺术,以提高领导效能。

 课后深化与训练

1. 以小组为单位,查阅关于《杰出的领导艺术家——杰克·韦尔奇》的相关资料,讨论杰克·韦尔奇的某些领导行为(如裁员、对工作的苛求、威严、过重的工作压力)是道德的吗?为什么?杰克·韦尔奇的领导行为是任务导向还是员工导向的?

2. 就自己的经历、经验,谈谈对领导艺术地理解。

知识链接

小测试：你是否具有领袖潜质

1. 上司忽然决定将一个VIP项目委派给你，你想做的第一件事是（　　）。
   a. 马上要求建立一套规章，然后排除万难竭尽全力地按章行事
   b. 你向上司询问项目的最后期限，请他做一些必要的说明，然后列出一系列自己该做的事情
2. 团队工作需及时确定一个召集人。目前的问题是："谁将代表你们团队呢？"（　　）。
   a. 你的同级别的同事们纷纷推举你来领导这个小组，你取得了压倒性的胜利
   b. 你马上将食指指向离你最近的人，最好是他或她，反正不要是我
3. 某大学职业顾问与你的上司接洽，需要请你公司的某人作为嘉宾发言人，前往他们的职业讲坛介绍你们的行业，你（　　）。
   a. 立刻将手举得比房间里任何人都高
   b. 将自己藏于桌子后，你的事情已经够多了，你肯定你的上司不会介意让别人去做这种事情
4. 一个客户来到办公室又踢又嚷，想把每个人的头发都揪下来，你怎么办？（　　）
   a. 你想是否该打电话给精神病院或警署。最后，你情愿让其他人来提出解决办法，你可不想因为别的事出了岔子而引火上身。
   b. 你判断出该由谁来应付这个情况。如果别人不在，你会镇静地走向那个可能精神错乱的客户，总得有人出面，不是吗？
5. 当你在办公室的用餐区用餐时，发现你的两位同事正吵得面红耳赤，你（　　）。
   a. 事不关己，高高挂起
   b. 找机会与他们谈一谈
6. 每天，当你决定穿什么去上班时，你（　　）。
   a. 用最新潮的服饰将自己打扮得最时尚。
   b. 穿得像你的上司。
7. 当你接电话、作报告、回电子邮件及准备别的商务文件时，你（　　）。
   a. 使它尽可能清晰明了、准确无误，并检查语法和礼仪是否规范
   b. 尽量使它像对话似的自然，你与人讲话和通信时随心所欲
8. 无论你如何卖命地工作，（　　）。
   a. 你永远落在计划之后，你经常到了最后期限还未完成工作，不断要求延长期限
   b. 似乎永远觉得不够你干的
9. 在会议中，你常常（　　）。
   a. 提问、作报告或提出建议
   b. 心不在焉
10. 对于你，一个典型的工作日一般这样度过（　　）。

  a. 对你的工作日如何安排有个大致的概念。你有一个工作清单,一系列目标,计划到每天、每月、每年。

  b. 你到办公室,差不多刚好准时。你冲到自己桌前,处理目前看起来最紧急的事情。

得分:

1. a-5　b-0　2. a-0　b-5　3. a-0　b-5　4. a-5　b-0　5. a-5　b-0

6. a-5　b-0　7. a-0　b-5　8. a-5　b-0　9. a-0　b-5　10. a-0　b-5

分析:

0～15分

  你天生是块做经理的料。你的 LQ（Leadership Quotient 领导商数）在职场里高高在上。你看起来是领导,而且做着领导的事,你周围的人们也很清楚这一点。

20～35分

  你有领导的素质,但你崇尚在安全的范围内挥舞你的长袖。你能应付责任、你能做决策,但你不想天天做这些事。既然你已身在半途,你可能愿意作为某些项目的牵头人,但你必须确保该项目能让你有选择让贤的权利。

40～50分

  你向往稳定的生活,而非有风有险。因此,你更喜欢听从命令而不是执行命令。你可充分发挥你的能力,在同事的权力斗争中充当和事佬。正如太多的厨子做不出好汤,太多的领导会将部队引入歧途,你是那个将你公司带向成功的部队中的一员。不过,如果你忽然决定要使生活更有挑战性,你可试着找一下你生活中的哪些地方需要改变。

(资料来源:根据中国NLP学院网相关资料整理)

第十章 管理中的心理健康问题与调试

 能力目标

- ▶ 重点掌握保持心理健康的途径和方法。
- ▶ 了解常见心理问题的特征和类型,并能分析其形成的原因。
- ▶ 能辨别并预防实际生活中的心理疾病。

 知识目标

- ▶ 掌握心理健康的含义、主要表现及影响心理健康的因素。
- ▶ 掌握不同性格人群的心理健康问题。

 导入案例

A公司从事的是技术更新极快的IT业,它的内部管理非常严格,加班时间长、业绩目标明确都是该公司广为人知的管理特点。

2007年4月份,张锐应聘A公司并被录取。早已下岗的父亲和没有工作的母亲听到了这个消息都十分高兴。5月14日,张锐与A公司签订了为期一年的劳动合同,同时也准备开始偿还他由于上大学而欠下的5万元贷款。对于新进员工,公司都会配备思想导师,从各方面给予指导,但是张锐性格相对比较内向,"外人很难进入他的内心世界"。

进入公司之后,因为大家大部分时间面对的都是电脑,所以在日常沟通中,大家都会选择E-mail的形式。由于工作压力大,张锐晚上经常失眠,早上则由于表现不好时常被主管批评,还要经常加班。1个多月后,父母接到了张锐的电话,他表示,因为工作压力比较大,他想不干了,并征求父母的意见。对此母亲明确表示不同意。由于惦记着儿子,母亲催促父亲去劝说孩子不要放弃这份工作。7月1日,张锐父亲买了张站票,带了个小板凳坐火车到A公司所在的B市。在父亲的劝说下,张锐逐渐恢复平静,同意继续工作。3天之后,父亲回到了老家。但几天之后,张锐再次打电话回家表示准备辞职,老父亲只好第二次来到了B市。但是等待他的却是儿子未留一句遗言的自缢身亡。

分析启示:人员的心理健康问题是企业管理中一个不容忽视的问题,也是管理心理学的一项重要内容。劳动者的心理健康水平对其行为有重要的意义,它直接影响工作的质量和效率。因此,维护劳动者的心理健康,对于做好管理工作具有不可替代的作用。

第一节　心理健康概述

人类对健康概念的认识是随着社会的发展以及人类对自身的认识的深化而不断丰富的。在生产力低下的时期，人类只关注如何适应和征服自然，维护自身的生存。其后，随着生产力水平的提高，人类开始关心身体健康，防病治病的医学科学应运而生。历史发展到现在，人类对健康的认识又发生了飞跃。1948年，联合国世界卫生组织（WHO）成立时，在其宪章中开宗明义地指出：健康不仅仅是没有病，而且是身体上、心理上和社会上的完好状态和完全安宁。从健康观的演变可以看出，科学的健康观改变了人们传统的没有疾病即健康的观念，健康的目标是追求一种更积极的状态和一种更高层次的身心协调与发展。

一、心理健康的含义

心理健康是指生活在一定社会环境中的个体，在高级神经功能和智力正常的情况下，情绪稳定、行为适度，具有协调关系和适应环境的能力，以及在本身及环境条件许可的范围内所能达到的心理最佳功能状态。

心理健康按其健康程度可分为三种状态。

一是正常状态，简称常态。个体在一般没有较大困扰的情况下，心理处在正常状态之中。个体的常态行为基本与其价值观、道德水平和人格特征相一致，这种状态一般称为心理健康。

二是不平衡状态，简称偏态。它是指个体心理处于焦虑、恐惧、压抑、担忧、矛盾、应激等状态。一旦个体处于不平衡状态，他会首先通过"心理防御机制"来进行自我调节。如果无效，就得借助他人疏导，使之消除不平衡状态，恢复正常状态，这种状态一般称为心理问题。

三是不健康状态，简称变态。它包括神经症、人格障碍、性心理障碍、精神分裂症等。这时必须到医疗部门求助于心理治疗和药物治疗，这种状态一般称为心理疾病或精神疾病。

二、心理健康的等级和标准

（一）心理健康的等级

常态心理：表现为心理经常愉快、适应能力强，善于与别人相处，能较好地完成同龄人正常发展水平上应做的活动。

失调心理：主要表现为与他人相处略感困难，生活自理有些吃力，缺乏同龄人所应有的愉快。

病态心理：表现为严重的适应失调，不能维持正常的生活与工作。

（二）心理健康的标准

由于心理健康问题的复杂性，在制定心理键康判断标准时往往要以人的主观感受性、适应社会情况等方面作为依据，因而，至今尚未形成一个公认的心理健康标准。以下简要介绍几种观点，以帮助我们形成对心理健康的基本认识。

1. 心理行为符合年龄特征

在人的生命发展的不同年龄阶段，都有相对应的心理行为表现，从而形成不同年龄阶段独特的心理行为模式，心理健康的人应具有与同年龄多数人相符合的心理行为特征。青年应该是精力充沛、反应敏捷、行为果断的，过于老成、过于幼稚、过于依赖都是心理不健康的表现。

2. 人际关系和谐

心理健康的人乐于与人交往，能够接受他人能认可别人存在的重要性和作用。在与他人交往中，能以尊重、信任、友爱、宽容、理解的态度与人相处，能分享、接受、给予关爱和友谊，与集体保持协调的关系，能与他人同心协力，合作共事，乐于助人。一个心理不健康的人，总是与集体和周围的人们格格不入。

3. 情绪积极稳定

心理健康的人在生活中愉快、乐观、开朗、满意等积极情绪状态总是占优势的，虽然也会有悲、忧、愁、怒等消极情绪体验，但一般不会长久，并能进行自我调节，迅速恢复到轻松愉快的情绪状态。他们有适度表达和控制情绪的能力。

4. 意志品质健全

健全的意志品质表现为意志的目的性、果断性、坚韧性、自制性。在学习、训练等任务中不畏困难和挫折，知难而上，持之以恒；需要作出决定时，能毫不犹豫、当机立断；还能够为了达到目的而控制一时的感情冲动，约束自己的言行。

5. 自我意识正确

心理健康的人能体验到自己存在的价值，既能了解自己，又能接受自己，有自知之明，即对自己的能力、性格和优缺点都能作出恰当的、客观的评价；对自己不会提出苛刻的、非分的期望与要求；对自己的生活目标和理想也能定得切合实际，因而对自己总是满意的，即使自己有无法补救的缺陷，也能安然处之。

6. 个性结构完整

心理健康的人的个性特征是有机统一的、稳定的。如果知道一个人具有某些个性特征，一般就可以预见他在某种情况下，将会怎样行动。如果一个人的行为表现不是一贯的、统一的，则说明他可能存在心理健康问题。

7. 环境适应良好

对环境的适应能力是人赖以生存的最基本条件，"适者生存"是生物进化的普遍规律。在人的一生中，内外环境是不断变化的，有的变化还很大，因此要求人们对各种变化做出相应的适应性反应。而对变动着的环境能否适应，是心理健康的重要标志。有的人适应能力较差，环境一改变，就紧张、焦虑、失眠，有的人则适应能力良好，很快就能随遇而安。

心理健康标准是一个必须慎重对待的问题，只有从以下几方面进行全面、准确的理解，才能正确地把握这一标准。首先，心理不健康与有不健康的心理和行为表现不能等同。心理不健康是指一种持续的不良状态，偶尔出现一些不健康的心理和

行为并不等于心理不健康，更不等于已患心理疾病。因此，不能仅从一时一事而简单地给自己或他人下心理不健康的结论；其次，心理健康与不健康不是泾渭分明的对立面，而是一种连续状态。从良好的心理健康状态到严重的心理疾病之间有一个广阔的过渡带，在许多情况下，异常心理与正常心理，变态心理与常态心理之间没有绝对的界限，只是程度的差异；再次，心理健康的状态不是固定不变的，而是动态变化的过程。随着人的成长，经验的积累，环境的改变，心理健康状况也会有所改变；最后，心理健康的标准是一种理想尺度，它不仅为我们提供了衡量是否健康的标准，而且为我们指明了提高心理健康水平的努力方向。每一个人在自己现有的基础上做不同程度的努力，都可以追求心理发展的更高层次，不断发挥自身的潜能。

三、心理健康的主要表现

（一）心理健康者了解自我、接纳自我，能体验自我存在的价值

心理健康者首先有自知之明，对自己的能力、性格中的优缺点能够作客观的、恰当的自我评价，既不自傲，又不自卑。对自己的生活目标和理想的确定切合实际，不会提出苛刻的期望与要求，因而对自己总是满意的。同时能努力发挥自己的智力和道德潜能，对自己的不足能坦然处置。一个心理不健康的人则缺乏自知之明，或自傲、或自卑。目标和理想超越现实，对自己要求十全十美又达不到，为此总是自责、自怨、自卑，其结果使自己心理失去平衡，因而常面临心理危机。

（二）心理健康者正视现实、接纳他人

心理健康者能够面对并正视现实，而不逃避现实，对周围事物和环境有客观地认识和评价，对生活、工作中的困难能妥善处理。心理不健康的人往往以幻想代替现实而不敢面对现实，或抱怨自己"生不逢时"，或责备社会环境对自己不公而怨天尤人，无法适应现实。心理健康者乐于与人交往，接受并接纳他人，也能为他人所理解，人际关系协调和谐，与人相处时，积极的态度（如同情、友善、信任、尊敬等）总是多于消极的态度（如猜疑、嫉妒、畏惧、敌视等）。因而在社会生活中有较强的适应能力和较充足的安全感。一个心理不健康的人，总是游离于集体，与周围人格格不入。

（三）心理健康者能协调、控制情绪，心境良好

心理健康的人愉快、乐观、开朗、满意等积极情绪状态总是占优势的，他们虽然因挫折和不幸也会有悲、忧、愁、怒等消极情绪体验，但不会长期处于消极、悲观的体验中，更不会在严重打击下而轻生。同时能适度的表达和控制自己的情绪，喜不狂、忧不绝、胜不骄、败不馁、谦而不卑、自尊自重，在社会交往中既不妄自尊大，也不退缩畏惧；对于无法得到的东西不过于贪求，争取在社会允许的范围内满足自己的各种需要，对于自己能得到的感到满意，心情总是开朗、乐观。

（四）心理健康者有积极向上的、现实的人生目标

能自觉驾驭自己的生活，即使在挫折的境遇中，仍能坚持不懈地努力从事有意义的事业并遵守社会公德。心理不健康者或者因失去生活目标、生活的意义而郁闷不乐，或者由于理想的生活目标超越现实，因自己能力所限，达不到目标而心烦意乱、焦虑不安。

（五）心理健康者对社会有责任心

他们热爱并自觉专注于自己的工作、学习、事业，因而工作是有成效的，并且在负责的工作中体验生活的充实、自己存在的价值。心理不健康者则缺乏责任心，工作常无成效或失败，常体验到生活的无奈、生活的无价值。

（六）心理健康者心地善良、对他人有爱心

心理健康者对他人有移情性理解，能够给他人以爱。这种爱意味着理解、同情、尊重、关心、帮助等，因而有良好的、稳定的人际关系。心理不健康的人常感叹社会、他人缺乏对自己的关怀、理解，而自己又缺少对社会、他人的同情、关心和帮助，因而没有良好的、稳定的人际关系。

（七）心理健康者有独立、自主的意识

他们对事物有独立、自主的观点，不盲目遵从，他们对自己的生活负责，不过分依赖他人求得安全和需要的满足。而心理不健康者则常盲从，依赖他人，也会将责任推给社会、父母和他人。

四、影响心理健康的因素

大量的调查发现，许多心理困扰、心理疾病的产生都是由个人、工作、家庭和社会因素影响所引起的。如成功时兴高采烈；失去亲人时的悲痛欲绝等。这些心理变化，如果持续过久，则是致病的成因。影响个体心理健康的因素很多，主要有以下几个方面。

（一）个人因素

个人因素主要包括两个方面：一是生理缺陷成为满足动机与现实目标时的阻碍。如，哑巴想当歌唱家，身材矮小的人想成为跳高运动员，双目失明的人想成为书画家等等，无论怎样追求和努力都只能是空想。二是突然的打击给心身造成超量的刺激。如突如其来的天灾人祸，亲人的惨死，无辜的冤枉，难以容忍的挫折都会引起心情的急变和痛苦，以致导致疾病。

由个人因素所导致的疾病，关键是个人的承受力。心理医学研究认为，年龄、性别、经历、文化水平、健康状况、先天素质，尤其是个性心理特征不同，其承受能力也会各不相同。

（二）性格因素

人类的疾病是一种生理现象，它是由集体与自然环境、社会环境相互作用的一种表现，使人不能适应生活情境的结果。性格缺陷是指不健康的特殊性格，如好猜疑，不合群，易激怒，情绪忽冷忽热，不好社交，爱生气，多愁善感等。性格缺陷不仅给工作、学习、恋爱、婚姻、社交等带来很多障碍，产生痛苦和烦恼，同时对心身健康也是一种潜在的威胁。心脏病学家研究发现，A型血性格的人容易得心脏病。原因是A型血性格的人急躁，好胜心强，缺乏耐心，不知满足；他们在较短的时间内想做过多的事，想干这个，又想干那个，说话很急，不能耐心听人说话，如此等等。而B型血性格的人正好相反，他们悠然自得，不争强，不好胜。遇事沉

稳，不急不躁，慢慢来。调查表明，B型血人患心脏病的概率只有A型血人的三分之一。

（三）家庭因素

家庭是人们生活的基本单元，是社会的细胞，是情感寄托的主要来源。如家庭成员结构，家庭成员间的关系，家庭成员的心理相互影响，以及家庭成员个性心理特征对其生活的影响，家庭成员的地位、交往、冲突及后果，家庭各成员在社会中的政治、经济的地位，导致家庭关系不平衡的心理因素等，都可能成为致病的因素。

家庭气氛上的不同，也会使人的心理产生各种不同的反应。如有的家庭生活有规律，气氛严肃；有的家庭，生活随便，喜欢幽默、欢快轻松；有的家庭，成员之间互不理会，很少交谈，处于隔离状态。另外，家庭生活环境的变迁，也会使人产生恐惧、焦虑、悲伤、愤怒等不良情绪，进而经过神经影响躯体机能，引起一些心情变化而导致心理疾病。

（四）生活因素

人生活在社会上，各种心理和行为活动都必然受到社会生活的制约，需要与未满足的需要常常发生冲突或思想斗争，旧的矛盾解决了，新的矛盾又会出现。若不能正确认识个人需要和制定符合实际的行动目标，就会失去心理平衡，诱发心理疾病。另一方面，当个人的动机受到阻挠时，需要愿望无法实现时，就会觉得困难重重，处处受挫、情绪低落、心理负担重、一蹶不振，以致罹患神经衰弱等精神病。

（五）工作因素

人们对所从事的工作是否满意，与人的心理状态有着直接的关系。职业是否理想，专业是否对口，环境是否宜人，工作能力是否适应工作的需要等，都是引起心理变化的因素。不理想的工作环境、学习条件等，影响人体的正常心理活动，产生一系列的病理变化，从而产生愤怒、烦躁、抑郁、忧虑等情绪变化。另外，工作单调、噪音大、污染严重、潮湿作业等，也会影响到人的身心健康。如从事紧张危险的工作，由于注意力高度的持续集中，使精神过度紧张，容易患神经官能症、哮喘、消化不良、胃溃疡、急慢性皮肤病。从事某些简单、重复的操作，容易引起大脑抑制的疲劳。从事某些变化频繁，无章可循的工作，容易引起生物钟紊乱、睡眠障碍、食欲不振、精神不安。

（六）环境因素

环境因素是人经常接触的广大范围，包括人所居住和生活的地域、工作地点、学校教育园地、邻居关系，以及社会秩序、卫生条件和人际关系等。大量的事件和实践证明，居住拥挤，工作环境空间狭小，垃圾遍地，空气污浊，邻里关系紧张，人际关系恶劣，会使人们觉得情感受到压抑，久而久之，心胸趋于狭窄、性格孤僻、固执、冷漠，从而导致心理疾病。

（七）社会因素

人生活在社会中，要受到社会的影响。这种影响包括个人在社会中受到政治、经济、文化传统、宗教、风俗、习惯以及报纸、书刊、广播、电影、电视等大众传播媒介和宣传工具的影响，以及在社会团体中人际关系的好坏对人体产生的情绪影响。如动荡的社会生活或变化过程中的各种体制生活可造成人们的心理创伤。在失业、灾难和各种社会压力面前感到恐惧、悲观、失望，对未来丧失信心。这一系列恶劣的心情，易于产生心身疾病，影响身体健康。

总之，作为一个健康的人，应包括"心"与"身"两个部分。现代医学心理学认为，身心健康与疾病互相影响，以心为主导。因为身心与周围环境有千丝万缕的联系，所以，身心作为一个整体并与生活在周围的邻里、同事、团体发生着联系。也就是说，人们受到不同社会制度、生活方式、群体观念、经济状况、文化传统的影响，同时，还要受到自然界等环境的影响。如家人、邻里、同事之间的关系不融洽，工作不称心，经济困难，住房拥挤都会影响到人的心理健康，造成心理疾病。只有认识到这一点，才能解释人的生命活动规律，才能探明人类与疾病斗争的规律性。

五、心理健康的途径和方法

（一）心理健康的途径

心理是否健康事关我们的人生幸福与事业的发展。如何保持健康的心理？有以下几种途径。

（1）要经常保持积极愉快的情绪。医学提出的"因病而致郁"，就是说久病或重病而易于产生情绪抑郁、烦躁。当碰到不顺心的事，不要闷在心里，要善于把心中的苦闷和烦恼对亲人和朋友讲出来，一吐为快，把消极情绪释放出去。否则不良情绪若长期压在心中，就有可能导致神经系统功能紊乱，损害身体健康。要充满乐观主义精神，热爱工作，热爱生活，在完成一件有意义的工作后，就会体验到有益于身心健康的满足感和成功感。

（2）善于处理人际关系。助人为乐，是传统美德。大家互相帮助，彼此心里都会愉快。以谅解、宽容、信任、友爱等积极态度与别人相处，会得到愉快的情绪体验。以乐观、热情等积极态度影响周围，在自己周围形成有利于团结进取的气氛，使人获得安全感和信任感，从中可产生心理上的愉悦感。

（3）培养兴趣、爱好。培养多种兴趣爱好，以增加自己的情趣与活力，使生活充实，富有情趣。经常参加有益的集体活动，进行正常的友好交往，可有效地消除忧愁，使心情舒畅。每个人都应有广泛的兴趣和爱好，并积极参加有益的集体活动，这无疑有助于身心健康。

（4）正确认识自身与社会的关系。根据社会的要求，随时调整自己的意识和行为，使个人的言行更符合社会规范。摆正个人与集体、个人与社会的关系，正确对待得与失、成功与失败。只有这样才可减少来自社会的压力，始终处于良好状态。

（二）保持心理健康的方法

著名心理健康专家乔治·斯蒂芬森博士曾总结出11条保持心理健康的方法。

（1）当苦恼时，找你所信任的、谈得来、头脑也较冷静的知心朋友进行交谈，将心中的郁闷及时发泄出来，以免积压成疾。

（2）遇到较大的刺激，或遭到挫折、失败而陷入自我烦闷时，最好暂时离开你所面临的情境，转移一下注意力，暂时回避以便恢复心理上的平静，将心灵上的创伤抚平。

（3）当情感遭到激烈震荡时，先将情感转移到其他活动上去，忘我地去干一件你喜欢干的事，如写字、打球等，从而将你心中的苦闷、烦恼、愤怒、忧愁、焦虑等情感转移、替换掉。

（4）对人谦让，自我表现要适度，有时要学会当配角和后台工作人员。

（5）多替别人着想，多做好事，可使心安理得，心满意足。

（6）做事要善始善终。当面临很多难题时，易从最容易解决的问题入手，逐个解决，以便信心十足地完成自己的任务。

（7）性格急躁的人不要做力不从心的事，避免超乎常态的行为，以免紧张、焦躁、心理压力过大。

（8）对人宽容，不强求别人都按你的想法去做，能原谅别人的过错，给别人改过的机会。

（9）保持人际关系的和谐。

（10）自己多动手，破除依赖心理，不要老是停留在观望阶段。

（11）制订一份既能使你愉快，又切实可行的修养身心的计划，给自己以盼头。

六、心理健康的意义

1. 心理健康对于预防精神疾病、心身疾病和恶性事故的发生有重要的意义

精神疾病是一种严重的心理障碍，它的发生与人的心理健康水平密切相关。由于社会生活的纷繁复杂以及各种压力，人们随时都面临着来自各个方面的心理应激，重视心理健康问题，可以使人们很好地处理各种矛盾，提高心理承受水平，在挫折面前有足够的心理准备，并采取有效的措施，积极预防精神疾病的发生。心身疾病是指心理因素在病症的起因中占据重要地位的病症，如冠心病、高血压、溃疡、某些肿瘤疾病等。诸如情绪不稳定，易大喜大怒，过于争强好胜，长时间的焦虑不安，不易满足等心理特点很容易导致疾病的产生。重视心理健康问题，可以使人有效地抵御各种不良的诱因的作用，矫正不良的心理反应，有效地预防心身病症的发生。心理健康水平较低的人，很容易产生无法控制的愤怒情绪，以至于控制不住自己，出现严重越轨行为。提高人们的心理健康水平可以预防这类事件的发生。

2. 心理健康对于大学生成才有着重要的意义

健康的心理是大学生接受思想政治教育以及学习科学文化知识的前提，是在校期间正常学习、交往、生活、发展的基本保证。如果一个人经常、过度地处于焦虑、郁闷、孤僻、自卑、犹豫、暴躁、怨恨、猜忌等不良心理状态，是不可能在学习、工作和生活中充分发挥个人潜能，取得成就，得到发展的。大学生心理健康之所以重要，是因为他们所承担的和将要承担的学习任务和社会责任较为繁重、复杂、困难和艰苦。一个人在心理健康上多一分弱点，他的成长和发展就多一分限制和损失，他的生活和事业就少一分成就和贡献。大学生的心理健康对他们的品德素质、思想素质、智能素质乃至身体素质的发展都有很大的影响。据调查，大学生中品学兼优的学生心理健康水平也相对较高。当代大学生面临着新的世纪，世界范围内的经济竞争、军事竞争、综合国力的竞争，实质上是科学技术的竞争，归根到底是人才的

竞争。现代化建设取决于人才素质的提高和合格人才的培养。心理素质是人才素质的基础，心理健康是良好的心理素质的基本要求。为了培养和塑造跨世纪的人才，必须普及心理健康知识，优化大学生的心理素质。

3. 心理健康对于建设社会主义精神文明有着重要的意义

心理健康不仅对个体有意义，而且对群体也有不可忽视的意义。心理健康有助于克服人的消极心理状态，振奋民族精神；有助于缓解人际的冲突，改善交往环境，增进社会稳定；有助于塑造良好的个性，发展健全的品格，提高人们道德水平；有助于人的积极性和创造力的提高，推动社会主义现代化建设的进程。可见，心理卫生工作是精神文明建设的重要组成部分。

七、心理健康的评估方法

心理健康状况和心理障碍的评估和诊断，必须以严谨的态度和科学的方法进行。需要依据心理健康标准，综合运用会谈法、观察法、心理测验法、医学检查法进行。

（一）会谈法

会谈法是指咨询者通过与来访者谈话来了解其心理健康状况，达到评估其心理健康状况的目的的一种方法。因此，这种会谈也叫做诊断性会谈。众所周知，心理障碍的许多症状是以来访者的主观体验为主要表现的，如来访者的感知觉、思想活动、情感体验及对疾病的认识等，只有通过谈话才能觉察到它的存在并了解其内容，所以，会谈法是评估和诊断心理健康状况的一种重要方法。

（二）观察法

很多心理障碍有其外部表现的特征，如焦虑症者坐立不安和愁眉不展；精神分裂症患者常有多种怪异行为、情感淡漠和行为与外界环境不协调等。观察法就是通过有目的、有计划地观察来访者的外部表现，如动作、姿态、表情、言语、态度和睡眠等，来评估和判断其心理健康状况。

（三）心理测验法

所谓心理测验就是用一些经过选择加以组织的可以反映出人们一定心理活动特点的刺激（如一些日常生活中的事件），让受试者对此作出反应（如回答问题），并将这些反应情况数量化以确定一个人心理活动状况的心理学技术。这些刺激叫做测验材料，使受试者作出反应的过程便是进行测验，所采用的比较标准叫常模。常模要经过在广泛有代表性的人群中大量取样后提炼获得，这一过程也叫做测验的标准化。心理测验的种类繁多，数以千计，比较常用的也有三百多种，我国目前较为常用的量表，大多就是根据国外量表修订而成的。

心理测验按测验的目的可分为智力测验、人格测验、能力倾向测验、神经心理测验等；按测验材料的性质可分为文字测验和非文字测验；按测验的方式可分为个体测验和团体测验；按测验材料的意义肯定与否和回答有无意义限制可分为投射测验和非投射测验。

（四）医学检查法

人的身心是相互作用的，有些心理障碍是大脑器质性改变和躯体障碍的结果，医学检查可以发现有相应的异常变化,根据临床症状、体征和辅助检查结果(如脑电图、脑血流图、头部X线、CT检查等)可判断其心理障碍的原因。常见引起精神症状的躯体疾病有:颅内感染、癫痫、脑血管病、阿尔采末氏病、颅脑损伤、颅脑肿瘤。

 课后深化与训练

1. 在南非某贫困的乡村,住着两个兄弟,他们接受不了穷困的环境,便背井离乡谋发展。大哥被奴隶主卖到了富庶的旧金山,弟弟被卖到很穷的菲律宾。40 年之后,兄弟俩又聚到一起,今日的他们已今非昔比,哥哥当了旧金山的侨领,拥有两间餐馆、两间洗衣店等。弟弟居然成了一位享誉世界的银行家,拥有东南亚相当数量的山林、橡胶园和银行,兄弟相聚不免谈谈各自经历的遭遇。哥哥说:"我们黑人到白人的社会,没有特别的才干,唯有一双手煮饭给白人吃,给白人洗衣,不敢奢望事业。"弟弟却说:"初到菲律宾时,担任低贱的工作,发现当地人比较懒惰,于是便接过他们放弃的事业,不断扩大收购。"

同学们讨论一下,为什么处在不同的环境中的兄弟俩在事业的成就上有着如此的差别?健康的心理在其中起着怎样的作用?

2. 随着社会经济的发展,越来越多的农民加入到劳动力转移的大军中,出现了许多由祖父母、亲戚等代为抚养的留守儿童的现象。这些小孩长期和祖父母、外祖父母等生活在一起,缺乏亲情的沟通和有效的管理,无法享受正常的学习生活,导致学习成绩下降,心理得不到健康发展。

试分析留守儿童心理问题的成因。

 知识链接

《三国演义》中的管理真经

金无赤足,人无完人。《三国演义》中不少有作为的人,因自身的不足而失利,甚至失去了宝贵的生命。分析他们的缺点,能为企业管理提供借鉴。

一戒事必躬亲——诸葛亮

诸葛亮第六次出祁山时,派人到魏营下战书。司马懿问下战书的蜀使:"诸葛亮饮食起居如何?"信使说:"丞相起得早,睡得晚。处罚 20 棍以上的事都亲自处理,说得多,吃得少。"司马懿听说后大笑说:"诸葛亮食少事多,哪能活多久?"蜀将回报诸葛亮,诸葛亮感叹说:"司马深知我也!"不久,诸葛亮谢世。一个企业家,如果凡事躬亲,部下必然无主动性和创造性。

二戒疑人误事——曹操

曹操胸怀大志,机智过人,但是因多疑而误事。曹操患头疼病,请神医华佗为其诊治。华佗说,要根除病患,需在头部开刀。曹操怀疑华佗要杀他,故将一代名医囚于狱中。一个企业管理者,疑心太重必会束缚下属手脚,甚至可能搞得人人自危。办事人员有时为了示人"清白"而不得不降低办事效率,更谈不上创新,如此怎能适应激烈的市场竞争。

三戒办事烦琐——董曾

董曾因办事烦琐，700 余人死于曹操刀下。管理企业要提高效率就需精简程序。有家公司业务发展很快，董事长为了稳步发展，提拔了一个做事精细的人当会计，这位会计把科目从 76 种一下子增加到 200 多种，大家整天忙得不可开交，没多久公司的业绩日趋低落，原来大家一天到晚忙的都是一些可有可无的数据和报表。

四戒骄傲草率——关羽

关羽败走麦城皆因骄傲草率。瞧不起东吴后起之秀陆逊，最终被杀。很多企业家在创业初期谦逊谨慎，一旦有了成就便自吹自擂，结果失败。企业只有不断学习、不断改进、不断创新，才能做"百年老店"。

（资料来源：摘自《管理中的心理小故事》一文）

第二节 管理中常见的心理问题

常见心理问题是指人们在日常学习、生活中经常遇到的，导致心理适应不良的问题。它是正常人暂时的心理失调，不是心理疾病，它与思想问题有联系，但不宜笼统地归于思想问题。它的处理以自我调适为主，他人的心理疏导和专业人员的心理辅导均能起到很好的作用。了解人们常见心理问题的一般表现、类型、成因和调适方法，对于维护心理健康是十分重要的。

一、常见心理问题的特征和类型

（一）常见心理问题的一般特征

1. 心理疲劳

心理疲劳主要表现为：经过紧张的压力事件后，感到心慌、心绪不宁，对事物有一种无力应付的感觉。心理疲劳是一种常见的心理现象，一般来讲，在紧张事件消除以后，经过一段时间的休息或心理调节，就能康复。

2. 一般性焦虑

焦虑是个体对不确定事件的防御性的身心反映，表现为无明确对象和固定内容的紧张不安、忧心忡忡。一般性焦虑是情境性、暂时的，常会随着事件的结束而消除。但是，如果不确定事件持续作用，而个体不能及时调适，个体就会容易出现心理障碍。

3. 一般性抑郁

一般性抑郁主要表现为在遭受心理挫折以后，觉得干什么都没有意思，无精打采，疲乏无力，情绪消沉，有一种悲观厌世的感觉。

4. 自我关注

在心理正常的情况下，人们关注的是他周围的世界，对外界有无穷无尽的兴趣。出现心理问题的时候，人关注的是自己，是自己的心理问题如何才能解决，自己为什么就遇到这样的问题……并对此感到困惑，但又找不到答案，因而感到非常痛苦。

5. 心理固着

心理固着指个体在相当时期内被某种想法困扰，不知如何处理，又无法排解的心理现象。在心理正常的情况下，人的心理活动的中心是不断变化的，即会随着情景的变化而思考不同的问题。但在出现心理问题的时候则表现为，在不同的情景中往往总是在思考同一个消极的问题，产生消极的心理体验。

（二）常见心理问题的类型

1. 牢骚心理

牢骚是指某种需要未被满足或因受了某种委屈心中烦闷不平，而产生的一种行为心理。好发牢骚，这是当前部分职工较为普遍的心理。从当前来看，牢骚既是一种个人的心理状态，又是一种不可忽视的社会现象。这种不满心理具有广泛性、普遍性及影响性等特点。

尽管牢骚产生的原因多种多样，但牢骚作为一种心理来说，其极大的影响性不可低估。我们常看到，一人发牢骚而"一呼百应"，弄得不好既影响职工的情绪，又影响生产和工作。如当组织遭遇困境时，本该组织上下齐心协力，但由于个别职工因个人欲望无法满足而发牢骚、抱怨，就有可能在部分职工中产生共鸣，影响士气，造成群体情绪低落。

从辩证角度看，牢骚有积极的方面：可以说职工的"不满"体现了不安于现状的心理，有这种心理才能开拓创新，这对企业的发展，对社会的进步都是有好处的；从其消极的方面看，牢骚会影响职工对组织的信赖，甚至产生不信任或抵触情绪，这会影响职工的情绪和各项工作的正常进行。

2. 失落心理

失落表现是多种多样的。如改革分配制度中，端掉了"大锅饭"，拉开了分配上的差距；生产工作上有了竞争和压力，使有的职工感到失去了"安全感"；在干部制度的改革中，打破了干部的终身制，对干部实施招聘、选举和民主评议，使干部失去了"保险感"；在机构改革中，随着机构精简、撤并，有的人因工作岗位、职务的变动，失去了往日的"优越感"；老干部退下来、老工人退休，有人感到失去了"荣耀"和"权力"等。如今，企事业单位，上至领导、下至普通职工都开始实行全员聘任制，这对许多人来说都是一个不小的冲击。如今科技高度发展，日新月异，如何充实自己，使自己能在竞争中立于不败之地就显得极为重要了。有些职工在早些年打下了较好的基础，多年来始终依靠过去的荣誉过日子，讲资历，摆资格，这些在当今竞争激烈的社会都将行不通，难免会产生"英雄无用武之地"的失落心理。

3. 攀比心理

攀比的内容极其广泛。在企业内部，既有同部门、同车间之间的工资、奖金分配上的攀比，也有工作岗位、生活福利上的攀比。在企业外部，即有和不同行业的企业之间的收入待遇的攀比，也有同行业企业之间的分派报酬上的攀比等。正如亚当斯在公平理论中提出的"人们工作的动机，不仅受其所获得报酬的绝对值的影响，而且还受到报酬的相对值的影响"。值得注意的是，攀比往往不是比工作成绩、贡献大小、付出的劳动多少，而是比生活标准、物质待遇、经济报酬。其结果，越比情绪越低落，干劲越小，越比人心越涣散，职工之间越不团结。当然对于攀比也不能笼统地加以反对，攀比应该有一个合理的攀比标准，把职工引导到正确攀比的轨道上来，引导他们比创新、比开拓。

4. 平均心理

这是改革中职工中较典型的行为心理。由于贯彻按劳分配的原则，打破了"大锅饭"，变长期以来的"平均"为"不平均"，改变了传统的分配关系，涉及人们的具体利益，必然引起人们思想的震动。

5. 逆反心理

所谓的逆反心理是一种反控制的逆向思维心理。表现为：凡是社会批评的，他都肯定；凡是社会赞成的，他都否定。如坚决与领导不合作，一切从反面来看问题。持这种心理的人，当我们表扬某些先进人物时，他就反感、嫉妒，甚至打击、刁难；当我们批评某些人错误时，他就同情、支持，显示出一种与整体逆反的方向。这对我们改革、管理是极为有害的。所以如何处理职工中的逆反心理就显得极为重要了。作为组织的领导，要做好正确引导，要积极主动地与职工进行沟通，了解其行为产生的原因，及时协调，及时处理。

二、常见心理问题的成因分析

（一）个人因素

1. 追求完美

对自己不切实际的过高期望是造成过度压力的主要原因之一。这些人常常会发现自己的理想和现实状况之间有巨大的差距，而这种无法弥补的巨大差距往往导致对自己的表现彻底失望。他们无时无刻不体会到压力，很难从已经完成的工作中获得轻松感。

2. 无助感

我们希望自己有解决问题的能力，希望自己能控制问题的局面。但我们常常也发现，很多时候我们已经发挥了我们所有的能力，而预期的结果却没有出现，此时，自我挫败的感觉油然而生，我们可能会觉得自己低能，也可能会怀疑自己是否真的适合当前的工作，并进而产生换职业的念头。研究表明，这种无能为力的感觉普遍存在于所有年龄层的人中，导致认识上刻骨铭心的自我反省和情感上的无限悲伤。比较而言，由于年轻人对自己的职业期望比较高，这种自我挫败的无助感更容易产生。

3. 训练不足

无助感容易表现为感觉训练不足。由于社会发展和技术进步速度加快，人们发现，因自己专业知识和技能的缺乏而难以应付工作局面。例如，在通信、医疗和教育等行业中，新思想、新技术核心的研究成果以直线上升速度进入应用领域，人们很难将这些成果全部消化、吸收来赶上时代潮流。于是很多人殚精竭虑的对付不胜任的工作，或任由自己落后，对处事及事业水平持否定态度。

(二) 人际因素

1. 与上司的冲突

在一个团体中，上司在很多方面都对下级有很大的影响。与上司不和，甚至发生频繁的冲突，必然给自己带来比较大的心理负担。

2. 与同事的冲突

在大多数的机构里，同事之间可能由于地位、势力范围或者更多的特权的争夺而存在着大量的冲突。这样不仅会影响了群体气氛，也会降低工作效率，危害个人和群体的健康。

3. 角色矛盾

在同一个环境中，有时我们不得不扮演不同的角色，不同角色之间的冲突最终可能转化为个人的内心冲突。例如，一方面，系统中的管理者是出现问题的被管理者的帮助人，他们应该温和而又仁慈，另一方面，系统中的管理者是纪律的执行者，他们应该铁面无私。这两种水火不相容的角色常常使管理者陷入剧烈的内心冲突之中。

(三) 组织管理因素

1. 工作过量、时间紧迫

在固定的时间内，人能够挖掘的心理资源是有限度的。因而，没有一个人能够在长期不断的压力之下一直保持工作的最佳水平，紧迫的时间要求和过量的工作只能使人疲于奔命。长此以往，必然会对人身心造成极大伤害。

2. 工作长期无规律

人的生理和心理活动都有一定的周期性。在自然的状态下，人们往往会遵循这个规律，维护自己的身心健康。但在现实的社会中，如果工作要求我们不停地改变这种规律，就会引起生理和心理的巨大压力，给身心健康带来危害。研究表明，长期无规律的工作会对身心健康产生如下影响：第一，它直接导致了身心活动周期的紊乱；第二，它会造成人们工作安全感的丧失，因为任何时候他都可能被要求加班，或者去处理紧急情况；第三，它要么妨碍人际关系的发展，要么妨碍人们发展那些有助于缓解压力的业余爱好。

3. 工作刻板乏味

工作缺乏多样性，常常使人感到厌倦。毫无疑问，人们希望他们的工作保持一定的稳定性，但是，人们也希望他们的工作有些新意。如果个体重复同样的工作内容和工作方式年日复一日、年复一年，那么工作本身就会变得枯燥无味、令人压抑。

4. 分工不明确

工作上缺乏明确的分工，不仅会导致工作效率降低，也导致心理压力的增加。因为不明确的分工往往意味着我们不知道我们该干什么，不知道在某个事情上该负责到什么程度，从而使我们常常陷入左右为难的境地。

5. 工作得不到重视

个人的成就感与他所从事的工作息息相关,如果我们的工作得不到管理者甚至社会的重视,那么无论这种工作本身有多么重要,都很难消除我们对自身的重要性的疑虑。试想,如果别人认为你所做的工作不重要,或者认为任何一个只受过很少训练、能力很低的人都能胜任你所做的事情,你又怎么能产生实现自我价值的感觉?

(四) 早期经验与家庭环境

许多心理学家都相信,个体的早期经验对其心理的发展起着十分重要的作用,而早期经验又与个体的家庭教育和生长环境密切相关。研究表明,那些在单调、贫乏环境中成长的婴儿,其心理发展受到阻碍,并且抑制了他们潜能的发展。相反,那些接受丰富的刺激、受到良好照顾的个体在许许多多的心理测验中将渐渐成为佼佼者。另外,儿童早期与父母的关系以及父母对儿童的态度也是影响个体心理健康的重要因素。这种早期母婴关系乃至稍后的儿童与父母的关系对个体以后的人际关系和社会适应有着很大的影响。儿童如果能够在早期与父母建立和保持良好的关系,对其以后的社会适应和人际交往有着积极的促进作用。相反,如果儿童在早期不能建立这种与父母的亲密关系,或者早期与父母的分离等都会对他们以后的成长产生消极的影响。国内外很多学者对恐怖症、强迫症、焦虑症和抑郁症这四种神经症与个体早期家庭关系的调查研究表明,这四种病人的父母与正常个体的父母相比,表现出较少的情感温暖,较多的拒绝态度,或者较多的过度保护或过度惩罚。在个体的早期发展中,父母的爱、支持和鼓励容易使个体建立起对最初接触者的信任感和安全感。而这种信任感和安全感的建立保证了子女成年后与他人的顺利交往。而儿童早期的这种信任感和安全感的缺乏会随着儿童的成长逐渐产生一种孤独、无助的性格,难以与人相处,因此容易产生心理问题,特别是人际交往方面的障碍。同时,对子女的过分保护和过分严厉,也同样会影响他们的独立性以及自信心的发展。这样的个体在以后的发展中也会增加压力,出现过分的依赖或过分的自我谴责。对高校学生心理健康研究的有关资料也表明,学生早期的家庭环境和教育情况,与其心理健康有明显的相关性。

(五) 生活事件

生活事件指的是人们在日常生活中遇到的各种各样的社会生活的变动,如结婚、升学、亲人亡故等。生活事件不仅是测量应激的一种方法,也是预测心理健康的重要指标。例如,大量的研究结果表明,即使是中等水平的应激事件,如果它连续发生,它们对个体抵抗力的影响就可以累加,最终导致心理障碍。对生活事件与心理健康之间的关系进行解释时,一般都认为由于生活事件的产生增加了个体适应环境的压力。换言之,个体每经历一次生活事件,他都要付出精力去调整由于这一事件的发生所带来的生活变化。当个体在某段时间内遭遇很多生活事件时,生活事件对个体的作用就会累加,心理应激就会增加,从而影响个体的心理健康。奥斯特鲁等人曾对1036名大学生进行调查,得到心理问题与生活事件的复相关系数为0.39左右,多元回归的决定系数为0.15,这表明心理障碍或精神病理变异可用生活事件解释的部分占15%。

(六) 特殊的人格特征

每个人都有自己独特的人格特征，这在人与人之间是千差万别的，但其中也有共同的方面，它对人的心理健康有非常明显的影响。由于人们总是依其人格特征来体验各种应激因素，并建立对紧张性刺激的反应方式，因此，特殊的人格特征往往成为导致某种心理问题或心理障碍的内在因素之一。例如强迫性神经症，其相应的特殊人格称为强迫性人格，其具体表现是谨小慎微，求全求美，自我克制，优柔寡断，墨守成规，拘谨呆板，敏感多疑，心胸狭窄，事后容易后悔，责任心过重和苛求自己等。这就是为什么同样的致病因素作用于不同人格特征的人，可以出现非常不同的结果，而同样的疾病发生在不同人格特征的人身上，其病情表现、病程长短和转归结果又都可以非常不同。因此，培养健全的人格已成为实施心理卫生，预防心理障碍或精神病症的一项重要任务。

研究提示：大学生心理健康与艾森克提出的神经质、精神质人格特征呈高度正相关，与内外向人格特征呈负相关。即：情绪越稳定、行为越随和、性格越外向者心理健康问题越少；情绪越不稳定、行为越古怪、性格越内向者心理健康问题越多。逐步回归分析进一步证实：大学生心理健康与人格特征中的神经质关系最密切，其次为内外向，再次为精神质。这启示高校应重视大学生的心理健康教育。

(七) 应对方式

当我们面对生活事件的压力时，我们自然会采用一定的方法来应付、对待环境压力。我们采取的方式、方法可以称为事件的应对方式。人们在处理压力性事件时采用的应对方式是不同的，同一个人在不同情况下所用的方法也会有差异。一般来讲，随着心理的成长，人们会逐步形成固定化的应对事件的方式，有时也会多种方式同时应用。应对方式可以分为四种：一是策略控制型，即个体通过发挥自己的主观能力，有计划、有策略地控制、处理事件，消除环境压力；二是随机处理型，即没有准备地随着压力的出现而纯粹应付性地处理遇到的事件；三是回避型，即对压力事件总是采取逃避、回避的方式来对待；四是依赖寻求型，即在遇到压力性事件时，依靠家人、朋友来处理、应付。一般来讲，策略、随机地应付事件的方式是对事件一种积极的认知和行为反应，是心理成熟的标志；而回避、依赖型的处理方式是对事件一种消极的认知和行为反应，是心理不成熟的标志。

三、心理问题的自我调适方法

(一) 心理防御机制

人类在面临挫折时，常常会调动自身的适应机制，心理学称心理防御机制。心理防御机制力图减少焦虑的情绪，维持心理平衡，是个体自我保护的心理自动机制，它如同人体生理活动具有保持生理、生化活动相对稳定和平衡的能力一样。心理防御机制的更大价值在于为个体寻找解决挫折更为积极、有效的方法提供时机。常用的心理防御机制有：压抑作用、投射作用、文饰作用、补偿作用、升华作用等。

当然，心理防御机制需要我们正确认识，适时适度运用。应该看到有些心理防御机制只能起到暂时平衡心理的作用，并不能解决问题。心理健康的人是在积极的意义上使用心理防御机制，而心理不健康的人总是依赖心理防御机制，其结果使适应能力日趋削弱、人格和心理发展受到影响。

(二) 意义寻觅法

意义寻觅法是一种自我寻找和发现生命的意义，树立明确的生活目标，以积极向上的态度来面对和驾驭生活的心理自助方法。心理学家弗兰克（V. E. Frank）认为，"人是由生理、心理和精神三方需求满足的交互作用统合而生成的整体，生理需求的满足使人存在，心理需求的满足使人快乐，精神需求的满足使人有价值感。"对生命和生活意义的探索和追求是人类的基本精神需要，人所追求的既非弗洛伊德克所说的是求乐意志，也非阿德勒所说的是求权意志，而是追求意义的意志。而一些人在遭受生活挫折时常常会感到失去了生活目标，对生活的意义感到迷惘，出现"生存挫折"或"存在空虚"的心理障碍，表现对生活的厌倦，悲观失望或无所适从。在对美国自杀未遂的大学生调查中，80%的人是因为"存在空虚"所致，在北美和西欧就诊的神经症中约有20%的病人有"存在空虚"感，可称之为"迷惘神经症"。弗兰克认为，人生的意义应建立在精神层面的价值感的获得。人生的意义感不是赋予，而是需要寻找。意义寻觅法的核心就是要学会寻找失落的生活目标和价值，建立起明确和坚定乐观的人生态度。

(三) 认知调控法

心理问题常伴随情绪反应。情绪反应产生于主体认识到刺激的意义和价值之后，对同一刺激、不同的评价将会引起不同的情绪反应。所以可以用调整、改变认知的方法调控情绪反应和行为。认知调控方法是指当个人出现不适度、不恰当的情绪反应时，理智地分析和评价所处的情境，理清思路，冷静地做出应对的方法。认知调控的关键是控制与即时情绪反应同时出现的认知和想象。例如当人非常愤怒时，常会作出过激行为。如果此时能够告诫自己冷静分析一下动怒的原因，可能的解决办法，可使过分的反应平静，找到恰当的方式解决问题。认知调控方法的原理在于认知对情绪有整合作用。认知和情绪分属于大脑不同部位控制，控制情绪的大脑是较原始的部分，控制认知的大脑是在情绪中枢之上发展的新皮质部分。大脑控制的情绪反应速度快，但内容较原始；皮质控制的认知反应稍迟于情绪反应，但其内容更显理智，能够整合情绪反应。

认知调控方法在实际应用时可分为以下两步：首先分析刺激的性质与程度。人类情绪反应是进化选择的结果，有利于种族的生存与发展，是驱动我们应付环境、即刻反应的本能冲动，虽然伴有认知过程的结果，但即刻的认知往往笼统、模糊，其诱发的反应往往强烈。冷静分析问题所在，可以即时调控过度的情绪反应。其次寻找多种解决问题的方案，比较选择后择优而行。

(四) 活动调适法

活动调适法是指通过从事有趣的活动，以达到调节情绪，促进身心健康的一类方法。包括读书、写作、绘画、雕塑、体育运动、听音乐、歌唱、舞蹈、演戏、劳动等多种活动方式。活动调适寓心理治疗于娱乐之中，不仅易为人接受，而且易于操作，可以广泛地运用于一般性的心理不平衡和轻微的心理障碍治疗中。活动调适法的实质在于用活动的过程来充实空虚的生活，用活动中获得的愉悦来驱散不良的情绪。因此，应随时把握利用活动中所提供的有利机遇、信息去发现问题，改变错误的认知，调适不良的情绪，纠正不适应的行为，提高自信心。活动的种类要根据自身的文化程度、原先的个人爱好、兴趣和实际条件来选择。

（五）合理宣泄法

合理宣泄就是利用或创造某种条件、情境，以合理的方式把压抑的情绪倾诉和表达出来，以减轻或消除心理压力，稳定思想情绪。宣泄是一种释放，其作用在于把压抑在心里的愤怒、憎恨、忧愁、悲伤、焦虑、痛苦、烦恼等各种消极情绪加以排解，消除不良心理，得到精神解脱。因此，宣泄是摆脱恶劣心境的必要手段，它可以强化人们战胜困难的信心和勇气。无论是失恋、亲人亡故等痛苦，还是惧怕某人、某种场合等行为，通过倾诉或用行动表达出来，实际上是对有碍于身心健康的情绪状态进行自我调节，所以宣泄的过程也是人们进行心理的自我调整过程。

宣泄的主要方式有以下几种。

（1）倾诉。心里有什么问题和积怨，可以找同乡、战友、领导尽情地倾诉出来。倾诉对象一般是最亲近、最信赖、最理解自己的人，否则就不能无所顾忌地畅所欲言。在倾诉的过程中，可能因情绪激动、过度悲伤等因素，说话唠唠叨叨，词不达意，说过头话，甚至发牢骚，对此要给予理解、同情和安慰，并适时予以正确引导。

（2）书写。用写信、写文作诗或写日记等方式，使那些因各种原因而不能直接对人表露的情绪得到排解。比如写日记，自己对自己"说"，想"说"什么就"说"什么，没有任何心理压力，许多不良情绪就在字里行间化解了。

（3）运动。有了消极情绪，闷坐在房子里可能"剪不断，理还乱"，到室外去打打球、跑跑步或爬爬山，呼吸一下新鲜空气，让怒气和痛苦随汗水一起流淌，心情就会开朗起来。

（4）哭泣。中国有一句老话，叫"男儿有泪不轻弹"，似乎男子汉是不应该哭泣的。其实，从身心健康这个角度来讲，"泪往肚里流"是不可取的。流泪也是一种宣泄，无论是偷偷流泪还是号啕大哭，都能将消极情绪排泄出来，从而使令人不愉快的情绪得到缓解，减轻心理压力。

（六）身心放松法

放松训练是为达到肌肉和精神放松的目的所采取的一类行为疗法。人的生理活动与心理活动密切相连，放松训练就是通过肌肉松弛的练习来达到心理紧张的缓解与消除。研究证明，放松训练所导致的松弛状态，可使大脑皮层的唤醒水平下降，通过内分泌系统和植物神经系统功能的调节，使人因紧张反应而造成的生理心理失调得以缓解并恢复正常。放松训练对于缓解紧张性头痛、失眠、高血压、焦虑、不安、气愤等生理心理状态较为有效，有助于稳定情绪、振作精神、恢复体力、消除疲劳，对增强记忆、提高学习效率、增强个体应付紧张事件的能力也有一定效果。

放松训练的方法有许多种，这里简要介绍五类简便易行的放松训练法。

（1）一般身心放松法。常用的身体放松的方法有做操、散步、游泳、洗热水澡；常用的精神放松的方法有听音乐、看漫画、静坐等。哪些人需要放松，何时需要放松，可以通过观察身体和精神状态来确定。从身体方面，可以观察饮食是否正常，睡眠是否充足，有无适当运动等；从精神方面，可以观察处事是否镇定，是否容易分心，是否心平气和等。如果观察后的判断是否定的，就需要进行放松训练。

（2）想象性放松。在指导做想象性放松之前，应先让他们放松地坐好、闭上双眼，然后给予言语性指导，进而由他们自行想象。常用的指示语是："我静静地俯卧在海滩上，周围没有其他的人，我感受到了阳光温暖的照射，触到了身下海滩上的沙子，我全身感到无比的舒适，微风带来一丝丝海腥味，海涛声……"在给出上述指示语时，要注意语气、语调的运用，节奏要逐渐变慢，配合对方的呼吸。

（3）精神放松练习法。就是通过引导注意力集中在不同的感觉上，达到放松的目的。比如可以指导他们把注意力集中在视觉上：静心地看着一支笔、一朵花、一点烛光或任何一件柔和美好的东西，细心观察它的细微之处；集中在听觉上：聆听轻松欢快的音乐，细细体味，或闭目倾听周围的声音；集中在触觉上：触摸自己的手指，按按掌心，敲敲关节，轻抚额头或面颊；集中在嗅觉上：找一朵鲜花，集中注意力，微微吸它散发的芳香，等等。也可指导他们闭上眼睛，试着将生活中的一切琐碎和不愉快的事情忘掉，着意去想象恬静美好的景物，如蓝蓝的海水，金色的沙滩，朵朵白云，高山流水等。

（4）渐进性肌肉放松法。在进行渐进性肌肉放松训练时，要注意选择不受干扰、温度适宜、光线柔和的房间或室外，让他们坐姿舒适。然后引导他们想象最令自己松弛和愉快的情景，并在一旁用言语指导和暗示。指导语是："坐好，尽可能使自己舒适，并使你自己放松；现在，首先握紧右手拳头、并把右拳逐渐握紧，在你这样做时，你要体会紧张的感觉，继续握紧拳头，并体会右拳，右手和右臂的紧张；现在，放松，让你的右手指放松，看看你此时的感觉如何；现在，你自己试试全部再放松一遍；再来一遍，把右拳握起来，保持握紧，再次体会紧张感觉；现在，放松，把你的手指伸开，你再次注意体会其中的不同；现在，你左手重复这样做。"以上同样的方法用于放松左手与左臂，接着放松面部肌肉，颈、肩和上背部，然后胸、胃和下背部，再放松大腿和小腿，最后身体完全放松。

（5）深呼吸放松法。当在某些特殊的场合感到紧张，而此时已无时间和场地来慢慢练习上述的放松方法时，可以教给最简便的深呼吸放松法。这和日常生活中人们自我镇定的方法相似。具体做法是让他们站定，双肩下垂，闭上双眼，然后慢慢地做深呼吸。可配合他们的呼吸节奏给予如下指示语："一呼……一吸……一呼……一吸"，或"深深地吸进来，慢慢地呼出去；深深地吸进来，慢慢地呼出去……"。这种方法掌握以后，也可自行练习。

四、常见的心理疾病及预防

人的心理、精神也和人的躯体一样，可以保持正常状态，也可能出现异常、障碍和疾病。人们对于躯体疾病和生理障碍一般容易理解和接受，并主动求医求治。但是，对于精神疾病和心理障碍却不甚了解。在社会上，当今企业中有一些人存在着不同类型、不同程度的心理障碍或精神疾病，在日常工作和生活中饱受痛苦，但不知是怎么回事，也不知道去求得心理医生的心理治疗或咨询机构的专业帮助。多数人从报刊或有关书籍里读到一些心理异常的知识介绍，不做细致分析就简单对号入座，而整日忧心忡忡、惶惶不安，严重影响了正常的工作、学习和生活。这就需要我们了解企业管理中常见的心理障碍或异常表现，分析心理障碍产生的原因以及预防措施。常见的心理疾病有以下几种。

（一）行为及人格偏离

行为及人格偏离包括行为偏离、人格病态、性行为变态等，其中的障碍有的是固定的、持续的，有的则是一时性的。一般来说，有这种障碍的人智力是正常的，意识是清醒的，没有精神失常症状。障碍的矫治必须使用心理与行为的有关理论和方法才可能有一定效果。

1. 行为偏离问题

行为偏离问题多发生在青少年身上，是指在没有智力迟滞和精神失常症状的情况下而与其所处的经济社会评价相违背，在行为上显著的异于常态，且妨碍青少年对正常社会生活的适应。包括饮食方面的怪癖行为、吸毒行为、药物依赖行为、盗窃行为、暴力行为、逃学行为等。

2. 人格障碍

人格障碍指明显偏离正常人格并与他人和社会相背的一种持久和牢固的适应不良的情绪和行为反应方式。人格障碍一般始于童年或青少年，而持续到成年或终生。一般认为它是在不良先天素质的基础上遭受到环境的有害因素影响而导致的。

常见的人格障碍及特征是：① 偏执型人格：易产生偏执观念，对自己的能力估计过高，有极强的自尊心，同时又很自卑、好嫉妒、看问题主观片面、常常言过其实、怪癖古怪、失败时常迁怒或归咎他人；② 强迫型人格：表现为常有个人的不安全感和不完善感，因而焦虑、紧张、过分的自我克制，过分自我关注，事事追求完美。同时，又墨守成规、处事拘谨、缺乏应变能力；③ 冲动型人格：表现为情绪不稳，常因微小的精神刺激而突然爆发非常强烈的愤怒情绪和冲动行为，且自己不能克制。

3. 性行为变态

性行为变态指与生殖活动没有直接联系，在寻求性满足的对象和方式上与常人不同，且违反社会习俗。性行为变态的发生率远比人们想象的要多得多。性行为变态者对于正常的性生活通常没有要求，甚至心怀恐惧，其行为常带有强迫性、反复性，受惩罚后也会感到悔恨，但又难以自控而往往重犯。

在企业管理中，性变态行为常常容易与流氓滋扰活动、偷窃行为相混淆，应注意区别以采取正确的处理方式。

（二）神经症

神经症是一种精神因素造成的非器质性的心理障碍，是临床上最常见的心理疾病，以18～30岁的青年患者最多。神经症一般没有任何可以查明的器质性病变，但又确实有心理异常表现，甚至可以表现得非常严重。神经症患者有一些共同的表现：焦虑情绪、防御性行为、人际关系不协调、躯体不适感等。其中最常见的神经症主要是神经衰弱、强迫症及恐怖症、疑病症。

1. 神经衰弱

神经衰弱是企业中最常见的一种心理疾病。主要表现有：① 感情控制能力降低：易激动、易怒、烦躁不安，一点小事就会引起强烈的情绪反应；② 睡眠障碍；

入睡困难、睡眠表浅、多梦、易惊醒或早醒等；③ 神经活动功能下降：注意力涣散、记忆力减退、学习工作效率降低；④ 植物神经功能失调：心悸、胸闷、多汗、食欲不良、易疲劳。

2. 强迫症

强迫症是以强迫症状为特征的神经官能症。所谓强迫症状是指在患者主观上感到有某种不可抗拒的和被迫无奈的观念、情绪、意向或行为的存在。病人清楚地认识到，强行进入的、自己并不愿意接受的思想、纠缠不清的观念或行为都是毫无意义的，明知没有必要，但不能自我控制和克服，因而感到痛苦。强迫症常发生于青年期。

强迫症的心理异常表现为：① 强迫观念：可以表现为脑海里不自主反复呈现某种想法或某句话，而影响正常的生活；也可以表现为强迫怀疑，对自己做过的事产生不必要怀疑而反复确认后仍不放心，如反复锁门、投信时总怀疑自己是否投入信箱等；还可以表现为强迫回忆和强迫联想，如对以前的事反复回忆而痛苦不堪，看到树就联想到森林、野兽等。② 强迫意向：患者常常被一些与正常心理状态相反的欲望和意向纠缠而产生一些可能导致可怕后果的冲动。如到河边就出现想跳下去的意向，拿刀时会出现砍人的意向等。尽管患者不会真正做出这种行为，但因无法摆脱的意向而焦虑和苦恼。③ 强迫行为：可以表现强迫计数，不由自主地去数台阶、脚步、楼层、电线杆等，明知无意义仍要数下去；也可以表现为强迫性动作；还可以表现为强迫洗手、强迫洗衣等行为。

强迫症的致病因素与心理社会因素有密切关系，强烈或持久的精神因素的作用及激烈的情绪体验的影响往往是此病发生的直接原因。同时，研究者们认为强迫症与人格特点有关。患强迫症的个体在性格上常常表现出主观人性、胆小怕事、优柔寡断、过分拘谨、生活刻板、思虑过多等特点。强迫症的治疗一般以心理治疗为主，辅助药物治疗可以有一定的疗效。

3. 恐怖症

恐怖症是只对某些事物或特殊情境产生十分强烈的恐惧感，这种恐惧感与引起恐惧的情境通常极不相称，让人难以理解。患者明知自己的害怕不切实际，但不能自我控制，恐怖症患者一般女性多与男性，多发生于青少年或成年早期。

常见恐怖症有以下几种：① 社交恐怖：主要是害怕在众人面前出现，害怕被人注意，害怕会出现脸红、发抖、出汗或行为笨拙。因此不敢与人面对面，退避与人谈话。有的患者对特殊的交往对象出现恐怖症状，如异性恐怖等。② 旷野恐怖：经过空旷的地方时会恐怖发作，并伴有强烈的焦虑和不安。与这类情境恐怖相类似的有"闭室恐怖"，即害怕封闭的空间，如电梯间、房间等；"高空恐怖"即害怕上楼以及登高。此类恐怖症多见于15～35岁之间的女性。③ 动物恐怖：害怕看见或接触某种动物。例如狗、猫、鼠、蛇、昆虫等。动物恐怖多发生于童年期，但常持续到成年期。④ 疾病恐怖：患者害怕的某种疾病，如结核、肝炎、癌症。为此与人接触时戴手套或根本不敢与人接触。此外，还有利器恐怖、不洁恐怖等多种表现。

恐怖症发病与个体的心理特点和后天的社会活动经验有关，主要与个体的早期体验有关，恐怖症的治疗一般以心理治疗为主，以适当药物治疗为辅。心理治疗多以疏导方法帮助患者减轻恐惧情绪,采用行为治疗特别是系统脱敏法,效果比较明显。

4. 疑病症

疑病症是指患者在没有任何证据的前提下确认自己有病,而处于对疾病或失调的持续的强烈的恐惧之中。患者表现的极为焦虑,对自己想象出来的疾病经常表现出强迫性动作。当医生检查证明他们没有病时,常常会断定医生的诊断是错误,又去找其他医生。疑病症状常常是患者不自觉的希望从家庭或周围寻求对自己的注意、关心和同情,同时也作为满足某些欲望的手段,在疑病症的背后实质常常是一种潜在的内心的不安全感、内心的矛盾、冲突和困扰。患者对健康过分关注是对现实生活的转移、逃避矛盾、逃避实际或可能出现的挫折。他们常常把一切挫折、失败归结于"病",从而减少个人心理上的压力、内疚和自责,逃避对自己能力、才能等的怀疑和否认,避免自以为可能出现的名誉、地位的损失,从而心安理得。可见,疑病症实际上一种自我心理防御机制。

疑病症既有个性因素,又有外界因素。患者的个性特点常有反复思索、缺乏灵活性、固执、吝啬、谨小慎微、敏感多疑、好依赖、追求完美等表现。外因常有医生在医疗过程中言语不慎、诊断不确切、不科学的宣传、他人的不良暗示等。疑病症的治疗以心理治疗为主。

以上介绍的几种常见的心理疾病严重威胁着人们的心理健康,对生产工作造成很大的危害造成心理疾病的原因是多方面的,但其中的心理因素特别是情绪因素起着相当重要的作用。实践证明积极的心理因素对维持与增强人的身心健康是任何药物所不能替代的。而消极的心理因素对身心健康的危害并不亚于病菌。因此,管理工作者有必要了解破坏心理健康,导致心理疾病的主要心理因素,并采取有效积极的措施,预防和消除这些因素的不良影响。

(三) 紧张状态

所谓紧张状态是人或有机体在某种环境刺激的作用下产生的一种适应环境的反应状态,即在一定的社会环境中,某人感知到了外界刺激和情境的影响,对其主观评价产生一些相应的心理、生理变化,从而对刺激做出相应的反应。假如刺激或情境需要人做出较大的努力去适应,以至于超出某个人所能负担的适应能力,这时就会出现紧张状态。

预防和消除紧张的心理因素,要注意以下三个方面:一是要注意改善员工的劳动环境,采取切实有效的措施,确保员工的工作安全,降低他们的紧张状态反应的时间或降低反应的程度。二是要创造和谐的人际关系环境,使员工能够心情舒畅的投入劳动和工作,即使出现紧张状态反应,也能及时得到帮助和调节,从而缓解紧张状态的持续和发展。三是从劳动者个人的自身素质而言,要注意培养乐观的情绪和坚强的意志,提高对突发刺激的应急能力。

(四) 动机冲突

个体在有目的行为活动中,常常会同时存在着一个或数个所欲求的目标,而又存在着两个以上相互排斥的动机。在复杂的现实生活中,人们所祈求的目标常常不可能达到或不能完全达到,所发生的动机不可能满足或不能全部满足,于是就出现动机冲突的心理现象，这种状况也被称之为心理冲突。动机的冲突常常会使动机不能部分或全部的满足，同时，也使动机指向的目标实现受到障碍。所以，动机冲突往往与挫折联系在一起。

在现实生活中，动机冲突不仅经常发生，而且情况错综复杂，因此也不太容易解决。动机冲突在人的精神生活中是一种重要的干扰因素，与人的健康有着极为密切的关系。因为在动机冲突的情境中，如不妥善处理，及时解决，就会造成强烈的情绪波动，给人的精神生活带来不良影响。比如，容易使人陷入困惑和苦闷，甚至颓废和绝望之中，并使矛盾冲突加剧，从而严重危害人的心理健康，甚至使人的精神彻底崩溃。

预防和缓解动机冲突，要注意四个方面的问题：一是要注意加强"自我意识"，做到明人自知，对自己的能力水平以及与之相应的制约因素有比较客观地了解和恰如其分的评价。二是注意调整个人的奋斗目标与个人能力水平之间的矛盾，尽量选择既符合自己的理想愿望，又必须经过一番努力才能达到的目标。过或者不及，都容易长生动机冲突。三是正确对待挫折，一旦遇到挫折，不能就此沉闷消极，一蹶不振，要认真查找原因，吸取教训，重新振作精神，注意培养员工顽强的毅力和克服困难与挫折的勇气和决心。四是要在目标与现实之间寻找和谐一致和平衡。遇到进退两难的难以决策的问题时，要学会保持内心平衡，减少心里不和谐。

（五）消极情绪

一般来说，情绪活动可分为积极情绪和消极情绪两大类。在这里我们主要讲消极情绪。消极情绪是与积极情绪相对的一种情绪状态，是指愤怒、憎恨、忧愁、恐惧、焦虑、痛苦等。这些情绪的产生，一方面是作为有机体适应环境的一种必要的反应，它可以动员有机体的潜能，为有机体达到重新适应变化了的环境而努力；另一方面，这种消极情绪对人的身心健康又会产生十分不利的影响，使人失去心理平衡或造成生理机能的病变。

克服和排除消极情绪，一是要掌握员工的情绪变化，加强员工的自我修养，注重人格完善，培养和树立正确的世界观、人生观和价值观，使之正确认识客观规律，正确对待各种矛盾，心胸开阔，增强各种适应能力和应变能力。二是加强体育锻炼。体育锻炼不仅能增强人的身体健康，而且还能促进人的心理健康。保证员工每周有足够的体育活动量，是搞好职工心理健康的重要手段。因为体育锻炼能促进人的智力（感知能力、记忆力、思维能力、想象力与活动能力）的发展，增强非智力（情绪、意志、兴趣、性格等）因素，促进人的心理健康。

五、心理咨询

心理问题的消除、心理疾病的康复，进而达到心理健康的水平，寻找心理咨询是一条非常有效的途径。随着社会的发展，人们更加关注心理健康问题，心理咨询适应了现代人的这种要求，因此有必要了解心理咨询的一般知识。

（一）心理咨询的概念和类型

1. 心理咨询的概念和发展

心理咨询是运用有关心理科学的理论和方法，通过解除咨询对象的心理问题

（包括发展性心理问题和障碍性心理问题），来维护和增进心理健康，促进个性发展和潜能开发的过程。心理咨询是一门科学，是一种技术，也是一门艺术。

心理咨询有一个漫长的过去和短暂的历史。早在古希腊时期，人们就常从哲人、圣经的旧约全书以及巫医那里得到劝告和帮助。我国古代医学文献中也有许多相关记载，阴阳五行相克和情态相胜理论即是典型的一例。然而，心理咨询作为一种比较成型的理论和方法，却只有近百年的历史。心理咨询的发展是与职业指导、心理测量技术的开展和心理治疗的发展乃至整个社会的变化、科技的进步联系在一起的。1953年，美国心理学会把咨询心理学作为其第17个分支。1963年，美国心理学会成立心理治疗分会，列为其第29个分支。近几十年来，心理咨询和治疗在世界各地得到了迅速发展，理论和方法不断改进，服务领域日益扩大。许多国家的心理咨询工作已经渗透到人们生活的各个方面，发挥着重要的作用。

我国的心理咨询起步较晚。1958年，我国曾开展过快速综合心理治疗工作。1980年前后，在一些综合性医院也开展了心理咨询服务。近些年，这一工作逐渐得到了社会各界的重视，得到较快地发展。目前，国内许多医院相继开设了心理咨询门诊，并收到良好的效果。尤其引人注目的是高校心理咨询活动的蓬勃开展，许多院校相继建立了心理咨询机构，对广大青年学生的心身健康、全面发展产生了积极的影响。

2. 心理咨询的类型

心理咨询类型的划分可按人数、内容、方式而定。按咨询对象的多少，可分为个别咨询和团体咨询。前者是最常见的形式，针对性强，双方沟通多；后者咨询面广，效益高，同时有团体成员交互作用的益处，不足之处是同一类问题可能因不同个体的生活经历、个性特征、触发因素的差异而表现出个体性，单纯团体咨询往往难以兼顾每个个体的特殊性。为此，在团体咨询中，辅之以个别咨询，就能起扬长避短的作用。

按咨询内容划分，可分为障碍咨询和发展咨询。前者指对存在不同程度心理障碍的来访者进行咨询，可从神经症患者到轻微心理失调者；后者指对希望开发自己潜力、做出更好选择的来访者进行咨询。比较而言，前者内容比较具体、实在，但后者是咨询的目标和发展方向。

按咨询方式划分，可分为门诊咨询、通信咨询、电话咨询、现场咨询、宣传咨询。每一种形式都有其长处和不足，重要的是扬长避短，把几种形式结合起来。

（二）心理咨询的功能

一般认为，心理咨询能为人们提供一种新的学习经验。对那些行为属于正常范围的人来说，咨询所提供的新环境可以帮助他们扫除障碍以便更好地发挥他们的才干。那些由于心理障碍而遇到麻烦的人则可以在咨询者的帮助下逐渐改变与外界格格不入的思维、情绪和反应方式，并学会与外界相适应的方式。简单地说，心理咨询可以促使人们从一个不同的角度看待自己和社会，用新的方式去体验和表达他们的思想情感，并产生出全新的思维方式。具体而言心理咨询的功能包括以下六个方面。

（1）可以帮助人们认识到他们自身的问题很大一部分是由于尚未解决的内部冲

突，而不是由于外界的影响造成的。很多寻求咨询的人往往认为他们的问题是由于他们自身之外的因素造成的。这时咨询者采取的重要步骤就是让求询者认识到，要解决问题最重要的是在自己某些方面的改变以使问题有所缓解。并且，在咨询过程中，求询者将逐渐认识到，只要改变了自己的内部冲突，不仅问题得到了解决，同时也使自己变得更加坚强。

（2）咨询也为人们更加有效地面对现实问题提供了机会。前来咨询的人在应付现实问题时，往往采用一些无效的防御反应，如逃避、理想化及过分责备他人等。但他们同时还往往认为自己对现实的认为是清楚的，解决问题的方法也是正确的。通过咨询可以帮助求询者更加全面、客观地认识自己和外部世界，并采取积极有效的方式去解决所面对的问题。

（3）心理咨询可以深化求询者对自身的认识，引导他们去发现真实的自我。求询者中关于自我的问题主要是以下三种，即有人能明确认识自己，但却要制造假象给别人看；有些人认为已经认清了自己，但实际上并非如此；还有些人则对自己感到迷惑不解，不知自己到底是什么样的人。通过咨询，求询者可以真正地认识自己的需要、价值观、态度、动机、个性特征等。而且可以根据自己的心理状况设计自己的行为，从而可以尽可能快地成长并获得最大程度的进步。这也就意味着，咨询不仅可以帮助求询者认清自己，并且还促使他们根据这个真实的自我同别人交往。

（4）心理咨询为求询者提供了一种建立新型人际关系的机会。因为要成为真正的心理咨询者必须是心理健康的，并且是全心全意地关心和帮助求询者的人。同时具备丰富的有关人类行为的知识和帮助别人的技巧。而求询者在现实生活中能与这样的人交往的机会是很少的。他们生活中的某些人可能是关心他们的，但却不一定持久，或者并不一定在心理上比他们健康，而且也往往缺乏有关人类行为的知识和技巧。换句话说，尽管咨询人员不一定十全十美，但他们应该比求询者所接触的所有其他人更有能力提供一种健康的和有益的相互关系。而且，在这种相互关系中的许多特征是人们在其他关系中不常遇见的。

（5）心理咨询可以增加求询者心理的自由度，给予他们更多的心理自由的机会。大多数求询者至少在一个相当重要的方面缺乏心理自由。例如，很多人从来不敢承认自己有过失或缺点（让别人知道自己存在不足的自由），或者是不愿意让别人失望（使别人失望的自由），以及不能容忍自己存在互相矛盾的情感（允许矛盾情感同时存在的自由）等。通过咨询，人们可以发现他们到底在哪些方面缺乏自由，进而增加这种自由。

（6）咨询可以纠正求询者的某些错误观念。许多前来咨询的人的头脑中都存在一些关于自我错误观念，而纠正这些观念对于解决他们存在的问题是至关重要的。由于这些观念是社会上一大部分人所共有的，所以它们在求询者头脑中不断得到强化。心理咨询也许是第一次为这些人提供了这样一次机会，使他们对错误观念进行思考，并代之以更准确的观念。这时，求询者就获得了自己作出有利的决定的自由。

现代社会迅速发展，人际交往和人们的需求日趋复杂，从而对人们的社会适应提出了日益增长的要求。人们需要被理解、被关注，需要相互支持，也需要指导和准确理解现实的能力。总之，人们需要心理的成长和发展。心理咨询适应了现代人类的这种要求，通过咨询，人们获得理解的体验，对现实的认知得到发展，行为得到指导，从而获得精神成长的新鲜经验，释放个人潜能，工作学习将更有成效。同时由于心理咨询，促进了心理健康水平，不但有利于身体健康，而且由于良好行为的不断增加，社会文明程度也进一步增长，人们的生活质量无疑将大大提高。

（三）心理咨询的原则

心理咨询是一项专业性很强的工作，它既是一门科学，也是一种特殊的职业。咨询人员必须恪守有关原则，这是心理咨询的首要前提。

1. 保密原则

心理咨询是人与人之间心灵沟通。当来访者将自己埋藏心底的困惑与苦恼讲述给咨询员，他希望对方理解他的心境，分担他的痛苦，还希望对方不会将自己的隐私和心事告诉他人，以贻笑他人。因此，保守秘密既是职业道德的要求，也是咨询能有效进行的最起码、最基本的要求。因此，在心理咨询中应注意如下事项：① 来访者的资料绝不能当作社会闲谈的话题；② 咨询员应小心避免自己有意无意间将个案举例，来炫耀自己的能力和经验；③ 咨询员不应将个案记录档案带离服务机构。至于在工作场所，亦要小心保管，避免放错地方，遗失或其他人可翻阅的地方；④ 若有需要，资料传阅之前，必须经当事人之同意。此外，由于教学与研究的需要，咨询内容需公开时，必须隐去门诊来访者的全部信息。

2. 中立原则

咨询员在心理咨询中应始终保持不偏不倚的立场，确保心理咨询的客观与公正，不得把自己私人的意愿、利益掺杂进去，保持冷静的、清晰的头脑，咨询过程中，不轻易批评对方，不把自己的价值观强加于对方。

3. 信赖原则

咨询员应满腔热情，用真诚的态度，从正面、积极的角度来审视来访者的问题，它是信任与接纳的化身，若要尊重与接纳每一个来访者，我们必须对人的本质有积极的信念，相信每一个体独特的潜能，重视每一个体的人性尊严与价值，这样，才能相信人的可塑性、可改变性，才能采取正面、积极的审视态度引导来访者的转变与成长。

4. 理解与支持原则

此项原则要求咨询员设身处地地去感受来访者的内心体验，以深刻了解其精神痛苦和行为动机。从专业角度而言，这种真诚理解是同感的基础。咨询员对来访者的自我反省与转变的努力予以及时的肯定与支持，则可使他们深受鼓舞，改变对自我的认识，将有助于来访者解除心头的郁结，从而获得鼓励和信心。

5. 成长性原则

人本主义流派认为心理咨询主要不是一种外部指导或灌输关系，而是一种启发与促进内部成长的关系。他相信每个人都有成长的巨大潜力，通过咨询激发其潜力，不能对来访者的行为简单地进行解释，应明确告诉他应该怎么办，不应该怎么办。成长性原则要求咨询员在咨询过程中对来访者绝对尊重、接纳，竭力推动对方去独立思考，从而强化其自助能力，避免直接出谋划策。

(四) 心理咨询的理论和方法

心理咨询的基本的理论和方法主要有以下几种。

1. 精神分析的理论和方法

这是由弗洛伊德创建的第一个系统解释心理病理学的理论流派。它既是一种人格理论，又是一种心理治疗的方法。这一理论把注意力集中于求询者过去的经历上，努力去理解他们的内部心理动力过程。在精神分析治疗中，咨询者与求询者的关系是影响治疗的关键因素。咨询者所主要采取的技术包括释梦、自由联想、投射技术，以及日常生活经验和人际关系分析等。这些技术主要用以分析求询者无意识的内容，从而使求询者领悟到其问题的症结所在。因此，领悟疗法是精神分析流派的主要方法。

领悟疗法是指利用阐述、解释的方法来说明行为、情感和心理活动原因的心理治疗方法。其特点在于通过分析求询者内心冲突的潜在原因，经过回忆、联想、发觉而领悟病因与症结，从而找到病因，消除病因，治愈心理疾病。由于领悟疗法是通过患者对症状原因的领悟而奏效的，因此不适用于那些没有领悟能力和自知力的人。

2. 行为主义的理论和方法

它是试图从学习原则的角度提供解决特殊行为问题的方法。具体做法是通过求询者不断地学习和实践，以矫正其不适行为。主要有两种方法：一是系统脱敏法。这是行为治疗的一项基本技术，常用于恐怖症、焦虑症的治疗。通过对引起恐惧或焦虑的现象由少而多地暴露给患者，使其逐渐适应，增加耐受力，直到消除恐惧或焦虑的反应。治疗一般为三个步骤，首先训练病人松弛肌肉，然后建立焦虑层次，接着让患者在肌肉松弛的情况下，从最低层次开始想象产生焦虑的情境，如果仍能保持松弛就可以进一步想象较高的焦虑层次，逐步增强直到完全消除恐惧与焦虑。成功的关键是患者从想象情境到现实情境的转移，仍能保持放松状态。二是强化的方法。它是根据操作性条件作用原理发展起来的。例如，某一行为得到奖赏，以后这个行为重复出现的频率就会增加；反之，某一行为得到惩罚，这一行为出现的次数就会减少。强化的方法就是系统地应用强化手段去增进某些适应性行为，减弱或消除某些不适应行为的方法。

3. 人本主义的理论和方法

这一流派理论认为，人对外界的知觉或认识决定了他的行为，只有了解人的内心现象世界，才能给人提供帮助。持这一观点的咨询者最关心的是求询者的意识经验和内心现实。他们在咨询中往往给求询者以最大的信任，让他们自由探索自己的内心世界，以提高自我知觉的能力，达到自我的协调发展。他们所采用的技术主要是人际关系分析、自我暴露、角色扮演等。如求询者中心疗法就是一种常用的治疗方法。它是依靠动员求询者自身的潜力来治愈自身的障碍。人本主义理论认为，人在自身内部有理解自己、改变自我态度，并指导自己行为的潜能，只要提供真诚、关注、理解的适宜气氛，人的潜能就可以开发出来。因为人在受到关注、肯定、重视的情况下，能对自己采取更关心的态度，使自身内在体验能够得到自然地流露从而焕发出内在的活力。

4. 认知治疗的理论和方法

认知疗法是20世纪六七十年代崛起的一种新的心理治疗方法。最有代表性的是合理情绪疗法。这种理论认为，人的情绪结果不是由诱发性事件引起的，而是由他对引发事件的信念系统所引起。面对一件事情，人们对于事件的解释、评价和看法，影响着人们对该事件的情绪和行为反应。而解释、评价和看法都源于人们的信念，而不是事件本身。合理的信念产生合理的情绪和行为反应，不合理的信念则产生不合理的情绪和行为反应。例如，考试不及格的学员，面对失败，可能会有不同的想法。一个学员会想："这次没考好，真让人伤心，还是复习得不够充分"。而另一个学员会这样想："我简直糟透了，连考试都考不好，真没脸见人"。这样两个学员的不同的想法，会导致他们不同的情绪和行为反应。对第一个学员来讲，考试失败的确让人伤心，但他会查找失败的原因，重做努力。第二个学员的情绪反应可能不仅仅是难受而是非常抑郁，并可能因此一蹶不振。如果我们用合理的信念去解释面对的诱发事件，情绪问题就可迎刃而解了。

合理情绪疗法的治疗过程就是以理性治疗非理性。在实施过程中，向当事人指出他的问题与其不合理信念有关，并帮助当事人辨别什么是合理信念，什么是不合理信念；改变当事人的思考方式，帮助其放弃不合理信念。

 课后深化与训练

阅读如下案例，并分析问题：
1. 该求助者的主要症状是什么？
2. 本案例初步诊断是什么？诊断依据是什么？

● 一般情况：

求助者：杨某，汉族，28岁，未婚，大学学历，公司职员，收入中等，经济状况良好。

● 求助者自述：

近2个月来总是反复思考一些毫无意义的问题，如"洗水果时是多用一点水好，还是少用一点水好"，"削带皮的蔬菜如黄瓜时，是去皮厚一点好还是薄一点好"，等等。虽然认为想这些事情没有必要，但是控制不住还要想。继而出现洗衣服时总担心洗不干净而反复洗涤，直到自认为洗干净为止，为此耽误了许多时间，正常的工作、生活受到了一定程度的影响。逐渐的脾气变得急躁，遇到一点小事就爱发火，经常感到疲惫，做事情的兴趣也不如从前，还出现了睡眠不好，经常要到凌晨一两点才能入睡。故感到很苦恼，迫切希望能够得到咨询师的帮助。

● 咨询师观察了解到的情况：

求助者自幼身体健康，未患过严重疾病。2个多月前，求助者在报纸上偶然看到这样一条报道，现在的许多蔬菜和水果都含有大量的农药，对人体有很大的损害，食用前最好多洗几遍或去皮食用。自此，求助者在洗蔬菜和水果时就变得很紧张，总是担心农药去不干净而反复洗，情况逐渐加重而不能自控，甚至只要是洗的东西都要反复洗。后来又出现了一种奇怪的想法，走过街天桥时总想着跳下去，为此感到害怕，尽量避免走过街天桥。由于这些问题的困扰，求助者的工作、生活受到了影响，但尚能坚持应对，只是感觉苦恼，希望尽快解决，因此前来进行心理咨询。

> **知识链接**
>
> **心理减压方法：学会三件事，学说三句话**
>
> 学做三件事：
> 1. 学会关门。
> 即学会关紧昨天和明天这两扇门，过好每一个今天，每一个今天过得好，就是一辈子过得好。
> 2. 学会计算。
> 即学会计算自己的幸福和计算自己做对的事情。计算幸福会使自己越计算越幸福，计算做对的事情会使自己越计算对自己越有信心。
> 3. 学会放弃。
> 特别推荐汉语中一个非常好的词，这就是"舍得"。记住，是"舍"在先，"得"在后。世界上的事情总是有"舍"才有"得"，或者说是"舍"了一定会"得"，而"一点都不肯舍"或"样样都想得到"必将事与愿违或一事无成。
> 学说三句话：
> 1. "算了！"
> 即指对于一个无法改变的事实的最好办法就是接受这个事实。
> 2. "不要紧！"
> 即不管发生什么事情，哪怕是天大的事情，也要对自己说："不要紧"！记住，积极乐观的态度是解决任何问题和战胜任何困难的第一步。
> 3. "会过去的！"
> 不管雨下得多么大，连续下了多少天也不停，你都要对天会放晴充满信心，因为天不会总是阴的。自然界是这样，生活也是这样。
>
> （资料来源：摘自《心理减压小常识》）

第三节 不同性别与年龄人群的心理健康研究

一、不同性别人群的心理健康问题研究

对于一个组织的管理与发展来说，正确对待男女职工问题尤为重要。这其中包括组织中男女职工的比例的问题，组织在分配任务、设定奖酬、享受待遇、干部选拔等方面对男女职工的政策是否公平等。这些都可能对职工的心理健康产生一定的影响。

由于男女职工各自的心理特点及其在工作、家庭中所扮演的角色不同，组织的管理者要根据他们各自的特点，正确对待男女职工心理问题，做到有的放矢，以提高其工作的积极性及对组织的忠诚感。

（一）企业中的性别心理差异

管理者要协调好企业中男女职工的心理状态，使其更加努力的工作，首先应了解男女职工的心理差异。根据管理学心理学家们的调查统计显示，男性职工与女性职工的主要差异有：

（1）男性职工革新、创新的欲望较强，女性维持现状的心理较强。

（2）男性较关心工作的创造性激活，女性注重选择工作物质环境，希望有较多的自由时间。

（3）男性多善于思考、推理、判断，而女性多愿意从事标准化、定型化的事务性工作，不喜欢从事判断性的工作。

（4）男性的忍耐能力较差，而女性的忍耐能力则较强。

（5）男性往往注意全局较多，女性则注意细节较多，工作比较细致。

（6）男性适应客观环境变化的能力较强，女性则不喜欢改变工作的环境。

如今，我国妇女得到了前所未有的解放，在就业、入学、同工同酬方面，同男性享有平等权利。这一切并不能说明男女之间一切都一样，恰恰相反，男女之间的集团性差异依然是存在的，如女哲学家和数学家很少，而文学、艺术家则甚多。领导者、管理者层次中，女性领导者，相对其就业人数来说，比例就少得多。

当然，上面的统计是一个相对的事实。客观上，有些男性同样具有女性的特征。某些女性，其创造才能、竞争能力远远超出一般男性，但这些情况显然只是少数。男女之间的群体性差异，在多数情况下是存在的，合理的安排工作，科学的管理，对社会主义现代化建设是有利的。我国的纺织、钟表、仪表、医院等部门，较多的发挥女性职工的作用，对生产显然是有利的；反之，在一些建筑、重工业部门，女性职工则少得多。充分掌握男性、女性心里特性，以求在一切部门都合理的安排工作，是一件很有意义的大事。

近些年来，对女性心理特征和女性心理工作的研究，又有新的发展，有的学者认为，男女之间之所以存在某些集团性差异，是因为过去妇女长期受歧视的结果，是女性的才能被埋没了低估了。造成这种低估的原因大致有以下三个方面。

第一，女性自己低估了自己的才能。据心理学者们的研究发现，由于长期的受社会制度方面的约束，使女性在社会上多是被动的。她们所从事的工作太专业化了，很少有参加决策过程的机会。这样就造成了她们总是低估自己的成就，常常把自己成功归之于一时的运气，即使自己在社会上已经有了很强的竞争能力，但她们仍然会怀疑自己的才能。与此相反，担任高层领导者的男性们，则总是十分有把握地相信自己有极大的领导者的能力。

第二，缺少在社会上锻炼成长的机会。美国两位社会主义心理学家合著了《管理界的新女性》一书，其中记载了他们对125位管理界妇女的访问和面谈结果。为什么女性管理者如此之少呢？通过研究，他们分析认为，大多数女性从来就没有进入高层领导层锻炼的机会。而这125位女性之所以能进入到高层的领导管理层次，是因为她们从小就受到父亲的蓄意栽培，受到与男性一样的社会陶冶。她们从小就与男性一样滚打奋斗，有强烈的自尊心。成人之后，她们就进入领导"金字塔"层次的中层。于是，她们抛弃了一般女性感到忸怩的念头，而集中注意力做好她们的工作。当然，这些女性有时也会遇到双重身份的矛盾感受，不过，由于时间的熏陶，她们一方面渐渐丧失了女性本身的特色，另一方面已慢慢地学会解决心理矛盾冲突的方法，如忙里偷闲，处理一些必要的家庭问题，扩大一些生活层次面。但总的方面，她们与一般的女性已经有了很大的差别。

第三，社会习惯势力的偏见。西方曾有一位管理者实验女性的管理才能，就让她监督一条生产线的生产流程但不向工人宣布这一条授权。当她在纠正工人的工作方法时，工人们纷纷埋怨到："她究竟有什么权利指挥我们必须这样做呢？"工人们采取不合作的态度，她也无可奈何，实验失败了。那位管理者也因之得出了结论：女性是没有能力管理的。其实，这正说明社会的恶习造成了对妇女极大的偏见。

随着时代的进步，对男性、女性才能的性别差异的研究还会深化，我们应当承认差别，并依据差别进行管理；同时也要研究形成这种差别的社会因素，消除偏见，冲破传统习惯势力的束缚。这样，我们才会得出一个科学管理的正确结论。

（二）不同性别员工的心理保健

1. 女性职工的心理保健

女性职工对于一个企业的发展与壮大有十分巨大的作用。正如江泽民总书记所说："妇女与男子共同创造了人类的物质财富和精神文明，都是社会发展和进步的推动者，妇女还为人类的繁衍做出了社会贡献，她们哺育了一代代的新生命，培养了千百万的英雄、学者和诗人……"

女性职工对组织乃至社会的发展都有不可忽视的作用，同时在新的社会经济发展的形势下，时代要求女性职工要摆脱不必要的精神束缚，在各方面加强自身建设，促进身心健康发展，为组织的发展贡献力量。第一，必须成为新形势下高科技人才。现代科技的发展需要科技型的劳动者。随着我国经济发展和社会服务的自动化、信息化、智能化水平的不断提高，加速培养科技人才成为一项十分紧迫的战略任务。有关的调查表明，妇女受教育的程度和妇女就业、妇女的经济地位及其在家庭中的地位都有密切的联系。妇女受教育的程度愈高，就业的可能性就愈大，也就愈能在社会和家庭面前站立起来，即愈能实现自己的社会价值。第二，必须加快自身观念的转变。随着现代化的发展，谁把握住科技革命的脉搏，谁就掌握了21世纪经济发展的主动权。这不仅需要提高妇女的文化素质，更重要的是转变观念，使妇女从传统角色设计的思想束缚中解放出来。近年来，下岗职工人数剧增，其中下岗女职工人数占下岗总数的70%以上，于是有人提出让妇女回家去做"全职主妇"，以便使丈夫一心一意从事实业，回到"男主外，女主内"传统模式中去。必须认识到，女性只有走向社会，才能实现自己的价值。

对于现代女性来说，在激烈竞争的现代社会中，树立竞争意识，培养健康的竞争心理，培养自己耐挫心理是非常重要的，在劳动日趋智力化的今天，女性在生理、体力上的弱势已变得不太重要了。女性职工首先要有自信心，相信自己能做得与男性员工一样好。其次，还要培养自己高度的心理耐挫能力，以便在遭遇挫折困难时，能够正确对待，理智的分析原因，冷静的思考对策，战胜挫折和困难，步入成功。

2. 男性职工的心理保健

在组织中，男性职工对组织的发展所起的作用也同样是不可低估的。如何做好这一群体的心理保健工作，使其以乐观、积极健康的心态投入工作，就显得极为重要了。

在当今竞争十分激烈的大环境下，在许多男性心中，感觉到巨大的心理压力。这其中包括高速发展的科技对其知识积累提出了更高的要求、组织中人际关系的压力、晋升的要求等，以及传统的思想作祟，使许多男性认为，自己是一家之主，女性是弱小的，是需要保护的，是无法担当起大任的。所以他们无形中在自己身上施加了更大的压力，使身心更疲惫。因此，对于男性职工来说，加强其心理保健工作，主要从以下几个方面着手：

（1）参加各种适合自身发展的培训与进修，不断充实自己；
（2）树立正确的竞争意识，妥善处理人际关系；
（3）正确处理与女职工的关系，消除偏见心理；
（4）树立自信心。

归纳起来看，作为管理者，在关注职工心理保健的问题上，要帮助做好以下工作：创造符合心理卫生的自然环境和社会环境。心理健康的主要标志是是否适应环境，所以，创造一个良好的自然环境与社会环境是促进个体心理健康的重要措施。人生活在环境之中，环境对人的心理可能产生积极作用，也可能产生消极作用。在良好的环境中生活与工作，不仅能提高工作效率，而且使生活充满欢乐。人处在一个相互体贴、信任而关系融洽和谐的集体中时，偶尔有挫折也能得到别人的宽慰，即使有郁结心头的苦恼也有知心朋友帮助排解。这种充满友谊和爱的社会环境很少有心理疾病发生。相反，生活在一个充满敌对、猜疑、仇视和嫉妒的环境中，会经常被没有安全感所困扰，心理疾病就会屡有发生。因此，造就一个和谐的人际环境，使人与人之间互相尊重，互相爱护，互相帮助，益于身心健康。

二、不同年龄人群的心理健康

企业的发展依赖全体员工的共同努力。企业内部存在着老、中、青不同年龄阶段的员工，每个年龄阶段都有其不同的心理特征，也存在不同的心理问题。

（一）青年职工的心理特征与保健

青年职工，指年龄在18～30岁左右的男女职工。他们是企业中最活跃、最富有朝气的人群。青年时期人的思维发展很快，他们的思想敏锐，最少保守，代表着组织的未来。青年人在个性发展上有以下特点：精力旺盛，有广泛的兴趣和强烈的求知欲，喜欢与兴趣、爱好相投的人结成非正式群体。随着生理与心理的发展，他们的自我意识、自尊心、责任感也随之增强。此时期理想、信念、世界观、价值观已基本形成，但仍有较大的可塑性。

管理者应将青年职工的管理作为一个十分重要的问题来对待，以便其更好的发挥作用。简单地说，对青年职工的管理主要从以下几方面入手：

（1）经常组织、开展各种有益的丰富多彩的活动。

（2）对青年的自我意识和独立性要积极引导。

（3）要尊重职工的自尊心，掌握好工作的方法和分寸。

（4）要鼓励创新。鼓励和支持青年职工开展发明、创造等活动。对于成绩突出者，要着重予以表扬。

另外，对于青年职工的心理健康问题，要注意做好人际关系和恋爱心理的保健。

（二）中年职工心理特征与保健

中年职工，一般指30～50岁之间的职工。他们既有丰富的阅历及工作经验，又正当壮年，有着充沛的精力，因此，在企业中起着举足轻重的作用。中年职工的基本特点是：生产技术、工作业务熟练，思想上成熟稳重，身体健康状况良好，人际关系协调，生活也比较安定，有较充沛的体力从事工作。是企业的中坚力量。他们是企业的栋梁，在组织中起着承上启下的不可忽视的重要作用。对于中年职工的管理，首先是做好调查研究，把握好他们的思想、情绪脉搏，了解其真实需要，最大程度的调动起工作的积极性。其次要关心他们的家庭生活，使其以更多的精力投入工作。

（三）老年职工心理的特征和保健

老年职工，一般指50岁以上的职工。一般来说，老年职工的思想觉悟比较高，有较强的责任心和主人翁责任感，在工作上，随着年龄的增长和身体状况的原因，大多数老职工退出生产第一线的重体力劳动岗位，从事一些体力较轻或技术较强的工作。还有一部分走上管理工作和领导岗位。

作为老职工，考虑最多的就是退休问题，想到退休后要离开自己"战斗"多年的工作岗位，自己几十年间形成的生活规律要改变，离开了共同生活多年的人们，他们总是感情上依依不舍，有时还会产生某种孤独之情，失落之感。

针对老职工的这些心理特点，在管理中，第一要充分发挥老年职工的模范带头作用。第二是积极引导老年职工学习、掌握新的科学技术。如，在当今电脑普及时代，组织要创造条件鼓励老年职工参与学习。第三要做好老年职工的情绪保健，另外，由于老年职工往往体弱多病，尤其要加强心理保健，帮助他们正确对待疾病，以乐观的心态和坚强的意志对待它。此外，遵守生物规律，起居正常，使人的生理活动与心理活动有规律、有节奏，对老年人的心理环境也有很大益处。

 课后深化与训练

A公司是大型国有医药企业。今年以来，为了适应市场的激烈竞争，该公司减人增效，先后两次裁员，实行绩效至上的人力资源新策略；在绩效管理上，导入360°考评与末位淘汰制，以压力来激发员工的活力。然而，一系列改革举措的绩效改善效果似乎并不明显，反而导致公司内员工关系紧张，原来有说有笑的员工现在也变得沉默寡言了。部分员工怨声载道，大发牢骚。公司管理层怎么也想不到，压力管理没有带来生机与活力，反带来了低落的士气与不良的情绪。

试分析以上情况产生的原因。如果你是公司的管理层，你该怎样做呢？

知识链接

雷鲍夫法则

在你着手建立合作和信任时要牢记我们语言中：
1. 最重要的八个字是：我承认我犯过错误
2. 最重要的七个字是：你干了一件好事
3. 最重要的六个字是：你的看法如何
4. 最重要的五个字是：咱们一起干
5. 最重要的四个字是：不妨试试
6. 最重要的三个字是：谢谢您
7. 最重要的两个字是：咱们
8. 最重要的一个字是：您

（资料来源：摘自百度百科——雷鲍夫法则）

玻璃杯与玻璃钢杯

一个农民，初中只读了两年，家里就没钱继续供他上学了。他辍学回家，帮父亲耕种三亩薄田。在他19岁时，父亲去世了，家庭的重担全部压在了他的肩上。他要照顾身体不好的母亲，还有一位瘫痪在床的祖母。

20世纪80年代，农田承包到户。他把一块水洼挖成池塘，想养鱼。但乡里的干部告诉他，水田不能养鱼，只能种庄稼，他只好又把水塘填平。这件事成了一个笑话，在别人的眼里，他是一个想发财但非常愚蠢的人。

听说养鸡能赚钱，他向亲戚借了500元钱，养起了鸡。但是一场洪水后，鸡得了鸡瘟，几天内全部死光。500元对别人来说可能不算什么，但对一个只靠三亩薄田生活的家庭而言，如天文数字。他的母亲受不了这个刺激，竟然忧郁而死。

他后来酿过酒，捕过鱼，甚至还在石矿的悬崖上帮人打过炮眼……可都没有赚到钱。

35岁的时候，他还没有娶到媳妇。即使是离异的有孩子的女人也看不上他。因为他只有一间土屋，随时有可能在一场大雨后倒塌。娶不上老婆的男人，在农村是没有人看得起的。

但他还想搏一搏，就四处借钱买一辆手扶拖拉机。不料，上路不到半个月，这辆拖拉机就载着他冲入一条河里。他断了一条腿，成了瘸子。而那拖拉机，被人捞起来，已经支离破碎，他只能拆开它，当作废铁卖。

几乎所有的人都说他这辈子完了。

但是后来，他却成了我所在的这个城市里的一家公司的老总，手中有两亿元的资产。现在，许多人都知道他苦难的过去和富有传奇色彩的创业经历。许多媒体采访过他，许多报告文学描述过他。但我只记得这样一个情节：

记者问他：在苦难的日子里，你凭什么一次又一次毫不退缩？

他坐在宽大豪华的老板台后面，喝完了手里的一杯水。然后，他把玻璃杯子握在手里，反问记者：如果我松手，这只杯子会怎样？

记者说：摔在地上，碎了。他说：那我们试试看。他手一松，杯子掉到地上发出清脆的声音，但并没有破碎，而是完好无损。他说：即使有10个人在场，他们都会认为这只杯子必碎无疑。但是，这只杯子不是普通的玻璃杯，而是用玻璃钢制作的。于是，我记住了这段经典绝妙的对话。这样的人，即使只有一口气，他也会努力去拉住成功的手，除非上苍剥夺了他的生命……

(资料来源：根据百度文库《玻璃钢杯的故事》相关资料整理)

参考文献

[1] 高树军. 管理心理学 [M]. 北京：科学出版社，2005.
[2] 李靖. 管理心理学 [M]. 北京：科学出版社，2006.
[3] 苏东水. 管理心理学（第四版）[M]. 上海：复旦大学出版社，2002.
[4] 廉茵. 管理心理学 [M]. 北京：对外经济贸易出版社，2007.
[5] 苏永华，聂莎，彭平根. 人事心理学 [M]. 大连：东北财经大学出版社，2000.
[6] 俞文钊，吕建国，孟慧. 职业心理学 [M]. 大连：东北财经大学出版社，2007.
[7] 张明正等. 管理心理学理论与方法 [M]. 北京：中央民族大学出版社，2000.
[8] 朱洁玉. 管理心理学 [M]. 大连：东北财经大学出版社，2000.
[9] 刘建军. 领导学原理——科学与艺术 [M]. 上海：复旦大学出版社，2001.
[10] 张术松，汪雷. 管理心理学概论 [M]. 合肥：合肥工业大学出版社，2008.
[11] 斯蒂芬·P·罗宾斯. 管理学 [M]. 北京：中国人民大学出版社，1996.
[12] 俞文钊. 领导心理学导论 [M]. 北京：人民教育出版社，1993.
[13] 程正方. 现代管理心理学 [M]. 北京：北京师范大学出版社，1991.
[14] 石森等. 管理心理学 [M]. 北京：机械工业出版社，2008.
[15] 俞文钊. 现代领导心理学 [M]. 上海：上海教育出版社，2004.
[16] 卢盛忠. 管理心理学 [M]. 杭州：浙江教育出版社，1985.
[17] 王雁飞. 管理心理学 [M]. 广州：华南理工大学出版社，2005.
[18] 潘亚姝等. 管理心理学 [M]. 北京：科学出版社，2008.
[19] 张匀月，杨光. 管理心理学新编 [M]. 北京：北京工业大学出版社，1991.
[20] 王乐夫. 领导学——理论.实践与方法 [M]. 北京：高等教育出版社，2006.
[21] 廖明明，娄新岭. 管理心理学 [M]. 北京：中国物资出版社，2002.
[22] 张友谊等. 管理心理学 [M]. 济南：济南出版社，2005.
[23] 牧之，张震. 管理要读心理学 [M]. 北京：新世纪出版社，2007.
[24] 于炳贵. 领导科学基础 [M]. 济南：济南出版社，2005.
[25] 孙喜林等. 管理心理学 [M]. 大连：东北财经大学出版社，2006.
[26] 张玉台，刘世锦. 激励创新：政策选择与案例研究 [M]. 北京：知识产权出版社，2008.
[27] 张小乔. 心理咨询的理论与操作 [M]. 北京：中国人民大学出版社，1998.
[28] 叶龙，吕海军. 管理沟通：理念与技能 [M]. 北京：清华大学出版社，2006.
[29] 刘英陶，陈晓平. 管理心理学 [M]. 北京：中国人民公安大学出版

社，2003.
- [30] 董克用等. 人力资源管理专业知识与实务［M］. 北京：中国人民出版社，2007.
- [31] 刘永芳. 管理心理学［M］. 北京：清华大学出版社，2008.
- [32] 王重鸣. 管理心理学［M］. 北京：人民教育出版社，2007.
- [33] 贺淑曼，蔺桂瑞等. 健康心理与人才发展［M］. 北京：世界图书出版公司北京公司，2000.
- [34] 朱永新. 管理心理学［M］. 北京：高等教育出版社，2006.
- [35] 潘云良. 领导者素质分析与测评读本［M］. 北京：中共中央党校出版社，2000.
- [36] 张声雄. 第五项修炼导读［M］. 上海：上海三联书店，2001.